Scheidewege

Jahresschrift für skeptisches Denken

Herausgegeben von der
Max Himmelheber-Stiftung

Jahrgang 45 · 2015/2016

S. Hirzel Verlag

Scheidewege
Jahresschrift für skeptisches Denken

Herausgeber:
Max Himmelheber-Stiftung gemeinnützige GmbH, Reutlingen,
in Verbindung mit Prof. Dr. Walter Sauer

Redaktion:
Michael Hauskeller, Stephan Prehn, Walter Sauer

Anschrift von Redaktion und Stiftung:
Scheidewege, Heppstraße 110, 72770 Reutlingen
Telefon: 0 71 21/ 50 95 87; Fax: 0 71 21/ 55 07 76
E-Mail: Redaktion_Scheidewege@t-online.de
Internet: www.scheidewege.de

Von der Einsendung unverlangter Besprechungsexemplare bitten wir abzusehen; für die Rücksendung wird keine Gewähr übernommen. Redaktion und Verlag haften nicht für unverlangt eingereichte Manuskripte.

ISSN 0048-9336
ISBN 978-3-7776-2541-6

Verlag:
S. Hirzel Verlag, Birkenwaldstraße 44, 70191 Stuttgart
Telefon: 07 11/ 25 82-0; Fax: 07 11/ 25 82-2 90
E-Mail: service@hirzel.de
Internet: www.hirzel.de

Alle in dieser Jahresschrift veröffentlichten Beiträge sind urheberrechtlich geschützt. Jede Verwertung des Werkes, oder Teilen davon, außerhalb der engen Grenzen des Urheberrechtsgesetzes ist unzulässig und strafbar. Dies gilt insbesondere für Übersetzung, Nachdruck, Mikroverfilmung oder vergleichbare Verfahren sowie für die Speicherung in Datenverarbeitungsanlagen.

© 2015 Max Himmelheber-Stiftung, Reutlingen
Alle Rechte vorbehalten. Printed in Germany
Satz und Druck: Kraft Druck, Ettlingen
Einband: Großbuchbinderei Josef Spinner, Ottersweier

Josef H. Reichholf

Waldesruh

„*Der Waldspaziergang*. Ein Beitrag zur Kultur der Nachdenklichkeit" von Hans Wohlgemuth, erschienen im Band 44 der „Scheidewege", stimmt in der Tat sehr nachdenklich. Wie gern würde ich die eigenen Eindrücke zum ‚Wechsel der Jahreszeiten', zum ‚Reichtum des Waldes, seine ‚Dauer im Wechsel' und zu all den anderen Vorzügen, die darin hervorgehoben werden, aus (m)einer anderen Sicht in ähnlich gestimmter Weise hinzufügen. Meine fast täglichen Waldgänge hätten mehr als genug Material geboten. Doch in den Wäldern, in denen ich mich bewege, herrschen offenbar andere Verhältnisse; erheblich andere!

1. Radfahrer

Noch windet sich der Körper in wilden Zuckungen. Ein Tritt auf den Kopf mit dem Absatz meines Schuhs bereitet den Schmerzen und dem Leben der Schlange ein Ende. Es gab keine andere Wahl. Ein Radfahrer hatte die Schlingnatter wenige Minuten vorher überfahren. Im vorderen Drittel ihres schlanken Körpers ist sie genau auf Breite der schmalen Sportreifen zerquetscht. Sicherlich war sie am frühen Vormittag auf die Forststraße hinaus gekrochen, um sich aufzuwärmen. Wie das auch die Blindschleichen tun, vor allem wenn die Weibchen Nachwuchs in ihrem Körper tragen. Dann suchen sie nach warmen Stellen, die im schattig-feuchten Hochwald so rar sind. Die Forststraßen mit früher Aufwärmung am Morgen und gespeicherter Wärme am Abend ziehen sie an. Manche eine versuchte ich zu „retten", indem ich sie mit den Händen zum Straßenrand lenkte und sie hinderte, auf die „falsche Seite" auszuweichen, die für ihre (Wärme)Empfindungen die richtige gewesen wäre. Genützt hat es wahrscheinlich nichts, denn wer kann schon eine mehrere Kilometer lange Forststraße von früh bis spät überwachen und Schlangen, Blindschleichen, Eidechsen, Erdkröten und Käfer, an der ihnen gemäßen Benutzung hindern?!

So schnell, wie die Radfahrer dahinrasen, hat keines dieser Tiere eine Chance, die Gefahr rechtzeitig zu entdecken und die Straße zu verlassen. Nur äußerst selten, wenn überhaupt einmal, achten die Radfahrer darauf, ob Tiere auf der Bahn sind. Wenn ich die Zweiradraser so betrachte, wie sie mit halb gesenktem, behelmten Kopf nach vorn gebeugt strampeln, als ob es um ihr Leben ginge, habe ich auch keine Hoffnung auf Voraussicht, geschweige denn, dass sie bereit wären zur Nachsicht mit dem Getier auf der Bahn. „Ich bremse auch für Tiere" ist ihnen noch fremder als den Autofahrern, von denen aber dennoch recht viele darauf achten, keines zu überfahren, wenn sie ausweichen oder abbremsen können. Die Radfahrer verhalten sich ungleich rücksichtsloser, obgleich sie keinen Unfall zu befürchten hätten, wenn sie langsamer und vorausschauender fahren würden. Sie scheinen nur mit sich allein unterwegs zu sein. Sie rasen, um des Rasens willen; um Kilometer zu fressen. Vom Wald sehen sie dabei nichts. Er ist nur Kulisse. Größere Steine als Hindernis sind alles, wonach sie auf den nicht geteerten Strecken allenfalls noch schauen. Oder Pfützen und schlammige Stellen nach Regengüssen umfahren.

Menschen, die das Radfahren auch zum Schauen genießen, die da und dort verweilen, sei es bei einer Ansammlung von Blumen am Straßenrand, auf denen sich Schmetterlinge eingefunden haben, oder um dem Gesang der Vögel zu lauschen, scheint es kaum noch zu geben. Unter Hunderten, die nichts als gefahrene Kilometer und Rekorde im Sinn haben, sind es nur einzelne, meist Ältere, die den Unsinn des Rasens hinter sich haben, oder Großeltern mit Enkelkindern, die auf kleinen Rädern noch etwas ungelenkig fahren oder dabei sind, es zu üben. Ansonsten wird mit dem Rad gefahren wie mit dem Auto auf Fernstraßen: So schnell wie möglich, weil keine Staus drohen und Unfälle kaum zu befürchten sind. Geschwindigkeitsbegrenzungen gibt es ja nicht. Im Kopf sind ohnehin keine „Bremsen" vorhanden. Das Radfahren war, wie das Auto, nicht vorgesehen als sich das Gehirn entwickelte. Als die Autozeit begann, galt das Fahrrad als Zeichen für Armut und Rückständigkeit. Inzwischen ist es die umweltfreundlichste Art der Fortbewegung. Den Autoverkehr gemindert hat es jedoch nicht. Im Gegenteil: Man nimmt das Fahrrad mit in den Urlaub oder auf den Wochenend- und Tagesausflug. Hinten am Auto oder oben drauf, so dass dieses natürlich entsprechend „stark" sein muss, am besten geländegängig mit Vierradantrieb. So kommt man mit dem noch geländegängigeren Rad auch dorthin, wo es besser wäre, zu Fuß zu gehen. Mit Elektroantrieb geht alles, aber weniger „umweltfreundlich", denn bekanntlich entsteht der Strom nicht zum Nulltarif. Solche Kritik zu äußern, ist gegenwärtig zwar politisch nicht korrekt, aber unvermeidlich, wenn man sieht, in welchen Mengen „geschützte" Tiere von Radfahrern getötet werden, nur weil das Fahren in ein kopfloses Rasen ausgeartet ist und durch einen entsprechenden Ausbau der Radwege noch gefördert, d. h. beschleunigt wird.

Streng geschützt sind viele der Tiere, die unter die Räder kommen; die sehr selten gewordene Schlingnatter, aber auch Ringelnatter, Blindschleiche, Kreuzotter, Eidechsen, Frösche, Kröten… Sogar Schmetterlinge gehören in beträchtlicher Zahl zu den Opfern der rasenden Radfahrer. Schillerfalter vor allem, die sich, wo sie vorkommen, auf die Forststraßen niederlassen und an feuchten Stellen Mineralstoffe oder auch Säfte aus Tierexkrementen aufnehmen. Kaisermäntel fallen den Fahrrädern zum Opfer, die häufigen Tagpfauenaugen selbstverständlich auch, und viele, allzu viele Raupen, so schnell sie mit ihren Füßchen auch über die Straße zu laufen versuchen. Radwege sind Straßen des Todes für die Kleintiere. An Kriechtieren und großen Käfern kommen auf ihnen sicher weit mehr pro Kilometer unter die Räder als auf den Fernstraßen dem Autoverkehr zum Opfer fallen. Und was die Fahrräder nicht schaffen, erledigen Fußgänger, die mitunter ähnlich kopflos „nordisch walkend" unterwegs sind, und noch mehr die vor sich hinstampfenden Jogger. Niemand achtet dabei der Käfer auf dem Weg, wenn das Ziel im Kopf eine nebulöse Kilometer- oder Stundenzahl geworden ist, die erreicht werden sollen, weil's gesund ist. So bilden sie lediglich jenen anderen Teil der Geschwindigkeitssüchtigen, die nicht eines Fahrzeugs bedürfen, sondern noch direkt auf eigenen Beinen unterwegs sind. Dass sie dabei „in der Natur" sind, bedeutet ihnen offenbar nichts weiter als dass sie nicht auf Autos achten müssen. Der Wald ist Kulisse. Die (Forst)Straße gehört ihnen ganz. Und sie nehmen sie auch so in Anspruch; kompromisslos, rücksichtslos.

Hin und her gerissen zwischen der gefühlten Notwendigkeit, zu dokumentieren, wie viele Tote vom Frühjahr bis zum Herbst die rasenden Räder und die unachtsamen Tritte der Walker und Jogger hinterlassen haben, und dem innern Drang, solche Strecken mit den vielen Toten zu meiden und einsame Pfade zu benutzen, entscheide ich mich dafür, beides zu tun. Ich mache mich zum Zeugen, der so genau wie möglich protokolliert, was an Opfern zurückbleibt auf den Straßen und Wegen.

Und ich ziehe mich immer wieder zurück in jene Winkel des Waldes, die davon verschont sind. Dass das die schattigeren, die feuchteren, die nur mit längeren Umwegen erreichbaren Wege sind, muss ich hinnehmen. Es ist halt so wie immer und überall. Wer Ruhe und Ungestörtheit sucht, muss sich von den „Erholung Suchenden" absondern, die sich in menschentypischer Weise ansammeln, um (erholungs)aktiv zu sein. Denn sie wollen dies auch zeigen. Wozu würde man denn sonst das Rennfahreroutfit und die Super-Sonnenbrille tragen oder die teuren Markenschuhe, mit denen man „walkt", weil Gehen „out" ist, wenn niemand da wäre, der dies mit dem gebührenden Neid sieht?! Was in der Natur eine wirkungsvolle Schreckfarbe wäre, gilt vielen Zeitgenossen als Signal für ihre Besonderheit, die zwar vordergründig im supersportlichen Outfit steckt, aber gerade wegen ihrer Sportlichkeit als solche erkannt werden soll. Gut, dass wenigstens die Rehe im Wald und die Hunde, die den Spaziergang mitmachen müssen, weitgehend farbenblind sind und daher weniger verschreckt werden als Menschen, die grelle Neonfarben und Raumfahreranzüge auf Rädern für deplaziert halten – zumindest im Wald. „Wenigstens singen und jodeln sie heutzutage nicht mehr wie früher", sage ich mir und versuche wegzuschauen, so weit dies zur eigenen Sicherheit vernünftig ist. Denn sie fahren als ob ihnen, den Radfahrern und allenfalls noch den Joggern und Walkern, die Forststraßen allein gehören würden. Spaziergängern, die den Wald als Wald betrachten und nicht bloß als Kulisse, die Schatten spendet, empfinden, stören mit ihrer Beschaulichkeit im Strampeln nach Kilometern.

Dabei kann man vom Fahrrad aus die Waldnatur sehr genießen. Bei mäßigem Tempo sieht man viel und hört auch noch genug von den Gesängen und Stimmen der Vögel. Es gibt viele Stellen, an denen es sich lohnt zu verweilen, um den Wald mit seiner Lebensfülle auf sich wirken zu lassen. Radausflüge in den Wald müssen nicht zum Tod von Blindschleichen, Nattern und anderen Kleintieren führen; auch nicht, wenn man zügig fahren möchte. Tödlich ist das stumpfsinnige Rasen, wie auch beim Autofahren. Was allzu oft fehlt, sind Voraussicht und Rücksichtnahme.

2. Auf der Suche nach der Ruhe

Also weiche ich, um mich zwischendurch zu erholen, auf die stillen Pfade aus. Ich kenne sie und weiß, dass auch andere sie kennen. Aber es sind deren wenige, die sich absondern und die Rennstrecken meiden. Der eigentliche Grund läuft mehr oder weniger in ihrer Nähe mit, die Hunde, mit denen sie unterwegs sind. Wenn auf den von Radfahrern und Joggern bevorzugten Forststraßen zu dichter „Verkehr" eingesetzt hat, wechseln sie auf die Nebenstrecken. An diesen lässt man die Hunde frei stöbern. Und kläffen, wenn sie ein Reh aufschrecken, was jedoch nur noch selten geschieht, weil Rehe im (Staats)Forst nicht geduldet werden. Wald geht vor Wild. Das gilt im Staatsforst noch mehr als in den Privatwäldern, denn dieser soll Erträge für die Staatskasse erwirtschaften, nachdem er doch jahrzehntelang ein Zuschussbetrieb war. Steuergelder kostete der Staatsforst, so dass der Waldspaziergang eigentlich nicht so ganz kostenlos war. Nur „offiziell" war er „frei", de facto bezahlten wir für jeden Gang in den Wald, sogar für die nicht getätigten. Dass sich das ändern musste, war (politisch) klar als ruchbar wurde, dass uns „unser Wald" auch etwas kostet. Nicht allzu viel zwar, denn was sind schon ein paar Millionen, die als Kosten übrig bleiben, für Millionen von Menschen, die in Freizeit und Erholung vom Staatswald profitieren? Selbst ein Defizit von zweihundert Millionen pro Jahr würde lediglich dem Preis für einen Becher Kaffee in der Deutschen Bahn entsprechen. Dort allerdings zu meistens nicht gerade entspannenden Bedingungen. Zu viel Zumutung für die Bevölkerung sei das, meinte(n) die Staatsregierung(en). Und strukturierten defizitäre Forstverwaltungen um. Zum Wohle der Allgemeinheit, wie es heißt und sein soll, denn durch die Strukturierung zu einem wirtschaftlich wirtschaftenden Großbetrieb wurde beispielsweise aus der Bayerischen Staatsforstverwaltung ein Gewinn abwerfendes Unternehmen namens Bayerische Staatsforsten, das Überschüsse erwirtschaftet. 2013 waren es stolze 71,5 Millionen Euro. Macht 5 Euro und 70 Cent für jeden bayerischen Staatsbürger. Und eine Menge Unannehmlichkeiten dazu. Denn nun wird die Forstwirtschaft gewinnorientiert betrieben das ganze Jahr hindurch und mit Holzerntemaschinen, die den betroffenen Forst zur beständigen Großbaustelle machen. „Unter allen Wipfeln ist Unruh!" gilt nun, in freier Umdrehung der Anfangszeile von Goethes bekanntem Gedicht, dessen dritte Strophe nun umso besser passt: „Die Vögel schweigen im Walde".

Es war ein Irrtum, zu glauben, abseits der Rennwege Ruhe zu finden. Rund ums Jahr fressen die Holzerntemaschinen so genannte Rückegassen in den Forst. „Gerückt", was einst hieß, mit Pferden herausgezogen, wird längst nichts mehr. Die Holzernter schnappen sich die Stämme, entrinden und schneiden sie automatisch auf die richtige Länge zurecht und stapeln sie an den Rändern der Forststraßen für den Abtransport. Sie wirken wie mobile Fließbänder im Wald, und wie diese sollten sie am besten nie still stehen. Ein paar Farbkleckse an randständigen Stämmen, die zur Markierung angebracht werden, genügen, um von dort aus eine neue Schneise in den Baumbestand hineinzutreiben. Genommen wird, was kommt. Die Schneisen, die in ihrer Dimension durchaus die Größe städtischer Gassen übertreffen, müssen ja der Maschinengröße entsprechen. Deren Räder sind allein so riesig, dass sie tiefe Furchen in den weichen Waldboden pressen; Rinnen, die sich mit Wasser füllen. Dass es nicht allzu augenfällig dazu kommt, dafür sorgt die Auflage an Astwerk, mit der sie überdeckt werden. Das macht sie so gut wie unbegehbar, diese Schneisen. Immer wieder werden die Forststraßen gesperrt, damit die Riesenmaschinen von ihnen aus operieren können und dabei nicht auf Radfahrer, Fußgänger und Hunde geachtet werden muss. Da sind die Straßen ohnehin in einem Zustand, der selbst die Mountainbikefahrer abschreckt und zu Alternativrouten veranlassen würde. Entsprechend neu geschottert und wiederaufgebaut müssen sie nach jeder größeren Holzernte werden. Die damit verbundenen Kosten deckt der gegenwärtig so lukrativ gewordene Holzverkauf anscheinend auch.

Stunden der Ruhe im Wald zu finden ist alles andere als leicht, weder für die Menschen, noch für die Tiere. Schuld ist jenes Bewirtschaftungskonzept, das zu Beginn der großen Umweltwelle von den Naturschützern vehement gefordert worden war: Abkehr von der „Kahlschlagwirtschaft". Die alternative Holznutzung wurde in den Staatsforsten realisiert; weitestgehend. Denn die Natur hält sich nicht an ideologische Zielvorgaben. Gelegentlich legt sie mit Orkanen doch gleich auf größeren Flächen den Wald um. Viele Vögel, anderes Getier und auch das Wild würden sich Stürme wünschen, könnten sie den ursächlichen Zusammenhang erkennen. Dann gäbe es immer wieder Zeiten, in denen es ihnen und einer Fülle von Pflanzen gut geht. Wo der Sturmwurf nicht liegen bleiben darf, weil das Holz dennoch Wert hat, kommt zwangsläufig eine offene, kahlschlagähnliche Fläche zustande. Neuer Wald muss darauf wieder aufgebaut werden. Am besten mit Jungbäumen, die rasch wachsen und die mit der vorhergesagten Erwärmung des Klimas zurechtkommen. Wie die Douglasien aus Nordamerika.

Die Sturmwürfe zeigen die Anfälligkeit der plantagenartig herangezogenen Forste. In Reih und Glied gepflanzte, gleichartige Bäume, so genannte Altersklassen-Bestände, trifft Wind- und auch Schneebruch viel eher als reich strukturierte, aus unterschiedlich alten Bäumen zusammengesetzte Wälder. Die forstlichen Monokulturen sind anfälliger für Schädlinge, wie Borkenkäfer im Fall von Fichtenforsten oder Eichenwickler und Schwammspinner, wenn es sich um Eichenwälder handelt. Aus solchen und weiteren Gründen sollte die Forstwirtschaft wenigstens staatlicherseits von der flächenhaften Nutzung in Form von Kahlschlägen, auf denen gleich wieder neue Altersklassenwälder gepflanzt werden, abrücken und auf Einzelstammnutzung, die so genannte Plenterung, umstellen. Die Rückegassen mit ihren vielen schmalen Schneisen kommen dieser Wunschvorstellung nahe, weil sie den Forst in seiner Gesamtheit erhalten, während jeweils nur geringe Anteile davon genutzt werden. Das „Waldsterben" im letzten Drittel des 20. Jahrhunderts tat seinen Teil dazu, da um den Fortbestand des Deutschen Waldes insgesamt gebangt wurde. Es starb dann selbst einen stillen Tod, während der Deutsche Wald ins neue Jahrtausend mit größerem Bestand und höherem Holzvorrat wechselte als je zuvor in den letzten fünfhundert Jahren.

Die Welt sollte also im Wald wieder in Ordnung sein; im Staatswald zumindest! Er wird gewinnbringend bewirtschaftet, Kahlschlag ist vermieden und nach und nach soll umgestellt werden auf Baumarten, die dem drohenden Klimawandel ähnlich wie dem Waldsterben im letzten Jahrhundert widerstehen können. Wenn da nicht der Lärm der Maschinen wäre, die rund ums Jahr im Forst wirtschaften und die erwünschte „Waldwende", wie man sie in der Zeit der Energiewende nennen könnte, vorantreiben. Wo gehobelt wird, fallen Späne, gilt in dieser Situation, wo Forst genutzt und umgebaut wird. Da herrscht eben Baustelle; Dauerbaustelle. Am Wochenende ruhen die Harvester ohnehin, wenn die Erholungsbedürftigen ausschwärmen zu ihren Radtouren und zum Jogging. Doch da haben so manch andere Menschen Zeit und nehmen sich ausgerechnet bei schönstem Waldspaziergangswetter etwas vor. Etwas, das unerhört viel Lärm macht. Zunächst dachte ich, ein Polizeihubschrauber würde über dem Wald herumsuchen, weil etwas passiert sei. Doch manche „Abstürze" des Hubschraubers kamen mir dann doch etwas (zu) gewagt vor. Auch Loopings pflegt die Polizei nicht ohne zwingenden Grund zu drehen. Jedenfalls schwiegen die Vögel im Walde. Der Lärm war schier unerträglich. Was immer der Grund gewesen sein mag für diese Flüge, Übungsflüge oder Spaß, sie veranlassten mich zu umgehender Flucht zurück ins Städtchen. Darin, auf dem zentralen Platz, war es ungleich ruhiger, angenehmer, beschaulicher. Ein Einzelfall; ein Sonderfall? Mitnichten. Wenn nicht Hubschrauber ihre Kapriolen über den Wipfeln drehen, tun dies Sportflugzeuge. Oder es dröhnen Motordrachen direkt über den Baumwipfeln. Laut und langsam drehen sie ihre Runden. Am Waldrand kommen Modellflugzeuge dazu. Mit irrwitziger Geschwindigkeit steigen sie auf, schießen umher und spielen Krieg, denn auch Kampfjets sind darunter. In Miniaturausgabe jagen sie raketengleich in die Höhe, während echte Jets der Bundeswehr wochentags im Tiefflug über den Wald hinweg düsen, dass einen der Schalldruck unten auf der Forststraße beinahe umwirft. Weht der Wind (un)günstig, durchdringt der Lärm der Bundesstraße und der Autobahn das Rauschen der Blätter. Stehen die Bäume kahl, hören Kenner die Autotypen an ihren Fahrgeräuschen. Die Fahrweise ist ohnehin nicht zu überhören. Selten einmal herrscht jene Stille im Wald, in der die Stimmen der Vögel die viel besungene akustische Kulisse bilden. Dann aber sind mit Sicherheit die Verkehrsflugzeuge zu hören, die das morgendunstige Himmelsblau verdeckt, bis sie bei steigender Sonne die markanten Kondensstreifen in der Höhe hinter sich herziehen.

Waldesruh, das war einmal. Wie so viele Klischees sitzt die Idealvorstellung vom Wald fest verankert als Vorurteil in den Köpfen. Stille und Erholung vor dem Stadtlärm würde er bieten, der Wald, und Beschaulichkeit in grüner Stimmung vermitteln. Ausgeblendet bleibt die nackte Düsternis der in Reih und Glied stehenden Fichtenstämme, die mit ihren abgestorbenen, als überlange Stacheln von den Stämme abstehenden, dürren Ästen den Zutritt verwehren. Und uns auf die Forststraßen zwingen. Dem freien Betretungsrecht gemäß stünde er uns offen. Was hat der Forst zu bieten? Im dichten Fichtenbestand bedeckt den Boden eine einförmige Schicht aus alten Nadeln. Günstigenfalls, wenn der „dunkle Tann" nicht gar zu dicht gepflanzt worden war, hat sich stumpf grünes, weiches Moos ausgebreitet. Lichte Stellen gibt es fast nur noch an den Rändern der Forststraßen. „Lichtungen", wie sie sehr treffend heißen, sind rar geworden, seit das Holz über Rückegassen voll maschinell geerntet wird. Jungwuchs, Naturverjüngung, kommt nicht auf in diesen Rückegassen. Wohl aber jede Menge der invasiven Drüsigen Springkräuter und Goldruten. Oder, hübsch anzuschauen, Kerze an Kerze von Rotem Fingerhut als Folgepflanze schwerer Holzharvester. Von einer gegliederten Altersstruktur der Bäume kann keine Rede sein. Was keinen (späteren) Holznutzwert hat, wie Salweidenbäumchen oder

Holunderstauden am Wegrand, wird entfernt. Wahrscheinlich überlebten einzelne ältere Linden und Buchen nur, weil christliche Votivtafeln an ihre Stämme genagelt worden waren. Sie zerfallen, wie die in früheren, dem Tierleben im Forst besser zugetanen Zeiten aufgehängten Nistkästen für in Höhlen brütende Singvögel und Fledermäuse. Niemand kümmert sich um die Nistkastenruinen. Wenn die Harvester darüber hinweg gehen, werden diese gar nicht weiter auffallen.

„Ich ging im Walde so für mich hin", dichtete Goethe. Er hatte offenbar die Zeit dazu, der Dichterfürst, und das in einer Zeit, in der Zeit eigentlich sehr knapp war. Weil die Arbeit, die lebensnotwendige, keine Zeit ließ zum Müßiggang. Nichtstun galt als Laster. Wer in den Wald ging, tat dies um zu arbeiten, um Holz zu machen, um Pilze oder Beeren zum Essen zu sammeln. So war der Wald ein Ort der Stille. Fern von der notwendigen Geschäftigkeit der (Arbeits)Welt herrschte Ruhe. Außer zu Zeiten, in denen Holz geschlagen werden musste. Das geschah meistens im Winter, weil die Stämme auf dem gefrorenen und mit Schnee bedeckten Boden leichter herauszuziehen waren. Viel besungen wurde sie, die Waldesstille, die von den Gesängen und Rufen der Vögel erfüllt und vom Rauschen der Blätter begleitet war. Eine „Stille, die tönt", war sie; nicht lärmerfüllt, sondern voller angenehmer Laute und beruhigender Geräusche. Sogar das Ächzen der Bäume im Sturm gehörte nicht zum aufdringlichen, störenden Lärm, auch wenn es bedrohlich wirkte und Angst auslöste. Beklemmend konnte die Stille werden, wenn sich nichts regte, wenn nichts mehr zu hören war.

Wir haben Gesetze und Verordnungen zum Lärmschutz. Millionen und Abermillionen werden ausgegeben, um die Anwohner vor dem Lärm des Straßenverkehrs oder anderen Lärmquellen zu schützen. Die Lärmbelastung bildet ein zentrales Thema in Genehmigungsverfahren zu Bau und Ausbau von Verkehrsflughäfen und auch beim Neubau von Fernstraßen. Die Wohnbereiche der Menschen werden immer besser geschützt. Sogar das Quaken von Fröschen innerorts am Gartenteich hat Eingang in Gerichtsverfahren gefunden. Draußen hingegen, in der „Stille der Natur", schützt uns nichts vor dem nervtötenden Übermaß an Lärm; am wenigsten zu den Zeiten, die der Erholung dienen sollen. Im Preis von frischer Luft, von Sonne oder Schatten, steckt vielfach der Krach, den man draußen ausgesetzt ist. Im Stadtlärm singen die Vögel lauter. Das wurde über genaue Messungen festgestellt. Offenbar haben sie sich damit arrangiert, denn die Städte sind voller Vögel. Doch in der Stadt fällt und verarbeitet man auch nicht mit Maschinengedröhn mitten in ihrer Brutzeit die Bäume, auf denen die Vögel nisten.

Muss die forstliche Nutzung wirklich das ganze Jahr über stattfinden, um „wirtschaftlich" zu sein? Im Staatswald? Brauchen wir in Bayern den Gewinn von nicht einmal sechs Euro pro Kopf und Jahr, der von den Bayerischen Staatsforsten erwirtschaftet wird? Würde es die Hälfte nicht auch tun, um – wenigstens – im Sommerhalbjahr die Woche über im Staatswald Ruhe zu haben? Müssen wir den Wochenendlärm ertragen, weil „Sportflieger" den Nervenkitzel von Loopings, Steilstürzen und ähnlich flugtechnischen Unfug im privaten Bereich brauchen? Kann es sein, dass Landwirte am Sonntag mit dem Traktor Holz aus dem Wald holen, weil sie wochentags keine Zeit (oder Lust) dazu haben?

3. Lob des Kahlschlags

Holz ist eine in unserer Zeit wieder sehr wertvoll gewordene Ressource. Dank der „Energiewende" werden massenhaft Hackschnitzel und Holzpellets verheizt. Dabei steigt zwar der Feinstaubgehalt stark an, weil die alten Kamine wieder rauchen, aber anders als bei der Einführung der Öl- und vor allem der kommunal versorgten Gasheizungen ist das nicht mehr (so) schlimm, weil Holz „grün" und damit als erneuerbare Ressource „gut" ist. Gut wie der Mais auf den Fluren, der seit einigen Jahren den Weizen vom Spitzenplatz unter unseren Feldfrüchten verdrängt hat. Biodiesel und Biogas liefern die „grüne", weil erneuerbare Energie. Dass sie Biodiversität, Lebensvielfalt, vernichten, um deren Erhaltung einst die „Grünen" als Partei angetreten waren, tut längst nichts mehr zur Sache. Die Energiewende ist wichtiger als das Überleben von Tieren und Pflanzen in einer Natur, wie sie sich Millionen Menschen wünschen. Einst galt die große Besorgnis dem sterbenden Wald. Der starb zwar nicht, aber das ist längst vergessen seit er als gewinnträchtige „erneuerbare Energie" erkannt wurde und entsprechend bewirtschaftet wird. Die zerfallenden Vogelnistkästen sieht man offenbar auch in Kreisen der Naturschützer nicht mehr. Das große Ziel des 22. Jahrhunderts steht über den Begleiterscheinungen zu Beginn des 21., Kollateralschäden genannt. Die Naturschutzverbände hatten die Wende gewollt, die Wende zur intensiven Nutzung der erneuerbaren Ressourcen. Mit knapp einem Drittel Flächenanteil in Deutschland nimmt der Wald zwangsläufig eine prominente Position darin ein, zumal er anstatt den Untergangsparolen folgend anständig zu sterben, so wüchsig geworden ist, wie noch nie. Und damit auch nach Belieben „erneuerbar". Echten Waldschutzgebieten erteilte die neue Doktrin eine Absage; Nationalparken ohne jegliche wirtschaftliche Nutzung insbesondere. Auch wenn die große Mehrheit der Bevölkerung diesen echten Nationalparkstatus ohne Kettensägen und ohne als gesellschaftliches Ereignis inszenierte Treibjagden auf das Wild viel lieber möchte als den Wald als grüne Kulisse. Die Bevölkerung hat da nichts zu sagen, schon gar nicht etwa zu „wählen". Demokratie ist so nicht gemeint. Vielleicht gelingt wenigstens die Aufrechterhaltung des „Bestandsschutzes" für solche einst aus der Nutzung genommene Flächen, wie die Kernzone im Nationalpark Bayerischer Wald.

Skepsis ist allerdings auch im Fall ausgewiesener Schutzgebiete angebracht. Tabu sind diese nur für die Naturfreunde, nicht aber für Eingriffe von staatlichen Institutionen. Ein Wasserwirtschaftsamt kann offenbar entgegen den klaren Bestimmungen in der Schutzverordnung die Holznutzung im Naturschutzgebiet zur Gewinnung von Hackschnitzeln veranlassen. Der Verkaufserlös der gefällten Bäume, alter, „besonders geschützter", weil vom Aussterben bedrohter Schwarzpappeln, und der zerhackten Sträucher finanziert den Bau von großmaschinengerechten Straßen hinein ins Naturschutzgebiet; dorthin, wo vordem lediglich Fußpfade verliefen. Was immer für „Rechtfertigungen" für das behördliche Fällen kerngesunder großer Bäume im Naturschutzgebiet (nach)geliefert werden mögen, das Vorgehen drückt den Wandel in der Grundhaltung zur Natur in unserer Zeit aus. Sie ist „Ressource" geworden. Ihre Inwertsetzung macht auch nicht vor Naturschutzgebieten halt. Die Interessen der Bevölkerung, Erlebniswert, Stille und Natur, die Natur sein kann, zählen längst nicht mehr! Der Energiewende wird geopfert, was als unverzichtbar für die Erhaltung der Lebensvielfalt eingestuft gewesen war. Mit „grüner Energie" wird viel Geld gemacht. Die großen Energieversorger steigen darauf um. Das ist nicht nur ein gutes Zeichen. Eher ein Alarmsignal.

In dieser Lage kommt man nicht umhin, den alten Kahlschlag zu preisen. Mit einem „Schlag" wurde da auf größerer Fläche „geerntet", was an Holz aufgewachsen war. Flächen von Hektar- oder Quadratkilometergröße fielen natürlich auf, wenn sie plötzlich kahl geschlagen wurden. Je nach Baumart und Wuchsgebiet dauert es ein halbes Jahrhundert oder beträchtlich länger, bis darauf wieder respektabler Hochwald aufgewachsen und erneut hiebreif geworden ist. Jahrelang, ein Jahrzehnt vielleicht, scheint die Fläche „kahl" zu sein, auch wenn sie das ganz und gar nicht ist. Im Gegenteil: Gerade in dieser Anfangszeit der Waldbildung lebt eine besonders vielfältige Pflanzen- und Tierwelt auf solchen Flächen. Die mittleren Stadien der Waldentwicklung verarmen. Bei der „Hiebreife" hat der Forst die geringste Lebensvielfalt. Nur die wirklich sich selbst überlassenen, allmählich zusammenbrechenden Altholzbestände kommen an Vielfalt den Jugendstadien gleich. Oder übertreffen diese sogar, weil während des Zusammenbruchs viele kleine Jungwuchsflächen mosaikartig neu entstehen. Doch dieser Zustand stellt sich erst nach Jahrhunderten ein. Von Natur aus. Außer es kommt zu jenen – natürlichen – Ereignissen, die als Katastrophen eingestuft werden, nämlich zu Waldbrand, Sturmwurf oder Insektenkalamität. Waldbrände werden bei uns so gut wie immer umgehend gelöscht. Brandflächen sind so rar, dass die darauf spezialisierten Pilze, deren es zahlreiche Arten gibt, weil Waldbrände von Natur aus ziemlich häufig vorkamen, zu den vom Aussterben am stärksten bedrohten Raritäten der Pilzwelt zählen. Stürme und Sturmwürfe lassen sich aber nicht verhindern. Sie sind ein Segen für zahlreiche Vögel, Schmetterlinge und auch für das von den Jägern so genannte Wild, weil sie neue, strukturreiche und sonnig-lichte Flächen schaffen. Aus der Sicht des Naturschutzes sollten diese eigentlich erwünscht sein. Dem Nutzwert des Holzes stehen Sturmschäden allerdings entgegen. Die Einbußen werden geringer, je höher die Preise für Hackschnitzel steigen. Und verhackschnitzeln lässt sich jegliches Holz, ob vom Sturm geworfen oder von Harvestern geerntet. Den Insektenkalamitäten, allen voran „dem Borkenkäfer" (von denen es eine ganze Reihe verschiedener Arten gibt!), ist hingegen nach wie vor der (chemische) Kampf angesagt. Auch in Nationalparken und Naturschutzgebieten soll „der Käfer" bekämpft werden. So wollen und fordern es die Anrainer, insbesondere die privaten Waldbesitzer.

Es sieht daher schlecht aus mit den natürlichen, hinreichend großflächig auftretenden Verjüngungsflächen des Waldes. Und wo sie aufgrund von Katastrophen der oben genannten Formen auftreten, wird sogleich aufgeforstet, um die Schäden zu beheben. Denn der Wald soll möglichst geschlossen sein, wüchsig und produktiv bleiben. Auch wenn er wegen des Klimawandels umgewandelt werden sollte, pflanzt man dennoch wie bisher rasch wüchsige Fichten nach. Immer noch und viel zu häufig. Weil die Besitzer dieser Pflanzungen mit an Sicherheit grenzender Wahrscheinlichkeit annehmen können, dass der Staat die Schäden übernehmen wird, wenn die Fichten verdorren, im Hochwasser ertrinken oder sonst wie Schaden nehmen. Die Gesellschaft ersetzt alles, was in Land- und Forstwirtschaft an Schäden auftritt, auch wenn das Falsche in vollem Wissen, was geschehen kann, getan wurde.

Also bliebe uns, der Gesellschaft, für unsere Wünsche und Vorstellungen letztlich nur der Wald, der uns gehört, der Staatswald also. Dieser könnte ja so bewirtschaftet werden, wie wir das möchten, oder einfach mehr oder weniger und ohne Kosten zu verursachen sich selbst überlassen bleiben als Reserve für die Zukunft. Ein möglichst erholungstauglicher, vielfältiger Wald könnte dies sein, bestens geeignet auch als Lebensraum für Tiere und Pflanzen, vor allem für die gefährdeten Arten. Wir könnten ihn frei halten vom Lärm der Motorsägen und Holzerntemaschinen, teilweise bis ganz aus der Holznutzung nehmen und gelegentlich auch, wieder, mit Kahlschlag bewirtschaften, wo noch die alten, an unpassendem Ort wachsenden Fichtenreinbestände stehen. Diese ließen sich so schneller durch artenreiche, der Region und den Anforderungen der Zukunft angepasste Mischbestände ersetzen. Auf den Schlagflächen würden wieder Heidelerchen singen, Nachtschwalben schnurren, Schmetterlinge in großer Vielfalt fliegen und Beerensträucher wachsen, denen es in den Rückegassen zu finster ist und die an den Rändern der Forststraßen wegrasiert werden, weil diese für die Harvester tauglich sein müssen. Auf den Kahlschlägen dürften wieder Rehe und anderes Wild leben, das aus dem modernen Forst verbannt wird, weil es Schäden anrichtet. Fragt sich inzwischen nur wo, denn in den Rückegassen wächst ohnehin fast nichts außer, wie schon angeführt, der giftige Rote Fingerhut und massenhaft die wuchernden Drüsigen Springkräuter. Sie sind die Ausbreitungs-Autobahnen für die Invasiven; die Holzerntemaschinen die Transporter. Wenigstens im Hoch- und Spätsommer verdecken die üppig blühenden Springkräuter, wie heutzutage gewirtschaftet wird; gewollt vom Naturschutz, angeführt von Forstleuten als Vorkämpfer. Für sie waren Kahlschläge ein Gräuel. Das gegenwärtig praktizierte, entgegengesetzte Extrem ist es nicht minder. Die Heidelerchen singen nicht mehr. Die von grüner Ideologie durchdrungenen Köpfe stört es nicht, dass sie verstummt sind.

Auch dass sich immer mehr Windräder über den Wäldern drehen. Mögen sie den Fledermäusen die Lungen zerreißen oder die Roten Milane verhackstücken, für die wir, wie die Vogelschützer zu Recht betonen, eine besondere Verpflichtung haben, weil gut die Hälfte des Weltbestandes dieses einst Königsweih genannten Greifvogels (noch) in Deutschland lebt. Mein Wald ist das nicht, in dem jahraus jahrein die Kettensägen Schneisen schneiden, die Holzharvester dröhnen und wegen Baumfällarbeiten die Waldwege zur schönsten Zeit des Jahres gesperrt werden! In „meinem Wald" würde ich gern Rehe und andere Wildtiere beobachten und den Kindern zeigen können. In meinem Wald würde ich nicht zulassen, dass „Gesellschaftsjagden" das Wild in Panik versetzen, sofern es diese überhaupt überlebt. „Mein Wald" würde ein Wald für Menschen und Tiere sein, in dem sich die Menschen erholen und die Tiere, wie in den Städten, ohne Furcht vor den Menschen leben können. Dieser Wald, unser aller Wald, würde nicht sterben, sondern leben und gedeihen. Das Schild der Staatsforstverwaltung mit der Aufschrift *Das ist dein Wald!* verhöhnt uns.

Klaus Michael Meyer-Abich

Warum muß die Natur vor uns geschützt werden?

Plädoyer dafür, daß wir Veränderungen in die Welt bringen dürfen

Eigentlich sollten wir so leben, daß wir unsere natürliche Mitwelt und die Natur insgesamt nicht vor uns zu schützen brauchten. Solange wir das nicht tun, ist der Naturschutz nötig, aber doch immer nur als das Zweitbeste, was zu tun ist, weil das Beste nicht geschieht. Ich möchte im Folgenden daran erinnern, wie wir diesem Besten wieder näher und dadurch dem Naturschutz zu Hilfe kommen könnten, damit er politisch etwas entlastet wird.

Der Naturschutz ist bisher – wie die Juristen sagen – „dem Bestandsschutzprinzip verpflichtet" (Lütkes 2011, 147). Nachdem also schon ziemlich lange ziemlich viele Hochspannungsleitungen, Straßen und Industrieanlagen durch die Landschaft gezogen oder in ihr errichtet worden sind, soll es damit nun möglichst nicht mehr so weitergehen – soweit nicht starke wirtschaftliche Interessen dem entgegenstehen. Ich halte diese Orientierung am Bestandserhalt für bedenklich, weil den Wirtschaftsinteressen dagegen viel zu oft der Vorrang gegeben wird. Im deutschen Naturschutz gibt es dazu die geradezu hinterhältige Regel, ein Eingriff dürfe nicht durchgeführt werden, wenn die Belange des Naturschutzes und der Landschaftspflege ... anderen Belangen im Range vorgehen" (§ 15 Abs 5 BNatSchG). Das klingt sehr schön. Da aber diese Vorrangigkeit nach dem Gesetz nur selten besteht, bedeutet der betreffende Paragraph de facto: Der Naturschutz ist sekundär, wenn die öffentlichen bzw. wirtschaftlichen Interessen an dem Eingriff hinreichend groß sind. Der Bestandsschutz kann also in der Regel nicht durchgesetzt werden und ist deshalb politisch eine zu starke Forderung. Wenn der Naturschutz von diesem immer wiederkehrenden politischen Druck nicht etwas entlastet wird, brauchen wir uns nicht zu wundern, daß er so oft den Kürzeren zieht.

Ich halte die generelle Orientierung am Bestandserhalt aber auch der Sache nach für falsch. Denn wir sind doch eigentlich nicht dazu da, um die Welt wieder so zu verlassen, als seien wir gar nicht dagewesen. Im Gegenteil: Wir wären gar nicht lebensfähig, wenn wir unsere natürliche Mitwelt nicht in gewissen Grenzen für unsere Bedürfnisse zurichteten, und alle andern Lebewesen tun das auch. Die Ameisen z.B. bauen anscheinend ganz skrupellos ihre Wohnanlagen und die Biber ihre Dämme, die Vögel fressen Beeren und die Insekten saugen den Honig aus den Blüten der Pflanzen. Alle Lebewesen bringen Veränderungen in die Welt, warum also nicht auch wir?

Alles tierische Leben ist überhaupt nur dadurch möglich, daß tierische Lebewesen sich zumindest von Pflanzen ernähren. Das zu tun kann also wohl nicht dem Leben entgegenstehen, denn sonst gäbe es dieses Leben überhaupt nicht. Allerdings sorgen die Vögel, indem sie sich von den Beeren ernähren, zugleich für die Verbreitung der pflanzlichen Samen, und die Insekten befruchten die Pflanzen, indem sie sich aus deren Blüten ernähren. Tun auch wir etwas dafür, daß wir von andrem Leben leben? Unsere Mitmenschen denken offenbar überwiegend anthropozentrisch, d.h.: Alles andere ist für uns da, aber wir sind nicht auch zu etwas da in der Welt. Sind sie oder wir zu dieser Einstellung berechtigt?

Dies ist eine philosophische und zugleich eine religiöse Frage. Philosophisch kann man Gründe und Gegengründe für die eine oder andere Antwort aufbieten und bewerten, die Entscheidung richtet sich aber letztlich danach, wie wir in Zukunft leben möchten, und dies hängt philosophisch davon ab, wer und was wir zu sein meinen. Nach dem anthropozentrischen Menschenbild glauben wir, Mensch sein zu können, indem wir die ganze übrige Welt nur haben wollen, und daraus folgen allenfalls Nachhaltigkeitsgebote zugunsten der künftigen Generationen von Menschen. Nach dem physiozentrischen Menschenbild hingegen gehören wir zur Lebensgemeinschaft der Natur und sind für alles, was wir uns aneignen, immer auch etwas schuldig, so wie die Vögel und die Insekten (vgl. Meyer-Abich 1997). Eine philosophische Entscheidung zwischen den beiden Menschenbildern ist nicht möglich, sondern hier gibt es nur religiöse Rechtfertigungen. Religionen sind ja eigentlich Antworten auf die Frage, wer wir sind und was uns zukommt.

Im Folgenden halte ich mich deshalb lieber gleich an die Religion und beginne mit dem Alten Testament. Dort heißt es in einer der beiden Schöpfungsgeschichten, mit denen das Buch beginnt, der Mensch sei nach dem Bild Gottes geschaffen und zur Herrschaft in der Natur berechtigt. Hier finde ich zwar den Anspruch bedenklich, nur wir, man könnte auch sagen: ausgerechnet wir, seien nach dem Bild Gottes geschaffen, die Vögel und die Blumen, die Biber und die Ameisen hingegen nicht. Bei den Ägyptern gab es auch tierische Gottesbilder, und Nikolaus von Kues nahm sogar einen Baum als einen Ausdruck oder ein Bild Gottes wahr, was mir sehr einleuchtet. Trotzdem war mit der Sonderstellung des Menschen im Alten Testament auch eine besondere Verantwortung vor dem Schöpfer für die Schöpfung verbunden. Wir sind diesem Sonderstellungs-Menschenbild nun aber schon so lange nicht gerecht geworden, daß ich an seine Kraft nicht mehr glaube.

Im Neuen Testament ist nur noch Christus ein Bild Gottes, nicht der Mensch überhaupt, aber bei der Verantwortung ist es geblieben. Wenn nämlich der Herr diejenigen, die er über sein Gut gesetzt hat, bei seiner Wiederkunft so vorfindet, daß sie nicht für das Gut sorgen, sondern alles verprassen, werden sie nicht in das Reich Gottes eingehen (Lk 12,42ff.). Wir können damit noch nicht gemeint gewesen sein, aber es ist unbestreitbar, daß das Gleichnis auf uns paßt.

Die Seligpreisungen der Bergpredigt werden oft so verstanden, als seien sie ganz utopisch und so könne man gar nicht leben. Wenn es dort aber heißt: Selig sind die Sanftmütigen, denn sie werden die Erde besitzen, eigentlich sogar erben (Mt 5,5), soll das doch vermutlich nicht heißen, daß sie auf der Erde nur betend oder Halleluja singend herumsitzen und es sich gut gehenlassen sollen, ohne dafür etwas zu tun. In Norddeutschland wird bis heute das Märchen von dem Fischer und seiner Frau erzählt, die sich zunächst ein Häuschen mit Garten wünschten, dann ein Schloß, dann ein Königreich, ein Kaiserreich, das Papsttum und die schließlich sogar Gott selbst sein wollten, auf den verschiedenen Stufen vor der letzten aber immer nur herumsaßen und sich bedienen ließen. Wenn sie rechtzeitig angefangen hätten, für die ihrer Sorge anheimgegebenen Dinge und Lebewesen zu sorgen, am besten gleich beim Häuschen mit Garten, wären sie doch wohl nicht in die unbegrenzte Steigerung ihrer Bedürfnisse hineingeraten und hätten zufrieden oder sogar selig sein können. Man muß mit dem, was man hat, eben etwas anfangen, um damit zufrieden zu sein.

Auch die Sanftmütigen also werden für die Erde zu sorgen haben. Dazu gibt es im Neuen Testament den Wegweiser: Trachtet zuerst nach dem Reich Gottes, dann wird euch von selber zufallen, wessen ihr bedürft, und als Vorbild werden uns wiederum gerade die Vögel und die Blumen empfohlen (Mt 6,25ff.). Von diesen aber wissen wir ja schon, daß sie in der Natur nicht nur ihre Nahrung finden, sondern sich dafür revanchieren, indem sie sich nützlich machen. Wenn wir nun annehmen, daß das auch für uns gelten soll, so stehen wir vor der Frage: Wie können wir Menschen uns als eine Gegenleistung für die vielen guten Dinge, die uns in der Natur, zu der wir gehören, geboten werden, am ehesten im Interesse des Ganzen nützlich machen? Anders gesagt: Was sind wir dafür schuldig, daß wir von anderem Leben leben (und anders gar nicht leben könnten)? Darauf gibt gerade die Landschaftsentwicklung sehr ermutigende Antworten.

Ohne Menschen wäre Mitteleuropa im Wesentlichen von Buchenwäldern bewachsen. So schön diese sein können, vielleicht sogar in einer wilden, nicht forstwirtschaftlich gepflegten Form: Spricht nicht doch einiges dafür, daß die Kulturlandschaft, wie es sie etwa zu Goethes Zeit in Mitteleuropa gegeben hat, schöner und sozusagen etwas Besseres war als endlose Buchenwälder? Beispielsweise war die Artenvielfalt in dieser Kulturlandschaft wesentlich größer, als sie es ohne die menschliche Landschaftskultur gewesen wäre. Unsere Vorfahren haben damit also nicht nur für sich gesorgt, sondern auch für viele andere Arten und Individuen in der Biosphäre, die unter den bloßen Buchen diesen Lebensraum nicht gehabt hätten. Allerdings konnte die Landwirtschaft damals noch wahrhaft als Agri-Kultur gelten. Da es erst wenig Industrie gab und die meisten Menschen landwirtschaftlich tätig waren, ist die Kulturförmigkeit sogar der ganzen damaligen Wirtschaft zu attestieren. Dies dürfte eine heilsame Erinnerung sein, mit der ich aber natürlich nicht darauf hinauswill, daß die Landwirtschaft wieder die Hauptrolle in der Wirtschaft spielen sollte, wohl aber die Kultur.

Ich denke also, wir dürfen Veränderungen in die Welt bringen und wir sind wie alle Lebewesen sogar dazu da, dies zu tun. Der Maßstab für unser Veränderungshandeln aber sollte sein, daß – wie früher in den Kulturlandschaften und in der Agri-Kultur – Kultur in die Welt gebracht wird. Goethe hat einmal den Ausdruck „natürliche Kultur" gebraucht und damit gemeint, daß die Naturgegebenheiten durch eine kultivierende Tätigkeit sozusagen weiterentwickelt oder gesteigert werden. Wie könnte eine Wirtschaft aussehen, welche die Welt durch ‚natürliche Kultur' besser und schöner machte, als sie es sonst wäre?

Wie haben es unsere Vorfahren geschafft, Landwirtschaft als Agri-

Kultur in wirklichen Kulturlandschaften zu betreiben? Jedenfalls haben sie die Entscheidung nicht nur Kalkülen betriebswirtschaftlicher Art überlassen. Irgendeine Art von kultureller Urteilskraft muß es dazu also wohl gegeben haben. Heute pflegt man solche Entscheidungshilfen von den Wissenschaften zu erwarten, die sind für unser Problem jedoch sozusagen falsch organisiert. Denn es geht darum, wie wir unsere Bedürfnisse in der Natur auf eine möglichst kultivierte Weile geltend machen, aber die eine große Wissenschaftsgruppe, die der Naturwissenschaften, versteht zwar mehr von der Natur, als die Menschheit je zuvor gewußt hat, jedoch nichts von den menschlichen Bedürfnissen. Und die andere Gruppe, die Geistes- und Sozialwissenschaften, die man auch als Kulturwissenschaften zusammenfassen kann, verstehen zwar viel von den menschlichen Bedürfnissen, jedoch nichts von der Natur. Wie wir uns in der Natur möglichst kultiviert verhalten können, fällt also sozusagen in den blinden Fleck unseres Wissenschaftssystems. Weil uns die kulturelle Urteilskraft abgeht, sind viel zu viele Landschaften durch Hochspannungsleitungen, Straßen, Skilifte oder durch Industrieanlagen nachhaltig gestört.

Ich betone aber noch einmal: menschliche Eingriffe in ein Landschaftsbild sind nicht grundsätzlich vom Übel. Manche Naturschützer erwecken den Eindruck, als hielten sie es mit dem Paragraphen Eins der legendären mecklenburgischen Verfassung, wonach alles möglichst so bleiben soll, wie es ist und immer gewesen ist. Die Natur aber hat sich in ihrer Entwicklung noch nie an dies Prinzip gehalten, und wir könnten damit gar nicht leben. Denn Menschen kommen relativ unfertig auf die Welt und sind sogar noch mehr als andere tierische Lebewesen darauf angewiesen, sich im Vorgefundenen irgendwie einzurichten. Die Frage ist also nicht, wie wir ohne Veränderungen leben könnten, sondern wo wir zu weit gegangen sind und was wir stattdessen tun bzw. lieber hätten unterlassen sollen.

In Mitteleuropa steht vermutlich kein Baum, der nicht schon einmal von einem Förster oder Gärtner daraufhin angesehen worden ist, ob er an seinen Platz gehört. Hier werden also unausgesetzt Bewertungen getroffen, die nicht nur wirtschaftlicher Art sein sollten und es de facto meines Erachtens auch nicht sind. Tatsächlich geht es hier immer schon um Kultur, denn Kultur ist die Matrix, relativ zu der wir bewerten, wie wir leben wollen. Kern der Kultur ist eine religiöse Haltung, aber die Kultur geht darüber weit hinaus. Ich würde auch die Städte und sonstigen besiedelten Flächen von dieser Betrachtung nicht ausnehmen. Warum sind denn beispielsweise die alten italienischen Städte, die in die Landschaft eingebettet sind, so schön? Weil sie so aussehen, als seien sie aus der Landschaft herausgewachsen, gehörten also natürlicherweise an ihren Ort. Von unsern Hochspannungsleitungen kann man das nicht sagen. Unser Problem ist aber nicht, daß Wirtschaftlichkeit und Landeskultur (oder Naturschutz) in einem Gegensatz stünden, sondern daß wir über die Wirtschaft gar nicht unter Gesichtspunkten der Kultur nachdenken.

Beispielsweise war ganz Norddeutschland einmal eine ziemlich unwegsame Wasser- und Sumpflandschaft (vgl. Küster 1995). Diese zum großen Teil kultiviert zu haben können wir unsern Vorfahren nur danken. Spätestens die Trockenlegung der vorletzten Moore durch das NS-Regime aber ging dann doch wohl zu weit, und vielleicht hätte man schon vorher aufhören sollen. Wer sich erfolgreich für die Landeskultur einsetzt, braucht keinen Naturschutz. Des Schutzes bedarf die Natur nur vor denen, welche die Kultur aus dem Auge verlieren, was uns freilich passiert ist.

Sogar Straßen, über die doch im Allgemeinen besonders heftig gestritten wird, brauchen ein Landschaftsbild keineswegs grundsätzlich zu beeinträchtigen, denn eine gut angelegte Straße kann für eine Landschaft geradezu charakterbildend sein. Die Römer und Napoleon haben Straßen einfach immer geradeaus gebaut, ohne Rücksicht auf die zu durchquerende Landschaft, also ohne zugleich diese zu kultivieren. So war auch noch die erste deutsche Autobahn angelegt, meines Wissens die zwischen Köln und Bonn. Danach aber gab es in den 1930er Jahren das Projekt von Fritz Toth, Straßen und sogar Autobahnen so in die Landschaft einzubetten, daß man diese — so wie es ein Wanderer tut — selbst ‚wahrnimmt', indem man sie ‚erfährt'. Viele kleinere Straßen und Autobahnen sind eine Zeitlang so gebaut worden. Nach dem Zweiten Weltkrieg hat man dieses Prinzip aber wieder aufgegeben und vor allem Autobahnen, mehr und mehr aber auch Landstraßen, so konstruiert, daß bestimmte Steigungen und Kurvenradien nicht über- bzw. unterschritten wurden, also die Landschaften jeweils dem Stand der Verkehrstechnik angepaßt und nicht mehr den Verkehr der Landschaft.

Das Beispiel zeigt uns, wie ein kultiviertes Handeln von einem unkultivierten zu unterscheiden ist. Der Unterschied zwischen den beiden Arten des Straßenbaus ist nämlich, daß nach dem Tothschen Prinzip durch Be-weg-ungen Wege zurückgelegt, durch die neueren Straßen aber meistens nur noch Entfernungen überwunden werden. Ob man in der Be-weg-ung Wege zurücklegen oder bloß Entfernungen überwinden will, hängt nun aber davon ab, wie wir im Verhältnis zur außermenschlichen Natur leben wollen, ist also im eigentlichen Sinn eine Kulturfrage. Wer nur Entfernungen überwindet, findet sich zwar nach einer Weile an einem andern Ort, ist dort aber eigentlich nicht hingekommen, denn dazu muß man sich auf einem Weg ‚bewegt' haben. Ich plädiere für das Zurücklegen von Wegen, aber das ist eine Bewertung, die nicht allgemein geteilt wird. Worauf es mir hier ankommt ist jedoch, daß in derlei Fragen nicht nur die Geschmäcker verschieden sein können, sondern daß man sich ein Urteil ‚bilden' kann, welche Bewegungskultur dem menschlichen Dasein in der Natur am ehesten angemessen ist. In der so verstandenen kulturellen Urteilsbildung sind wir freilich etwas zurückgeblieben, indem wir die Entscheidung viel zu oft der Wirtschaft oder den Parteien überlassen haben.

Um hier wieder etwas aufzuholen, könnten wir dem Wegweiser folgen, den ich eben angedeutet habe. Wenn wir uns nämlich fragten, wie wir mit der einen oder andern Entscheidung leben würden – uns auf Wegen bewegen oder Entfernungen überwinden –, würden wir nicht mehr aus der Ferne und sozusagen abstrakt urteilen, sondern uns vergegenwärtigen, wie es sich von nahebei anfühlte, wenn diese oder jene Entscheidung getroffen würde. Dazu gehörte, was den Straßenbau angeht, natürlich nicht nur das Innengefühl der Autofahrer, sondern auch das Außengefühl derer, die sich in der betreffenden Gegend erholen wollen und durch den Lärm gestört würden, sowie natürlich die Gefühle der Tiere und Pflanzen, deren Lebensraum durch die Straße zerschnitten würde.

Was Überlandstromleitungen angeht, so hat man bis vor kurzem gemeint, Elektrizität werde am besten in möglichst großen Kraftwerken gewonnen und von dort aus übers Land verteilt. Dazu sind natürlich riesige Überlandleitungen erforderlich. Inzwischen zeigt sich, daß der Strom in einem erstaunlich großen Umfang dort zu gewinnen ist, wo er gebraucht wird. Aus Gründen der Netzstabilität und da weiterhin große Kraftwerke nötig sind, wird es Fernleitungen zwar auch in Zukunft geben müssen, tendenziell aber doch in wesentlich geringerem Umfang als bisher. Diese Leitungen könnten außerdem in der Erde verlegt werden, was nicht nur dem Landschaftsschutz diente, sondern auch volkswirtschaftlich den Sinn hätte, Anreize zur Einsparung von Strom zu geben, denn Erdleitungen werden etwas teurer. Hier führt also bereits die wirtschaftlich-technische Entwicklung zu einem tendenziell kultivierteren Elektrizitäts-Verteilungsnetz, wenn nicht nur betriebswirtschaftlich gerechnet wird.

Ein anderes Beispiel sind Lifte und Wanderwege. Von Heraklit, dem großen Philosophen, ist der paradoxe Satz überliefert: Der Weg hinauf und hinab – ein und derselbe. Heraklit wollte damit auf die Paradoxie hinweisen, daß sich das Selbe völlig verschieden und sogar gegensätzlich zeigen kann. Der Weg, den man auf einen Berg hinaufwandert, ist ja, wenn man auf ihm auch wieder absteigt, eigentlich derselbe, den man hinaufgegangen ist. Hinauf oder hinab zu gehen aber fühlt sich doch so verschieden an, als seien es zwei völlig verschiedene Wege.

Ein ähnlicher Unterschied besteht, wenn man zu einem Aussichtspunkt entweder hinaufwandert oder sich mit dem Lift hinauffahren läßt. Ist es zuviel gesagt, daß derjenige, der zu dem Ausblick hinaufsteigt, dadurch auch innerlich eine so veränderte Fassung gewinnt, daß er geradezu etwas anderes sieht als derjenige, der neben ihm auf dieselben Berge sieht, aber mit dem Lift hinaufgefahren ist? Der Liftfahrer sieht vor sich ungefähr dasselbe wie auf der Postkarte, die er sich dazu kaufen kann. Den Wanderer hingegen, der sich den Ausblick erstiegen oder sich zu ihm gesteigert hat, kann die Postkarte bestenfalls an das *erinnern*, was er wirklich gesehen hat, aber doch nur als eine unlebendige Abstraktion.

Es kommt mir also so vor, daß Lifte uns geradezu die eigentliche Freude an einer Aussicht verderben. Wer nicht weiß, wie schön es ist, in den Bergen zu wandern, hat nicht die nötige Gefühlsbildung, um den Unterschied zu merken. Ist es aber gerechtfertigt, Lifte für diejenigen zu bauen, die gar nicht merken, daß ihnen damit eigentlich nur die Freude verdorben wird? Natürlich gibt es auch noch diejenigen, die körperlich nicht mehr in der Lage sind, den Berg hinaufzuwandern. Aber lohnt es sich für sie, den Berg hinaufzufahren und dann eigentlich nur dasselbe zu sehen wie auf der Postkarte, die sie sich bereits im Tal hätten kaufen können? Von den menschlichen Bedürfnissen her also sind Lifte meines Erachtens kaum zu rechtfertigen, und dann erübrigt sich die Frage, ob und wieweit ein Zubau weiterer Lifte das Landschaftsbild stören würde.

Wie steht es mit Skiliften? Von Skifahrern weiß ich, daß es für sie zu den schönsten Erlebnissen überhaupt gehört, talabwärts wieder in die Welt hineinzugleiten und von ihr umfangen zu werden. Ich kenne solche

Erlebnisse vom Segeln und kann mir gut vorstellen, wie schön sie beim Skifahren sind. Auch hier aber dürfte es einen Unterschied ausmachen, ob man den Hang selbst bestiegen hat oder sich mit dem Lift hat hinauffahren lassen. Skifahrer berichten, daß die Freude an der Abfahrt tatsächlich viel größer ist, wenn man selbst hinaufgestiegen ist.

Man hat mit kleinen Katzen das Experiment gemacht, einige von ihnen in einem Labyrinth frei herumlaufen zu lassen und andere in einem Körbchen hindurchzutragen. Die Katzen, die frei herumlaufen durften, fanden sich ziemlich schnell zurecht, die andern hingegen hatten so gut wie nichts gesehen und so gut wie nichts gelernt. Gilt das etwa auch für Bergwanderungen und für das Autofahren im Vergleich zum Wandern? Und gibt es politisch ein besseres Argument in bezug auf Lifte, als daß sie einem eigentlich nur die Freude verderben? Wenn wir danach gingen, ergäbe sich der Naturschutz von alleine.

Philosophen haben nicht die Aufgabe, ihrer Gesellschaft Bewertungen, wie wir leben wollen, abzunehmen, sondern sollen nur zeigen, wie sie angemessener getroffen werden könnten als bisher. Dazu schlage ich vor, daß neue Lifte, Hochspannungsleitungen, Straßen etc. zuerst einmal daraufhin geprüft werden, ob wir damit besser, d.h. kultivierter leben würden als ohne sie. Nach dieser Prüfung braucht man über den Naturschutz vielleicht gar nicht mehr weiter nachzudenken.

Literatur

Küster, Hansjörg: Geschichte der Landschaft in Mitteleuropa. Von der Eiszeit bis zur Gegenwart. München (C.H. Beck) 1995, 423 S.

Lütkes, Stefan: Kapitel 3 Allgemeiner Schutz von Natur und Landschaft. In: Lütkes, Stefan/ Ewer, Wolfgang (Hrsg.): Bundesnaturschutzgesetz. Kommentar. München (C.H. Beck) 2011, S. 147–250.

Meßerschmidt, Klaus: Bundesnaturschutzrecht, Kommentar zum BNatSchG. Vorschriften und Entscheidungen. Bd. I. Heidelberg (C.F. Müller) Aktualisierung Juni 2011.

Meyer-Abich, Klaus Michael: Praktische Naturphilosophie – Erinnerung an einen vergessenen Traum. München (C.H. Beck) 1997, 520 S.

Gerhard Fitzthum

Panik als Normalzustand

Über eine Gesellschaft der Hysterie

Der Schweiß steht mir auf der Stirn, die Hände zittern. Dabei zeigt der Tacho gerade mal noch 60 km/h! Schon wieder kommt ein dunkler Schatten auf mich zugerast – auf der Gegenfahrbahn der viel zu schmalen Landstraße. Sekunden später zischt das Geschoss einen knappen Meter neben meinem Außenspiegel vorbei – ein vollbesetzter Mercedes, wie ich im Augenwinkel erkenne. Vorne nun das nächste Auto auf Kollisionskurs – ein pfeilschneller Kleinbus. Was, wenn sein Fahrer im letzten Moment nach links zieht, weil er eine Herzattacke bekommt, ihm die brennende Zigarette zwischen die Beine fällt oder er vollends in sein Handytelefonat abtaucht? Kein Zweifel, dass sich unsere Fahrzeuge mit einem Schlag in hässliche Blechklumpen verwandeln würden, aus denen das Blut heraus tropft.

Die Geschichte wirkt konstruiert – und das ist sie natürlich auch! Wären auf unseren Straßen derart hypernervöse Menschen unterwegs, so würde unser Verkehrssystem überhaupt nicht funktionieren – ein Verkehrssystem, zu dem es nun mal gehört, dass kein Mensch mehr registriert, wie gefährlich nah man tagaus tagein aneinander vorbeischießt, das heißt: wie oft man jeden Tag dem Tod ins Auge sieht. Von der undelikaten Vorstellung eines Frontalzusammenstoßes scheint sich der durchschnittliche Verkehrsteilnehmer nicht im Geringsten beunruhigen zu lassen. Wie sonst wäre es möglich, sich auf der Landstraße bei Tempo Hundert so angeregt mit dem Beifahrer zu unterhalten, wie das viele tun, oder pausenlos zu telefonieren, wie es immer mehr tun?

Diese Sorglosigkeit erstaunt vor allem dann, wenn man an das denkt, was Anthropologen unsere natürliche Grundausstattung nennen. Wie für alle höher entwickelten Wirbeltiere gibt es auch für den Homo Sapiens im Grunde nichts Bedrohlicheres als huschende Bewegungen im Augenwinkel und Gegenstände, die sich ihm mit hohem Tempo nähern.

In solchen Situationen tritt der biologische Schutzmechanismus in Kraft, der gemeinhin Angst genannt wird. Adrenalinausschüttung, Fluchtimpuls oder demonstrative Abwehrstellung sind seine Kennzeichen, waren es zumindest – Jahrhunderte, Jahrtausende, Jahrhunderttausende.

Wie konnten uns diese Primateninstinkte in weniger als drei Generationen abhanden kommen? Woher diese Seelenruhe im Straßenverkehr, dem trotz Airbag, ABS und verbesserten Knautschzonen hierzulande jedes Jahr noch eine Kleinstadt von Menschen zum Opfer fällt? Noch spannender wird die Frage, wenn man sie etwas anders akzentuiert: Warum agiert der Zeitgenosse am Steuer seines Autos so souverän, während er sich zugleich und andererseits vor so vielem fürchtet: vor Keimen, Bakterien und Viren, vor Zecken und Fuchsbandwürmern, vor Wespenstichen und Sonnenstrahlen, vor Demenz und Arterienverkalkung? Wie lässt sich diese Asymmetrie erklären? Ist sie das Ergebnis einer zeitspezifischen Persönlichkeitsspaltung? Oder handelt es sich um zwei Seiten ein und derselben Medaille?

Seltsam ist auch, dass das Gefühl des Bedrohtseins weiter anzuwachsen scheint, obwohl fast alle der Gefahren beseitigt sind, unter denen frühere Generationen litten, erkennbar an der kontinuierlich gestiegenen Lebenserwartung. Machen wir uns also etwas vor, wenn wir uns zur Beruhigung immer mal wieder glücklich preisen, nicht vor hundert oder zweihundert Jahren gelebt zu haben? Waren die Leute damals wirklich von *mehr* Ängsten gepeinigt als die Wohlstandsbürger des heutigen Westens, jene Happy Few der Weltgemeinschaft, die in einem historisch beispiellosen Sicherheitsnetz leben?

Damit ist der Rahmen der folgenden Betrachtung abgesteckt. Sie fragt nach dem Zusammenhang zwischen der alltagstechnischen Souveränität des modernen Individuums und seiner nicht weniger offensichtlichen Disposition zur Überängstlichkeit. Im Fokus stehen jedoch nicht Angsterkrankungen im strengen Sinne des Wortes, sondern Ängste zweiter Ordnung – jene zahllosen Hintergrundbefürchtungen des gegenwärtigen Lebensalltags, die weder Schweißausbrüche und Herzrasen verursachen noch durch Verhaltensauffälligkeiten erkennbar sind, uns aber dennoch in unserer Haut immer unwohler fühlen lassen. Die Arbeitshypothese lautet: Die wachsende Verunsicherung ist nicht einfach nur das Produkt neuer Gefahren und des Wissens darüber. Mit dem Verblassen der konkreten, leiblich vermittelten Welterfahrung ist uns die Fähigkeit zur Gefahrenabschätzung auch ganz grundsätzlich abhanden gekommen. Die Ära des materiellen Wohlstands, der körperlichen Entlastungen und der Versicherungsscheine *ist* eine der Hysterie. Dabei gehört die Dramatisierung der Daseins-Risiken nicht nur zum Tagesgeschäft der Sensationspresse und der Privatsender, sie bestimmt den heutigen Alltag durch und durch – wenn wir unsere Kinder auf dem Weg in die Krabbelgruppe weiträumig an Straßencafés mit Rauchern vorbeilotsen, damit sie nicht an deren giftigen Qualm Schaden nehmen; wenn wir in der U-Bahn jemanden husten hören und uns am nächsten Kiosk sofort eines jener Fläschchen mit antibakterieller Handwaschlotion kaufen, die dort längst in der ersten Reihe stehen; wenn wir beim abendlichen Einschlafversuch dem Pochen unseres Herzens lauschen und besorgniserregende Rhythmusstörungen diagnostizieren. Habe ich mich in den letzten Monaten nicht wieder zu fettreich ernährt und zu wenig bewegt? Sollte ich endlich zu dem Geheimtipp-Homöopathen gehen, den mir ein Bekannter seit langem empfiehlt, oder erstmal nur meine Tagesdosis an Vitaminpräparaten, Omega-3-Kapseln und linksdrehenden Aminosäuren erhöhen? Hat sich gar mein Herzmuskel entzündet, weil ich den letzten Schnupfen nicht radikal genug bekämpft habe – mit Antibiotika nämlich?

Das mag sich ziemlich übertrieben anhören. Ganz so, als würden Einzelfälle tatsächlicher Überspanntheit zum allgemeinen Trend aufgebauscht. Auf den ersten Blick scheinen die meisten Zeitgenossen gegen Ängste aller Art doch regelrecht immun! Zudem dürfte es Überbesorgnis in Bezug auf Leib und Leben auch früher schon gegeben haben! Zu Lebzeiten Molières etwa. Der enorme Erfolg, den der Dramatiker mit seinem „Eingebildeten Kranken" hatte, beweist ja, dass seinem Publikum die Anwandlungen der Hypochondrie auch aus eigener Anschauung bekannt waren. Ist die Rede von der epidemischen Ausbreitung der Ängste also nicht vor allem eines: Ausdruck jener Hysterie, über die sie zu sprechen meint?

Solche Skepsis scheint tatsächlich angebracht, wenn im Zeitalter der Dauererregung wieder einmal vor dramatischen Entwicklungen gewarnt wird. Und doch müsste man blind sein, um zu übersehen, dass unser Bedrohtheitsgefühl immer wahnhaftere Züge annimmt. Dass sich kein kleiner Teil der Bevölkerung heute in einem Dauerkrieg mit Keimen und Viren befindet, kann einem jedenfalls jeder Apotheker bestätigen. Die Umsätze, die er mit Desinfektionsmitteln und Abwehrkräfte stimulierenden Vorsorgearzneien erzielt, steigen Jahr für Jahr signifikant an. Zugleich gibt es kein auch noch so hypothetisches Unfallszenario mehr, gegen das nicht umfassende Absicherungsmaßnahmen ergriffen würden. Als Beleg mag die beispiellose Karriere des Sturzhelms dienen. Sie begann Ende der achtziger Jahre mit den Eltern, die ihren Kindern Fahrradhelme aus Styropor aufnötigten, dafür aber natürlich auch mit gutem Beispiel vorangehen mussten. Ende der Neunziger kamen dann die Inlineskater dazu, vor einigen Jahren schließlich die Skifahrer, bezeichnenderweise genau von dem Moment an, als die Medien einen tödlichen Unfall hochspielten, nur weil ein prominenter Politiker darin verwickelt war.

So kann man sich fragen, wie lange es noch dauern wird, bis Nordic Walker auf ähnliche Weise einem folgenschweren Fehltritt vorbeugen oder Rentner nur noch mit Kopfschutz vors Haus gehen. Muss nicht, wer als Mittvierziger schon ein Sortiment von Sturzhelmen sein Eigen nennt, im Alter mit einem Ganzkörperprotektor herumlaufen? Schließlich kann man auf jeder noch so kurzen Treppe zu Tode stürzen! Vor einigen Jahren berichteten die Zeitungen von einem Koreaner, der in ein Handygespräch vertieft gegen einen Baum rannte und noch am Unfallort seinen Kopfverletzungen erlag. Muss man Fußgänger nicht mittels Leitplanken um solche Killer-Gewächse herumlenken? Ist die Verwendung eines Mobiltelefons wirklich verantwortbar, wenn man ohne TÜV-geprüften Aufprallschutz unterwegs ist?

Und muss nicht noch mehr für die Unfallvorsorge unserer Kleinsten getan werden? Im Moment senkt die besorgte Durchschnittsmutter das Sturzrisiko ihres Nachwuchses während der Lauflernphase noch durch akribische Dauerbewachung. Warum ihm nicht eines jener gepolsterten Lederkäppchen überstreifen, die bei Epileptikern seit langem das Schlimmste verhindern? Spätestens wenn das Kind eines Popstars im Rollstuhl endet, weil es vom Wickeltisch auf den Luftbefeuchter geplumpst ist, wird man über diese Sicherheitslücke nachdenken!

Eine kritische Betrachtung des ausgebrochenen Gefahrenabwehrkampfes kommt natürlich nicht umhin, angemessene von unangemessenen Befürchtungen zu unterscheiden. Kein Zweifel, dass es Angstneurosen gibt, die dringend behandlungsbedürftig sind, weil sie den Betroffenen geradezu lähmen. Jenseits dieser unzweideutigen Fälle ist die saubere Trennung von berechtigten und unberechtigten Ängsten aber aussichtslos, sind Ängste doch grundsätzlich subjektiver Natur und immer auch biographisch oder genetisch geprägt. Wer will, kann sich vor allem fürchten und hat immer Recht, da auch das unwahrscheinlichste Unheil nicht vollständig ausgeschlossen werden kann. Wer etwa konnte sich vor zwei Jahren ganz sicher sein, dass die Warnungen vor der Schweinegrippe wirklich aus der Luft gegriffen waren? Im Nachhinein, als der letzte Hysteriker gemerkt hatte, dass er einem Medien-Hype aufgesessen war, hatte man natürlich leicht spotten.

Wann immer im Folgenden Ängste als überzogen dargestellt werden, wird das also nicht mit dem Geltungsanspruch einer Tatsachenbehauptung getan. Sachlich begründete von neurotischen Besorgnissen abzugrenzen, ist willkürlich und polemisch, nicht etwa wissenschaftlich. Und tatsächlich ruft das Thema weniger nach der Nüchternheit von Sachverständigen als nach den Ausdrucksmitteln der Ironie und der Satire. Dies natürlich auch aus therapeutischen Gründen: Die Kunst, auch noch über sich selbst lachen zu können, ist seit jeher das erfolgreichste Mittel, um nicht an seinen eigenen Sorgen und Ängsten irre zu werden!

Doch zurück zum fiktiven Eingangsbeispiel und damit zu der befremdlichen Tatsache, dass wir uns beim Autofahren einfach nicht bedroht fühlen wollen. Dies scheint der These vom Eskalieren der Aufregungsbereitschaft am deutlichsten zu widersprechen. Am Steuer des eigenen Fahrzeugs erweist sich der Zeitgenosse ja als Ausbund von Sorglosigkeit – obwohl er im modernen Alltagsleben kaum ein größeres Sicherheitsrisiko eingehen kann. Dass er sich dennoch ins Auto setzt, verdankt sich zum einen der Kontrollillusion, zu der das autonome Steuern des eigenen Gefährts verführt (weswegen der Beifahrer sich im Regelfall schon nicht mehr ganz so sicher fühlt). Zum anderen verdankt es sich der Gewöhnung: Wer in der zweiten Hälfte des 20. Jahrhunderts geboren wurde, ist gleichsam im Auto aufgewachsen. Spätestens in den sechziger Jahren ging es mit den Eltern im VW Käfer oder Opel Kadett in den Sommerferien nach Kufstein, Kärnten oder Rimini. Derart sozialisiert gilt einem die Fortbewegung auf vier Rädern als das Selbstverständlichste von der Welt und das Auto als mobile Zweitheimat, die subjektiv genauso sicher erscheint, wie sie es objektiv nicht ist. Dazu kommt, dass sich der PKW mehr als jede andere technische Errungenschaft als Fortschritts- und Freiheitssymbol eignete. Obwohl es die Verkehrsteilnehmer in einer nie da gewesenen Weise vereinzelte, wurde das auto-mobile Privatgehäuse zum sozialen Bindemittel, zum gemeinsamen Nenner der Wirtschaftswunderjahre, zum sinn- und identitätsstiftenden Moment einer Gesellschaft, die sich ihr Mobilitätsbewusstsein von den Hohepriestern des ADAC diktieren ließ – und den eigenen Laufapparat als vorsintflutlich zu verachten begann.

Wer vom Fortschrittswahn dieser Epoche noch nicht vollständig kuriert ist, wird die allgemeine Unbekümmertheit des Autofahrers als eine der großartigsten Kulturleistungen betrachten. Von einem hart erarbeiteten Triumph über die Schranken der menschlichen Natur kann jedoch keine Rede sein. Die erfolgreiche Anpassung verdankt sich wohl eher glücklichen Sachzwängen: Schon als Kind lernt man früh, beim Autofahren ferne Punkte zu fixieren. Sonst wird es einem nämlich schlecht. Fortan schaut man weit nach vorne, wo die Geschwindigkeiten relativ zum eigenen Standpunkt nur marginal sind. Dem eigentlich Bedrohlichen, dem im Augenwinkel heranzischenden, mit zwei Tonnen Blech und Stahl bewaffneten Unfallgegner in spe, wird einfach die Aufmerksamkeit entzogen. Man muss nicht erst wegschauen, weil man gar nicht hinschaut, der Fokus in der sicheren Entfernung ruht.

Die demonstrative Selbstsicherheit der technisch assimilierten Bevölkerungsmehrheit ist auch deshalb kein Beleg für die Überwindung archaischer Angstpotenziale, weil sich ihr wichtigstes Hilfsmittel, die rationale Gefahrenabschätzung, immer und überall als irrelevant erweist. Betrachtet man die heutigen Ängste und Ängstchen, wie das in Alexander Marguiers „Lexikon der Gefahren" umfassend geschieht, so zeigt sich, dass zwischen der Intensität des Bedrohtheitsgefühls und der statistischen Wahrscheinlichkeit des entsprechenden Risikos so gut wie keine Korrelation besteht. Vor Dingen, die einem Kopf und Kragen kosten können, ängstigt man sich viel zu wenig, während man in anderen Fällen schnell mal die Mücke zum Elefanten macht.

Marquier demonstriert das am Beispiel der Berichterstatter, die nach Flugzeugabstürzen oder Zugentgleisungen vor laufenden Kameras

> „die Frage klären müssen, ob wir diesen Verkehrsmitteln überhaupt noch trauen können. Dass der Reporter im Übertragungswagen auf dem Weg zurück zum Sender statistisch gesehen ein 63 Mal höheres Risiko eingeht, tödlich zu verunfallen, tut da nichts zur Sache. Mit sachlichen Informationen haben Ängste eben nur selten etwas zu tun; ausschlaggebend ist vielmehr, wie bedrohlich etwas *wirkt*."

Warum bleiben wir aber so unerreichbar für den zwanglosen Zwang des besseren Arguments? Und warum werden wir in unserem Sicherheitsnetz immer nervöser? Ist die moderne Welt tatsächlich zum Hochrisikogebiet geworden? Oder erwarten wir einfach nur mehr Sicherheit als je zuvor? Und wenn ja, warum?

Für einfache Antworten ist das Phänomen natürlich zu komplex. Zu viele Faktoren spielen hier ineinander, Faktoren, von denen die wichtigsten im Folgenden in methodischer Absicht voneinander isoliert werden sollen.

Die am nächsten liegende und banalste Erklärung für die aus dem Ruder gelaufene Risikowahrnehmung besteht darin, dass die Gefahren selbst zugenommen haben, vielleicht nicht gerade ihrer wie auch immer gemessenen Größe nach, aber in ihrer Zahl: Zwar mögen die schlimmsten Bedrohungen verschwunden sein, mit denen unsere Vorfahren leben mussten, aber sie sind durch die unerwünschten Nebenwirkungen des Fortschritts mehr als ersetzt worden: Pestizide im Grundwasser, Feinstaub in der Atemluft, Dioxin in der Nahrungskette, Atommüll in endlosen Zwischenlagern. Dass es sich bei diesen selbstgemachten Risiken um reale Bedrohungen handelt, ist schwer zu leugnen. Allerdings lassen sie sich auch leicht übersehen, weil sie nicht mehr die konkrete Gestalt eines Bürgerkriegs, eines Dammbruchs oder einer Hungersnot haben, sondern diffus, unanschaulich, abstrakt bleiben, ihre fatale Wirkung erst in einer Zukunft entwickeln, die zu weit entfernt scheint, als dass man sie noch auf das eigene Wohl und Wehe beziehen müsste.

Entsprechende Risikoszenarien kann der Zeitgenosse nicht nur ausblenden, er muss dies im Grunde auch, wüsste er doch ohnehin nicht, wie ihnen zu entkommen wäre. Die Jäger und Sammler der menschlichen Frühgeschichte hatten es bei einer Begegnung mit einem Höhlenbären vergleichsweise leicht, sie konnten ihr Heil in der Flucht suchen, mit einer brennenden Fackel zum Gegenangriff übergehen oder sich einfach tot stellen und hoffen, dass das Raubtier an diesem Tag schon gut gefrühstückt hatte. Was soll man hingegen tun, wenn man davon erfährt, dass irgendwo im Land Freiluftexperimente mit gentechnisch verändertem Mais gemacht werden? Was soll man tun, wenn ein Mobilfunkanbieter am Nachbardach einen zehn Meter hohen Sendemast aufstellt und von dort die ganze Umgebung bestrahlt? Und was soll man tun, wenn man weiß, dass die Halbwertszeit von Plutonium 24000 Jahre beträgt? Zu der Wahrnehmung der industriegesellschaftlich induzierten Risiken gesellt sich notwendig die der eigenen Ohnmacht. Das Gefühl des Bedrohtseins nimmt also schon deshalb zu, weil der Einzelne gar nichts mehr machen kann, er kein Repertoire von Antworten hat, das sich aus eigenen Erfahrungen speist, er in Verhältnissen leben muss, in denen seine angestammten Reiz-/Reaktionsmechanismen leer laufen, weil er in Gefahren schwebt, die im radikalen Sinne des Wortes unbewältigbar sind. Was für den Einzelnen natürlich weitreichende Folgen hat. Ob seiner Hilflosigkeit im Großen und Ganzen wendet er sich nun vollends dem Mikrokosmos der privaten Vorsorge zu – der Küchenhygiene, den Vitaminpräparaten und den von Starpädagogen vorgeschlagenen Kinderschutzmaßnahmen.

Doch zurück zum Makrokosmos der Risikogesellschaft: Weil deren Bedrohungen keine sichtbare Gestalt mehr haben, begegnen sie uns vor allem kognitiv – in der Sphäre des Wissens: Wir müssen uns das, was passieren könnte, von Fachleuten erklären lassen. Und auf dieser Ebene fand in den letzten Jahren und Jahrzehnten eine beispiellose Dynamik statt. Inzwischen wird alles und jedes auf seine Ungefährlichkeit untersucht und damit zum potenziellen Risikofaktor: Amalgamfüllungen, Laserdrucker und Eternitdächer, Röntgenstrahlen und Sonnenlicht, Handynetze und Wasseradern, Hausstaub und Katzenhaare, Kuhmilch und Coca Cola, Zucker und Mineralwasser, Tee und Kaffe, zu viel und zu wenig Schlaf. Einmal in Gang gesetzt, gibt es für die besorgte Infragestellung nun kein Halten mehr. „Was bedacht wird, wird bedenklich", hatte Friedrich Nietzsche treffsicher notiert. „Was untersucht wird, erst recht" könnte man hinzufügen. In dieser Hinsicht erweist sich die Welt als äußerst ungerecht: Nüchternes Nachdenken hat noch kein einziges einmal entfesseltes Angstgespenst dauerhaft zu verscheuchen vermocht, es ist aber ein probates Mittel, dieses immer mächtiger und undurchschaubarer erscheinen zu lassen. Gefahren entstehen nicht nur einfach durch Veränderungen in der Außenweltkonstellation, sie werden auch diskursiv hergestellt: durch die Hinwendung zur unterminierendsten aller Fragen, ob dieses oder jenes denn wirklich harmlos sei.

Weil das so ist, pflegt man die Medien für die eigentlichen Verursacher des frei flottierenden Alarmismus zu halten. Schließlich lassen sie keine Gelegenheit aus, uns neue Risiken ins Bewusstsein zu schieben, wofür der Volksmund die schöne Formel „die Leute verrückt machen" geprägt hat. Zeitungsredaktionen und Sendeanstalten als Haupt- und Grundursache der laufenden Paranoia zu betrachten, heißt jedoch sie zu überschätzen. Denn ihr Infotainment-Angebot reagiert auf eine real bestehende Nachfrage: Der gemeine Konsument von Nachrichtensendungen ist nun mal vor allem an zweierlei interessiert: an Katastrophen, von denen man kein Kind bekommen kann, wie Ödon von Horvath das genannt haben würde, an Erdbeben, Hurrikans und Großunfällen also, die in weiter Ferne passieren. Und an Nachrichten von anrückenden Gefahren, von denen man selbst ergriffen werden könnte. Erregungssüchtige Zeitgenossen, aus denen quotenabhängige Fernsehgesellschaften hochnervöse Reiz-/Reaktionsbündel gemacht haben? Arme Würstchen also, von denen man sich leicht distanzieren kann? Mitnichten! Wer brächte es denn wirklich fertig, just in dem Moment abzuschalten, wenn die Nachrichtensprecherin von einem neuen, von Asien nach Europa schwappenden Virus zu sprechen beginnt? Statt uns angewidert abzuwenden, fühlen wir uns von derartigen Schreckensbotschaften geradezu magisch angezogen. Dass wir ein libidinöses Verhältnis zu dräuendem Unheil haben, ist schwerlich zu bezweifeln!

Dieses eigentümliche Hingezogensein wäre die zweite Erklärungsmöglichkeit für den Strudel der Besorgnisse, in der das moderne Bewusstsein zu versinken droht. Schon Sören Kierkegaard hatte diese Ambivalenz bemerkt und die Angst als „sympathetische Antipathie und antipathetische Sympathie" definiert. Als ihr Fundament hatte er den „Schwindel der Freiheit" ausgemacht – die unabwendbare Tatsache, dass wir uns zwischen verschiedenen Möglichkeiten entscheiden müssen und damit auch irreversible Fehler machen können. Für den zum Masochismus neigenden Hegel-Schüler ist die Angst aber nicht einfach nur ein gezwungenermaßen in Kauf zu nehmendes Übel, sondern eine durch und durch positive Qualität. Denn nur wer sich ängstigt, übernimmt die radikale Freiheit, die dem menschliche Dasein allererst Würde verleiht: „Je originaler ein Mensch ist, desto tiefer ist die Angst in ihm", schreibt Kierkegaard, womit er das geheime Manifest der späteren Existenzphilosophie formuliert.

Kaum weniger emphatisch liest sich die Fundamental-Ontologie Martin Heideggers: In die Welt geworfen, sorgt man sich um sein Seinkönnen und für diese Sorge braucht es Mut. Wirkmächtiger Gegenspieler eines angemessenen Seinsverständnisses ist nämlich das ‚Man'. ‚Man' will Beruhigung, versucht jener ängstigenden Freiheit aus dem Weg zu gehen, die im ‚Sein zu Möglichkeiten' liegt, indem ‚man' einfach das tut, was die anderen auch tun. Vor allem will ‚man' der Konfrontation mit der äußersten Seinsmöglichkeit ausweichen, dem Nichtmehr-Sein. Rettung verspricht hier allein die *eigentliche* Existenz. Das ist die, die den

Mut zur Angst vor dem Tod aufbringt, sich also dem zuwendet, vor dem man am liebsten die Augen verschließen möchte.

So gesehen ist Angst kein gelegentlich sich ereignender Gefühlszustand und schon gar kein Krankheitssymptom, sondern unabdingbarer Bestandteil unserer Existenz. Das Dasein hat in der zweifelnden Selbstsorge einen so unbequemen wie zuverlässigen und nötigen Begleiter. Nur Narren und Psychopathen kennen keine Angst.

So überzeugend dieser nichttherapeutische Angstbegriff auch sein mag, in unserem Zusammenhang ist er wenig hilfreich. Die philosophische Normalisierung der Angst lenkt nun mal von der Frage ab, welchen Beitrag die konkreten gesellschaftlichen Verhältnisse zur allgemeinen Ängstigung leisten. Besonders tut sie dies, wenn sie – wie bei Odo Marquard – apologetisch motiviert ist. In seinem Aufsatz „Die arbeitslose Angst" schreibt er, dass man sich heute nur deshalb vor allem Möglichen ängstige, weil man keinen Grund zur Angst mehr habe. Die moderne Gesellschaft sei so sicher wie keine vor ihr, die Seuchen besiegt, Kriege nahezu ausgeschlossen, die Quellen der Beängstigung weitestgehend gestopft. Wenn also jemand vor der ökologischen oder atomaren Selbstauslöschung der Menschheit warne, so tue er dies deshalb, weil die Angst arbeitslos geworden sei und sich jetzt neue Betätigungsfelder suche, die sie auch prompt finde.

Dabei tröstet sich der bekennende Vize-Optimist mit der von Leibniz geliehenen Vorstellung, dass wir in einer prästabilierten Harmonie leben, in der das Gesetz der Kompensation gilt, in der der Angsthaushalt also immer ausgeglichen bleibt, die menschliche Geschichte, was die Befindlichkeiten ihrer Individuen anbelangt, eine Art Nullsummenspiel ist, bei dem es zu keinen wirklichen Abstürzen kommen kann. So gesehen, sind die aktuellen Besorgnisse nichts anderes als beliebige Ersatzängste, mit denen sich eine entstandene Leerstelle im kosmologisch stabilen Angsthaushalt füllt.

Gerade dort, wo Marquard nicht hinschauen will, wird es aber interessant: Sind in den letzten Jahrzehnten nicht Entwicklungen im Alltagsleben auszumachen, die der kollektiven Verunsicherung Vorschub leisten? Hat die Spirale der Erregung wirklich nichts mit den konkreten Rahmenbedingungen der Gesellschaft zu tun, in denen sie sich zeigt?

Damit ist eine dritte Erklärungsmöglichkeit für die gegenwärtige Hypertrophie der Besorgnisse angedeutet: Statt nur den Verlust der Ängste vorangegangener Epochen zu kompensieren, wie Marquard suggeriert, sind sie direkter Ausdruck des Lebens in einer technisch beschleunigten Welt, die notwendige Folge einer hoffnungslosen Überforderung des menschlichen Sinnesapparats. Wir werden nicht allein von den Bedrohlichkeiten aus der Ruhe gebracht, die die moderne Welt nebenbei generiert, sondern von dieser selbst, von genau den unauffälligen Funktionsprinzipien, die unsere Ingenieure gegen die Mühen, Plagen und Bedrohlichkeiten früherer Jahrhunderte ersonnen haben. Gemeint ist der auch neurobiologisch messbare Befund, dass unser Organismus im technikbestimmten Lebensalltag einer ständigen Reizüberflutung ausgesetzt ist, die auch dann nicht bekömmlich ist, wenn sie als belebend wahrgenommen wird, am multimedialen Arbeitsplatz etwa, oder in der Shopping Mall, vor allem aber im Straßenverkehr: Hohe Geschwindigkeiten auf mehreren Fahrbahnen, der Handyanruf direkt beim Abbiegen, das diktatorische Lichterspiel der Ampeln, nicht zu vergessen die wild gewordenen Radler, die das urbane Straßennetz mit einem Abenteuerspielplatz verwechseln. Wie soll das nicht auf den Seelenzustand dessen zurückschlagen, der sich all dem aussetzt?

Was sich unter der Oberfläche der mobilen Alltagsnormalität alles aufstaut, wird auch gelegentlich sichtbar – in den eruptiven Aggressionsausbrüchen manches Autofahrers, wenn er in die klassische Konfliktsituation des Straßenverkehrs gerät, ihm ein anderer also die Vorfahrt nimmt. Obwohl der Regelverstoß rechtzeitig bemerkt wurde, die Gefahr also gebannt und vorbei ist, verwandelt er sich nun in Sekundenbruchteilen in ein Rumpelstilzchen, das auf seine Hupe eindrischt, den Lichthupenhebel fast aus der Verankerung reißt und eine Blutdruckexplosion spürt, wie sie sonst nur die Attacke eines Kampfhundes hervorruft. Das Ganze bei einem Menschen wohlgemerkt, der sich eben noch ganz entspannt mit dem Beifahrer unterhielt und keinerlei Verhaltensauffälligkeit zeigte.

Mag sein, dass solche Ausbrüche vor allem bei Personen mit einer frühkindlichen Bindungsstörung auftreten. Aber was besagt das schon? Wer das Phänomen auf individualpathologische Zusammenhänge reduziert, zeigt nur, dass er das technokratische Glaubensbekenntnis verinnerlicht hat, im Zweifelsfall also lieber dem menschlichen Einzelsubjekt die Schuld gibt als der Gerätewelt, die es unter Druck setzt. Von der Erleichterung des Lebens durch das Auto kann nur reden, wer die Rückseite dieser Entlastung zu ignorieren pflegt.

Wenn unser Organismus auf das moderne Verkehrsgeschehen nicht mit spürbarer Angst reagiert, bedeutet das also nicht, dass nicht trotzdem entsprechende Botenstoffe ausgeschüttet werden, Stresshormone, die nicht mehr abgebaut werden, weil sich nur noch das Gehäuse bewegt, indem man sitzt, der Körper hingegen in das starre Korsett der Immobilität eingespannt bleibt und es deshalb zu keinen ausgleichenden Stoffwechselvorgängen mehr kommen kann.

Und dies ist kein nebensächlicher Befund: Was den neuro-endokrinalen Erregungshaushalt anbelangt, reagiert der Autofahrer archaischer als man glauben mag. Doch zum einen darf er sich das als Homo Faber nicht anmerken lassen und zum anderen steht ihm nicht mehr das Repertoire an körperlichen Aktivitäten zur Verfügung, über das sich das aus dem Lot geratene System wieder beruhigen ließ. Es ist nicht allein die Belastung des Nervensystems, die dem Zeitgenossen zusetzt, es ist auch und gerade der Ausfall der motorischen Selbstaussteuerung, jener Auseinandersetzung mit der Umwelt, bei der – mit Nietzsche gesprochen – auch die Muskeln ein Fest feiern.

Zum Trommelfeuer akustischer und optischer Signale, dem man im Straßenverkehr ausgesetzt ist, addieren sich dann noch der zivilisatorische Dauerlärm und der gegenwartsspezifische Termin-, Informations- und Kommunikationsdruck – Errungenschaften der letzten Jahrzehnte, die uns bedrängen, uns an die Grenzen unserer Aufnahme- und Konzentrationsfähigkeit bringen, uns stressen, wie das heute genannt wird.

Stress ist der moderne Name für ungespürte Angst. Unsere Vorfahren konnten ähnlich herausfordernde Situationen noch metabolisch bewältigen, durch Flucht und Kampfhandlungen, aber auch durch körperliche Arbeit. Wo derartiges Re-Agieren ausgeschlossen wird, kommt es zum Hormon-Gau, es entsteht eine Dauerüberforderung des Organismus, erkennbar an mangelnder Konzentrationsfähigkeit, Bluthochdruck und einem chronisch erhöhten Adrenalinspiegel. Der psycho-physische Apparat pegelt sich auf ein Erregungsniveau ein, das sich nicht mehr normalisieren lässt und deshalb empfänglich macht für die Ängstigungsangebote, die im Fernsehen und in den Zeitungen nicht zufällig kursieren.

Angst lässt sich nämlich nicht nur politisch instrumentalisieren, sie ist auch ein gutes Geschäft. In erster Linie natürlich für die Pharmakonzerne, die die nötigen Beruhigungsmittel und Impfstoffe herstellen, ständig neue Krankheiten erfinden, gegen die man sich mit Medikamenten wappnen müsse und die Ärzte dazu animieren, Antibiotika so bedenkenlos zu verschreiben, als handle es sich um ein altbewährtes Hausmittel. Nutznießer ist aber auch die Ausstattungsindustrie. Sie muss nur den

Eindruck erwecken, als könnten die feilgebotenen Produkte ihren Käufern die verlorene innere Ruhe zurückbringen – was ihr schon deshalb gelingt, weil die Mobilisierung solcher Selbsttäuschungsmanöver das lang erprobte Erfolgsrezept des Kapitalismus ist: Der Konsumakt wirkt wie ein Befreiungsschlag gegen die Alltagssorgen und das gekaufte Produkt als Schutzschild und Talisman gegen ihre Rückkehr.

Kein Wunder also, dass heute immer mehr Menschen in ihrer Freizeit wie Zombies herum laufen: Outdoorsportler etwa, allen voran die Mountainbiker. Verkleidet mit Heuschreckenbrille, Spoilerhelm und einer schreiend bunten Kunstfaserversion des mittelalterlichen Kettenhemds, sehen sie aus, als müsse ganz in der Nähe das Raumschiff stehen, dem sie entstiegen sind. Dabei gilt der Equipmentwahn keineswegs nur für Trendsportler. Auch Wanderer, die Botschafter der neuen Langsamkeit, sind inzwischen ausgerüstet, als würden sie zu einer Expedition ans Ende der Welt aufbrechen. Am kuriosesten wirken diejenigen, die sich bei jeder noch so kleinen Pause einen durchsichtigen Plastikschlauch zwischen die Lippen schieben. Sie sind stolze Besitzer eines Hightech-Rucksacks, der über ein integriertes Trinksystem verfügt, damit man in den Trockensteppen des Thüringer Waldes nicht verdurstet. Und von den Handgelenken blitzen Multifunktionschronometer mit eingebautem GPS sowie Kalorien- und Herzfrequenzmessern – Wandervögel auf der Intensivstation.

Die selbstbeschwörerische Seite dieses ausrüstungstechnischen Perfektionismus wird am ehesten von Außenstehenden bemerkt – von Mitgliedern archaischer Gesellschaften etwa, wenn so erlebnishungrige wie sicherheitsfanatische Touristen aus Nordeuropa in ihr Land einfallen. Die Psychotherapeutin Daniela Vogt berichtet von einem Erlebnis, das sie auf einer Wüstenwanderung in der marokkanischen Sahara hatte:

> Abends saßen wir rund ums Feuer. Zu uns hatte sich ein älterer Nomade gesetzt, der außer einem kleinen Stoffbeutel mit einigen Datteln augenscheinlich nichts weiter bei sich hatte. Verwundert betrachtete er die Europäer, die in Vorbereitung ihrer Schlafplätze ihren reichen Ausrüstungsschatz vorführten: Rechts-links-Socken, nachtkampftaugliche Stirnlampen, Leathermanwerkzeuge, Hightech-Wasserfilter usw. Ich fragte ihn, warum er so verwundert schaue. „Naja", sagte er. „Ihr habt wirklich für alles irgendetwas erfunden. Wahrscheinlich, weil ihr so große Angst vor dem Tod habt. […]"

Für die Therapeutin, die die Reise mitorganisierte, ist diese Bemerkung aufschlussreich:

„Die Nomaden müssen, um in einem extrem feindseligen Lebensraum wie dem der Wüste zu überleben, ein hohes Maß an Angsttoleranz entwickeln. Dafür stehen ihnen aber keinerlei ‚kompensatorische technische Tricks' zur Verfügung, sie müssen sie aus sich selbst heraus im Sinne eines Erfahrungslernens erwerben, ohne Netz und doppelten Boden. Dabei entsteht ein Wissen, wie sich Krisen bewältigen ließen und deshalb auch in Zukunft bewältigen lassen – ein Wissen, das an die eigene Person gekoppelt ist und ruhig und angsttolerant macht. Wir Westler wiegen uns dagegen in der Illusion, Angstfreiheit durch externe Absicherungen erreichen zu können. Wir scheitern daran täglich, woraus wir allerdings nur folgern, dass wir noch mehr Absicherungen installieren müssen. Um damit erneut zu scheitern …"

Der geschilderte Ausrüstungsoverkill ist also mehr als bloße Modeerscheinung. An ihm lässt sich ablesen, wie sehr die Bewohner unserer Breitengrade ein durch Erfahrungsmangel fragil gewordenes Selbst- und Weltvertrauen mit erhöhten Sicherheitserwartungen an die Außenwelt zu stabilisieren versuchen.

Damit sind wir bei der vierten und letzten Erklärungsmöglichkeit: Die panische Grundstimmung der Gegenwart gründet weniger in der Zunahme realer Gefahren als in den gesteigerten Ansprüchen, vor ihnen geschützt zu bleiben. Mehr Sicherheit als in der heutigen sogenannten ersten Welt ist ganz sicher niemals und nirgendwo erwartet worden. Von der unmittelbaren Auseinandersetzung mit den Gefahren der Natur entlastet, wollen wir auf jeden Fall gesund bleiben und keine Sekunde zu früh sterben. Die vom statistischen Bundesamt errechnete durchschnittliche Lebenserwartung erscheint uns als eine Art Garantie, als Grundrecht und Minimalerwartung, die wir mit allen Mitteln verteidigen, die uns Arzneimittelhersteller und Bioindustrien zu liefern vermögen.

Woher kommen derart überzogene Sicherheitsansprüche? In erster Linie natürlich durch die unglaublichen Erfolge, die wir in den letzten 200 Jahren bei der Eindämmung der Lebensrisiken hatten. Stichwort: Medizinischer Fortschritt. Diese Erfolge sind in der Tat großartig, haben aber genau deswegen eine unangenehme Nebenfolge: Je mehr Krankheiten durch neue Medikamente und Behandlungsmethoden besiegt oder wenigstens kontrollierbar werden, desto mehr schürt dies die Erwartung, dass auch die verbliebenen auf entsprechende Weise verschwinden. Sie sind nun nur noch Krankheiten auf Abruf – Krankheiten, die wir noch nicht im Griff haben. Was den Menschen früherer Generationen als unvermeidlicher Schicksalsschlag erschien, gilt nun als Fehlleistung, für die wir selbst die Verantwortung tragen: Wer sich im Alter mit verkalkten Arterien herumschlägt, hat nur nicht ausreichend durch einen gesunden Lebens- und Ernährungsstil vorgebeugt, wer einen Herzinfarkt erleidet, hat die sogenannten Warnsignale des Körpers überhört, wer an Krebs stirbt, ist nur nicht rechtzeitig zur Früherkennung gegangen.

Klar, dass jener gesunde Fatalismus, der allein ein entspanntes Dasein garantieren könnte, zum Inbegriff von Fahrlässigkeit stilisiert wird. Man lebt nun als Dauer-Delinquent, als potenzieller Schädiger seiner Gesundheit, als Saboteur des ewigen Lebens, dessen man im Prinzip teilhaftig werden könnte – und hat deshalb auch ständig ein schlechtes Gewissen. Die Macht, die wir im Laufe weniger Jahrhunderte über die Natur gewonnen haben, erfordert also immer mehr Macht, und führt, da diese notwendig begrenzt ist, zu Frustrations- und Ohnmachtsgefühlen, mindestens aber zu Dauerstress, zu einem Leben in steter Sorge. Was immer die heutige Überängstlichkeit sonst noch sein mag, sie ist auch die Rückseite des neuzeitlichen Willens zur Naturbeherrschung.

Dieser wiederum entsteht nicht aus dem Nichts, sondern ist das Produkt unseres kulturellen Selbstverständnisses, das mit „christlich-abendländisch" nur sehr vage umschrieben ist. Das frühe Christentum zertrümmerte das zyklische Weltbild der Naturvölker, demzufolge der Einzelne nach seinem Ende in den Kreislauf der Natur zurückkehrt, das menschliche Individuum also Teil der Natur ist, in der es lebt. An die Stelle dieses ewigen Werdens und Vergehens rückt die mit dem Jüngsten Gericht endende *eine* Heilsgeschichte, die sich ausschließlich um uns, Gottes vermeintliche Ebenbilder dreht, für die dieser Planet in einem Akt zweckvoller Schöpfung geschaffen wurde. Die Philosophen der Aufklärung haben diesen Hang zur Selbstbezüglichkeit keineswegs in die Schranken verwiesen, sondern nur rationalisiert. Dreh- und Angelpunkt wird das autonome Subjekt, das seinen Wert gerade darin besitzt, dass es sich nicht von den Gesetzen der empirischen Welt bestimmen lässt.

Was das für die moderne Selbstwahrnehmung bedeutet, ist klar: Nicht erst der Tod, schon die Krankheit und jeder Unfall erinnert uns daran, was nicht sein darf: dass wir nach wie vor der Vergänglichkeit anheim gestellt sind.

Daraus folgt zwanglos, dass der christlich-abendländische Mensch nicht schon zufrieden sein kann mit dem gewaltigen medizinischen Fortschritt. Er wird alle Register ziehen, die ihm die moderne Technik bietet, um die Herrschaft über die Natur zu erreichen, die ihm in der Genesis versprochen wurde. Bis zu den Zähnen bewaffnet wird er sich der Einsicht in die Zusammengehörigkeit von Mensch und Umwelt zu erwehren versuchen und sich folglich durch eine ihm immer fremdere Welt bewegen, in dem ihm alles verdächtig vorkommt, bis hin zur Atemluft, zum Trinkwasser und zu den Sonnenstrahlen. Zuletzt wird er sich in Innenräume zurückziehen, die vom Licht der Gestirne unabhängig sind, in Schutzkammern, in denen nichts mehr an den Fluch der eigenen Körperlichkeit erinnert.

Wilde Spekulation? Zukunftsmusik? Kaum! Der Rückzug in abgeschottete Binnenwelten ist längst im Gange. Nicht genug damit, dass die meisten Zeitgenossen den größten Teil ihrer Freizeit in der zweiten Wirklichkeit der Fernsehprogramme verbringen. Mit dem WorldWide-Web hat sich ein noch weitreichenderes Paralleluniversum geöffnet, in dem einem nichts Kreatürliches mehr in die Quere gerät. Wer von Online-Plattformen wie Facebook oder Second Life Gebrauch macht, den gibt es nun zweimal: als reales Wesen aus Fleisch und Blut, das den PC anschaltet, die Tastatur bedient und auf das Display starrt, und als selbstgeschaffenes Alter Ego, als zweite virtuelle Existenz, die sich von ihrer leiblichen Schwerkraft emanzipiert hat. Die Dialektik dieses Ausweichmanövers liegt in seinem gewünschten Erfolg: Mit dem Rückzug aus der realen, dreidimensionalen Welt blendet man nicht nur die Angst aus, die man in dieser hat, sondern auch den einzigen Ort, an dem sie bewältigbar wäre – den sich selbst erfahrenden eigenen Leib. Doch dazu später.

Diese Erklärung, die die überbordenden Sicherheitserwartungen auf kulturspezifische Weichenstellungen zurückführt, muss nicht die alleinrichtige sein, nicht einmal die entscheidende. Sie hat gegenüber den konkurrierenden Begründungsmodellen aber bemerkenswerte Vorteile: Sie muss nicht – hysterisch – behaupten, dass das Leben immer gefährlicher wird, wodurch die Panik nur weiter und weiter angeheizt würde. Sie kommt auch ohne die Beruhigungsformel der Kompensationsphilosophie aus, dass wir uns ohnehin ängstigen und es deshalb auch gar nicht darauf ankomme, wie wir unsere Lebenswirklichkeit konkret ausgestalten. Der entscheidende Vorteil, weder apokalyptisch noch apologetisch zu sein, liegt aber darin, den Blick zu öffnen für die zugegebenermaßen kleinen Spielräume, die uns auf dem Weg zu einem entspannteren Dasein heute bleiben.

Worin bestehen diese aber oder könnten sie bestehen? Paradoxerweise gerade darin, dass wir die Sicherheitskorsetts abstreifen, unter denen wir zu ersticken drohen, die chronische Verkapselung aufbrechen, mit der wir uns gegen das Hereinbrechen der irdischen Wirklichkeit wappnen. Dabei geht es keineswegs um neue metaphysische Sicherheiten und schon gar nicht um eine esoterische Heilslehre, sondern ganz banal und unspektakulär um eine Wiederentdeckung unserer körperlichen Existenz. Es geht darum, die Quellen des Draußenseins wieder intensiver auszuschöpfen: Zufußgehen, Laufen, Rad fahren, Klettern, Schwimmen, Sport treiben. Sich Beschäftigungen zu widmen also, die unserem Organismus immer schon angemessen und deshalb als heilsame Komplexitätsreduktionen erlebbar sind. Davon, dass solche Formen der weltlichen Auseinandersetzung nicht nur das leibliche Wohlgefühl erhöhen, sondern auch einen Sicherheitsrückgewinn verschaffen, davon ist auch Daniela Vogt überzeugt. Bei bestimmten Krankheitsbildern nimmt sie nur Patienten an, die sich verpflichten, neben der Teilnahme an den Therapiesitzungen jede Woche mindestens drei Stunden Sport zu treiben.

„Dies beruht auf inzwischen vielfach reproduzierten wissenschaftlichen Untersuchungsergebnissen, die die antidepressive und angstlösende Wirkung regelmäßiger sportlicher Aktivitäten eindeutig belegen. Sich wöchentlich nur drei Stunden körperlich zu fordern entspricht in seiner Wirkung etwa der eines guten Antidepressivums, beeinflusst also nachweisbar positiv die für psychische Stabilität verantwortlichen Stoffwechselvorgänge, vor allem den Serotoninhaushalt und den Abbau kurz – und längerwirkender Stresshormone wie Adrenalin und Cortisol."

Für die Therapeutin ist es allerdings auch nicht unwichtig, in welchen Räumen dieses Ausagieren stattfindet. Am nachhaltigsten seien die Effekte, die sich nicht im Fitness-Studio, sondern in der freien Natur einstellen:

„Die Überlegenheit des Draußenseins lässt sich nicht nur durch harte Daten wie eine bestimmte Hormonausschüttung erklären – man darf auch eine Art ‚spirituelle' Dimension annehmen. Unser Jahrhunderttausende langes nomadisches Leben hat offenbar eine genetische Prägung hinterlassen, die ein bestimmtes Wohlgefühl knüpft an ein „effizientes" Leben und Bewegen in einer Natur, die als Teil des eigenen Selbst erlebt wird – und nicht als etwas Getrenntes, Feindseliges!"

Der Einwand liegt natürlich auf der Hand: Sport? Ist das nicht gefährlich? Ja, natürlich! Die Frage ist aber, ob Bewegungsabstinenz weniger riskant ist. Übergewicht, Bluthochdruck und Diabetes mellitus sind schließlich auch keine harmlosen Dinge. Der Selbstgefährdung entkommt man ganz sicher nicht dadurch, dass man sich in Watte einzuhüllen versucht. „Leben *ist* lebensgefährlich" könnte man mit Erich Kästner sagen. Und von Nietzsche stammt der nur scheinbar paradoxe Satz: „Wer sich nicht in Gefahr begibt, kommt darin um." Ein Grundmaß an freiwilliger Exponierung scheint unverzichtbar, wenn es darum geht, mit den Gefährdungslagen des Lebens klar zu kommen. Womöglich ist es gerade die ausgeprägte Vorsicht, die ungesund ist – weil sie ein genussvolles Ausschöpfen der vielfältigen Daseinsmöglichkeiten verhindert, die Lebenslust unterminiert und damit auch die psychischen Abwehrkräfte schwächt. Wer jeder Herausforderung ausweicht, nimmt sich die Chance auf Bewältigungserfahrungen, aus denen sich das persönliche Selbstbewusstsein konstituiert.

Falsch verstanden wäre das Gesagte allerdings, wenn es als Plädoyer für eine mutwillige Selbstgefährdung interpretiert würde. Um auf den Boden der leiblichen Existenz zurückzukehren, muss man nicht unbedingt an nächtlichen Autorennen durch die Stadt teilnehmen, sich als U-Bahn-Surfer betätigen oder sich als Base-Jumper von Felsvorsprüngen und Hochhausdächern stürzen. Es genügt, sich auf Herausforderungen der zweiten Ordnung einzulassen, Herausforderungen, bei denen man sein Herz-Kreislaufsystem und seinen Muskelapparat wenigstens so sehr beansprucht, dass es zu einem Abbau der Stressoren kommt, sich also Erholungszustände einstellen, die durch bloßes Ausruhen, durch Nichtstun oder Fernsehschauen, unerreichbar bleiben.

Freilich braucht man sich keine allzu großen Hoffnungen machen, dass es zu einer Renaissance der Körperbeziehungen kommen wird. Zu groß sind heute der chronische Zeitdruck und die einseitigen Verpflichtungen, die sich aus einer multimedialen Existenz ergeben. Auch wenn es uns Heutigen gelänge, die Mühen der Selbstbewegung auf uns zu nehmen und das Draußensein wieder zum festen Bestandteil unseres Lebensalltags zu machen, sind der nächsten Generation solche Optionen kaum mehr möglich. Warum? Weil sich die Jugend des 21. Jahrhunderts bereits daran gewöhnt hat, ihre Körper nur noch in der Kunstwelt von Fitnessstudios wiederzubeleben, an Orten der vollendeten Beziehungslosigkeit also, wo nichts anderes getan wird, als mit erhöhtem Muskeltonus Videoclips zu schauen oder mitgebrachte Musik zu hören. Der Weg nach Draußen ist unserem Nachwuchs aber auch deshalb verstellt, weil wir ihn als Geisel unserer Ängste missbrauchen, ihn aus Furcht, dass ihm etwas zustoßen könnte, von klein auf in ein engmaschiges Sicherheitsnetz einspinnen, aus dem es kein Entrinnen mehr gibt. Nach der bestechenden Logik, dass das Kind genau dann am sichersten ist, nicht von einem Auto überfahren zu werden, wenn es in einem solchen sitzt, pflegt es die besorgte Mutter morgens zur Schule zu chauffieren und mittags wieder abzuholen. Die Kleinen verlieren damit schon früh die Beziehung zum konkreten Lebensumfeld, die ihnen die nötige Orientierungssicherheit im Hier und Jetzt verschaffen und sie damit innerlich stark machen könnte. In der wirklichen, dreidimensionalen Welt hoffnungslos verloren, wenden sie sich nun erst Recht den Displays und Bildschirmen zu, die ihnen die Unterhaltungsindustrie anbietet und die auch die Erwachsenen nutzen. Wer derart abgekapselt aufwächst, für den ist das Desinteresse an der belebenden Vielfalt der natürlichen Umwelt genauso vorprogrammiert wie die hysterische Beziehung zum eigenen Körper. Wie soll man einem Leib vertrauen, von dem man nur die Augen und Ohren und allenfalls die Fingerspitzen nutzt? Wie soll man eine angstfreie Persönlichkeit entwickeln, wenn man von klein auf daran gehindert wird, seine Grenzen selbst auszuloten und daran seelisch zu wachsen?

Natürlich steht zu erwarten, dass die westliche Gesellschaft das Problem auf die ihr gemäße Weise zu lösen versuchen wird – medikamentös. Neurobiologen wissen ja längst, dass rund zwanzig Gene als mögliche Angstauslöser in Frage kommen und es nur gelingen muss, die von ihnen gesteuerten Schaltkreise im Hirn umzupolen. Experimentiert wird im Moment noch an Ratten und Mäusen. Nachdem die Tiere mit gelegentlichen Stromstößen überängstlich gemacht werden, spritzt man ihnen Neuropeptin-S, einen Botenstoff, der die Angstzentren im Hirn wirkungsvoll beruhigt. Die sedierten Kleinsäuger werden damit zu den ersten Bewohnern der ‚Schönen neuen Welt', die Aldous

Huxley seinerzeit skizziert hat. Dass wir ihnen bald folgen werden, leidet keinen Zweifel.

Einstweilen behelfen wir uns mit zweierlei: Mit der Implementierung immer ausgeklügelterer Absicherungstechniken. Und mit dem Rückzug an Orte, an denen wir keine Absicherung mehr benötigen, weil sie von den Härten der realen Welt unerreichbar erscheinen. Die Rede ist von den Arkadien des 21. Jahrhunderts, den Paralleluniversen der Multimedialität – künstlichen Welten, die uns schon deshalb so magisch anziehen, weil unsere leibliche Existenz hier nur noch ein Epi-Phänomen ist.

Klar, dass dies die Erregungsbereitschaft eher verschärft als besänftigt. Denn die Angst findet genau dort den besten Nährboden, wo man sich vor ihr sicher wähnt – in einem rundum abgesicherten und medial vermittelten Lebensalltag, der sich immer hermetischer gegen das Reich ganzheitlicher Erfahrungen abschottet. Wer sich hinter den Schutzschildern von Displays und Bildschirmen verschanzt, Tag für Tag durch die Niemandsländer von Facebook, You Tube und Desperate Housewifes zu navigieren pflegt, schaut immer dann, wenn er über den virtuellen Tellerrand ins wirkliche Leben zurückblickt, in regelrechte Abgründe – in Abgründe, die immer tiefer werden, je seltener man in sie hinabsteigt.

Michael Holzwarth

Das Smartphone

Die Implosion des Raumes und andere Ent-Täuschungen

Sinne und Raum

Raum und Zeit sind die beiden Dimensionen unserer Wahrnehmung. Mit unserem Leib – dem sinnlich wahrnehmenden und lebendigen Körper – befinden wir uns immer im Hier und Jetzt. Mit der Vorstellungskraft hingegen sind wir im Stande uns aus dieser Lage zu lösen. Im Geist – in Erinnerung, Traum und Phantasie – biegen, strecken, stauchen und fügen wir Raum und Zeit zu neuen Figuren und Formationen – eine ‚phantastische' Freiheit, wo aus Chronos Kairos wird, wo ein Ort zu unserem Ort wird. Praktisch all unsere Sinne nutzen wir, primär oder sekundär, um Raum wahrzunehmen – vom phylogenetisch ältesten Sinn, dem Geruchssinn und dem Geschmackssinn, die den nahen bis unmittelbaren Raum erfahren lassen, über den Tastsinn der Haut, besonders aber der Hände, hin zu den beiden Fernsinnen Sehen und Hören, mit denen wir größere Räume vermessen und erfassen.

Der Sinn der Sinne und die Bedeutung des Raumes für unsere Wahrnehmung werden durch die Verlagerung unseres Handelns in das Digitale zunehmend infrage gestellt oder vielleicht auch nur vergessen. Von unseren fünf Sinnen haben sich gerade die beiden Fernsinne Sehen und Hören gut vom digitalen Medium und der Telekommunikation adaptieren lassen. Die anderen drei Nah-Sinne bleiben bei der Digitalisierung buchstäblich auf der Strecke, sowie das mit ihnen und durch sie ermöglichte Fühlen.

Im Folgenden will ich versuchen einige Konsequenzen dieser Verlagerung unseres Handelns, besonders aber unserer Kommunikation ins Audiovisuelle für unsere Wahrnehmung und unser Verständnis des Sozialen nachzuvollziehen. Dazu frage ich nach jenem sozialen Verhalten, was durch diese sich ändernde Umwelt verschwindet und nach jenem, was dadurch ermöglicht wird und auftaucht. Gaston Bachelard wies darauf hin, dass die großen Veränderungen und Unterschiede im Raum nicht nur im Großen und Augenfälligen zu finden sind, sondern häufig in den feinen *Nuancen* und Schattierungen. So schlägt Bachelard vor, davon zu reden, „wie wir unseren Lebensraum in Übereinstimmung mit allen dialektischen Prinzipien des Lebens bewohnen, wie wir uns Tag für Tag in einen ‚Winkel der Welt' verwurzeln."[1] Für eine *Poetik des Raumes,* aber auch für eine *Philosophie des Raumes,* gilt es, den Nuancen unserer alltäglichen Einwurzelung im Raum, wie dem Puls unseres Blutes und der Tiefe unseres Atmens nachzuspüren. So sind die hier angestellten Betrachtungen ein Versuch, zu verstehen, wie wir in einer Welt, in der das Smartphone pars pro toto für einen umfassenden Wandel steht, mit einigen unserer fundamentalen menschlichen Bedürfnissen umgehen – wie wir sie zu befriedigen suchen, sei es erfolgreich oder erfolglos.

Von Marathon zum Elektron

Es braucht schon lange keinen marathonischen Läufer mehr, um eine Nachricht zu übermitteln. Wenn auch seit Urzeiten Licht, Fahnen, Feuer, Rauch und anderes benutzt wurden, um über eine Entfernung zu kommunizieren, so waren diese Möglichkeiten noch recht begrenzt und eingeschränkt nutzbar. Mit der Entwicklung der Telegrafie in der ersten Hälfte des 19. Jahrhunderts jedoch machte diese Entwicklung einen Sprung. Wörter wurden in ihre Buchstaben zerlegt und die Buchstaben durch die Kombination kurzer und langer Signale kodiert. Mit dieser Zerlegung der Schriftsprache in nur zwei Zeichen – Kurz und Lang – begann das Zeitalter der binären Kommunikation, so wie wir sie auch heute im Digitalen verwenden.

Ihren ersten großen Einsatz erfuhr die Telegrafie im Krimkrieg 1853 bis 1856. Auf noch nie dagewesene Weise konnten nun Machthaber und Entscheidungsträger weit von der Front entfernt auf der Basis ihnen gelieferter *Informationen* Entscheidungen fällen und Befehle diktieren – eine Beschneidung der Eigenständigkeit, die damals den französischen General Canrobert dazu veranlasste, sein Amt niederzulegen.[2] Die Loslösung von Situationsort und Entscheidungsort beruht auf dem Glauben an und das Vertrauen in *Informationen.* Wir werden über jene Dinge informiert, die wir selber nicht erfahren haben. Die uns gegebenen Informationen sollen das Fehlen der eigenen sinnlichen Erfahrung und der eigenen geistigen Verarbeitung ausgleichen. Aristoteles' „Metaphysik" baut auf der sinnlichen Erfahrung auf, die allerersten Zeilen handeln davon:

> „Alle Menschen streben von Natur nach Wissen; dies beweist die Freude an den Sinneswahrnehmungen, denn diese erfreuen an sich, auch abgesehen von dem Nutzen, und vor allen andern die Wahrnehmungen mittels der Augen. Denn nicht nur zu praktischen Zwecken, sondern auch wenn wir keine Handlung beabsichtigen, ziehen wir das Sehen so gut wie allem andern vor, und dies deshalb, weil dieser Sinn uns am meisten Erkenntnis gibt und viele Unterschiede offenbart."[3]

Mit der Feststellung, dass wir im Sehen, im den Blick-schweifen-lassen, Betrachten und Anschauen eine solch große Freude erfahren, deutete Aristoteles an, wie sehr der Mensch ein visuell geprägtes Wesen ist und wie viel Zeit und Kraft er nicht nur in das Sehen, sondern auch in das Erzeugen von Seh- und Sichtbarem investiert. Sehen und Erkennen sind für uns eng miteinander verknüpft – wir sehen nicht nur eine Gestalt, sondern einen Hund oder einen Menschen, wir sehen nicht nur ein Gesicht, sondern das Gesicht eines Freundes oder Fremden, eines Mannes oder einer Frau, eines Kindes oder eines Greises ... Jemand, der zu Zeiten des Aristoteles viel Fremdes und Neues sehen wollte, konnte sich auf die Agora stellen und dem Treiben der Leute zusehen oder er konnte sich etwa als Soldat dem Heer Alexanders anschließen und mit diesem nach Osten ziehen. Im *schritt-weisen* Über*gang* konnte er mit dem Sehsinn unbekannte Gegenden, Dinge und Menschen erfahren und erkennen. Aufgrund seiner leiblichen Präsenz *ergab* sich ungewollt eine Synästhesie – ein Zusammenspiel und eine Einheit der Sinne. Heute stellen wir die Sinnhaftigkeit dieser Einheit infrage – wir können Neues und Fremdes sehen, ohne uns dafür von der Stelle zu bewegen, ohne den Kopf drehen zu müssen. Wir haben das, was uns laut Aristoteles so viel Freude bereitet – die Wahrnehmung mittels der Augen – noch viel einfacher gemacht.

Während Fotografie und Film schon seit etwa 150 und 100 Jahren den Menschen umgeben und auch die nahezu instantane Telekommunikation mit Telegrafie und Telefon eine ähnlich lange Zeit existieren, ist die audiovisuelle Telekommunikation (Tk) erst in jüngster Zeit zu einem alltäglichen Massenphänomen geworden und immer noch dabei, sich auszubreiten und zu intensivieren. Wenn das Soziale zumindest zum Teil aus unserer Kommunikation, im Mit-teilen entsteht, verändert es sich notgedrungen auch mit dieser. Unsere Verwendung der verschiedenen Werkzeuge und Techniken der Tk hängt mit ihrer Verfügbarkeit (handiness) und unseren *Annahmen* über deren Effektivität zusammen. Gerade diese Annahmen gilt es zu überprüfen. Was wäre etwa, wenn diese neuen Formen der Kommunikation das Soziale gar nicht befördern, sondern behindern, wenn sie die Begegnung mit dem Anderen nicht erleichtern, sondern verhindern?

Der Glaube und die Hoffnung, mittels der Tk in Kontakt zu bleiben (Let's stay in touch! – Restons en contact!), stellt uns vor die Frage, was ‚Kontakt' für uns bedeutet. Wenn die Bedeutung von ‚Kontakt' eigentlich ‚Berührung' ist, kann es sich im Tk-Kontakt nur um eine metaphorische Phrase oder ein metaphysisches Konzept handeln, nicht jedoch um ein sinnlich-haptisches bzw. leibliches Phänomen.

Wenn das Soziale sich besonders an Nähe und Distanz misst, etwa der Nähe der Gemeinschaft und der Distanz der Gesellschaft, an den Möglichkeiten von Zugriff und Entzug, sich selbst und den Anderen zu begreifen, wohin tendiert dann der *telekommunikative* Mensch? Begibt er sich vielleicht in eine audiovisuelle Gemeinschaft (youtube, facebook, instagram, Onlinespiele, usw.), verharrt aber leiblich in einer gustatorisch-olfaktorisch-haptischen Distanz?

Dabei will ich nicht behaupten, dass wir in einer einseitig sinnes- oder reizarmen Zeit leben, im Gegenteil – wir können heute nicht nur audiovisuell viel *konsumieren*, sondern auch gustatorisch und olfaktorisch von einer noch nie dagewesenen Fülle und Breite an Stimulantien *wählen* und selbst unsere haptisch-leibliche Wahrnehmung verschiedentlich *bespielen* – sozusagen im Supermarkt der Sinne konsumieren, bis zur körperlichen und geistigen Verfettung. Diese Untersuchung beschränkt sich jedoch auf die Verwendung der Sinne in der Mitteilung der Menschen untereinander. Hier vollzieht sich gegenwärtig eine audiovisuelle Wende. Diese Wende erscheint mir von fundamentaler Bedeutung, um unser heutiges Leben zu verstehen, denn sie führt zu einer Verschiebung unserer Wahrnehmung von Welt und unserer Verständigung mit der Umwelt. Es ist eine Wende von der Nähe in die Ferne, vom Leib zum Intellekt.

Bild und Klang im Raum

Das Bild braucht keinen realen Raum. Vielmehr noch ist das Bild die Reduktion des Raumes und der Gegenstände, die den Raum konstituieren, nicht nur von drei auf zwei geometrische Dimensionen, sondern von fünf auf eine sinnliche Dimension. Wenn es die Gegen-stände sind, die einen Raum ausmachen, Dinge, die dort stehen, einem entgegen stehen, vielleicht auch widerstehen, dann verschwinden die Gegenstände mit dem Bild im Bild. Das Bild kann folglich gar nicht darstellen, es kann nur symbolisieren und bedeuten. Es bewegt sich phänomenologisch am Rand zum Phantastisch-Magischen.

Mit den Augen sind wir in der Lage von einem zweidimensionalen Bild durch Fluchtlinien, Schattierungen und Sehgewohnheiten auf einen dreidimensionalen Raum zu schließen – wir können visuell abstrahieren und interpolieren. Deshalb ist jedes gegenständliche Bild oder Abbild ein Medium zur optischen (Selbst-)Täuschung. Zu dieser Selbsttäuschung sind wir aber nur deshalb fähig, weil wir den echten physischen Raum und seine Gegenstände schon verschiedentlich kennengelernt, gespürt und erlebt haben. Man stelle sich, sozusagen als Gegenstück zum Blinden, der die Welt mit allen Sinnen, nur nicht dem Sehsinn, wahrnimmt, einen Menschen vor, der die Welt nur visuell als Bild wahrnimmt. Er wird eine Blume und einen Hund in ihrer Gestalt voneinander unterscheiden können. Wie sollte dieser jedoch wissen, wie es ist, eine Blume zu riechen und sagen können, dass Hunde einen anderen Geruch haben? Wie könnte er die Hitze und Trockenheit der Sonne von der Kälte und Feuchte des Wassers, den harten Stahl vom weichen Körper unterscheiden? Er würde wahrscheinlich nur die Glätte des Glases kennen, über das er streicht.

Während es sich jedoch beim Bild in der Regel um eine visuelle Täuschung handelt – die Extrapolation von zwei auf drei Dimensionen – handelt es sich beim konservierten und reproduzierten Klang nicht um eine akustische Täuschung durch Einbildung. Der Klang braucht im Moment noch den Raum zur Ausbreitung der Schallwellen. Die Täuschung liegt hier nur auf der performativen Ebene – der ursprüngliche Produzent des Klangs muss nicht mehr anwesend sein. Wir können John Lennons Lieder oder Carl Orffs *Carmina Burana* auch bei uns in der Küche oder beim Autofahren hören, obwohl Lennon und Orff schon gestorben sind, und in unserer Küche niemals Platz für Chor und Orchester wäre. Doch mit dem Kopfhörer ist der Raum zum Bespielen des Trommelfells auf ein μ zusammengeschrumpft, so dass wir etwa in der U-Bahn eingepfercht oder auf dem Fahrrad fahrend unabhängig voneinander abgekapselt unser ganz persönliches Klangfeld, unseren eigenen Klangraum erzeugen und unserem Leben einen individuellen Soundtrack geben können. So können wir den Lärm der Welt besser ausblenden und bei uns bleiben, während wir ameisisch das durchqueren, was zeitweilig als Öffentlichkeit gelten konnte, inzwischen jedoch vielerorts ein semi-privatisierter Durchgangsraum ist, in dem man sich das Aufenthaltsrecht erkaufen muss – (*Do you have a platform ticket?*) Zu den stummen Walkmanträgern sind mit dem Handy und Headset noch jene hinzugekommen, die – wie man es vorher nur von geistig Verwirrten kannte – ohne Gegenüber vor sich hin reden.

Auch die Stimme, die aus der Hörmuschel des Telefons zu uns klingt, täuscht uns die Anwesenheit eines Abwesenden vor. Jener, mit dem wir per Telefon reden, ist uns durch das Timbre seiner Stimme sehr nah, er kann seine Worte flüstern und hauchen, als ob sein Mund uns schon fast berührte. Wir können, wenn wir am Abend mit ihm telefonieren, das Licht löschen und in völliger Dunkelheit mit ihm reden, als ob er neben uns auf dem Bett läge, nur berühren können wir ihn dann nicht.

Von Zerafe in den digitalen Funkraum

Klassische Bildmedien wie Papier, Leinwand, Holz, Wand, usw. lassen sich nur beschränkt reproduzieren und transportieren. Im Analogen waren es besonders *Ze*itung, *Ra*dio und *Fe*rnsehen – im Folgenden *ZeRaFe* bzw. *Zerafe* –, die uns ortsunabhängige, audiovisuelle Eindrücke ermöglichten und uns durch gleiches und geteiltes Sehen und Hören zu abstrakten Gemeinschaften des Klangs und der Bilder zusammenfügten. (Morgens auf dem Schulhof konnten die Schüler sich über jene Fernsehsendungen unterhalten, die sie am Vortag zuhause für sich geschaut hatten, Arbeitskollegen über das in den Abendnachrichten Gesehene.)

Doch Zerafe verlangte noch ein passives Schweigen der Rezipienten, ähnlich der Predigt; ein Dialog war noch nicht möglich. Wer sich selber über die Ferne mitteilen wollte, musste Briefe schreiben oder telefonieren. Wir konnten auf diese Weise Distanzen überwinden, diese Distanzen konnten groß sein, es waren jedoch noch spezifische Strecken zwischen bestimmten Punkten. Das Telefon und der Brief überwanden die Strecke, nicht jedoch den Ort, sie waren noch ortsgebunden. Man brauchte eine physische Adresse mit einem Briefkasten und ein ortsgebundenes Festnetztelefon. Selbst der PC war für uns lange Zeit ein immobiler Gegenstand. Die Organisation und Gestaltung des Alltags verlangte von uns in relativer Regelmäßigkeit zu relativ festen Zeiten zuhause zu sein, um private Tk zu führen und einen ähnlich festen Arbeitsort, um geschäftliche Tk zu tätigen. Dies forderte Struktur – Struktur, die sowohl einengt, als auch befreit, indem sie uns zu relativer Regelmäßigkeit zwingt, uns aber auch relative Vorhersehbarkeit und Erwartbarkeit ermöglicht und dadurch entlastet. Durch die Ortsgebundenheit ergaben sich für uns sowohl Orte und Räume der Tk, als auch solche Orte und Räume, an denen keine Tk stattfinden konnte. Dies waren Orte der sinnlich-leiblich einheitlichen Präsenz, Orte des *Hier-Seins,* wenngleich eine geistige Abwesenheit auch schon im Tagträumen, Lesen und Gedankenversunkenheit möglich war.

Zweierlei sind inzwischen hinzugekommen – das Digitale und das flächendeckende Funknetz. Das Digitale ermöglicht uns gerade die beiden Fernsinne Sehen und Hören zu *speichern,* zu *transportieren* und zu *reproduzieren.* Das Funknetz überwindet nicht nur die Strecke, auch der Ort verliert seine Funktion und Bedeutung als Ort der Nähe oder Distanz. Im Funkraum schmelzen Wände, Nischen, Höhlen und Falten dahin. Im digitalen Funkraum ist alles nah. Wie vor der Atombombe schützt uns nur der Bunker vor den Funkwellen – vor der Erreichbarkeit.

Der erlebte und gelebte Raum

So wie es mit Chronos und Kairos die gemessene und gleichmäßige Zeit einerseits und die gefühlte und verschiedentliche erlebte Zeit andererseits gibt (temps vécu), so verhält es sich auch mit dem Raum. Wir wissen um den geometrischen Raum aus Strecken und Winkeln und wir fühlen den Raum mit seinen anthropoiden und anthropomorphen Eigenschaften – den warmen und herzlichen Raum, in welchem wir entspannen, uns ausruhen und fröhlich sind oder den kalten, abweisenden und feindlichen Raum, wo wir uns bedroht fühlen, uns fürchten, lauern oder fliehen. Auch gibt es traurige, feierliche und stille Räume und viele weitere mehr – es sind erlebte und gefühlte Räume, mit Armand Frémont *espaces vécus*.[4] Grundlage dieser Bezeichnungen ist meist das Zusammenspiel unserer Stimmungen mit Temperaturen, Farben, Licht, Härte, Feuchtigkeit, Geräuschen – kurz Klima und Atmosphäre, aber auch Übersichtlichkeit, Einsehbarkeit, Gegenwart oder Abwesenheit anderer Lebewesen, Dinge und Gegenstände in diesem Raum. Das Fremde und Unbekannte versehen wir mit Fragezeichen – woher kommt ein Geräusch? Was ist das für ein Gegenstand? Was macht dieser Mensch, dieses Tier? Als grundsätzlich bedrohtes Wesen müssen wir ausmachen, woher eine Gefahr droht, wie wir uns ihr entziehen können und als ‚hungriges' Wesen, wo und wie wir unseren Hunger und unsere Lust stillen können. Das sind vielleicht die zwei wesentlichen Konstanten des menschlichen Strebens – „pleasure and absence of pain" hießen sie bei John Stuart Mill.

Die beiden Fernsinne ermöglichen dem Homo erectus unter anderem, Gefahren und Bedrohungen schon früh zu erkennen, dass er auf sie reagieren, ihnen ausweichen oder sich auf die Konfrontation einstimmen kann. Mit dem Handy kommen die Dinge jedoch nicht mehr allmählich, sondern plötzlich auf uns zu. Gerade in ihrer Digitalisierung wurden die beiden Fernsinne in Nahsinne umgewandelt und haben so eine wesentliche ursprüngliche Funktion verloren, jenes nahen und kommen zu sehen und zu hören, was noch nicht da ist, weil es noch eine Strecke bis hin zu uns zurück zu legen hat. Diese schützende Strecke ist verloren. Das Klingeln, Pfeifen, Piepen oder Vibrieren kündigt sich nicht vorher an, es ist plötzlich da und verlangt von uns sofort darauf zu reagieren. Dabei reißt es uns aus dem *Hier und Jetzt* heraus.

Es ist jedoch nicht nur der Augenblick selber, in dem wir ein solches Signal erhalten, der uns auf ein anderes Niveau der Aufmerksamkeit und des Aufschreckens bringt, es ist auch das Wissen um die Möglichkeit des plötzlichen Signals, des Überfalls, welches uns in einen anderen Zustand versetzt – in einen Zustand des *Lauerns*. Wer kennt nicht die Erfahrung, dass er gerade dann den Kopf hebt, wenn jemand sich ihm nähert? Was wir an Rändern unseres Sehfeldes wahrnehmen, dringt nur selten in unser Bewusstsein und erhält nur selten unsere Aufmerksamkeit, doch sind wir recht gut darin, genau dies doch wahrzunehmen, wenn jemand oder etwas sich uns nähert. Genau diese Funktion können die Fernsinne des Homo digitalis nicht mehr ausüben. Der Bereitschaftsdienst war früher etwas Lästiges und Stressiges, das sich Ärzte, Krankenschwestern, Flugbegleiter und andere bezahlen ließen – heute stellen wir uns freiwillig in den Bereitschaftsmodus – stand-by. Das Smartphone potenziert diese Gefahr noch durch seinen deutlich größeren Funktionsumfang. Wir können damit nicht nur angerufen werden und Nachrichten erhalten, es ist so vielseitig wie ein Computer. Der Angerufene oder Angeschriebene kann nun unabhängig davon, wo er sich befindet, aufgefordert werden, nicht nur eine Bitte oder einen Auftrag für später entgegen zu nehmen, sondern ihn auch gleich mit seinem Hand-Computer auszuführen und so noch länger aus seinem sinnlich-räumlichen Zusammenhang herausgerissen werden, es sei denn er wehrt sich dagegen. Der Eingriff wird zu einem Angriff – Selbsterhaltung wird zu Selbstverteidigung.

Wahrnehmung, Wahrheit und Täuschung

Die Nähe und Verwandtschaft der Begriffe Wahrnehmung und Wahrheit deutet daraufhin, dass unser Glauben an das, was für uns wahr ist, auf unserer Wahrnehmung beruht. Auch die Begriffe des Erfassens und Begreifens deuten darauf hin, dass wir etwas verstehen, wenn wir es berühren und in den Händen halten. Diese Möglichkeiten sind uns im Digitalen jedoch verwehrt. Hier können wir im Wesentlichen nur sehen und hören. Steckt in dieser Sprache eine tiefere Wahrheit? Dann blieben die medial gewonnenen Wahrheiten schwach und oberflächlich – so oberflächlich wie unsere digitalen Interfaces.

Dies ist auch mit Zerafe und vielen anderen älteren Medien schon so gewesen. Die Möglichkeiten der Interaktivität im Gegensatz zur sonst meist passiven Rezeptionshaltung können uns jedoch darüber hinwegtäuschen. Gleichzeitig erlauben uns diese neuen ‚Spielregeln', genau diese Mechanismen der Manipulation, Täuschung und Retusche selber zu nutzen, wodurch wir uns vielleicht auch der eigenen Täuschbarkeit bewusster werden. Statt nun davor zurück zu schrecken, werden wir jedoch lieber zu Komplizen.

Gegenüber dem physischen und sinnlich erlebten Raum ist der Raum des Internet ein reduzierter Raum – nicht nur in seinen Dimensionen reduziert – auf die Zweidimensionalität der Fläche oder die Eindimensionalität des Pixels, auch im Sinne einer Reduktion der angesprochenen oder ‚berührten' Sinne wird er audiovisuell zweidimensional.

Die Täuschbarkeit auf audiovisueller Ebene ist nur eines von mehreren Dimensionsproblemen, ein weiteres ist, ähnlich dem Bild, der Wegfall der im Internet nur kaum vermittelbaren sinnlichen und kommunikativen Dimensionen – Berührung, Geruch und Geschmack. Ob ein Fisch frisch ist, lässt sich besser riechen als sehen, ob Gold auch wirklich Gold ist, lässt sich besser fühlen als sehen. Ob wir jemanden ausstehen können, ist auch eine Frage des Geruchs und ob jemand wirklich so aussieht, wie auf dem Bild, das wir von ihm sehen, dürfen und müssen wir bezweifeln. So ist das Internet ein Ort der berechtigten Skepsis, der Unsicherheit, des Misstrauens und des Zweifelns.

Hier, dort und überall

Die Verlagerung von Eindrücken und Ausdrücken, von Empfangen und Senden, von Konsum und Produktion, verlagert und spaltet unsere Präsenz vom ‚Hier' zum ‚Hier und Dort' oder gar zum ‚Überall'. Doch was geschieht, wenn wir unsere Aufmerksamkeit vom Nahen auf das Ferne richten, von einem Hier auf viele Hiers? – oder mit den Worten der katholischen Kirche von *urbi* auf *orbi*, von der Stadt auf den gesamten Erdkreis? Das ist, wie im Katholizismus, nur in einer abstrakten, geglaubten Gemeinschaft möglich, nicht jedoch in einer konkret gefühlten.

Die Verlagerung des Spektakels von der physischen Gemeinschaft der Theater-, Zoo-, Kino- und Festbesucher hin zur virtuellen Gemeinschaft hat schon mit der rezeptiven Telepräsenz der Hörer am Volksempfänger und der Fernsehschauer stattgefunden. Die Zuschauer von *Wer wird Millionär?* fügen sich in die virtuelle Gemeinschaft der *Wer-wird-Millionär?*-Schauer. Die weitere Verlagerung des Informierens, des Kaufens, der Reklamation, der Erotik, der Politik und anderer sozialer Bereiche ins Internet führt zu weiteren Formen virtueller Gemeinschaften und gleichzeitig zu körperlich-physischer Vereinzelung. Zum stillen Örtchen, wo wir unser Geschäft machen, gesellt sich mit dem Computer der stille Ort, wo wir unsere Geschäfte tätigen. Der eigene Körper wird dabei abgeschnitten. Er verharrt gebeugt und gepolstert in tauber Starre: „Die Telepräsenz delokalisiert die Position und die Situation des Körpers."[5] Dabei werden wir zum *Unbewegten Beweger*. Die jeweilige Situation des Körpers verliert in der Tk an Bedeutung, sie kann nicht mit-vermittelt werden.

Für Paul Virilio ist jedoch die physische Präsenz Voraussetzung für das Soziale und das Politische. Starke Verbindungen, die etwas fordern und verändern, benötigen die Aura des Körpers. Nicht umsonst reisen Politiker heute nach wie vor um die ganze Welt, um physisch präsent zu sein. Auch Gottesdienste, Hochzeiten und Arbeiterstreiks werden nicht vom Computer aus vollzogen. Das Performative, die Aufführung, das Ritual – sie benötigen den Menschen in seiner Ganzheit. Wirkung entsteht in der Aussetzung nicht im Entzug, in der Öffnung, nicht in der Abkapselung, im Ganzen, nicht im Halben, nicht im Ich allein, sondern im Ich und Du.

Doch die leibliche Gegenwart eines anderen Menschen ist auch eine Herausforderung, die eine gewisse Haltung, Aufmerksamkeit und Achtung verlangt. Auch besteht die Möglichkeit, Gewalt und Zwang seitens des Anderen zu erfahren. Diesen Forderungen und Gefahren kann jener entgehen, der sich der leiblichen Gegenwart des Anderen entzieht. Im Internet und am Handy müssen wir nicht stärker, mutiger oder flinker sein als der Andere – ein Klick, ein Tastendruck oder Wischen genügt, um sich dem Zugriff des Anderen zu entziehen. Somit kann das Internet, der Anruf oder die Textnachricht auch ein Medium des Schüchternen und Furchtsamen sein.

Gleichzeitig engt „die elektromagnetische Nähe der Menschen zueinander"[6] den realen Raum ein, reduziert ihn geradezu auf einen Punkt. Wer weite Strecken zurücklegt, um auf Distanz zu gehen, wer die Distanz sucht, wer fliehen muss oder will, dem muss die elektromagnetische Nähe, die Aufhebung der Distanz klaustrophobische Angst einflößen. Mit der flächendeckenden Tk wird die Welt erschreckend klein. Mit einem Anruf wird jede Distanz zunichte gemacht, die Welt *implodiert* auf einen Punkt. An jedwedem Ort die Fragen: *Wo bist Du?*, *Was machst Du?*, *Mit wem bist Du?* gestellt zu bekommen, ist nicht nur freundliche Sorge, sondern auch Inquisition.

Telestadt und Cyberstadt

Nach Virilio leben die Zuschauer einer Fernsehsendung, etwa der Abendnachrichten in der ‚Telecittà' – eine abstrakte Stadt, die sich nicht dadurch auszeichnet, dass man am gleichen Ort wohnt, sondern durch die Gemeinsamkeit des Gesehenen und Gehörten. Die Bewohner dieser Stadt sind vereinzelt und können sich jedoch weder darüber austauschen noch darauf sinnvoll reagieren – indem sie sich etwa empören, zu Hilfe kommen oder dergleichen *tun*. Somit bleibt die Telestadt ein schwaches soziales Gefüge.

Virilio meinte, der öffentliche Raum sei „durch die Fotografie, das Kino und das Fernsehen zu einem öffentlichen Bild"[7] geworden. Doch nach der Cinécittà und der Télécittà kommt die Cybercittà. Die Cybercittà ist nicht einfach eine Fortführung des gleichen Prinzips. Die Cyberstadt zeichnet sich zunächst dadurch aus, dass sie unserem Bedürfnis nach Reaktion und Ausdruck besser entspricht als die eher passive Telestadt. Doch sind die Reaktionen nach wie vor nicht öffentlich-gemeinschaftlich sondern individuell-privat. Es ist nicht mehr nur die Öffentlichkeit, die zum Bild geworden ist, das Private ist hinzugekommen, wir haben es hinzugefügt – *geaddet*. Somit ist die Welt an sich zu einem Bild geworden, uns begegnen nicht mehr nur Politiker, Schauspieler und dergleichen als Bild, unsere Familie, Freunde, Bekannte, wir selber sind zum Bild geworden. Es sind nicht mehr nur Journalisten, Reporter und Werbemacher, die unsere Welt bebildern, wir selber sind fleißige Bildermacher geworden und ihnen zahlenmäßig weit überlegen. Das Bild, besonders aber das Foto und darin der Schnappschuss ist ein wesentlicher Teil unserer Kommunikation geworden, gepostet oder verschickt. So nehmen wir immer größere Teile der Welt nicht als Synästhesie wahr, sondern nur als Bild, welches uns sagt: „‚Bild' Dir deine Meinung!". Wie irreführend dies sein kann, kennen wir von der gleichnamigen Zeitung. So bemerkt Virilio, dass die Weltwahrnehmung auch die Grundlage der Weltanschauung ist. Wird unsere Weltanschauung dann eine gespaltene? Oder eine unsinnige? Von der Sphäre der Politik sind wir schon an mediale Täuschung und Verblendung gewöhnt, nun gilt es, sich auch an das Gleiche in den ehemals weniger medialen persönlichen Sphären zu gewöhnen.

Wir zeigen uns in Bildern, um gesehen zu werden, wir inszenieren uns in Bildern, wo wir gerade sind. Doch eigentlich geht es nicht ums Gesehenwerden, vielmehr geht es um Aufmerksamkeit und die Erfahrung von Achtung und Anerkennung. Vielleicht ist es so, dass wir mit einer Geste des „Ecce!" diese Bilder posten und verschicken, eigentlich aber sagen wollen *Tange me! – Berühre mich! – Zeige mir, dass ich für dich existiere!* – Doch leicht wird aus dem gestylten Bild unabsichtlich ein *Noli me tangere! – Rühr mich nicht an!*

Mit diesen Bildern fügen wir uns in der Distanz verharrend gegenseitig den Schmerz des Begehrens zu, ein Begehren der Anwesenheit des

Abwesenden, des Dortseins statt des Hierseins, des Andersseins statt des Soseins. Im Vergleich erscheint der, die, das Andere schöner, besser und vollkommener. Das eigene Hiersein empfinden wir als ungenügend, unser Sosein erscheint uns mangelhaft.

Dabei verwandeln wir den einen physischen öffentlichen Raum selbst dann, wenn wir ihn betreten, zu einem Durchgangsort, mit den Worten Marc Augés in einen Un-Ort oder Nicht-Ort.[8] Die physische Öffentlichkeit ist vielfach ein so unangenehmer Ort geworden, der uns nicht zum Verweilen einlädt. Die physischen Eigenschaften interessieren gar nicht mehr. Wie eine Schnecke, die ihr schützendes Haus mit sich trägt, tragen wir das Smartphone einem Schutzschild gleich vor uns herum, schützen uns vor dem Außen, vor dem Anderen und bleiben bei uns. So wie das Smartphone beim ‚*Selfie*' unser *face* gleichsam spiegelt, spiegelt es uns sonst auch nur *unsere* Freunde, *unsere* Kontakte und *unsere* Interessen, während es unseren persönlichen Soundtrack abspielt und uns durch das wüste Betonland navigiert. Noch bessere Abschirmung haben wir mit dem Laptop und dem Tablet. Nicht umsonst heißen diese Geräte *I*phone und *I*pad, weil sie das *I* – Ich, Ego zeigen und spiegeln. So können wir ständig bei uns bleiben. Der, die, das Andere wird ausgeblendet. Diese Intimität erscheint als eine Intimität mit sich allein – digitale Ipsation. Doch halt, bevor wir diese Geräte besaßen, haben wir uns auch schon abgekapselt, mit der Zeitung, einem Buch, Sonnenbrille, Schirmmütze und Hut – wäre es nicht absurd, sich während der 10 Minuten, die wir uns neben jemand Wildfremdes in der U-Bahn setzen, mit ihm ein Gespräch zu beginnen? Unangenehmer als die Abkapselung ist doch den meisten das Gegenteil, wenn der zuvor noch stille Fahrgast neben einem in eine schamlose Quasselstrippe mutiert und die mehr oder minder „gemütliche Zugfahrt in eine Vorhölle verwandelt".[9]

Wenn die Stadt eigentlich schon immer der Ort unseres Gewerbes, unserer Arbeit war, dann ist die Stadt für einen zunehmenden Teil der Arbeit nicht mehr notwendig. Der Ort der Arbeit ist für immer weniger Menschen noch ein spezifischer Ort, es genügen Rechenmaschine und Internetzugang – egal wo. Der Telemensch führt die Stadt ad absurdum. Als Zusammenballung, als Ort der Nähe der Menschen wird sie für den Telemensch geradezu unangenehm:

„Wenn wir morgen den Fernsten lieben, ohne uns darüber bewusst zu sein, dass man seinen Nächsten hasst, weil er da ist, weil er stinkt, weil er Krach macht, weil er mich stört, weil man ihn nicht vergessen kann, im Unterschied zum Entferntesten, den man nicht wegzappen kann. Wenn wir also morgen dahin kommen, dass wir den Fernsten auf Kosten des Nächsten vorziehen, zerstören wir die Stadt."[10]

Natürlich haben wir auch eine geistige Karte der Welt, die nach anderen Prinzipien funktioniert als geographische Karten. Unser Weltbewusstsein tragen wir im Kopf, doch „die wahre Abmessung der Welt befindet sich in meiner Seele."[11] Je weiter sich unser persönliches Dorf streut, je weniger es mit dem physischen Ort übereinstimmt, desto größer wird für uns der Ozean zwischen jeder Insel, die Wüste zwischen jeder Oase, desto mehr dieser Ödnis müssen wir durchschreiten, ausblenden und ignorieren und dabei dieses eigentlich offene und fruchtbare Land für uns selbst zerstören.

Die Metropolen sind mit dem Flugzeug zusammengerückt. Mit dem Internet fallen sie ineinander, auch der Unterschied zwischen Stadt und Land verschwindet, aber nicht physisch sondern nur medial. Wir hängen den Körper ab – in den verschiedenen Bedeutungen dieses Begriffs ‚abhängen' – Entkoppelung von Geist und Körper, von Fühlen und Denken, er macht diese Beschleunigung auf Lichtgeschwindigkeit nicht mit. Als Heidegger die Seinsvergessenheit der Philosophie anklagte, meinte er nicht nur das So-Sein, sondern besonders auch das Da-Sein, anders ausgedrückt – das Sein im Hier und Jetzt.

Der Reisende, ob langsam oder schnell, ist noch immer als ganzer Mensch am jeweiligen Ort. Er mag sich bemühen die jeweilige Strecke besonders schnell zurückzulegen, aber er tut es im Ganzen. Der digital Surfende lässt den schweren Leib zurück, während er in den audiovisuellen Äther eindringt, und verwirklicht damit auf ungeahnte und enttäuschende Weise Platons Ideenlehre. Die vom Körper losgelösten Seelen sollen den Göttern in den Äther folgen und dort Kenntnis der Formen oder Ideen erlangen, etwa der Idee des Tischs und des Baumes, aber auch des Wahren, des Schönen und des Guten. Doch was wir nur sehen und hören, haben wir noch nicht erfahren. Vielmehr gehört Platons Ideenlehre (Idee von gr. *idea*, *idein* – erblicken) vom sehenden Kopf auf den synästhetischen Fuß gestellt – aus dem, was wir mit allen Sinnen erleben, ziehen wir unser Wissen vom Tisch, vom Baum und dessen, was uns wahr, schön und gut erscheint. So bleibt unser audiovisuelles Wissen unvollständiges Wissen – Halbwissen. Die Bewohner der Telestadt und der Cyberstadt bleiben gespaltene unsinnliche Menschen. Die Auflösung der Stadt als Einheit hinaus ins Grenzenlose löst das konkrete Soziale zugunsten eines abstrakten Sozialen auf.

Räume, Schwellen und Orte

Für Bachelard ist das Haus bzw. die Wohnung – die eigenen vier Wände – unser Winkel in der Welt. Bei aller Extension, aller Ausdehnung des Menschen, seiner Fähigkeit Orte zu verlassen und zu wechseln, betont Bachelard die Notwendigkeit des Rückzugs – ein Raum, wo, so Bachelard, „das Nicht-Ich das Ich beschützt".[12]

Wir haben uns Häuser gebaut, Wohnungen, Kammern, Zimmer, mit der Idee darin Schutz und Geborgenheit zu finden – Orte, an denen wir uns ausruhen und entspannen können, wo wir unbesorgt die Augen schließen und schlafen können. Andere Räume haben wir für bestimmte Funktionen konstruiert und ausgestattet. Wir essen dort, lesen dort, arbeiten dort, oder wir gehen dort einer anderen Tätigkeit nach. „Dort" ist ein zeigender, manchmal auch emphatischer Begriff. (Er scheint aus der Zusammenführung der längeren Bezeichnung „dieser Ort" entstanden zu sein.) Dem noch zeigenden *Dort* entspricht das *Hier* des Angekommenen. In Verlaines Gedicht *L'auberge* beschreibt der Dichter angenehm berührt eine Herberge des *Bonheur*, der Glückseligkeit mit dem Dreiklang: „*Ici l'on fume, ici l'on chante, ici l'on dort.*" – „Hier wird geraucht, hier wird gesungen, hier wird geschlafen." Rauchen, Singen und Schlafen sind Weisen sich auszuruhen und zu erholen. Auf der offenen Straße sind wir ausgesetzt, wir müssen uns der Aussetzung erst entziehen und sie auf ein angenehmes Maß verringern und verkleinern, sind es doch die kleinen und geschlossenen Räume, die dem Ruhebedürftigen angenehm erscheinen.

Die räumliche Trennung ist ein altes Phänomen. So haben wir für unterschiedliche Bedürfnisse und Tätigkeiten verschiedene Räume geschaffen. Die Trennung und Aufteilung des Raumes werden häufig aus Gründen der Hygiene vorgenommen – Hygiene oder Reinheit oder Sauberkeit nicht nur physischer, sondern auch psychischer Art. Mit dem Computer und mehr noch mit dem Smartphone wird die räumliche Trennung aufgehoben. Arbeit und Freizeit geschehen an ein und dem gleichen Ort und sind nur einen Klick oder Wisch voneinander entfernt. Die beiden Bereiche kontaminieren sich gegenseitig. Während wir arbeiten, wechseln wir zu Freizeittätigkeiten; während unserer Freizeit erledigen wir eben mal schnell eine Arbeit. Für den digitalen Funkraum ergibt sich ein permanentes „Hier!" und kein „Dort" mehr. Ich muss mich nicht mehr bewegen, um an etwas zu kommen, es kommt zu mir. Die verbleibenden körperlichen Impulse verkommen zu einer Art „Notdurft". So heben wir die Errungenschaft der räumlichen Trennung wieder auf. Aus der räumlichen Vielfalt wird durch die Funkwellen-Kontamination eine räumliche Einfalt.

Das Smartphone gilt als King des Multitasking. Doch Multitasking ist eine unserer großen Selbstlügen. Sicher sind wir in der Lage, einfache Aufgaben auch parallel zu erledigen, oder wenn wir dabei unterbrochen werden. Je komplexer und kreativer die Aufgaben werden, desto stärkere Konzentration verlangen sie. Konzentration ist Sammlung, Versammlung und Verdichtung der geistigen und sinnlichen Aufmerksamkeit. Aus der Streuung der Aufmerksamkeit beim Multitasking wird die Zerstreutheit des Geistes, der zerstreute Mensch. Wir glauben, durch eine effizientere Gestaltung des Lebens hätten wir mehr Zeit zum Spiel, doch auf dem Weg zur Effizienz töten wir unsere Verspieltheit ab. Wir wollen in der Arbeit effizienter sein, um mehr Freizeit zu haben, dabei schaffen wir die Freizeit womöglich völlig ab, weil wir auch diese Zeit nun effizient gestalten wollen. Doch vielleicht sehnen wir uns gar nicht so sehr nach freier Zeit, fürchten vielmehr die Leere, sind vom *horror vacui* angetrieben. Wirkliche Muße ist, wie Friedrich Georg Jünger in der Einleitung zur *Perfektion der Technik* bemerkte, ein seltenes Glück, sie fällt einem kaum in den Schoß, ist vielmehr eine zu erlernende und einzuübende Fähigkeit. Schnell droht uns, wenn wir zur Ruhe kommen, der Sturz in die Leere, die Depression. Die schwere Last des eigenen Seins, einmal in Milan Kunderas Romantitel *Die unerträgliche Leichtigkeit des Seins* etwas unglücklich formuliert und oft missverstanden, gilt es auszuhalten, Schmerz-empfindend zu bejahen, oder vor ihr in einer Flucht nach vorne in irgend ein Tun zu fliehen. – Däumchen drehen war gestern, heute wird, sobald man warten muss, ein Spiel angemacht und eifrig gewischt und getippt. – So ist auch die Rede vom Fortschritt eine Flucht nach vorne. Die Rede vom gesellschaftlichen Fortschritt durch Technik hat an Glaubwürdigkeit eingebüßt. Zweifel an der Lösung der Probleme der Welt durch Ingenieure kommen auf. Stattdessen werden uns die neuen Technologien zunehmend mit der Angst verkauft, wirtschaftlich und sozial abgehängt zu werden.

Nähe, Distanz und Berührung

Wir glauben, das Internet würde uns gegenseitig *annähern*, in Wirklichkeit *entfernt* es uns voneinander. Wir denken, wir könnten problemlos mal hier und mal dorthin reisen, dort studieren oder arbeiten, weil wir ja in ‚Kontakt' bleiben können. Berühren können wir uns über die Distanz jedoch keineswegs. Schüleraustausch, Erasmus, FSJ, Trainee-Programme und dergleichen mehr – das Spektrum der Bekanntschaften und Freundschaften wird geographisch immer weiter. Mobilität ist das Schlagwort. Doch auch hier schlägt die Freiheit in Zwang um. Die Möglichkeiten der Tk lassen uns glauben, wir könnten mit all diesen Menschen in Kontakt bleiben. Kontakt bedeutet ursprünglich Berührung (lat. *tangere* – berühren). Berührung und Geborgenheit bleiben uns jedoch in der Tk verwehrt.

Wir versuchen mit Emoticons die gesichtslosen Nachrichten zu beleben und die Entzifferung zu vereinfachen. Als Zusatzinformation sollen sie die Schwäche des Textes ausgleichen und seine Vieldeutigkeit verringern. Doch wie holzschnittartig sind sie im Vergleich zur feinen Mimik unserer Gesichter! Auch bleiben die individuellen Eigenheiten unseres eigenen Gesichts – unser Antlitz – außen vor. Das Timbre unserer Stimme wie auch die Gestik unserer Hände wird abgeschnitten. Ist ein „Gut gemacht!" nun ernst oder ironisch gemeint? Wie schwach ist doch ein Ausrufezeichen gegenüber der Veränderung der Stimme, wenn wir etwas betonen wollen! Drei Pünktchen können kein echtes Schweigen und keine wahre Aporie vermitteln. Tränen, Weinen, Schluchzen – wie kann man das in Worte fassen? Kann man jemanden mit einer Textnachricht oder einem Anruf so trösten, wie wenn man ihn in die Arme nimmt? Erzeugt unser Versuch, die Raumzeit mit der Tk zu krümmen, nicht einfach nur schwarze Löcher, in denen das Gemeinte und Gewollte versickert? Geht das Lebendige unterwegs nicht verloren, während nur die Informationen ankommen?

Wer räumlich von einem Menschen getrennt ist, wird meist recht rasch von den Eindrücken an Ort und Stelle eingenommen. Wenn wir uns jedoch gegenseitig anrufen, Briefe und E-Briefe schreiben und miteinander skypen, reißen wir uns aus dem Hier und Jetzt heraus, erinnern uns gegenseitig an den Anderen und an seine Abwesenheit, an den Mangel. Es ist, als ob wir wie in einem Gefängnis relativ nah an den anderen herangelassen werden, doch zwischen uns bleibt eine dicke Glaswand.

Küsse kommen nicht an. Die Nähe steigert das Begehren, es kann aber nicht erfüllt oder erlöst werden. So hat die gegenseitige mediale Annäherung etwas masochistisches, ähnlich einer kultivierten Melancholie.

So gespalten geben wir uns der Illusion der „heilbringenden Geschwindigkeit" hin, der „Illusion, dass die übermäßige Annäherung von Bevölkerungen nicht zu Konflikten, sondern zu Liebe führt, dass man seinen Entferntesten wie sich selbst lieben muss."[13] Was beim anderen Menschen ankommt, sind fast nur Informationen, kaum Emotionen. Informationen sind die Berechnungsgrundlagen des Militärs im Krieg, der Banken und Versicherungen in der Wirtschaft, zusammengefasst auch als C3i – command, control, communication, intelligence. Vielmehr als rechnen und berechnen kann man mit Informationen nicht. Kann man aufgrund von Informationen einen Menschen lieben? Kann man jemanden mit Informationen aus der Depression helfen? Können Informationen uns Geborgenheit vermitteln oder den Eindruck, das Leben habe einen Sinn?

Die technologischen Übertragungszeiten versuchen, uns den Leib zugunsten der narzisstischen Liebe zum virtuellen Körper verlieren zu lassen – ein Gespenst, das auf der Mattscheibe und im Raum der virtuellen Realität erscheint. Die Digitalisierung führt zum Verlust des Körpers und damit zum Verlust der physischen Welt.

Wie Schiffe in Seenot – je stärker sie in Not sind, desto mehr Signale senden sie aus – so senden auch wir *en detresse*, nachdem wir uns leichtsinnig losgemacht und aufs weite Meer hinaus gewagt haben, verzweifelt Signale der Not. Wir wollen geborgen werden. Wer nicht mehr sendet oder *postet* ist untergegangen. Wer nicht mehr seine Position und Situation durchgibt, ist auf dem Radar nicht mehr zu sehen. Er existiert nicht mehr. Neben Benns Wort „Wer redet, ist nicht tot", gilt heute: *wer noch sendet, ist noch nicht untergegangen.*

Hand und Netz

Mit dem Smartphone haben wir die Welt *zur Hand,* doch die Welt hat auch uns zur Hand – einem faustischen Pakt gleich beruht dies auf Gegenseitigkeit. So wird das Internet seinem Namen gerecht – ein Netz. Je feinmaschiger und dichter wir es weben, desto eher verfangen wir uns darin, desto mehr fängt es uns ein. Das Smartphone ist, wie das Handy, ein *Main-tenant*. Halten wir es in der Hand, schrumpft unsere Zeit auf das Jetzt – nicht das Jetzt des Augenblicks, den Faust sich ersehnt, sondern mal das gorgonische Jetzt, das uns erstarren lässt und mal das Jetzt des Hasen, der aufgeschreckt um sein Leben rennt. Das Smartphone wird die elektronische Fußfessel, die uns in Einzelhaft nimmt, so frei, dass wir nur noch mit uns selber beschäftigt sind – unsere audiovisuellen Profile und Telekontakte ‚halten', dass wir aus Angst vor der realen Konfrontation uns dahinter verschanzen. Manchmal mag es unseren Narzissmus wie ein Spieglein befördern, doch meist wird es erschöpfender, weil schröpfender Blutsauger. Oder wie es Houellebecq in seinem ersten Roman ausdrückte:

„Vor unseren Augen uniformiert sich die Welt, die Telekommunikation schreitet unaufhaltsam voran, neue Apparaturen bereichern das Wohnungsinventar. Zwischenmenschliche Beziehungen werden zunehmend unmöglich, was die Zahl der Geschichten, aus denen sich ein Leben zusammensetzt, entsprechend verringert."[14]

Mit Tk-Informationen statten wir uns aus, wie das Militär, Banken und Versicherungen. Die totale Mobilmachung hat uns erfasst. Ungewiss lauern wir auf die nächste Implosion, die uns wie ein Blitz aus heiterem Himmel trifft und aufscheucht. Wir wollten Jäger werden und sind Gejagte geworden. So versuchen wir rastlos unser Leben zu managen, zu beschleunigen, was man nicht beschleunigen kann und zu überbrücken, was man nicht überbrücken kann. Den ganzen Menschen können wir nicht erreichen und so ertränken wir unsere Augen und Ohren in Bildern und Klängen, während unsere Nasen, unsere Münder und unsere Haut verdorren.

Auch die ersehnte Freiheit bringt uns das Smartphone nicht, viel eher sind wir mit ihm, diesem traurigen Ersatz-Gefährten, allein. Wir vermögen vielleicht die Stille des Alleinseins in geschäftiger Telekommunikation zu übertönen, doch die Einsamkeit bleibt. Wirklich frei sind wir in der Geborgenheit und Vertrautheit unserer Freunde. Wer solche Geborgenheit im Herzen trägt, kann auch Zeiten der Einsamkeit ertragen und dabei schweigen.

Anmerkungen

1. Gaston Bachelard, Poetik des Raumes, Frankfurt 1987, S. 31.
2. Ken Beauchamp: The History of Telegraphy, London 2001: "The speed of communication, now reduced to about 24 h, was considered a mixed blessing by the commanders in the field. Whereas previously, under the slower methods of communication used, they were left to exercise their own tactical judgement, with the more efficient methods the armies were commanded nearly as much from London and Paris as from the seat of war itself. The British Commander-in-Chief, General Simpson, was inundated with enquiries from the War Department on pettifogging matters of minor administrative detail, and was reputed to have remarked that 'the telegraph has upset everything!'. The facility was also much used by Louis Napoleon from his headquarters in Paris and was to result in the resignation of his General Canrobert, who complained of overzealous meddling in the conduct of the campaign."
3. Aristoteles, Metaphysik 980 a 1 (Übers. H. Bonitz).
4. Armand Frémont, La Région. Espace vécu, Paris 1976.
5. Paul Virilio, Cyberwelt. Die wissentlich schlimmste Politik, Berlin 2011, S. 50.
6. Ebd., S. 45.
7. Ebd. S. 25.
8. Marc Augé, Non-lieux. Introduction à une surmodernité, Paris 1992.
9. Nils B. Schulz, Vom Gerede zum Gespräch, in: Scheidewege. Jahresschrift für skeptisches Denken, 44, 2014/15, S. 86.
10. Paul Virlio, a.a.O., S. 47.
11. Paul Virlio, Fluchtgeschwindigkeit, Frankfurt a.M. 1999, S. 92.
12. Bachelard, a.a.O., S. 31.
13. Virilio, Cyberwelt, S. 23.
14. Michel Houellebecq, Erweiterung der Kampfzone, Berlin 2006, S. 18.

Gernot Böhme

Die Stasi ist mein Eckermann

1. Stasi – Goethe – Biermann

Der Song von Wolf Biermann „Die Stasi ist mein Eckermann" dürfte einigermaßen in Vergessenheit geraten sein – wie auch sein Autor Biermann selbst: Dessen heikle Existenz zwischen Sozialismus und Kapitalismus, zwischen Ost und West, ist durch den Fall des Eisernen Vorhangs, durch die sogenannte Wiedervereinigung, inhaltslos geworden. Das Thema seines Liedes, die Behörde für Staatssicherheit in der DDR, hat allerdings über Jahre noch politischen Nachhall gehabt. Das nicht nur, weil ihre formellen wie informellen Mitarbeiter wegen der Verletzung von Menschenrechten strafrechtlich verfolgt werden mussten bzw. wegen ihrer Mitarbeit als diskreditiert angesehen wurden, sondern auch, weil die Stasi einen geradezu immensen Berg von Akten und sonstigen Dokumenten hinterlassen hatte. Die Stasi wurde zerschlagen, doch ihre Produkte wurden geradezu akribisch konserviert. Diesen „Ewigkeitsaspekt" von Stasi-Dokumenten hatte Wolf Biermann im Auge und versuchte, ihm in seinem Lied in ironischer Weise einen positiven Wert abzugewinnen: Die Stasi ist mein Eckermann.

Eckermann war ein Goethe-Verehrer, sein späterer *Sekretär*, aber vor allem sein Gesellschafter bei den abendlichen Gesprächen des letzten Jahrzehnts seines Lebens. Bei diesen Gesprächen kam Politik, kamen Personalities, kam Goethes Weltanschauung, insbesondere aber seine Haltung zu seinem eigenen Werk zur Sprache. Eckermann hat diese Gespräche getreulich notiert. Seine Notate sind von Goethe autorisiert worden, und sie bilden heute eine der wichtigsten Quellen zur Interpretation von Goethes Biografie und Werk. So jemanden wie Eckermann hätte sich Biermann – wie er in dem Lied zumindest behauptet –, gewünscht, um seinem chaotischen, seinem ephemeren und vor allem zwischen Ost und West zerrissenen Leben Bestand zu sichern. Und genau diese Funktion schiebt er in ironischer Weise der Staatssicherheit der DDR zu. Sie hält durch Abhören und ständiges Beobachten seiner Person seine ephemere Existenz fest und sein zerrissenes Leben zusammen. Ironisch ist diese Sichtweise insofern, als die Stasi ihre aufwendige Arbeit ja nicht diesem Ziel widmete, sondern vielmehr der Kontrolle des aufmüpfigen Künstlers Biermann, eines potentiellen Staatsfeindes. Er betrachtet ihre Tätigkeit als mephistofelisches Treiben, von dem Goethe ja im Faust sagt, dass er stets das Böse will und doch das Gute schafft.[1] Die Stasi-Akten etwas Gutes? Auch hier ist Biermann ironisch, wenn er behauptet, dass deren akribische Spurensicherung zu seiner Unsterblichkeit beitrage. Unsterblich wird man nicht durch Fakten – wo ist Biermann gewesen, mit wem hat er telefoniert, was hat er gesagt – sondern durch Inhalte.

Und doch: Wer hat nicht schon im Ärger über verlorene Daten, vergessene Emails, versehentlich überschriebener Texte gedacht: Da müsste man doch einfach die NSA anrufen, die haben doch alles mitgeschnitten und sorgfältig gespeichert. Ein phantastischer Gedanke, dass unsere Spuren, die sonst im Sand verwehen und sich selbst in der eigenen Erinnerung zu einem kaum datierbaren Amalgam verdichten, als Daten in irgendeinem ungeheuren Speicher exakt gesichert sind: Wo bin ich gewesen, wie habe ich diesen oder jenen Tag verbracht, wen habe ich getroffen, mit wem telefoniert, von wem Emails empfangen oder an wen gesendet, was habe ich eingekauft, was habe ich zu mir genommen: meine Biografie als präziser und im Feinsten detaillierter Datenkristall.

2. NSA vs. Stasi

Der Staatssicherheitsdienst der DDR wirkt heute angesichts dessen, was die National Security Agency der USA ist und leistet, hoffnungslos veraltet, unelegant, primitiv. Bei beiden ging und geht es um eine Überwachung der Bürger, nicht bloß in ihrem praktischen Verhalten, sondern in ihren Beziehungen, ihren Einstellungen und ihren Absichten – es geht, wie George Orwell in seinem Roman *1984*[2] sagt, um Gedankenpolizei. Die Stasi hatte die Überwachung der Gesamtbevölkerung der DDR durch ein hochkomplexes, letzten Endes aber ineffektives und kontraproduktives System zu Wege gebracht. Es beruhte weniger auf technischen Instrumenten, wie Abhörmikrophonen, als vielmehr auf persönlicher Überwachung der Bürger untereinander. Dazu mussten informelle Mitarbeiter (IMs) gewonnen werden, die bereit waren, ihre Mitmenschen in der Familie, im Club, in der Firma zu überwachen und der Stasi über ihr Verhalten und ihre Einstellungen *Berichte* zu schreiben. Dieses System war für das Leben in der DDR destruktiv, weil die Rekrutierung der informellen Mitarbeiter durch repressive Methoden durchgeführt werden musste, d. h. die potentiellen informellen Mitarbeiter wurden durch irgendwelche Fakten oder Pudenda, über die die Stasi bereits verfügte, so unter Druck gesetzt, dass sie sich schließlich zur Mitarbeit bereiterklärten.[3] Die von den informellen Mitarbeitern produzierten Berichte waren dann allerdings in ihrer Verwertbarkeit stets sehr fragwürdig, insofern die Berichterstatter teils triviale Fakten berichteten, teils höchst vage Inhalte, durch die sie weder sich noch ihr Überwachungsobjekt kompromittierten. Dieses System, so ineffektiv es in seinen Produkten gewesen sein mag, hatte durch seine bloße Existenz allerdings die Wirkung, dass die Bevölkerung der DDR höchst „diszipliniert" war, dass man kaum, auch im vertrautesten Kreise, wagte, Kritik zu äußern, geschweige denn subversive Aktionen zu planen. Es herrschte die Atmosphäre einer ubiquitären Verdächtigung. Man wusste nie, wem man trauen konnte. Es kam zu einer progressiven Zerstörung von Privatheit.[4]

Wenn man über die Effektivität des Stasi-Systems spricht, darf man allerdings nicht vergessen, dass zu der Überwachung durch informelle Mitarbeiter auch noch die institutionelle Überwachung kam, nämlich die am Arbeitsplatz, in den Bildungsinstitutionen, in den politischen Organisationen der DDR selbst. Status und Fortkommen jeder einzelnen Person hing von dessen ständiger Überprüfung ab. Wenn wir heute nach Kenntnis des Vorgehens der NSA das Stasi-System als ein höchst primitives bezeichnen müssen, so sicher wegen der Personalaufwändigkeit und der primitiven Methoden, wie Berichte schreiben, Briefe öffnen, Duftproben sammeln[5]. Primitiv und unelegant war dieses System verglichen mit dem der NSA vor allem deshalb, weil die gesammelten Daten in der Regel erzwungen wurden und insofern unzuverlässig waren, vor allem aber, weil es das Gesellschaftssystem der DDR störte, wenn nicht zerstörte. Die NSA dagegen lässt alles, wie es ist, und die zu überwachenden Subjekte produzieren in ihrem Verhalten – beiläufig und deshalb unbefangen – ihre Daten selbst.

3. Totalüberwachung: Orwells „1984"

Es lohnt sich – quasi als ein Exkurs – auf Orwells Roman *1984* zurückzukommen. Dieser Roman war bei seinem Erscheinen eine negative Utopie, ein Sciencefiction-Roman, der aber kritisch Erfahrungen mit dem stalinistischen und nationalsozialistischen Repressionssystem zu Ende dachte. Es ist eine eigentümliche Erfahrung, einen solchen Zukunftsroman 30 Jahre nach dem Datum der in ihm antizipierten Zukunft zu lesen. Denn das Menetekel, das Orwell an die Wand malt, schreckt uns nicht mehr, teils weil die politisch-gesellschaftliche Entwicklung durch die Öffnungs- und Entspannungspolitik Gorbatschows – Perestroika und Glasnost – *überholt* wurde, also weil der von Orwell 1948 noch als unausweichlich angesehene Zwang zur Steigerung staatlicher Macht sich auflöste; teils, weil das System staatlicher Überwachung der einzelnen Menschen gegenüber dem, was Orwell schildert, technisch *überholt* wurde, nämlich in dem Sinne von *bei weitem übertroffen*. Es lohnt sich deshalb, Orwells Roman quasi als Spiegel zu benutzen, indem man sowohl was in der DDR mit der Stasi, als auch was von Seiten der USA mit dem NSA-System geschah oder geschieht, genauer zu erkennen.

Die entscheidende Differenz zwischen dem Überwachungssystem der DDR und dem der USA besteht darin, dass beide Staaten im Unterschied zum Staat Ozeanien bei Orwell sich das Ansehen geben müssen, freiheitlich und demokratisch zu sein. In der DDR war allerdings der Begriff *demokratisch* durch die Existenz einer Einheitspartei und der Begriff *Freiheit* durch das Ziel *Aufbau des Sozialismus* gebrochen. Bei den USA andererseits ist der Begriff der bürgerlichen Freiheit und damit der Menschenrechte durch den Patriot Act erheblich eingeschränkt worden – aber das betrifft nur das innerstaatliche Verhalten, während das weltumspannende System der NSA für ihre grenzüberschreitende Tätigkeit keine rechtlichen Einschränkungen akzeptiert. Gleichwohl wollen und müssen die USA international weiter als Förderer von Demokratie und Hüter der Menschenrechte auftreten. Im Gegensatz dazu war Ozeanien ein Staat, der strikt und offen als repressives System auftrat, dessen gesellschaftliches Leben sich als Herrschaft der Partei mit dem *großen Bruder* an der Spitze darstellt.[6] Die Tatsache, dass das System offen repressiv war, ermöglichte es Ozeanien, die Überwachung der Menschen fast ausschließlich technisch zu bewirken, und zwar durch sogenannte Telescreens, nämlich Fernseher, die praktisch in allen Räumen und in der Öffentlichkeit angebracht waren und mit dem einzigen Fernsehprogramm zugleich als Kamera das Geschehen in der Umgebung aufnahmen und speicherten. Zwar gab es auch in Ozeanien individuelle Denunziation, sie wurde auch von klein auf in den Pioniergruppen, die in Ozeanien *Spis* hießen, eingeübt. Doch der Sinn dieser Ergänzung der technischen Überwachung durch Denunziation war, die Entwicklung von Liebe und von Vertrauen zwischen einzelnen Personen, der einzigen subversiven Kraft, die man in Ozeanien fürchtete, zu unterlaufen. In dieser Hinsicht ähnelte übrigens das Überwachungssystem der DDR dem von Ozeanien, nur dass in der DDR wegen der Rückständigkeit der Technik die Überwachung des Menschen durch den Mitmenschen gerade das höchste Gewicht hatte.

Für beide Staaten, die DDR wie die USA, gilt jedoch, im Gegensatz zu Ozeanien, dass sie ihr System der Überwachung geheim halten mussten bzw. müssen, um nämlich das offizielle Gesicht als freiheitlicher und demokratischer Staat aufrechterhalten zu können. In der DDR hatte das dazu geführt, dass das System der Staatssicherheit sich wie ein Krebsgeschwür unter der Haut durch den gesamten Organismus des Staates ausbreitete. Das System NSA dagegen ist eleganter: Die Überwachung der Gesamtbevölkerung erfolgt ohne *menschlichen Einsatz* ganz unauffällig durch Anzapfen und Mitschneiden der in den Netzen vermittelten Kommunikation.

4. NSA

Das Überwachungssystem der NSA ist die natürliche Entsprechung der Network-Society[7]. Durch die technischen Netze, insbesondere durch das Internet, ist neben Arbeitsteilung und Markt eine dritte Dimension entstanden, durch die die einzelnen Menschen zur Gesellschaft zusammengeschlossen und zusammengehalten werden. Sie nehmen am gesellschaftlichen Leben teil als Anschluss oder Domain. Nicht nur der kommunikative Austausch, sondern auch das gesellschaftliche Handeln im ökonomischen Sinne – also Kaufen und Verkaufen – vollzieht sich netzvermittelt, entsprechend auch die politische Öffentlichkeit – deren Hauptmedium ja bisher die Zeitungen waren – und der Prozess der Demokratie selbst. Jedenfalls hatte man in der ersten Netzeuphorie zumindest die Hoffnung, dass sich über das Netz eine Art Basisdemokratie entwickeln werde. Die Networksociety enthält also natürlicherweise die Möglichkeit ihrer Kontrolle, weil alle gesellschaftlichen Beziehungen als netzvermittelte quasi objektiv da sind und von einer Instanz, die das Netz *anzapft, mitgehört* werden können.[8] Die hier technisch und unauffällig mögliche Überwachung des Einzelnen besteht aber nicht nur darin, dass seine *Spuren gesichert* werden, sondern auch in der Möglichkeit, dass er durch dieses Kontrollsystem *formiert* wird. So ist es weniger die NSA, es sind vielmehr die großen Netzkonzerne wie Google, Facebook, Amazon, die von dem einzelnen Netzteilnehmer Profile konstruieren – und das ist nicht nur eine funktionale Vermarktungsstrategie, weil nämlich heute der Einzelne, wie schon gesagt, ganz wesentlich als „Anschluss" und so mit seinem Profil gesellschaftlich ist.

Weil dieses System von Überwachung und Kontrolle des Einzelnen rein technischer Art ist, ist dafür auch nicht mehr ein einzelner Täter etwa strafrechtlich verantwortlich – wie das im Prinzip beim System der Stasi noch der Fall war. Es handelt sich bei der NSA vielmehr um ein staatliches Handeln außerhalb der Gesetze. Zwar ist durch den *Patriot Act* und die *Heimatschutzgesetzgebung* das Handeln der NSA für die USA noch einigermaßen abgedeckt und wird zudem durch die Terrorismusideologie gerechtfertigt, aber da das Netz im Prinzip global ist, betrifft das nur einen Teil der Aktivitäten. Faktisch wird weltweit durch diese Abhörpraxis die Privatheit ausgehebelt, d.h. ein fundamentales Menschenrecht, das beispielsweise im Grundgesetz noch – altmodisch – als Briefgeheimnis verankert war. Ferner etabliert sich, wie im Ozeanien von George Orwell, eine Art Gesinnungspolizei, insofern nämlich vom Einzelnen dessen Vorlieben, dessen persönliche Beziehungen, seine Haltungen beobachtet, analysiert und als sein Profil festgeschrieben werden.

Warum wird das alles so hingenommen? Tatsächlich ist die Politik, zumindest die der BRD, durch die Aufklärungen Edward Snowdens überrascht worden. Beschäftigt vor allem mit den traditionellen Feldern Sozialpolitik, Wirtschaftspolitik, Arbeitsmarktpolitik und dem neueren der Finanzpolitik, war sie in keiner Weise auf das ungeheure Problem, das die netzvermittelte Gesellschaft und ihre implizite Überwachung und Kontrolle aufwarf, vorbereitet. Die Institution eines Datenschutzbeauftragten der Bundesregierung war da weniger als ein Feigenblatt. „Für uns ist das alles Neuland" sagte die Bundeskanzlerin Angela Merkel. Der Konsterniertheit der Politik entspricht die Nonchalance des

Einzelnen. Man glaubt sich nicht betroffen, „weil man ja nichts zu verbergen hat". In diesem Argument privater Beschwichtigung ist allerdings ein Körnchen Wahrheit enthalten, das die offizielle Rechtfertigung der Überwachung, nämlich zur Abwehr von Terrorismus, ad absurdum führt: Wer wirklich etwas zu verbergen hat, also etwa terroristische Anschläge plant, wird seine Kommunikation nicht gerade über das Netz laufen lassen. In der alltäglichen Nonchalance gegenüber der Netzüberwachung ist aber auch ein Stück alten, oder für Deutschland wieder gewachsenen Vertrauens in das Ganze enthalten. Das ist erstaunlich genug, denn Deutschland hat mit dem NS-Regime und der DDR ja Systeme erlebt, in denen die staatliche Überwachung zur persönlichen Repression und Einschränkung bzw. Kanalisierung der Lebensmöglichkeiten des Einzelnen genutzt wurde. Das ist gegenwärtig nicht der Fall. Solange die Staaten, in denen wir leben, noch rechtsstaatlich und demokratisch sind bzw. sich rechtsstaatlich und demokratisch geben müssen, scheint die Gefahr, die durch die Globalüberwachung durch die NSA gegeben ist, für den Einzelnen relativ klein zu sein. Zwar existiert die schon genannte Fixierung und Kanalisierung des Einzelschicksals durch die – meist ökonomisch motivierte – Profilbildung, auch ist die Möglichkeit von – unbegründeter – Visa-Beschränkung nicht auszuschließen, doch scheint in unseren Staaten vorläufig der Einzelne vor politischer Repression sicher. Doch was würde geschehen, wenn sich das politische System selbst änderte, was würde geschehen, wenn das ungeheure Arsenal von Daten, das die NSA angehäuft hat, einem politisch repressivem Staat zur Verfügung stünde?

5. Du musst dein Leben ändern

Die politischen Reaktionen auf den NSA-Skandal waren und bleiben schwach und hilflos. Offizielle Proteste sind wirkungslos. Ansätze zu internationalen Verträgen zum Datenschutz scheiterten. Die Hinderungsgründe sind die Argumente der Sicherheits-Politik und die Wahrung *souveränen* Handelns von Einzelstaaten, hier insbesondere der USA. Doch ist fraglich, ob man dem Problem überhaupt auf dieser Ebene beikommen kann, denn die Aktivitäten der NSA sind zwar kriminell, aber faktisch „rein technisch". Zum großen Teil laufen die Daten von selbst auf, wie etwa bei den großen Netzkonzernen. Zum anderen wird man kaum hindern können, die technischen Möglichkeiten zur Kontrolle zu nutzen, wann immer ein politisches oder auch nur ideologisches Interesse daran besteht. Es ist an der Zeit, daran zu erinnern, dass George Orwell in „1984" als die einzige potentiell wirksame Gegenkraft gegen die totale staatliche Kontrolle und Überwachung die Liebe und das persönliche Vertrauen angesehen hat. Was verloren geht bzw. schon verloren gegangen ist durch unser unbedenkliches Umgehen mit Netzen und Netzkommunikation, ist die Privatheit. Es ginge also darum, einen Katalog von Verhaltensweisen zum Schutz von Privatheit zu entwickeln. Man müsste bestimmte Inhalte nicht nur dem Internet, sondern auch dem Telefonieren gänzlich entziehen. Es geht um eine face-to-face Kommunikation. Ferner geht es um eine Kunst des *Spurenverwischens*. Wenn es für den Biographen bis heute ein Glück ist, wenn die Person seiner Forschung *Spuren* hinterlassen hat, d.h. wenn sich sein Leben in Daten niedergeschlagen hat, so müssen wir heute im sogen. Informationszeitalter sagen, dass unsere Vergangenheit als Datenmenge in unsichtbaren, aber präzis arbeitenden und zugänglichen Speichern nun wirklich zum Faktum erstarrt. Zum lebendigen Leben gehört dagegen die Bewegung und d.h. auch das Vergessen, das Vergeben und die ständige Neuinterpretation und Integration der eigenen Vergangenheit. Das ist kein Spaß, vielmehr besteht die Gefahr, dass die Daten, die Schüler nonchalant in Facebook produzieren, ihr weiteres, insbesondere ihr berufliches Leben für die Zukunft einschränken. In der übersichtlichen und unendlichen Ebene der Datenwelt werden wir wieder lernen müssen, zu leben und uns zu bewegen wie die Indianer.

Anmerkungen

[1] Faust I, 1336f.
[2] George Orwell: 1984, London, Penguin Books Ltd. 1954.
[3] Schilderungen solcher Rekrutierungen finden sich in dem Roman Der Turm von Uwe Tellkamp.
[4] Der Schriftsteller Uwe Johnson musste nach Jahren feststellen, dass er von seiner Frau überwacht wurde, und es scheint, dass diese Enttäuschung zu seinem Selbstmord geführt hat.
[5] Im Stasi-Museum Leipzig findet sich noch eine Sammlung von Weckgläsern, in denen die Stasi von Personen, denen sie in Verhören habhaft geworden waren, Duftproben konservierten.

6 Freilich war das Gesamtgebilde Ozeanien geteilt in die eigentliche Gesellschaft, nämlich den durch die Partei formierten Bevölkerungsanteil und die sogen. Proletarier, unter denen sich das Humane, im Grunde aber völlig Machtlose fortzeugte.
7 Gernot Böhme, Die Technostrukturen der Gesellschaft, in: B. Lutz (Hrg.), Technik und sozialer Wandel, Frankfurt/M.: Campus 1987, 53–65. Englisch in: The Techno-Structures of Society, in: Thesis Eleven 23 (1985), 104–116.
8 Im sog. Dritten Reich gab es zur Abwehr feindlicher Spionage den Slogan „Vorsicht bei Gesprächen, Feind hört mit". Heute ist es nicht mehr der Feind, sondern der Freund bei der NSA.

Nils B. Schulz

Vom Verschwinden des Schülers

Gedanken zur digitalen Aufrüstung der Schule

Vorbemerkung

Vor einigen Jahren dachte ich über das Verschwinden des Lehrers nach.[1] Der Lehrer, so die Prognose, werde in Zeiten zunehmender Ökonomisierung schulischer und universitärer Institutionen durch die neuen Typen des Trainers, Teamers und Wissensmanagers ersetzt – und diese wahrscheinlich bald, zumindest partiell, durch digitale Programme. Der Essay über das Verschwinden des Lehrers war gleichsam der erste Teil eines Diptychons, der schon damals nach seiner Ergänzung verlangte: Was wird aus den Schülern und Studenten, wenn die Lehrer verschwinden? Kann es im digitalen Kapitalismus überhaupt noch Schüler und Studenten geben? Diese Frage tauchte gegen Ende des Essays auf. Sie war die Umrisszeichnung der zweiten Diptychon-Hälfte, die nun ausgemalt werden soll.

I

Das Arbeiten in der Schule oder der Universität erfordert Konzentration; die digitalen Medien jedoch bewirken eine Dezentrierung. Diese gegenläufige Strebung zu verstehen und auf sie zu reagieren, ist sowohl für die Pädagogik als auch für die Bildungspolitik die Herausforderung unserer Zeit.

Das deutsche Wort „Schule" ist ein Lehnwort. Es entstammt dem griechischen Wort „scholē" und ist über dessen Latinisierung „schola" in den deutschen Wortschatz eingewandert. Ursprünglich bedeutet das griechische Wort „scholē" Muße, wurde dann aber auch auf den Ort übertragen, an dem Lehrer Wissen an Schüler vermittelten; diese Vermittlung geschah meist im Vortragsstil. In der Antike war der Begriff der Muße dem der Arbeit strikt entgegengesetzt und meinte die arbeitsfreie Zeit. Arbeit wurde von den Griechen als „ascholia" bezeichnet. Dieselbe negative Entgegensetzung findet sich im Lateinischen: Muße heißt „otium" und Arbeit „negotium". Die Begriffe entstammen einer Nobilitätsideologie, für die Sklaventum selbstverständlich ist: Man lässt für sich arbeiten. Die freie Zeit, die Zeit der Muße, bietet Raum für Philosophie und Wissenschaft – und deren Vermittlung; in diesem Zeit-Raum sollte sich ein zweckfreies Dasein entfalten, das konzentriert nach sich selbst und seiner Stellung in der Welt fragt. Das ziellose Ziel eines philosophischen Daseins war geistiges Wachstum, das Unabhängigkeit (Autarkie) und Selbstbestimmung (Autonomie) versprach.

Wir verbinden mit dem Begriff „Schule" heute kaum noch dieses antike Muße-Ideal. Im engeren Sinne bezeichnen wir mit diesem Begriff das Gebäude, in dem der Schulunterricht stattfindet; dann aber auch die institutionalisierten Formen des Lehrens und Lernens. Die Schule ist für Kinder und Jugendliche ein zentraler Sozialisationsraum, und vielleicht kann man sogar sagen: Mit der Schule beginnt das Arbeitsleben der Kinder. Spätestens nach Verlassen der Grundschule erfahren sie den Schulbesuch zumeist als bedrängendes Sich-Einfügen-Müssen in vorgeschriebene Lern- und Verhaltensmuster. An dieser Erfahrung haben auch die vielen Schulreformen der letzten Jahre nichts geändert. Schule ist mehr ein Müssen, als dass sich dort Muße-Räume ergeben. Ironischerweise ist das deutsche Wort „Muße" etymologisch verwandt mit dem Verbum „müssen" (das ursprünglich wohl „können" bedeutete). Der Schulbesuch ist nicht nur juristisch wegen der Schulpflicht noch immer ein unbedingtes Muss, sondern auch weil in dieser Institution die Grundlagen gelegt werden, um sich in unsere technisch-wissenschaftlich-ökonomische Gesellschaft einzufügen. Michel Foucault hat die Einfügungsprozeduren und Disziplinartechnologien in „Überwachen und Strafen" analysiert und die Institutionen, in denen diese eingeübt werden, als Einschließungsmilieus bezeichnet. Das produktive Ziel der Einschließungsmilieus ist die Disziplinierung der Subjekte, die diesen Institutionen unterworfen werden. Dies geschieht durch geschlossene Räume und Verhaltenskodizes, die speziell in diesen Räumen gelten. So sollen die Klassenräume und Stundenpläne in der Schule konzentriertes Lehren und Lernen ermöglichen, und noch immer gilt eine konzentrierte Atmosphäre als unabdingbar für erfolgreiches Unterrichten.

Vom Verschwinden des Schülers 79

Der Entstehungsprozess der modernen Institutionen ist Foucault zufolge subjektlos, das heißt: Er ist nicht von einzelnen Akteuren bewusst gestaltet. Vielmehr ist das moderne Subjekt bzw. Individuum selbst ein Produktionseffekt bestimmter Macht-Wissen-Komplexe, die sich in Institutionen formieren und die Foucault Dispositive nennt. Man wird subjektiviert bzw. individuiert durch bestimmte medizinische, juristische, pädagogische Diskurse innerhalb der Institutionen. In dieser Perspektive ist die Schule weniger ein emanzipatives Projekt der Moderne als eine Disziplinaranstalt der Industriegesellschaft. Industrielle Maschinen erforderten im 19. Jahrhundert nicht nur empirische, sondern auch theoretische Informationserwerbung, was Vilém Flusser zufolge der historische Grund für die allgemeine Schulpflicht ist. Flusser erklärte einmal, dass die Volksschule und später die Hauptschule eigentlich dem Erlernen der Maschinenbedienung galten, die weiterführenden Schulen dem Erwerb von Kenntnissen zur Maschinenpflege und deren Verwaltung, die Hochschulen – vor allem die technischen – der Maschinenentwicklung. Gleichzeitig etablierte die Industriegesellschaft geisteswissenschaftliche Studiengänge, um ihren bürgerlichen Apologeten die Möglichkeit zu geben, dem humboldtschen Bildungsideal – wie illusionär dies auch immer war – zu folgen, während Arbeiter in entfremdete Produktionsprozesse gedrängt wurden.

Der Typus der Disziplinargesellschaft stellt eine relativ stabile Gesellschaftsform dar, welche die Individuen in konstante Zeit-Räume einschließt. Man geht zur Schule, beginnt dann ein Studium, nach dessen Abschluss man meistens bis zur Rente oder Pensionierung in einer weiteren Institution, Firma oder Fabrik arbeitet. Doch verlassen wir gerade die Disziplinargesellschaft hin zur digitalen Kontrollgesellschaft. Institutionen wie die Familie, die Schule, die Psychiatrie, die Kaserne etc., die ihre moderne Form im 19. Jahrhundert erhalten haben, befinden sich im Moment in einem Transformationsprozess vom geschlossenen hin zum offenen Milieu. Das heißt: Die alte von stabilen Institutionen getragene Gesellschaft gibt es so nicht mehr, allenfalls in Residuen und hybriden Formen.

Der neue Typus der Kontrollgesellschaft unterscheidet sich vom dem der Disziplinargesellschaft dadurch, dass die Institutionen unter dem Diktat der Ökonomie in Öffnungsprozesse gedrängt werden: Durchlässigkeiten entstehen, Räume und Zeiten werden zunehmend flexibel moduliert, was überhaupt erst durch Computer möglich wurde. Das Gefängnis öffnet sich hin auf Überwachungen durch elektronische Fußfesseln, die stationäre Armee wandelt sich zur mobilen Eingreiftruppe, das Krankenhaus wird immer ambulanter und die Altenpflege immer mobiler, die Familie patchworkt, die Fabriken, Firmen, Agenturen flexibilisieren und verlagern Arbeit ins Home-Working, die offene Psychiatrie wurde schon in den Siebzigern proklamiert, und die Schulen und Universitäten driften langsam in das hinein, was man E-Learning nennt, und versuchen durch ein modulatorisches Prinzip weitere Flexibilität zu erzeugen. Einerseits ist die Schule also noch ein Einschließungsmilieu alten Typs; ihre Architektur spiegelt ein hierarchisches System wider, das durch Klassenräume, Jahrgangsstufen, Notenraster bestimmt ist. Andererseits ist die Schule schon mit Techniken der digitalen Kontrollgesellschaft amalgamiert. Neue Mächte betreten die Klassenzimmer: Smartboards, Beamer, Methodentraining, Präsentationstechniken, Flexibilisierungs- und Modularisierungsprogramme, sogenannte offene Unterrichtsformen, Workshops, E-Learning-Plattformen, Onlinegutachten, digitale Evaluationen und Rankings.

Die gegenwärtige Auflösung des dreigliedrigen Schulsystems hängt eng mit dem Umbau einer maschinengestützten Industriegesellschaft in eine computergestützte Informationsgesellschaft zusammen. Auch dass seit einigen Jahren darüber nachgedacht wird, die Schulpflicht durch Schulrecht zu ersetzen, passt in diesen Umbauprozess. Benötigt werden heute immer mehr *An- und Verwender* digitaler Apparate und immer weniger Menschen, die mechanische Maschinen bedienen. Aber auch Menschen, die philosophischen Gedanken nachhängen, passen nicht mehr in eine Zeit, in der man meint, dass Suchmaschinen das Denken ersetzen. So verwandeln die Universitäten und Hochschulen im Zuge des Bologna-Prozesses die Geisteswissenschaften in *anwendung*sorientierte Kulturwissenschaften. Die sukzessive Abschaffung der Philologien und damit einer langsamen Lese- und Schreibkultur folgt der Dynamik eines Industrialisierungsprozesses, der nun auch das erreicht hat, was man früher Geistesleben nannte. In nietzscheansicher Perspektive könnte man diesen Prozess sicherlich auch als Rache des an die Macht gekommenen Kleinbürgers am Geist interpretieren. Nun werden Professoren, Lehrer, Ärzte zu Arbeitern, wie es Ernst Jünger schon in den frühen dreißiger Jahren kommen sah. Ihre Berufsfelder werden durchindustrialisiert und einem kapitalistischen Nutzenkalkül unterworfen, das nur für die selbstverständlich ist, die kein anderes Denken und Sein kennen gelernt haben. So, wie sich heute viele Ärzte im Gesundheitscenter oder manch eine Professorin oder ein Privatdozent in einer Bachelor-Universität fühlen, muss sich im 19. Jahrhundert ein Handwerker gefühlt haben, der plötzlich in einer Fabrik arbeiten musste.

Die allmähliche Auflösung starrer institutioneller Formen und deren voranschreitende Ökonomisierung, die Verwandlung von Bürgern in Kunden (man versucht sogar Studien- und Schulabschlüsse als Produkte zu deklarieren), die rasante Entwicklung elektronischer Kommunikationsmittel, die es ermöglichen, dass Lernen und Arbeiten immer ortsungebundener werden, haben die Unterscheidung zwischen privatem und öffentlichem Raum zunehmend korrodieren lassen. Mobile Telefone und E-Mail-Verkehr führen zu – zuweilen subtiler – gegenseitiger Kontrolle und zu ständigem Kommunikationszwang. So kommunizieren alle permanent miteinander, werden in Fort- und Weiterbildungsprozeduren getrieben, ständig beurteilt und in neue Anpassungsprozesse gedrängt. Isolation und Kommunikationszwang bedingen sich gegenseitig, und so verfangen wir uns immer weiter in den digitalen Netzen.

II

Man muss also auf der Hut sein: Sowohl der Begriff des „offenen Milieus" als auch der der Flexibilisierung suggerieren eine neue Freiheit. Doch warnte Gilles Deleuze schon in den 90er Jahren davor, dass es sein könnte, dass uns angesichts der „kommenden Formen permanenter Kontrolle im offenen Milieu [...] die härtesten Internierungen zu einer freundlichen und rosigen Vergangenheit zu gehören scheinen." Denn die Öffnungen, die sich seit den 70er Jahren ereigneten, haben einen Gesellschaftstypus vorbereitet, der neue Kontrollregime im Gewand vermeintlicher Freiheiten und Demokratisierungsprozesse erzeugt hat und ständig neu erzeugt. Kennzeichnend für Kontrollgesellschaften ist, dass sie uns nicht durch äußere und relativ stabile institutionelle Disziplinierungsformen subjektivieren, sondern dass sie die Kontrollen nach Innen verlegen. Man nennt das gegenwärtig Selbststeuerung. Post-PISA-Filme über das skandinavische Schulsystem und „Treibhäuser der Zukunft" sprechen euphorisch davon, dass es heute darum gehe, in Kindern Selbststeuerungsprozesse zu aktivieren. Selbstmanagement und Selbststeuerung, die internalisierte Selbstkontrolle, werden durch ständige Messungen, Prüfungen, Beurteilungen optimiert – bis man sich so verhält, wie es die Beurteilungsraster intendieren. So wird die Schule allmählich in eine Art Unternehmen umgebaut und die Unternehmen kopieren schulische Verfahren bzw. verschulen sich. Auch hier finden ständige Fort- und Weiterbildungsveranstaltungen statt, internetbasierte Trainingsprogramme, Workshops, Umschulungen.

Innerhalb dieses Transformationsprozesses bildet die gegenwärtige Schule eine Art hybride Vorstufe; sie benötigt schon jetzt Ökonomen und Administratoren. Schulleiterinnen und Schulleiter müssen zunehmend die Rolle von Firmenchefs spielen, die Mitarbeitergespräche führen, dienstliche Beurteilungen durchführen und die Außenpräsentation der Schule gestalten. Das Verb „gestalten" ist nicht nur ein beliebter Klausurenoperator, sondern bezeichnet mittlerweile jede Produktionsform, die ein Minimum an Selbstständigkeit erfordert. So lassen Lehrerinnen und Lehrer Schüler gerne „Lernprodukte" gestalten und präsentieren. Zugleich jedoch wird die Produktionsgeschwindigkeit erhöht. Nicht nur wird das Bewertungsraster immer feinmaschiger, sondern die Schülerinnen und Schüler müssen permanent im Team Plakate entwerfen oder ihre Lernergebnisse via PowerPoint präsentieren. Sie lernen, wie man Wissen verkauft, und kleiden sich dementsprechend. Die Kommunikation innerhalb der Teams wird über soziale Netzwerke gesteuert. Der heutige Schüler ist als Anwender digitaler Technologien Teil einer neotayloristischen Bildungsindustrie.

Das Ziel des Transformationsprozesses, innerhalb dessen die Schule in eine Art Unternehmen umgebaut wird, ist die Anpassung an einen hochbeschleunigten digitalen Kapitalismus, in dem Informationen Waren- und Kontrollwert besitzen, in dem das, was man früher Kultur- oder Bildungsgut nannte, nun Präsentations- und Verkaufszwecken dient. Der Bildungsbegriff ist ja schon längst durch den Informationsbegriff ersetzt. Das später zu verkaufende Wissen wird durch zentrale Prüfungen gesichert, die Interessenströme kanalisieren und berechenbar machen. Es geht nicht, wie Deleuze erklärt, „um eine Reform der Schule, wie man uns vorgaukelt, sondern um ihre Liquidierung."

III

Die Phrase vom lebenslangen Lernen ist die scheinbar emanzipatorische Verkleidung der geforderten Flexibilität und der Vernetzungsimperative. Produziert wird – so Deleuze – das neoliberale „Dividuum", das zwischen verschiedenen Projekten und in zumeist prekärer finanzieller Situation hin und her switcht und sich dabei allmählich erschöpft. Man wird niemals mit etwas fertig, bis man schließlich fertig ist, ausgebrannt: *burn out*. Der Begriff „Dividuum" vermag die neue Subjektform deswegen so gut zu beschreiben, weil er die Teilungen und Dissoziationen, in denen wir uns befinden, sehr genau trifft: So bereiten schon heute Schülerinnen und Schüler ihr Lebenslaufleben vor, indem sie an Projekten, Wettbewerben, Auslandsaufenthalten etc. teilnehmen, um möglichst früh Manager ihrer selbst zu sein. Sie sind schon lange nicht mehr nur Schüler, sondern mindestens zugleich auch Verwalter ihres „Curriculum vitae", ein Produkt, das immer teurer wird. Gerade für die Schülerinnen und Schüler erhöht sich der Druck von Jahr zu Jahr, da die neuen modularisierten Bachelor-Studiengänge mit einer dynamischen Jugendideologie verquickt sind. Auch das Duale Studium, das Ausbildung und Studium miteinander verschränkt, passt genau in diesen Entwicklungsprozess.

Die digital modulierten Zeittaktungen finden ihr Spiegelbild in der Geschwindigkeit des Daumens, der über die Smartphone-Oberflächen flitzt. Michel Serres nennt daher die jugendlichen Mediennutzer „Däumeling" und „Däumeline". Den beschleunigten Zeittaktungen entgegengesetzt sind jedoch die gleichmäßigen und längeren Rhythmen der Schulstunden und Seminarveranstaltungen, die ja nun Module heißen. Noch sind diese festen Stundenraster, die dem Typ der Disziplinargesellschaft angehören, nicht gänzlich abgeschafft. Noch funktionieren viele Schulen nach diesem alten Typ, in dem Schulstunden fünfundvierzig Minuten dauern. Diesem Zeitintervall entspricht eine leibliche Erfahrung; denn alle fünfundvierzig Minuten wechselt der Atemzyklus. Die bildungsreformerisch propagierte Auflösung dieses Schulstundenrhythmus' und die allmähliche Etablierung eines neuen offenen Zeitregimes bezeugt eine Leibfeindlichkeit – oder besser: Leibvergessenheit. Propagiert wird, dass die Auflösung des Stundenplans selbstgesteuertes Lernen ermöglichen soll. Die neuen Unterrichtsformen erhalten das Attribut „offen". Gefordert werden Projektunterricht, Team-Arbeit, Stationen-Lernen, Lernkarusselle. Der Unterricht soll handlungsorientiert sein;

und mancher Pädagoge träumt davon, dass Lehrer und Lehrerinnen allmählich überflüssig werden, verschwinden. Dann nämlich ist das Ideal selbstgesteuerten und individualisierten Lernens erreicht. Diese angeblich ideale, weil lehrerlose, Unterrichtssituation kaschiert, dass die Auflösung hierarchischer Lehrformen und disziplinierender Raum- und Zeit-Strukturen auch auf das reizüberflutete und fugitive Verhalten vieler Jugendlicher reagiert, die nicht mehr konzentriert zuhören und nachdenken können; denn die digitalen Medien – das erklärte schon Marshall McLuhan – dringen tief in den menschlichen Leib ein, dezentrieren und dividuieren ihn, beuten seine emotionale Intentionalität aus, indem sie ihm immer neue Reize anbieten, machen ihn süchtig nach neuen Informationen, Bildern, E-Mail-Botschaften etc. Die Dezentrierungen betreffen das gesamte leibliche In-der-Welt-sein des Menschen.

Das Smartphone ist das Instrument, welches die Dividuierungsprozesse dirigiert. Es ist der omnipräsente Agent des neoliberalen Dispositivs und der Muße-Zerstörer schlechthin. Es lässt ein besinnliches Verweilen und Nachdenken kaum zu. Ständig stellt es seine Ansprüche, möchte hervorgeholt und gestreichelt werden. What's up? oder App? In dem Moment, in dem die leibliche Intentionalität so getaktet und gleichzeitig so „zerstreut" (Nicholas Carr) ist, dass alle zwei bis fünf Minuten der Blick auf's Display erfolgt, werden längere Konzentrationsphasen zur Folter. Daher scheint es beinahe unmöglich, das Smartphone nicht in den Schulunterricht zu integrieren, so sehr absorbiert es die Aufmerksamkeit der Schülerinnen und Schüler. Gleichzeitig wird es benutzt, um Tafelbilder zu fotografieren, Vokabeln zu suchen, Begriffe nachzuschlagen. Mancher Lehrer lässt dies zu, da es Zeitgewinn suggeriert. Was man früher langsam abschreiben musste, wird jetzt mit einem Klick gespeichert (und nie wieder angeguckt) oder, falls schon Smartboards in den Klassenzimmern installiert sind, direkt auf Laptops gespeichert.

Der Vielfalt an mediengestützten Unterrichtsformen entspricht deren beschleunigter Wechsel. Statt dass der einzelne Schüler konzentriert und still arbeitet, einen Text liest, ihn zu verstehen versucht, was Zeit beansprucht (kostet), werden Gruppen (im Newspeak: Teams) gebildet, die in möglichst kurzer Zeit (effizient) aus dem Internet gepatchworkte PowerPoint-Präsentationen erstellen. Die Präsentation ist der neue Fetisch der Schule: das Vermarkten und Zur-Schau-Stellen von sogenannten Ergebnissen. Dadurch bestimmen Laptops und Beamer zunehmend das Unterrichtsgeschehen. Ergebnislose und ergebnisoffene Unterrichtsgespräche, die zeigen, dass es Probleme gibt, die im philosophischen Sinn wirklich welche sind, passen nicht mehr zu den neuen Unterrichtsformaten. Im Unterricht erstellte Präsentationen sind zudem sehr gut geeignet, um auf die Homepage gestellt zu werden. So wird die Präsentation zur Repräsentation. Es geht ums Stellen: um das Erstellen, Darstellen, Vorstellen, Sich-Verstellen, Ins-Netz-Stellen etc. Auch der gegenwärtige Schulbetrieb bestätigt Martin Heideggers Diagnose: dass wir im Zeitalter des „Gestells" leben.

IV

Indem die Schule versucht, sich den beschleunigten und flexibilisierten Arbeitsformen anzupassen und auf das veränderte Verhalten der total mobil gemachten Jugendlichen zu reagieren, auf Unkonzentriertheit und Hyperaktivität, wird sie zu einem hybriden Zerrbild. Ja, es fällt schwer, hier keine Satire zu schreiben. Doch habe ich den Einspruch Theodor W. Adornos im Ohr, das Verdikt über „Juvenals Irrtum": dass der Satiriker sich letzten Endes – melancholisch – einverstanden zeigt mit dem Traditionsbestand (der sich in der Auflösung befindet). Das Einverständnis mit dem humanistischen Bildungsideal, seiner bürgerlichen Ideologie, den disziplinargesellschaftlichen Trägerinstitutionen verkennt, wie deren Selektionsmechanismen die Subjekte zurichteten. Mag mir meine Schul- und Studienzeit zuweilen auch als eine „rosige Vergangenheit" erscheinen, so haben Schul- und Universitätshierarchien meinen Selbstwerdungsprozess mehr behindert als gefördert. Außerdem sind durch den *digital turn* die alten institutionellen Strukturen schlichtweg nicht mehr zu restaurieren, zu weit fortgeschritten ist der Transformationsprozess, der die Schule und die Universität in anwendungsorientierte Ausbildungsstätten umwandelt, zu weit fortgeschritten ist die Adaption des konsumistischen Lebensprinzips und die Infantilisierung der Lernenden. Bildung wird per PowerPoint-Karaoke nur noch simuliert. Schon längst forcieren Konzerne, welche die benötigte Hard- und Software produzieren, Schulbuchverlage und Anbieter digitaler Dienstleistungen diesen Umwandlungsprozess, für den der pädagogische Mainstream an den Universitäten und in den Feuilletons das Vokabular prägt, welches dann von den Mittelstandseltern mantraartig nachgebetet wird; denn inzwischen bilden Reformpädagogik und digitaler Kapitalismus eine unheimliche Allianz. Die pädagogischen Forderungen nach sogenannten offenen Lernformen verkleiden die Anpassungsprozesse, denen der neue „flexible Mensch" (Richard Sennett) sich beugen muss, und es stellt sich die Frage, wie es zu dieser Verquickung von neoliberaler Ideologie und pädagogischem Reformwillen kommen konnte.

Zunächst jedoch eine Gegenfrage: Warum sollte sich gerade das Bildungssystem behaupten können, wenn das ökonomische Denken beinahe die gesamte Lebenswelt kolonisiert, wenn das Vokabular der neoliberalen Ökonomie sogar das der persönlichen Selbstbeschreibung bestimmt? Wenn Begriffe wie Zielorientierung, lebenslanges Lernen, Zeitmanagment oder Selbstoptimierung den eigenen Lebensentwurf beschreiben, dann darf es nicht verwundern, wenn diese Begriffe in pädagogischen Ratgebern, im Feuilleton und schließlich in Lehrplänen auftauchen. Und spätestens seit dem „PISA-Schock" grassiert in der deutschen Mittelschicht eine „Statuspanik" (Heinz Bude): Eltern suchen panisch für ihre Kinder die „bestmögliche" Schule, das heißt eine Schule, die den Kindern die Kompetenzen zu vermitteln verspricht, die sie in einer scheinbar unübersichtlich gewordenen kapitalistischen Welt benötigen. So wurde der Begriff „Kompetenz" zum zentralen Plastikwort der neuen Lehrpläne. Der neue Schweizer „Lehrplan 21" notiert für die Grundschule fast 4000 Kompetenzen. Schülerinnen und Schüler sollen Kompetenzen „erwerben", um den wirtschaftlichen und gesellschaftlichen Herausforderungen gewachsen zu sein; später an der Universität belegen sie dann „Kompetenzmodule". Verbunden mit dem Kompetenz-Begriff ist der des „Experten". So werden Schüler, die sich innerhalb eines „Gruppenpuzzles" (eine der neuen kooperativen Lernformen) über ein Thema informieren, als Experten für dieses Thema bezeichnet. Benutzen sie dabei den Computer oder ihr Smartphone, um in eine Suchmaschine einen Begriff einzugeben, so bezeichnet man diese „Kompetenz" als „recherchieren" (zumeist wird der Wikipedia-Artikel angeklickt). Führen die Schülerinnen und Schüler dann ein gemeinsames Klassengespräch über das „recherchierte" Thema, so handelt es sich um eine „Konferenz". Dieses Vokabular suggeriert nicht nur den Fortschrittsapologeten in den Lehrplankommissionen, sondern auch vielen Eltern, dass die Schule des alten Typus verschwunden ist, dass jetzt junge Menschen ganz früh zu Experten ausgebildet werden, um sich kompetent und flexibel den Anforderungen des digitalen Kapitalismus, der sich zudem Wissensgesellschaft nennt, anzupassen; denn die Ideologie des technischen Fortschritts, der Drang danach, dass immer etwas Neues kommen *muss,* neue innovative Lehrpläne, Unterrichtsformen, Medien, lenkt die Erwartungshaltung der meisten Eltern, für welche das Adjektiv „innovativ" das Gleiche bedeutet wie „gut", und seit Schulen um Schülerzahlen konkurrieren, kann es sich keine Schule mehr leisten, sich der Innovationsspirale zu entziehen, auch wenn deren destruktive Energie durchschaut wird.

Das hypertrophe Vokabular der schönen neuen Schule folgt dem kapitalistischen Euphemismus-Prinzip: Jede Innovation, jedes neue Produkt wird schöngeredet. Die Sprache dient Werbezwecken. Worte werden zu Verpackungen, zu Wort-Hülsen. Für das Bildungssystem heißt das: Zum einen werden neue Unterrichtsformen werbesprachlich aufgewertet, um zu verschleiern, dass konzentriertes Arbeiten in Gymnasialklassen mit über 30 Schülerinnen und Schülern kaum mehr möglich ist; denn große Klassen reduzieren den Bildungsetat. Zum anderen werden seit Jahren die Leistungsstandards für gute und sehr gute Noten immer weiter herabgesetzt, wodurch suggeriert wird, dass das neue kompetenzorientierte Bildungssystem sehr gute Abiturientinnen und Abiturienten produziert. Die Note „1" wird mittlerweile inflationär vergeben und die Abiturfeiern gleichen Oskar-Preisverleihungen. Man feiert sich, denn man ist „sehr gut". So wird der Abiturdurchschnitt einer Schule zu deren Werbeplakat. Ähnliches geschieht an den Universitäten, wo die Studentinnen und Studenten weinend zusammenbrechen, wenn sie als Abschlussnote eine „2" erhalten. Es handelt sich um ein hermetisches Selbstbestätigungssystem. Lehrer und Dozentinnen vergeben sehr gute Noten, die beweisen sollen, dass das Bildungssystem diese Ergebnisse erzeugt hat. Dass an den Universitäten zeitgleich Schreibkurse eingeführt werden müssen, weil Abiturienten grundlegende orthographische und stilistische Regeln nicht mehr beherrschen, wird ausgeblendet. So verstrickt sich das gegenwärtige Bildungssystem immer weiter in seinem Selbstverblendungszusammenhang, der sich gegen Kritik von außen immunisiert.

Die rasant fortschreitende Digitalisierung, die Einführung von Laptop-Klassen, die Ausrüstung der Klassenräume mit Smartboards, eröffnet – wie schon erwähnt – der Digitalen Ökonomie neue Absatzmärkte. Schulen und Universitäten müssen Administratoren und professionelle Informatiker einstellen, welche die Systeme warten. Da die Innovationsgeschwindigkeit ständig zunimmt, müssen immer schneller neue technische Geräte gekauft werden, um marktkonformen Unterricht zu gewährleisten. Diese Kosten müssen irgendwo eingespart werden. Augenblicklich geschieht das, indem die Bildungsministerien die Lehrergehälter drücken, die Arbeitszeiten erhöhen und die Klassen der Gymnasien vergrößern. Dass zunehmend mehr Lehrerinnen und Lehrer am Burnout-Syndrom leiden, wird, wie im neoliberalen Kapitalismus üblich, den erkrankten Subjekten selbst zugeschrieben. Die Diagnose lautet: Wegen schlechtem Zeit-Management und mangelnder Selbstoptimierungskompetenz ausgebrannt.

Das neue Vokabular der Schulpädagogik verschleiert also nicht nur heikle sozialpsychologische Veränderungen, sondern auch ökonomische Interessen. Es drängt sich die Frage auf, ob es nicht das Ziel des marktkonformen Bildungssystems ist, zerstreute und dezentrierte Subjekte zu produzieren; denn wer nicht mehr in Muße nachdenken kann, wird mit großer Wahrscheinlichkeit ein guter Kunde und Anwender digitaler Technologie.

Es gibt aber noch einen weiteren Grund, weshalb die Schulpädagogik das neue neoliberale Vokabular scheinbar widerstandslos adaptiert hat. Der ökonomistische Newspeak suggeriert eine Demokratisierung der alten hierarchischen Disziplinarinstitutionen. Da Schülerinnen und Schüler jetzt selbstgesteuert lernen sollen, bezeichnen sie manche Pädagogen daher nicht mehr als Schüler, sondern als „Lernpartner". Viele junge Lehrer und Lehrerinnen nennen sich selbst „Teamer", „Coach" oder „Wissensmanager". Man möchte sich, wie es neuerdings heißt, „auf Augenhöhe" begegnen, und die universitäre Lehrerausbildung treibt die Egalisierung von Lehrer und Schüler entschlossen voran, indem sie zukünftige Lern-Coaches durch die neuen modularisierten Studiengänge zu Universaldilettanten ausbildet. Überhaupt scheint man im Moment dem Begriff des Dilettantismus seine pejorative Konnotation nehmen zu wollen, und so mancher Dozent der Kulturwissenschaft beteiligt sich an diesem Umwertungsversuch und bietet Module zum Thema an, zum Beispiel Creative-Writing-Module, in denen man lernt, einfach drauf los zu texten. Der Wiener Philosoph und Kritiker des Bologna-Prozesses Konrad Paul Liessmann findet das alles sehr „gespenstisch", und so trägt sein jüngstes Buch über die „Praxis der Unbildung" auch den Titel „Geisterstunde".

V

Der Forderung, dass Jugendliche in der Schule lernen müssen, reflektiert mit digitalen Medien umzugehen, wird niemand widersprechen; doch bedeutet diese Forderung nicht, dass digitale Medien das Unterrichten steuern. Vielmehr wäre es wichtig, Jugendlichen, deren Leben sowieso schon von Computern, Smartphones und Spielkonsolen bestimmt wird, andere Erfahrungs- und Reflexionsräume, das heißt: Muße-Räume, zu ermöglichen. Wichtig wäre es vor allem, dass Jugendliche lernen, das Funktionieren digitaler Medien zu *verstehen*. Zum einen müssten sie im Informatik- und Physikunterricht lernen, wie ein Smartphone konstruiert ist, wie Nachrichten übermittelt werden und wie sie verschlüsselt werden können. Gleichzeitig müssten die Schülerinnen und Schüler im Politik- und Philosophieunterricht darüber aufgeklärt werden, dass die Daten, die sie preisgeben, tatsächlich einen Preis haben, dass es Unternehmen gibt, die ein kapitalistisches Interesse an Daten haben; man müsste darüber diskutieren, was es bedeutet, in einer „Transparenzgesellschaft" (Byung-Chul Han) zu leben. Drittens müssten im Politik- oder Psychologieunterricht die sozialpsychologischen Veränderungen reflektiert werden, die durch Soziale Medien entstehen; und schließlich sollten Schülerinnen und Schüler im Kunstunterricht ein Gespür dafür entwickeln, wie man PowerPoint-Folien gestaltet. Sie müssen über Farbgebung und Kontraste, über das Text-Bild-Verhältnis, über Schrifttypen, Proportionen und textlinguistische Prinzipien nachdenken, und nur in diesem Zusammenhang kann man davon sprechen, dass mediale Präsentationen „gestaltet" werden. Stattdessen zeigt der neue medienorientierte Lehrertypus schon zu Unterrichtsbeginn gerne per Beamer ein Video (als „Teaser"), das er aus dem Internet heruntergeladen hat, ohne mit den Schülerinnen und Schülern das Problem des Urheberrechts zu erörtern. Wenn er die Schüler im Netz „recherchieren" lässt, verzichtet er darauf (aber vielleicht weiß er es auch nicht besser), gemeinsam mit ihnen darüber zu sprechen, dass die allermeisten Suchmaschinen gigantische Mengen an Nutzerdaten speichern und Profile anlegen. Medienkompetenz scheint eben nichts anderes zu heißen, als Medien und Programme *ver- und anwenden* zu können und die papier- und kreidefreie Schule zu forcieren. So benutzen viele Lehrerinnen und Lehrer Online-Gutachten, das heißt Klausurgutachten, die man nur online *erstellen* kann, ohne dass sie sich fragen, ob der Datenschutz gewährleistet ist, ja, was Datenschutz in diesem Zusammenhang überhaupt heißt. Wer fragt sich, wo der Server steht oder wer Zugang zu diesem Server hat? Man macht mit, und das Mitmachen bringt man den Schülern bei. Auch hängen mittlerweile fast in allen Schulen digitale Schwarze Bretter, auf denen die Namen fehlender, oftmals kranker Lehrkräfte notiert sind. Schülerinnen und Schüler können diese Informationen über ihr Smartphone abrufen. Der Zugang wird über ein Passwort ermöglicht, das Hunderte von Nutzern kennen und das selten geändert wird. Statt dagegen zu protestieren, dass sensible Fehlzeitendaten, die Rückschlüsse auf längere Erkrankungen erlauben, online *gestellt* werden, starren Lehrer wie Schüler, angekommen in der Kontrollgesellschaft, auf den zähen Fluss der Datenströme, um sich über Stundenplanänderungen zu informieren.

Medienkompetenz im Lehrerberuf müsste eigentlich bedeuten, sich der Janusköpfigkeit digitaler Medien bewusst zu sein und dies den Schülerinnen und Schülern zu vermitteln. Das wäre Bewusstseinsbildung im besten Sinne des Wortes oder – knapper ausgedrückt – Bildung im 21. Jahrhundert. Liessmanns Begriff der „Unbildung" scheint mir genau dieses Defizit zu benennen. Anstatt Schülerinnen und Schüler zu bilden, werden sie über Anwendungen *informiert*. Der ungebildete und dezentrierte Schüler wird später bereitwillig das universitäre Modul-Hopping mitmachen, solange man nicht von ihm verlangt zu studieren, Bücher zu lesen, nachzudenken. Er will nur immer weiter informiert werden und erwartet, dass man ihm die zu lesenden Texte – als kleine Dateien für den schnellen Konsum – per E-Mail zusendet. Mit dem Verschwinden des Schülers verschwinden auch die Studenten. Nimmt man den Begriff „studieren" wörtlich, so kann man auch nicht mehr von Studenten sprechen. Im Lateinischen heißt „studere": sich einer Sache widmen, sich mühen. Aber es ist mittlerweile ein seltenes Ereignis, dass junge „Studierende", wie man jetzt genderneutral sagt, sich einem schwierigen längeren Text hingeben oder ein kompliziertes philosophisches Buch aufmerksam und mehrmals lesen; sie wissen nicht mehr, dass eine erste Text-Lektüre bestenfalls eine Art Annäherung sein kann, dass anfängliches Missverstehen oder gar Nicht-Verstehen völlig normal ist, wenn man einem neuen Gedanken begegnet, der es wert ist, als solcher bezeichnet zu werden. Woher sollen es die „Studierenden" aber auch wissen? Es hat ihnen ja niemand beigebracht. In der Schule wurden meistens didaktisch aufbereitete Kürzesttexte gelesen, und auch in der Bachelor-Universität ist es ein Glücksfall, wenn noch ein Dozent oder eine

Dozentin weiß, dass Nachdenken Zeit und Muße braucht und zuweilen sehr anstrengend ist, dass man neue Gedanken nicht einfach gebrauchsfertig googeln kann. Zudem arbeitet das Credit-Point-System der Konsum-Haltung weiter zu. Auch deswegen ist die „Informations- und Wissensgesellschaft" eine der Unbildung.

Sowohl die Schule, indem sie ständig testet, prüft und evaluiert, indem sie die Schülerinnen und Schüler immer kürzeren Klausurtaktungen unterwirft, als auch die modularisierte Universität, welche die „Studierenden" in den Konsum von Leistungspunkten treibt, lassen ein besinnliches Nachdenken nicht mehr zu, ein Nachdenken, das dem Sinn nachfragt, den ein kapitalistisches Lebenslaufleben überhaupt hat. So treibt die Unbildungsindustrie den Nihilismus weiter voran, dessen wesentlicher Grundzug der ist, dass das besinnliche Denken durch das rechnende Denken ersetzt wird. Indem es alle Lebensbereiche nach einem Zweck-Mittel-Kalkül beurteilt, „stellt" das rechnende Denken Heidegger zufolge immer alles in Rechnung; dabei hetzt es „von einer Chance zur nächsten" und „hält nie still, kommt nicht zur Besinnung". Die Hetze ist das Signum der unternehmerischen Schulen und Universitäten. In diesen Systemen haben die besinnlichen Fragen „nach dem Woher, Wohin und Wozu" (Hans-Peter Hempel) schon allein deswegen keinen Ort mehr, weil sie kostbare Zeit ohne zählbaren Nutzen zu vergeuden scheinen; und so vermutete Thomas Metzinger schon in den neunziger Jahren während einer Vorlesung zum Leib-Seele-Problem, dass das Fach Philosophie irgendwann verschwinden und durch das Fach Neuropsychologie ersetzt wird. Einige Universitäten „stellen" schon Berechnungen darüber an, ob sich das Fach Philosophie überhaupt noch lohnt. „Man" rechnet. Es wird getestet und gerankt, es werden Noten- und Leistungspunkte vergeben und wissenschaftlicher Erfolg wird an Publikationslisten gemessen. Der Abiturnotendurchschnitt einer Schule muss jedes Jahr besser werden; denn er allein ist Ausdruck einer Verbesserung der Unterrichtsqualität. Auch im Unbildungssystem gilt das ökonomistische Wachstumsgesetz. Fortschritt muss sich beziffern lassen. Und dazwischen leuchten die Smartphones.

VI

Auch wenn ich noch immer glaube, dass es einzelnen Lehrerinnen und Lehrern gelingen kann, jenseits technokratischer Vorgaben und permanenter Leistungsmessungen Momente besinnlichen und müßigen Nachdenkens entstehen zu lassen, weil sie sich selbst nicht aus der Ruhe bringen lassen, weil sie den geistlosen Ökonomismus gelassen um-gehen[2], so wird der Spiel-Raum immer geringer. Die Nischen und Lücken, „die der Teufel noch lässt" (Alexander Kluge), werden immer kleiner, und das Netz der Kontrollen im offenen Milieu wird immer feinmaschiger. Wir erleben gerade, wie die Schule und die Universität als Orte möglichen geistigen Wachstums und schöpferischen Tuns infolge der PISA-Hysterie und des Bologna-Beschlusses abgeschafft werden. Gewährten die alten Disziplinarinstitutionen (ohne sie zu verklären) wenigstens die *Möglichkeit* eines *anderen* Denkens und Seins, so lassen die neuen überregulierten Systeme der Kontrollgesellschaft diese Möglichkeit kaum mehr zu; und es ist die Frage, ob der gelassene Um-gang, von dem ich gerade sprach, nicht in einen Ab-gang mündet. *Finit tragoedia.*

Wahrscheinlich kann Bildung, überhaupt mußevolles und konzentriertes Lernen, nur noch außerhalb der unternehmerischen Schulen und Universitäten stattfinden – in Reservaten. Solche Reservate (bewahrte, gerettete Orte) sind gegenwärtig vielleicht noch Musik- oder Zen-Yoga-Schulen, die nicht profitorientiert sind, oder – sofern es ihn noch gibt – der eigene Schreibtisch zuhause. Das heißt: Schüler ist man nicht mehr morgens in der Schule (dort wird man zum Anwender ausgebildet), sondern nachmittags, wenn man das Spielen eines Instruments lernt oder tanzen oder reiten, und auch nur wenn man sich in kritischer und – so weit wie möglich – gelassener Distanz zu den digitalen Apparaten hält. Es geht nicht darum, die technischen Geräte aus dem Leben zu verbannen; das ist wohl unmöglich. Aber im Bewusstsein ihrer Janusköpfigkeit kann es gelingen, ihnen die totale Okkupation unserer Lebenswelt zu verwehren, sie nur zu gebrauchen, wenn es unbedingt notwendig ist. Man muss sie auch, und darauf hat Heidegger immer wieder hingewiesen, sein lassen können. Dieser distanzierten Haltung zu den technischen Apparaten geht eine Erfahrung voraus, die jeder Einzelne beim Musizieren oder aufmerksamen Lesen eines Buchs machen kann: In der Konzentration, in der Zentrierung auf ein bestimmtes Thema, öffnet sich eine andere Welt als die alltägliche, die von der spektakulären Ablenkungsindustrie und ihren Verwertungsinteressen beherrscht, ja, behext ist. So macht der Leser von Vergils „Eklogen", wenn er sich denn einer langsamen, akribischen Lektüre überlässt, nicht nur ästhetische Erfahrungen, indem er das kunstvolle Arrangement der Verse sinnlich wahrnimmt und dadurch gestärkt und erheitert wird; sondern er unternimmt zugleich eine Reise in eine phantastische Landschaft, die es nur in diesem Buch gibt: in ein italisches Arkadien, in einen Andersort, ein Außen. Doch erfährt der Leser eines solchen Textes auch, dass dieser sich gelegentlich sperrt, dass bestimmte Wendungen unbekannt, grammatische Konstruktionen ungewohnt und fremd sind. Diese Textstellen nicht zu überspringen, sie zu verstehen versuchen, heißt: Widerständigkeit als etwas anzunehmen, das überhaupt erst geistige Entwicklung ermöglicht – bis hin zur Erfahrung des Scheiterns, die auch jeder Musiker kennt. Im Scheitern, das ja kein endgültiges sein muss und das für denjenigen, der sich einer Sache ganz und gar hingibt, zumeist auch kein endgültiges ist, zeigt sich, dass unsere Welt von Dingen bevölkert ist, die sich unserem Verfügungswillen verschließen, die sich uns nur öffnen, wenn wir uns ihnen fügen, wie es Eugen Herrigel in seinem Buch „Zen in der Kunst des Bogenschießens" so anschaulich beschrieben hat. Solche Erfahrungen machen zu können, bedeutet gegenwärtig ein großes Glück. Das Wort „Glück" rührt, so der Berliner Philosoph Han, von dem Wort „Lücke" her; und auch wenn die etymologische Abstammung linguistisch nicht gesichert ist, so weist uns Han darauf hin, dass eine lücken- und nischenlose Gesellschaft eine Gesellschaft ohne Glück ist.

Anmerkungen

[1] Scheidewege 37, S. 362ff.
[2] ebd., S. 371.

Eduard Kaeser

Der gute Roboter

Oder: Wenn Maschinen moralisch werden

Kann man Maschinen moralisches Verhalten lehren? Robotiker, Informatiker, Mathematiker, Psychologen, Soziologen und vermehrt auch Philosophen tüfteln unentwegt an Automaten herum, die unter bestimmten Umständen ethisch relevante Entschlüsse fällen müssen. Bevorzugte Studienobjekte sind Robotersoldaten, die anstelle von Menschen auf moralisch heikles Terrain geschickt werden können. Z. B. synthetische Scharfschützen, angesetzt auf Terroristen. Sie wären nicht nur schneller, stärker und verlässlicher als ihre humanen Partner, sie erwiesen sich auch als immun gegenüber Panik, Stress, Rachegelüsten und anderen emotionalen Kollateralstörungen. Dass solche Projekte aus dem Gehege der Science Fiction ausgebrochen sind, zeigt ein im Jahre 2012 veröffentlichter Bericht von Human Rights Watch mit dem Titel „The Trouble with Killer Robots"[1]. Die Waffensysteme des 21. Jahrhunderts werden „intelligent" sein. In Anbetracht der Risiken und Ungewissheiten, die solche Maschinen in unser Leben einführen, so der Schluss des Berichts, sollten Regierungen die Produktion von autonomen Waffen national und international verbieten.

Moral als ingenieurale Aufgabe

Diese prohibitionistische Haltung erscheint bei Waffensystemen plausibel. Aber die Ausbreitung künstlicher Systeme in unserer Gesellschaft ist eine Realität, die wir nicht einfach verbieten können. Immer mehr Maschinen besetzen die Nischen des Humanen. Sie übernehmen das Planen, Berechnen, Voraussehen, sie werden im Haushalt, in der Betreuung von Betagten, in öffentlichen Räumen eingesetzt. Zu schweigen von den virtuellen Räumen, wo schon längst künstliche Agenten ohne Einflussnahme des Menschen operieren. Warum sollten solche Operationen nicht auch moralisch gefiltert werden?

Moralität als Ingenieursaufgabe? Die meisten Menschen mutet bereits der Gedanke ehrenrührig an, einer Maschine einen Moralkodex quasi als Subprogramm zu implementieren – ein weiterer Schlag der Ernüchterung nach Kopernikus, Darwin, Freud, Turing. Ist denn Moral etwas Maschinelles oder Rechnerisches? Tun wir nicht Gutes aus Einsicht, Gesinnung, Mitgefühl? Fürs Erste nimmt man der Frage etwas von ihrer Anstößigkeit, wenn man bedenkt, dass Menschen in vielen Situationen routinemäßig, förmlich, berechnend agieren. Schon im 19. Jahrhundert sprachen Philosophen wie Jeremy Bentham und James Stuart Mill von der „moralischen Arithmetik". In diesem Sinn tun Ärzte, medizinisches Pflegepersonal, Sozialarbeiter, Polizisten, Lehrer oder Seelsorger oft Gutes rein „arithmetisch". Es ist exakt diese standardisierbare Verhaltens-„Apparatur", die den Ingenieuren als Muster zum Bau moralischer Maschinen dient. Das Hauptkriterium des Guten liegt für sie im Resultat, nicht in der Gesinnung.

So gesehen, liegt der Delegierung moralischen Unterscheidungsvermögens an Artefakte nichts im Wege. Dabei muss man sich auch von der gängigen Ansicht lösen, dass Maschinen nur das tun, was man ihnen zu tun gebietet. Dieser Ansicht gemäß „schützt" mich der ethische Bordcomputer nicht aus eigenen Stücken, sondern weil ihm einprogrammiert wurde, mich zu schützen. Er handelt – wie Kant gesagt hätte – *gemäß* moralischer Regeln, nicht *aus Einsicht* in sie. Nun hat sich freilich das Programmieren selbst verändert. Es bedeutet nicht mehr einfach eine Befehlsfolge vorgeben. Maschinen werden heute trainiert, nicht programmiert. Sie bringen sich selber Dinge bei. Die elektrischen Schaltkreise wollen nicht einfach gebaut und gewartet, sie wollen umsorgt und aufgezogen werden. *Altricial robotics* nennt man das in Anlehnung an die Biologie, frei übersetzt etwa mit „Brutpflege-Robotik". Alan Turing spielte schon 1950 mit dem Gedanken: Kann man dem Maschinen-Kind ein intellektuelles Verhaltensrepertoire beibringen? Warum dann nicht auch moralisches Verhalten?

Paternalisierende Technik

Ein Schritt in Richtung moralischer Maschinen ist übrigens schon längst erfolgt, in Gestalt von Sicherheits- und Warnanlagen. Viele Geräte „behüten" uns und „wissen", was gut ist für uns. Das Auto piepst, wenn ich nicht angegurtet bin. Saab entwickelte den „Alcokey", einen Schlüssel mit eingebautem Atemprüfsensor, der das Auto nur öffnet, wenn ich die Promillegrenze einhalte. Leicht auszumalen eine Weiterentwicklung, in der mein Auto mittels Internet und GPS registriert, vor welcher Bar ich parkiere, um sich dann nach Konsultation der Daten über mein normales Trinkverhalten und überschrittener berechneter Zeitlimite vorsorglich zu verriegeln (vielleicht fährt es mich aber bald schon, dank Google, selber nach Hause).

Solch paternalisierende Technologie ist allerdings ethisch blind. Das heißt: Moralisches Handeln hängt nicht einfach von einem einprogrammierten Kodex ab, sondern – viel sensibler – vom besonderen *Kontext*. Wäre mein Auto wirklich ein moralischer Agent, dann würde es z. B. unterscheiden zwischen der Situation, in der ich nach ein paar Gläsern einfach nach Hause fahren will, und der Situation, in der ich plötzlich beim Abendessen mit gutem Wein mein Kind in die Notaufnahme fahren muss, weil es sich mit dem Messer verletzt hat. Obwohl beide Situationen in moralischer Hinsicht völlig verschieden sind, reagiert das Auto autistisch: Alkoholpegel überschritten – kein Fahren möglich! Das Beispiel zeigt: Technik müsste sich aus diesem „autistischen" Zustand lösen und kontext-sensibel werden, um je in ethisch relevantem Sinn zu einer ebenbürtigen Partnerin in der Mensch-Maschine-Interaktion heranzureifen. Kann sie das? Sagen wir niemals „nie".

Autopiloten und Pflegeroboter

Paternalismus kann als Kinderkrankheit einer sich zunehmend verselbständigenden Technik betrachtet werden. Das Design ethisch sensibler Maschinen bewegt sich in zwei unabhängigen Dimensionen[2]: *Autonomie* und *ethische Sensibilität*. Es gibt Systeme mit hoher Autonomie und niedriger ethischer Sensibilität und Systeme mit niedriger Autonomie und hoher ethischer Sensibilität. Zur ersten Kategorie gehört z. B. der Autopilot im Flugzeug. Er gewährt den Passagieren Sicherheit und Komfort. Sicherheit z. B. durch die direkte Überwachung von Flughöhe und Umweltbedingungen; Komfort indirekt dadurch, dass bestimmte Grenzwerte für die Parameter des Manövrierens einprogrammiert werden: nicht allzu enge Kurven zu fliegen, um dem Passagier ein entsprechendes Unwohlsein zu ersparen. Die Befindlichkeit des Passagiers gehört natürlich nicht zu den eigentlichen Flugparametern, und in diesem Sinne operiert der Automat an Bord zwar hoch-autonom, aber ethisch unsensibel.

Um zu begreifen, was das bedeuten kann, betrachten wir Pflegeroboter. Einen Schritt Richtung ethischen Verhaltens markiert der Roboter Nao für die Krankenpflege, der von der Philosophin Susan Leigh Anderson und dem Computerwissenschaftler Michael Anderson im Jahre 2010 entwickelt worden ist. Die Andersons gehen von einem möglichen ethischen Konflikt in der Krankenbetreuung aus. Nehmen wir an, der Arzt bekomme es mit einem widerspenstigen Patienten zu tun, der ein Medikament nicht einnehmen will. Der Konflikt ist offensichtlich: Soll der Arzt den Patienten überreden, das Medikament einzunehmen (was möglicherweise gegen die Patientenautonomie verstößt), oder soll er sich dem Patientenwillen fügen (was möglicherweise gegen die Pflicht verstößt, dem Patienten zu dessen bestem Wohlergehen zu helfen)?

Ein solcher Normenkonflikt kann in ein Entscheidungsproblem für einen Roboter übersetzt werden, der die Medikamenteneinnahme überwacht. Man gibt der Maschine drei ethische Kriterien vor, quasi ein primitives Pflichtendreieck: Respekt vor der Patientenautonomie – dem Patienten zu dessen Wohlergehen helfen – den Patienten vor Schaden schützen. Der Algorithmus des Roboters „liest" zunächst aus einer Vielzahl von Fällen eine leitende Maxime heraus: Du sollst die Entscheidung des Patienten dann missachten, wenn sie ihm schadet oder wenn sie deine Pflicht, dem Patienten zu helfen, verletzt. Den solcherart mit Maxime und Pflichten ausgestatteten Roboter gibt nun der Arzt den nötigen Input ein, z. B. Zeitpunkt der Medikamenteneinnahme, maximaler Nutzen bei richtiger Einnahme, maximaler Schaden bei Nichteinnahme, Zeitdauer, bis Nutzen bzw. Schaden eintreten usw. Daraus errechnet der Roboter jeweils die Gewichtung seiner drei Pflichten, und dementsprechend agiert er im Laufe der Zeit und passt sich der Situation an. Natürlich kann es auch bei ihm zu einer Pflichtenkollision kommen. In einem solchen Fall benachrichtigt der Roboter den beaufsichtigenden Arzt. Seiner „Moralität" sind in diesem Sinne enge funktionelle Grenzen gesteckt.

Die ultraintelligente Maschine

Natürlich handeln Pflegeroboter nicht moralisch, sie simulieren moralisches Verhalten. Idealziel wären künstliche Systeme mit hoher Autonomie und hoher ethischer Sensibilität. Die Wortführer der neuen Technologien verbreiten die unverdrossene Zuversicht, dass es nur eine Frage der Zeit sei, bis die internen Abläufe dieser Geräte eine Selbstkontrolle erreicht haben werden, die wir weder vollständig einsehen noch vollständig steuern können. Minimale Außenkontrolle – maximale Selbstkontrolle. Definiert das nicht die Autonomie einer menschlichen Person, zumindest seit der Aufklärung? Müsste man dann aber nicht auch einem künstlichen System einen solchen quasi-personalen Status zubilligen, wenn es die nötige „Selbstbestimmung" mit sich bringt? Für diese Idee brach der amerikanische Philosoph Hilary Putnam schon vor über fünfzig Jahren eine spekulative Lanze. Er konfrontierte uns mit der Idee eines Roboters, der bis hinab zur neuronalen Ebene mit uns übereinstimmt. Warum sollte man dann nicht sagen: Dieser Roboter ist eine Person, deren Gehirn zufällig mehr Metall und weniger Wasserstoff enthält? Wie knifflig die Konstruktion eines solchen Roboters auch sein mag, das ist keine bloße Frage des Designs und der Technikfolgeabschätzung mehr, sondern einer künftigen menschlich-maschinellen Kohabitation.

Sie stellt uns vor noch ganz andere Probleme, z. B. vor das folgende. Der britische Mathematiker Irving John Good (ein Mitarbeiter von Alan Turing in der Entzifferung der ENIGMA-Verschlüsselungsmaschine der Deutschen im zweiten Weltkrieg) brachte vor genau 50 Jahren die Idee einer *ultraintelligenten* Maschine auf, die nicht nur dem intelligentesten Menschen überlegen ist, sondern nun selbst intelligentere Maschinen entwerfen kann, die ihrerseits wiederum intelligentere Maschinen entwerfen – eine „Intelligenzexplosion".[3] „Deshalb", so Good, „ist die erste ultraintelligente Maschine die letzte Erfindung, die der Mensch machen muss, vorausgesetzt, die Maschine ist gutmütig genug, uns mitzuteilen, wie sie unter Kontrolle gehalten werden kann."

Diese „letzte Erfindung" – eine typische Mathematiker-Kopfgeburt – schlägt heute die Technologen in ihren Bann. Sie wird „technologische Singularität" genannt, also eine Art von Übergang in das Zeitalter, in dem die künstliche Intelligenz jene des Menschen hinter sich gelassen haben wird. Ray Kurzweil, einer der Hohepriester der Singularität, erwartet sie um die Jahrhundertmitte. Bei aller erlösungsbeschwipsten oder endzeitbangen Aufgeregtheit über dieses eschatologische Ereignis sind sich aber relativ wenige Designer künstlicher Systeme des zentralen ethischen Problems bewusst, das Good mit seiner Kautel angesprochen hatte: Wie versichern wir uns der Gutgesinntheit der kommenden Maschinengenerationen?

"Ethische" Künstliche Intelligenz

Darauf haben die Informatikerin Ann Nicholson und der Informatiker Kevin Korb neulich eine einleuchtende Antwort gegeben: Indem wir gutgesinnte Maschinen konstruieren, d. h. das Projekt einer „ethischen" Künstliche-Intelligenz-Forschung ernst nehmen.[4] Sie wäre nicht nur eine Konstruktionsaufgabe, sondern auch eine Aufforderung zur ethischen Reflexion innerhalb unserer eigenen Spezies: Woran bemisst sich moralisches Handeln; am Befolgen von Geboten; an der Pflege bestimmter Tugenden; an den Konsequenzen der Handlungen; an der Fähigkeit zum Mitleid? Solche Fragen, traditionell in Philosophieseminarien verhandelt, erhalten auf einmal eine konkret-technische Dringlichkeit, wenn man sie in Robotiklabors stellt; wenn es darum geht, Artefakte zu bauen, die unseren Vorstellungen eines guten Zusammenlebens entsprechen sollen.

Aber genau hier beginnen die Probleme. Das Ehepaar Anderson forderte unlängst in einem Artikel im „Scientific American", keine moralischen Maschinen zu verwenden, wo kein ethischer Konsens über Handlungen besteht.[5] Aber gibt es diesen ethischen Konsens überhaupt unter Menschen? Wir kennen die Mühen universalistisch gesinnter Moralphilosophen seit über 200 Jahren. Ist es nicht gerade ein Charakteristikum moralischen Verhaltens, dass sich ein universelles Kriterium schwer – wenn überhaupt – finden lässt? Menschliche Moralität stellt ja selbst ein permanentes „Labor" dar. Abtreibung, Euthanasie, kulturelle Diversität, wirtschaftliche Ausbeutung, nicht zuletzt: Waffenbesitz – auf all diesen ethischen Minenfeldern herrscht unter den humanen moralischen Agenten alles andere als ein Konsens. Soll man diese Konsenslosigkeit noch auf Maschinen übertragen? Man halte sich nur kurz einmal Waffensysteme vor Augen, die nach unterschiedlichen ethischen Konzepten konstruiert worden sind.

Mitfühlende Roboter?

Selbst wenn man sich aber über ein Kriterium der Moralität geeinigt hätte, wären die Probleme nicht vom Tisch. Betrachten wir Leidensfähigkeit als Beispiel: Um moralisch agieren zu können, muss eine Maschine zumindest leidens- und mitleidensfähig sein. Was bedeutet das? Spielen wir erneut ein Science-Fiction-Szenario durch. Nehmen wir an, der Stand der Neurophysiologie und -technologie erlaube uns, ein „volles" Schmerzsystem in einen Roboter einzubauen. Das heißt, alle Vorgänge, die wir bei menschlichen Schmerzen in unserer Physiologie und unserem Verhalten beobachten, ließen sich auch bei der Maschine feststellen. Heißt das, dass sie Schmerzen hat? Dass sie leidensfähig ist? Richten wir die Frage erneut an uns selber. Stellen wir fest, dass eine Person Schmerzen hat, indem wir ihre neurophysiologischen Vorgänge beobachten?

Spätestens hier sollte uns aufgehen, dass wir es nicht mit einer ingenieuralen Frage zu tun haben. Der springende Punkt ist vielmehr der, dass ich, wie viel ich auch über Schmerzvorgänge weiß, trotzdem nicht weiß, ob jemand oder etwas Schmerzen hat. Oder besser: Es gibt zwei Kategorien von Wissen, die sich ganz elementar unterscheiden lassen. Im einen Fall beziehe ich mich auf ein Subjekt – auf jemand –, im zweiten auf ein Objekt, dessen Subjektstatus ungewiss oder kontrovers ist – auf etwas. Viele Tiere und Roboter gehören dieser zweiten Kategorie an. Wenn mir also der Roboterbauer seinen Schmerz empfindenden Prototypen vorstellt, bleibe ich bei aller Bewunderung seiner ingenieuralen Meisterleistung vorerst unbeeindruckt: Was du da konstruiert hast, ist ein System mit Schmerzen, die nicht schmerzen – ein Zombie des Schmerzes. In einer Art von Umkehrung des Gebots der Glücksmaximierung hat der Philosoph Thomas Metzinger argumentiert, dass selbst wenn man schmerzempfindende Roboter bauen könnte – was das auch heißen mag –, man dies unterlassen sollte, weil dadurch das Leid der „normalen" Empfindungsfähigen tendenziell noch durch künstliche Empfindungsfähige vergrößert würde.[6]

Die Politik autonomer Artefakte

Welche technischen Hindernisse auch zu überwinden wären, in dem Maße, in dem wir Maschinen in den Kreis von „unseresgleichen" aufzunehmen bereit sind, wird der Maschinenbau zu einer ethischen Herausforderung. Isaac Asimov, ein Klassiker der Science Fiction, formulierte in den 1940er Jahren seine vieldiskutierten drei Gebote der Roboterethik, die das Zusammenleben von Mensch und Maschine regeln. 1) Ein Roboter soll weder durch sein Tun noch sein Lassen einem Menschen Schaden zufügen. 2) Ein Roboter soll den menschlichen Befehlen gehorchen – es sei denn, ein solcher Befehl würde Gebot eins widersprechen. 3) Ein Roboter soll seine Existenz beschützen, so lange dieser Schutz nicht Gebot eins oder zwei widerspricht.[7]

Wir könnten einem Roboter Asimovs Gebote implementieren. Aber dadurch entstehen weitere Probleme. Man muss nur „Roboter" durch „Sklave" ersetzen, um die ethische Brisanz der Gebote zu konstatieren. Denn wenn wir Roboter als echte moralische Agenten anerkennen, würde dies nichts anderes bedeuten als ihnen eine Art von Sklavenmoral einzubauen – wie wenn wir eine bestimmte menschliche Gruppe der Legislation solcher Gebote unterwürfen. Asimovs Roboter-Ethik ist „human-chauvinistisch". Die zu moralischem Bewusstsein erwachten Maschinen könnten sie als „ungerecht" wahrnehmen und gegen den Menschen aufbegehren. Hier stoßen wir auf ein Paradox in der Konstruktion von moralischen Maschinen. Denn ein echter moralischer Akteur – sei er nun Mensch oder Artefakt – lässt sich ja gerade nicht von anderen sagen, was zu tun ist und was nicht; er entscheidet sich aus freien Stücken zu einer Aktion. Eine „echte" moralische Maschine wäre also eine, die unter Umständen *nicht* so handelt, wie ihr Design es vorschreibt, sondern so, wie sie selbst es für „gut" befindet. Wäre ihre Autonomie eine vom Menschen gewollte?

„Humans out of the loop"

Ich halte die Möglichkeit, dass wir mit Maschinen dereinst auf „moralischer Augenhöhe" verkehren werden, für einen spekulativen Flirt. Man kann auch mit einem der größten Science-Fiction-Autoren, Stanislaw Lem, leicht genervt fragen: Wozu zum Teufel brauchen wir eigentlich eine Maschine, die den Menschen so hervorragend simuliert, dass sie in ihrem Verhalten nicht mehr vom Menschen unterscheidbar ist?

In Kreisen der technologischen Avantgarde wird allerdings auch gern die rhetorische Gegenfrage aufgeworfen: Wozu brauchen wir überhaupt noch Menschen? Die Fähigkeiten der Computersysteme entwickeln sich in einem derart rasanten Takt, der uns immer mehr als hoffnungslos schwerfällig, langsam und fehleranfällig erscheinen lässt. Warum also nicht makellose automatisierte Systeme bauen, aus denen sich der Human-Faktor streichen lässt – humans out of the loop? Der Technologieguru Kevin Kelly

z. B. sieht die Lösung von Autopilot-Pannen in Flugzeugen klipp und klar in der Vollautomatisierung des Fliegens: Längerfristig sollte keine menschlichen Piloten mehr Flugzeuge fliegen. Weil Ärzte in der Regel zu teuer seien, schlug kürzlich ein Risikokapitalist aus dem Silicon Valley vor, das Gesundheitssystem durch Software zu perfektionieren – „Doktor Algorithmus" –, die sich von der Grundversorgung zur vollen ärztlichen Betreuung entfalten und dadurch letzlich den Arzt ersetzen würde.

Natürlich nimmt man solche Visionen mit einer gehörigen Prise Salz zu sich. So verführerisch plausibel sie sich gerade vor dem Hintergrund wachsender Gesundheitskosten anhören, so sind sie doch Ausdruck eines verblendeten Vertrauens in die Makellosigkeit technischer Systeme. Sie überspielen das Problem, dass Software mit zunehmender Komplexität nicht nur unkontrollierbarer, sondern selbst auch wieder fehleranfälliger wird. In ironischer Umkehr der Automatisierung macht sie schließlich genau das wieder notwendig, was sie auszuschließen suchte: den Human-Faktor. Schon vor dreißig Jahren wies die Psychologin Lisanne Bainbridge in einem vielbeachteten Artikel auf Probleme in der Interaktion zwischen System und Systembediener hin.[8] Eine der „Ironien" der Entwicklung liege darin, dass der Designer autonomer Artefakte die Bedienung und Kontrolle zwar zu minimalisieren suche, aber weil es immer Aufgaben und Probleme gebe, die der Designer nicht voraussehen kann, schaffe er gerade dadurch neue Aufgaben- und Problembereiche für den Bediener und mache „vorautomatische" Kompetenzen notwendig; vor allem in Fällen der Störung oder des Ausfalls von Funktionen. Man denke nur an den Autopiloten im Flugzeug oder das Kontrollsystem eines Reaktors. Hier sind manuelle Fertigkeiten („skills") gefordert wie das schnelle Eingreifenkönnen, oder kognitive Fertigkeiten wie das „Langzeitwissen" der persönlichen Erfahrung. Beide bedeuten ein „Umschalten" auf menschliche Fähigkeiten. Die Automation menschlicher Kompetenzen ersetzt diese also nicht einfach, sondern hinterlässt vielmehr immer humane „Rest"-Kompetenzen, die in dem Maß wichtiger werden, in dem die Automation voranschreitet.

Die fundamentale Lektion

Dieser humane „Restfaktor" ist auch für die Entwicklung maschineller ethischer Entscheidungsprozesse höchst relevant. Viele Designer gehen von einer Defizit-Prämisse aus: Menschen sind in zahlreichen Aufgaben und Aktivitäten nicht verlässlich und nicht effizient genug. Deshalb werden dem Bediener automatischer Systeme nur minimale Aufgaben zugemutet, etwa passives langweiliges Überwachen am Bildschirm – ausgerechnet eine Aufgabe, die denkbar schlecht auf den wandernden Geist des Menschen zugeschnitten ist. Zumindest suggerieren dies „Wachsamkeits"-Studien, die bis zu Untersuchungen bei Radarsystemen im Zweiten Weltkrieg zurückreichen.[9] Sie zeigen, dass es selbst für eine hochmotivierte Person unmöglich ist, sich visuell mehr als eine halbe Stunde auf eine Informationsquelle, z. B. den Monitor zu konzentrieren, auf dem wenig geschieht. Die Ironie ist offensichtlich: Die Prämisse, dass der Mensch das schwächste Glied im System ist, bestätigt sich über kurz oder lang selbst, wenn man entsprechende Systeme baut.

Tatsächlich ist es genau diese Lektion, die wir von der Automatisierung zu lernen hätten. Indem sie von uns verlangt, selber über die Bücher zu gehen und uns präziser denn je zuvor Rechenschaft zu geben, was denn „eigentlich" moralisch ist an der menschlichen Moralität. „Humans out of he loop" – dieses Motto muss also gerade bei Fragen der moralischen Delegierbarkeit umgekehrt werden. Oder anders gesagt: Der gute Roboter kann nur dann ein sinnvolles Projekt sein, wenn es hilft, unsere eigene moralische „Vigilanz" zu fördern.

Anmerkungen

[1] http://www.hrw.org/print/news/2012/11/19/trouble-killer-robots, abgerufen 20.12.2014.
[2] Wendell Wallach/Colin Allen: *Moral Machines. Teaching Robots Right from Wrong*, Oxford, 2009, S.26f.
[3] Irving John Good: *Speculations Concerning the First Ultraintelligent Machine*, in Franz v. Alt, Morris Rubinoff (Hrsg.): Advances in Computers, New York, 1965, S. 31–88. Übers. E.K. Einen seriösen, instruktiven und unaufgeregten Überblick gibt neuerdings Nick Bostrom: *Superintelligenz*, Frankfurt a. Main, 2014.
[4] Kevin B. Korb/Ann E. Nicholson: *Ethics of a Technological Singularity: Will Robots Rule?* Spero News, 8. 3. 2012. http://www.speroforum.com/site/print.asp?id=HEPMBQCNOJ20, abgerufen 2.11.2014.
[5] Michael Anderson/Susan L. Anderson: *Robot Be Good*, Scientific American, October, 2010, 72–77.
[6] Thomas Metzinger: *Maschine, Moral, Mitgefühl*, Gehirn&Geist 4, 2006, 68–70. http://www.gehirn-und-geist.de/alias/pdf/gug-06-04-s068-pdf/832965, abgerufen 1.1.2015.
[7] Deutsch: Isaac Asimov: *Meine Freunde, die Roboter*. München, 2002.
[8] Lisanne Bainbridge: *Ironies of Automation*, Automatica, 19, 1983, 775–79.
[9] Ein Pionier dieser Forschung war der Psychologe Norman Mackworth.

Nora S. Stampfl

„Freie Fahrt für freie Bürger"?

Die automobile Gesellschaft in der Sackgasse

> „Ich glaube an das Pferd. Das Automobil
> ist eine vorübergehende Erscheinung."
> *Kaiser Wilhelm II.*

Mühelose Fortbewegung ist eine uralte, durch alle Zeiten hinweg beständige Technikutopie. Mit dem Automobil ist der Traum der individuellen, flexiblen Mobilität wahr geworden. Seit mehr als hundert Jahren gehören Autos zum Alltag und sind heute das tonangebende Transportmittel, nicht mehr wegzudenken aus dem modernen Leben. Mehr als eine Milliarde Kraftfahrzeuge rollen auf den Straßen der Welt. Mit 62,4 Millionen Fahrzeugen in Deutschland meldet das Kraftfahrt-Bundesamt Anfang 2015 sogar einen neuen Höchststand. In den vergangenen Jahrzehnten stieg die Motorisierungsrate rasant: Gab es 1970 in Deutschland 27-mal so viele Pkws wie noch im Jahre 1950, so verdreifachte sich der Pkw-Bestand zwischen 1970 und 2000 immerhin noch. Heute gehört ein Auto zur Standardausstattung privater Haushalte: 77 Prozent verfügen über ein oder mehrere Autos. Statistisch gesehen haben seit Mitte der 1990er Jahre die Rückbänke der Autos ausgedient: mit Leichtigkeit können heute sämtliche Bundesbürger auf den Vordersitzen Platz nehmen.

Seit jeher weckte das Automobil allein schon durch seine Existenz immer neue Mobilitätsbedürfnisse. Heute werden vier Fünftel aller Wege mit dem Auto zurückgelegt. Weil eine individualisierte Gesellschaft zunehmend individuelle Verkehrsarten nutzt, rasen wir geradewegs zu auf den Kollaps: Besonders in den Ballungsräumen verschärfen sich die mit dem steigenden Verkehrsaufkommen verbundenen Probleme und führen dazu, dass das Auto kaum noch seiner ureigenen Bestimmung nachkommen kann. Denn nicht nur machen Lärm und Luftverschmutzung der Stadtbevölkerung das Leben schwer, auch werden heute immer schnellere Autos mit immer mehr Motorleistung in der Stadt zum Schleichen verdammt: In vielen Metropolen kommen Autofahrer kaum schneller voran als Fahrradfahrer. Stop-and-Go-Verkehr führt das Auto als Fortbewegungsmittel ad absurdum. Die Straßen werden voller und voller, der Trend hin zu überdimensionierten so genannten Sport Utility Vehicles tut sein Übriges und machen das Fahrzeug zum „Stehzeug". Unzählige unnötig gefahrene Kilometer auf der Suche nach passenden Parkplätzen verschlimmern die Situation zusätzlich. Denn auch Abstellmöglichkeiten für die Blechlawine werden immer knapper.

Das Auto – der Deutschen liebstes Kind

Die Entwicklung des motorisierten Individualverkehrs ist begleitet von einem Wechselspiel zwischen Gesellschaft und Automobil: Das Auto hob eine Riesenindustrie aus der Taufe, die durch ständige Innovationen ihr Produkt immer wieder perfekt an die Bedürfnisse der Gesellschaft anpasste. Umgekehrt gab auch die Gesellschaft den Anforderungen des Autoverkehrs statt. Schleichend machte sich die Motorisierung den gesamten Lebensraum untertan. In der Stadtentwicklung kam dem Autoverkehr uneingeschränkte Priorität zu. In den Wiederaufbau- und Wirtschaftswunderjahren war die autogerechte Stadt das Leitbild euphorischer Stadtplaner. Maßnahmen wie mehrspurige Umgehungsstraßen, Fußgängerzonen, Unterführungen für den Fuß- und Radverkehr und Parkhäuser sollten Städte mit engen Straßen und Gassen, die Jahrhunderte vor Erfindung des Automobils entstanden, fit machen für die Mobilitätsbedürfnisse der modernen Zeit.

> „Die Straßenbreite orientiert sich an den Anforderungen des Lieferverkehrs, die Architektur dient parkenden oder vorbei brausenden Autos als Kulisse, die Ampelschaltung macht dem selbstvergessenen Flaneur Beine, und die Sinne werden vom Brummen der Motoren und vom Dieselgeruch verwöhnt."[1]

Unbestritten gab das Auto den Ton an. Nicht-motorisierte Verkehrsteilnehmer verkamen zu Randfiguren und gerieten allenfalls ins Blickfeld, wenn es darum ging, die freie Fahrt des Autos nicht zu behindern.

Vor diesem Hintergrund der Allgegenwart und Vorrangstellung des Autos muss man heute feststellen: Kaum eine Erfindung der neueren Geschichte hat die Welt derart geprägt wie das Automobil. Es schrieb Technik-, Industrie- und Verkehrsgeschichte zugleich und etablierte sich bald schon als Kult- und Prestigeobjekt. Doch war zur Geburtsstunde des Automobils diese beispiellose Erfolgsstory keineswegs vorgezeichnet. Denn der Siegeszug des Automobils begann holprig: Bevor es unumstrittenes Individualtransportmittel wurde, hatte das Auto zunächst den Konkurrenzkampf mit der Eisenbahn für sich zu entscheiden und gesellschaftliche Konflikte auszustehen.

Denn in den Anfangstagen der Motorisierung gehörte die Straße allen Verkehrsteilnehmern gemeinsam und war bevölkert von Fußgängern, Pferdefuhrwerken, Radfahrern und spielenden Kindern. Keineswegs wollte man sich den Automobilisten kampflos unterwerfen, die den städtischen Raum eigenmächtig neu verteilten. Nicht ohne Weitblick echauffiert sich Michael Freiherr von Pidoll über die Folgen des Autoverkehrs in Wien Anfang des 20. Jahrhunderts, ganz besonders ist ihm ein Dorn im Auge, wie die Automobilisten die Straßen für sich monopolisieren:

„Woher nimmt der Automobilist das Recht, die Straße, wie er sich rühmt, ‚zu beherrschen', die doch keineswegs ihm, sondern der ganzen Bevölkerung gehört, diese auf Schritt und Tritt zu behindern und ihr ein Verhalten zu diktieren, das er nur auf den eigenen, privaten Wegen fordern dürfte? […] Sollen etwa die öffentlichen Straßen menschenrein gehalten werden?"[2]

Tatsächlich entbrannte ein erbitterter Kampf um die Straße, der einen hohen Blutzoll forderte. Die zunehmende Verbreitung des Automobils provozierte den Unmut der Nicht-Motorisierten, die Stahlseile, Peitschen, Nagelbretter und Glasscherben einsetzten, um Widerstand gegen die individuell motorisierte Gesellschaft zu üben. Immer wieder kam es zu mehr oder weniger organisierten Protesten der Bevölkerung gegen den zunehmenden Autoverkehr, der sämtliche andere Verkehrsteilnehmer an den Rand drängte. Zu einem Teil wurden die Proteste durch die „klassendifferenzierende Wirkung"[3] des Automobils, sprich: den Neid derjenigen, die sich das moderne Gefährt einfach nicht leisten konnten, hervorgerufen, zusätzlich ging es jedoch um den Kampf gegen ein Phänomen, das sich anschickte, tiefgreifend in das Leben aller einzugreifen.

Der kleinen Gruppe begeisterter Fahrer stand eine breite Mehrheit gegenüber, für die der neue motorisierte Verkehrsteilnehmer vor allem einen Zwang zur Verhaltensänderung, Lärm, Gestank sowie durch die unterschiedlichen Bewegungstempi eine immense Bedrohung bedeutete.[4] Doch der Protest gegen die Motorisierung blieb eine Episode der Geschichte und allen Ressentiments zum Trotz ließ sich der Siegeszug des Automobils nicht aufhalten. Im Rückblick stellt sich die eingangs zitierte Prophezeiung des deutschen Kaisers Wilhelm II. als kolossaler Irrtum heraus.

Der Automobilismus blieb eben alles andere als eine „vorübergehende Erscheinung", ganz im Gegenteil: Im späten Kaiserreich begann er sich schnell zu etablieren, nachdem sich die Technik weiterentwickelte, Anschaffungspreise fielen, das Straßennetz ausgebaut und der Verkehr reguliert wurde sowie die Lobbyarbeit von Automobilisten-Vereinen den Weg ebnete. Aber auch das Automobil selbst mit seinen unbestreitbaren Vorteilen gegenüber Eisenbahn und Pferdefuhrwerk trug zu seiner eigenen Verbreitung bei. Auch wenn in seinen Anfangstagen das Auto als Luxusobjekt dem Vergnügen einer kleinen Elite vorbehalten war und der oberen Schicht als Herrschafts- und Machtausweis diente, entdeckten mit sinkenden Preisen immer breitere Bevölkerungsschichten die automobile Fortbewegung für sich. Ab den westdeutschen Wirtschaftswunderjahren der 1950er Jahre kannte die Durchdringung der ganzen Gesellschaft durch das Automobil kein Halten mehr. Das Auto wurde zum Symbol des Aufbruchs in die Massenkonsumgesellschaft. Erhards Konzept vom „Wohlstand für alle" ging auf: Die private Kaufkraft stieg und auf den Wunschlisten der Deutschen nahm das eigene Auto den Spitzenplatz ein. Tatsächlich prägten schon bald das eigene Auto und die Urlaubsreise genauso wie die angefutterten „Wohlstandsbäuche" wie kaum etwas anderes das Bild des deutschen „Wirtschaftswunders".

Von der automobilen Euphorie bis zur Massenmotorisierung war es nicht mehr weit. Damit veränderte sich auch der Alltag, weil das Auto eine immense subjektive Bedeutung erlangte: Aus der individuellen Alltags- und Lebensgestaltung war es kaum noch wegzudenken. Zudem erfuhr der fahrbare Untersatz eine symbolische Aufladung als Status- und Kultobjekt und wurde zum Inbegriff gesellschaftlicher Teilhabe, Selbstbestimmung und Unabhängigkeit. Auch die Erwartungen an Mobilität waren von da an verändert: Denn das Auto versprach schnelle, flexible, individuelle Fortbewegung, ohne dem kollektivistischen Zwang des Schienenverkehrs ausgeliefert, an Fahrpläne, Haltestellen oder Schienen gebunden zu sein. Statt des Wartens auf dem Bahnhof und überfüllter Abteile verhieß die Autofahrt ein Gefühl der Freiheit und Individualität. Dass sich die Autobegeisterung zu einem Gutteil aus dem Gegensatz zur Eisenbahn nährte, macht Otto Julius Bierbaums leidenschaftlicher Autoreisebericht aus dem Jahre 1903 deutlich:

„Überhaupt: eine wollüstige Perspektive: Wir werden nie von der Angst geplagt werden, daß wir einen Zug versäumen könnten. Wir werden nie nach dem Packträger schreien, nie nachzählen müssen: eins, zwei, drei, vier – hat er alles? Herrgott, die Hutschachtel! Sind auch die Schirme da? Wir werden nie Gefahr laufen, mit unausstehlichen Menschen in ein Kupee gesperrt zu werden."[5]

Aber nicht nur die empfundenen Nachteile der Eisenbahn trugen zur Aura des Automobils bei. Zusätzlich galt die Ausstattung mit Autos in der deutschen Nachkriegszeit als Gradmesser des Wohlstands. Und so verkörperte auf nationaler Ebene die Motorisierung den Wiederaufstieg ebenso wie auf individueller Ebene der Besitz eines Autos Ausdruck sozialen Aufstiegs war.

Die automobile Gesellschaft am Wendepunkt

Heute ist die automobile Gesellschaft an einen Punkt gelangt, an dem die große Anziehungskraft des Autos zusehends dazu führt, seinen eigenen Nutzwert zu mindern. Denn die Autobegeisterung und damit einhergehend die totale Ausrichtung aller gesellschaftlichen Belange auf das automobile Projekt startete zu einer Zeit, als Autofahrer noch eine Minderheit waren und einer schnellen, bequemen und freien Fortbewegung nichts und niemand im Wege stand. Die zunehmende Motorisierung der Massen bremst diese Vorteile aus und kurioserweise ist es eben der immense Erfolg des Autos, der inzwischen die automobile Euphorie trübt. Denn je mehr Automobilisten sich die Straße teilen müssen, desto eher behindern sie sich gegenseitig mit ihren Wünschen nach Geschwindigkeit und Freiheit.

Aber nicht nur, dass das Auto seine ursprünglich gemachten Versprechen nicht mehr einlöst, auch zahlt die automobile Gesellschaft den

Preis asphaltierter Landschaften, verschmutzter Luft und einer nicht unbeträchtlichen Zahl an getöteten und verletzten Menschen. Dazu kommt noch, dass mit dem Aufstieg des Autos zum Alltagsgebrauchsgegenstand sich das Unabhängigkeitsversprechen in ein Abhängigkeitsverhältnis verkehrt hat. Denn längst wird das Auto als selbstverständlich vorausgesetzt und dem Zwang zur Mobilität kann sich niemand mehr entziehen. Dennoch hört das Auto nicht auf, für einen nicht unerheblichen Teil der Bevölkerung Objekt der Begierde zu sein, Projektionsfläche für die großen Wünsche nach Freiheit und Unabhängigkeit. Die tatsächlich erreichten Geschwindigkeiten zählen weit weniger als die Option, jederzeit überall schnell und komfortabel hinfahren zu können. Immer schon war das Auto mehr als bloßes Transportmittel, seine Attraktion gründet auf Image und Illusion, nicht so sehr auf real verwirklichbaren Vorzügen.

Daher kann es kaum verwundern, dass man auf der Suche nach Auswegen aus dem rasenden Stillstand und zukunftsfähigen Mobilitätslösungen wieder beim Auto landet. Noch lange ist der Lack nicht ab, auch wenn das Projekt der Automobilisierung – zumindest für viele – einiges an Glanz und Strahlkraft eingebüßt hat. Um die gewohnten Mobilitätsbedürfnisse zu befriedigen, wird an neuen Verkehrskonzepten getüftelt. Dabei steht fest: Hinter den vom Auto gesetzten Standard möchte niemand wieder zurückfallen. Die mobile Zukunft muss jedenfalls so individuell und flexibel sein wie das Auto, dem Nutzer Eigenständigkeit und Selbstbestimmung garantieren, dabei bezahlbar und ressourcenschonend sein und den Anforderungen eines urbanen Umfelds genügen. Klar ist auch: Die automobilen Widersprüche sollen nicht etwa durch die Abschaffung des Autos oder zumindest eine Eindämmung der Motorisierungswelle aufgelöst werden, stattdessen geht es um die Neuerfindung des Autos. Geteilt, technologisch aufgerüstet und mit sauberen Antrieben ausgestattet ist und bleibt das Auto zentrales Vehikel unserer Fortbewegung.

Im Wesentlichen wird dabei an den alten Nutzungsformen kaum gerüttelt. Die Kultur der privaten Massenmotorisierung wird höchstens in Nischen angetastet. Etwa wenn es darum geht, Automobilität in Form einer eigentumslosen Carsharing-Alternative bereitzustellen. Dabei spielt allerdings vor allem eine verbesserte Anschlussfähigkeit an andere Verkehrsmittel eine Rolle: Das Auto soll in Verkehrsverbünde bestehend aus einer Vielzahl unterschiedlichster Transportmittel – von Bus über Bahn bis Fahrrad – eingebunden werden, um das gesamte Mobilitätssystem flexibler und bequemer zu gestalten, den öffentlichen Verkehr attraktiver zu machen und die „letzte Meile" zu überbrücken. Niemand wird ernsthaft annehmen, dass Carsharing das private Auto in naher Zukunft ersetzen soll und kann. Immer noch ist für viel zu viele Menschen das Auto zu stark mit einem Lebensgefühl verbunden, als dass es als zweckmäßiger kommodifizierter Gebrauchsgegenstand vorstellbar wäre. Besonders augenscheinlich wird das Festhalten an der herkömmlichen Nutzungskultur bei den Bemühungen, den Pfad der fossilen Energienutzung mit Elektrofahrzeugen zu verlassen. Fieberhaft wird an nachhaltigen Antriebstechnologien geforscht, dabei aber stets das herkömmliche automobile Leitbild fest im Blick.

„Wie der Hase im Grimm'schen Märchen versuchte die Elektromobilität, durch Intensivierung der Kräfte auf einem vorgegebenen Pfad den Rückstand einzuholen: die Elektromobilität orientierte sich immer wieder an den technischen und designerischen Errungenschaften des kraftstoffgetriebenen Wettbewerbers, in der Hoffnung, die Kluft im Leistungsniveau stetig zu verringern."[6]

Ganz offensichtlich hat das Benzinauto ein Paradigma gesetzt, das gar nichts anderes zuließ als ein blindes Hinterherlaufen hinter dem Gewohnten; fast zwangsläufig mussten Nutzungsinnovationen bei Entwicklung des Elektroautos ausbleiben. Abgesehen von neuen Antriebstechnologien tut die Fahrzeugindustrie noch einiges mehr dafür, die mobile Gesellschaft nicht von der Autodroge loskommen zu lassen. Fahrassistenzsysteme sollen jedes Manöver in ein Kinderspiel verwandeln, informatorische Vernetzung und Automatisierung den Verkehr flüssiger gestalten sowie mehr Effizienz und Sicherheit bringen. Aber auch bei der technologischen Aufrüstung wird das Auto nicht etwa in einen systematischen Gesamtzusammenhang aller Mobilitätsangebote gestellt, nein, derart unverwüstlich ist der Automythos, dass am Konzept Privatbesitz nicht gerüttelt wird. Es wird alles dafür getan, das Fahren einfacher und bequemer, auch sicherer und umweltfreundlicher zu machen, dennoch: Automatisierung, Sensorik und telematische Vernetzung haben nicht zum Ziel, die Blechlawine zu schrumpfen.

Die automobile Freiheit wird zur Makulatur

Derweil werden Autos immer intelligenter. Technologie lässt den Fahrer heute nicht allein mit dem Chauffieren, sie unterstützt ihn beim Navigieren, hilft bei kniffligen Verkehrssituationen und schafft es noch in die kleinste Parklücke, sie tauscht sich mit anderen Fahrzeugen und der Infrastruktur aus, holt Informationen zu Verkehrssituation, Wetter und sonstigen Fahrkonditionen ein, um stets frühzeitig Bescheid zu wissen und entsprechende Vorkehrungen zu treffen. Zusätzlich wird der elektronische Fahrer nie müde, lässt sich nicht ablenken und hat bessere Reaktionsfähigkeiten als sein menschliches Pendant. Während Technologie heute noch weitgehend der Unterstützung des Fahrers dient, werden in Zukunft voll automatische Fahrzeuge gang und gäbe sein. Die entsprechende Technik ist vorhanden und funktionsfähig, es bleibt noch die Klärung einer Reihe von rechtlichen Fragen. Und als das möglicherweise größte Hindernis bis zum Start autonomer Fahrzeuge könnte sich der Mensch erweisen, der erst noch überzeugt werden muss, das Lenkrad aus der Hand zu geben. Denn für die Mehrheit der deutschen Führerscheinbesitzer ist der verloren gehende Fahrspaß das größte Problem selbstfahrender Autos.[7] Mit dem Einzug von immer mehr Technologie in die Autos verschiebt sich das Verhältnis zwischen Mensch und Technik: Während der menschliche Fahrer heute in der Regel seine technischen Assistenten bei Bedarf „um Hilfe bittet", interveniert die Technik nur ausnahmsweise selbständig, wobei dem Menschen immer die Möglichkeit bleibt, sich über das automatische Handeln hinwegzusetzen. Bald schon werden die technischen Interventionen häufiger sein und irgendwann wird die Technik keinen Einspruch mehr dulden. Autos werden zu Robotern, sie werden kontinuierlich Daten aus ihrer Umgebung aufnehmen, verarbeiten und sodann selbständig Entscheidungen treffen und Handlungen ausführen. Das autonome Auto der Zukunft wird möglicherweise in Eigenregie unterwegs sein, in Kontakt treten mit anderen unserer Serviceroboter oder selbst über Transportaufgaben hinausgehende Dienste erledigen.

Möglicherweise wird es nicht nur der Verlust des Fahrspaßes sein, sondern auch jener der Kontrolle, der Roboterautos ausbremsen wird. Vor über sechzig Jahren veröffentlichte der Science Fiction Autor Isaac Asimov eine Kurzgeschichte[8] über ein selbstfahrendes Auto namens Sally. Im Jahr 2057 gibt es nur noch „Automatobile", die ohne menschliche

Fahrer auskommen und untereinander kommunizieren können – durch Knallen der Türen, Gehupe oder Motorengeräusche. Sie haben nicht nur Gehirne, sondern auch ihre jeweils eigene Persönlichkeit und Gefühle. Am Ende der Kurzgeschichte steht die Möglichkeit einer Revolution im Raum – Autos könnten ihre Intelligenz gegen Menschen richten, sobald sie erst erkannt haben, dass es Millionen von ihnen auf der Welt gibt und sie allesamt von Menschen versklavt werden. Auch wenn die Autorevolution ein reines Produkt der Science Fiction bleibt, so wird es mit dem Einzug von fahrerlosen Autos doch unumgänglich sein, sich ausgiebig Gedanken zu machen darüber, wie diese beschaffen sein sollten, damit sie auf den Menschen nicht unheimlich wirken, sondern als freundlich akzeptiert werden. Ingenieure werden nicht nur an technischen Raffinessen feilen müssen, sondern das menschliche Bedürfnis nach Kontrolle, Selbstbestimmtheit und Freiheit ins Kalkül ziehen müssen. Vernetzung meint heute nicht mehr nur das Geflecht aus Verkehrswegen, sondern bezieht das Gewebe aus Datennetzwerken und Kommunikationssystemen mit ein. Mit der zunehmenden digitalen Verflechtung der Verkehrsinfrastruktur wird diese angreifbarer und verletzlicher. Zufällige oder absichtlich verursachte Störfälle können zu Dominoeffekten führen, die in ihrer Reichweite die schrecklichsten Auffahrunfälle von heute in den Schatten stellen. Autonome Fahrzeuge werden uns daher erneut an einen Wendepunkt bringen und Straßen und Städte verändern, aber auch einen Wandel unseres gesamten Lebens herbeiführen – ebenso wie es dereinst geschah als Autos aus der Taufe gehoben wurden. Außer Frage steht, dass Fahrzeuge immer intelligenter werden. Wird damit aber auch Auto-Mobilität intelligenter? Autonomes Fahren wirft völlig neue Fragen auf, die über Umweltverträglichkeit und Verkehrssicherheit weit hinausgehen und ins Herz unseres Lebens zielen.

Gerade weil das Auto ein derart affektbesetztes Objekt ist, haben es rationale Mobilitätskonzepte so schwer. Weil das Auto immer schon mehr war als bloßes Transportmittel, nehmen Menschen es in Kauf, Stunden ihres Lebens im Stau zu verbringen. Auch wenn es durch alle Zeiten hinweg an Zukunftsbildern des urbanen Verkehrs nicht mangelte – Fritz Lang ließ in seinem Film „Metropolis" Flugzeuge durch Häuserschluchten fliegen, in Matt Groenings Science-Fiction-Cartoonserie „Futurama" dient eine Art Rohrpost dem Personentransport –, sieht der Verkehr des 21. Jahrhunderts im Wesentlichen immer noch aus wie in den Anfangstagen des Automobils. Und selbst autonome Fahrzeuge werden daran nichts ändern. Gerade selbstfahrende Autos bringen das Kuriose an der Entwicklung auf den Punkt: Man versucht nicht den Stau loszuwerden, stattdessen wird aus der Not eine Tugend gemacht – wenn man schon im Stau steht, soll wenigstens die Zeit nutzbringend verwendet werden. Ihrer Fahraufgaben entledigt, werden Autoinsassen zu Nutzern eines privaten, mobilen Raums, der ganz nach den jeweiligen Bedürfnissen zum Entspannen, Zeitung lesen, Arbeiten oder einfach für ein Nickerchen genutzt werden kann. Künftig wird im Auto mehr Zeit mit Warten denn mit Fahren verbracht. Aber der Stillstand bleibt unbemerkt, denn der automobilen Gesellschaft gilt das Fahrgefühl mehr als die Fortbewegung.

Literatur

[1] Tietenberg, Annette (2010): „Rettet den Verkehr, damit unsere Städte leben können". URL: http://www.stylepark.com/de/news/rettet-den-verkehr-damit-unsere-staedte-leben-koennen/310138. Zugriff: 02.03.2015.
[2] Pidoll, Michael Freiherr von (1912): Der heutige Automobilismus – Ein Protest und Weckruf, Wien, S. 37f.
[3] Fraunholz, Uwe (2002): Motorphobia. Anti-automobiler Protest in Kaiserreich und Weimarer Republik, Göttingen, S. 47.
[4] Vgl. ebenda, S. 47ff.
[5] Bierbaum, Otto Julius (1903): Eine empfindsame Reise im Automobil. Von Berlin nach Sorrent und zurück an den Rhein, München, S. 20.
[6] Sauter-Servaes, Thomas (2011): Technikgeneseleitbilder der Elektromobilität, in: Rammler, Stephan/Wieder, Marc (Hrsg.): Das Elektroauto. Bilder für eine zukünftige Mobilität, Berlin, S. 37.
[7] Ernst & Young (2013): Autonomes Fahren – die Zukunft des Pkw-Marktes?, S. 6. URL: http://www.automobil-produktion.de/uploads/2013/09/ey_studie_autonomesfahren.pdf. Zugriff: 03.03.2015.
[8] Asimov, Isaac (1953): Sally, in: Fantastic Story Magazine, 2. Jg., Heft 3, S. 34-50.

Friedrich Pohlmann

Der mobile Mensch

Geistige Mobilität und Reaktionsvermögen

Nietzsches Diktum vom Menschen als dem „nicht festgestellten Tier" ermöglicht sehr unterschiedliche Lesarten, unter denen die auf die Ausdeutung der menschlichen *Handlungs- und Weltoffenheit* zielende eine besondere Aufmerksamkeit beanspruchen kann. Anthropologisches Kennzeichen des Menschen ist seine exorbitante *Beweglichkeit*, Beweglichkeit seines Körpers, Geistes und seines Handelns im Raum – drei Dimensionen, deren dynamischer Zusammenhang allererst die singuläre Stellung des Menschen im Reiche des Organischen verstehbar macht. Eine der Grundbedingungen der Handlungsoffenheit ist die *ungeheure Variabilität und Differenzierungsfähigkeit der menschlichen Motorik*, die durch die Leistungen von Artisten, Sportlern und Musikern eindrucksvoll demonstrierte Fähigkeit zum Erlernen kompliziertester Willkürbewegungen, eine Beweglichkeit motorischen Könnens, die ihrerseits durch die weitgehende *Instinktentbundenheit* und *organische Unspezialisiertheit* des Menschen ermöglicht wird. Die Instinktentbundenheit erzwingt den *lernenden* Erwerb seiner motorischen Potenzen – die menschliche Motorik ist keine Erb-, sondern eine *Erwerb*motorik –, und wie sehr das der Fall ist, läßt sich am besten an der Ausfaltung motorischen Könnens bei kleinen Kindern beobachten, die zunächst zu den einfachsten Bewegungskoordinationen noch nicht fähig sind. Triebkraft dieser Ausfaltung ist die unersättliche *Neugierde* des Menschen, jene anthropologische Schlüsseldisposition, die das positive Korrelat zur Instinktentbundenheit darstellt und sich in einem erkundenden Verhalten entäußert, das sich auf alle Dimensionen von Welt – die Objektwelt, die soziale Welt und das eigene Selbst – bezieht. Erkunden ist ein einzig vom Ziel, etwas über die jeweiligen Objekte *erfahren* zu wollen, bestimmtes Tun, und das neugierdegeleitete Erkunden ist jener Bereich des Tätig-Seins, in dem sich in der Kindheit – im Ergreifen, Ertasten, Ausprobieren usw. – die motorische *und* geistige Beweglichkeit in engster Wechselwirkung zueinander entwickelt. Aber auch die Entfaltung der Mobilität im engeren Sinn beim Kind, die Fähigkeit zur Ortsveränderung im Raum und zur *Ausweitung seines Aktionsradius*, die Fortschritte beim Robben, Krabbeln und schließlich Gehen, sind wesentlich durch Neugierde – Explorations*lust* – stimuliert. Für die explorierende Ausweitung seines Aktionsradius im Raum ins *Unbekannte* hinein bedarf das Kind zunächst freilich noch des fraglosen Vertrauens in einen sicheren Rückhalt, das an erster Stelle das sorgende Verhalten der Mutter nährt. Als „Hüterin des Hauses" ist sie zugleich das Symbol für die Sehnsucht nach Rückkehr in die Sphäre sicherheitsspendender Immobilität nach den Abenteuern des Ausschreitens in die Welt. Allerdings: Bei „Hänschen Klein", diesem naseweisen Bürschchen mit Spazierstock, wird die Lust auf Erkundung der „weiten Welt" schon auf halbem Wege durch das ihm von der Mutter eingepflanzte schlechte Gewissen – „aber Mama weinet sehr, hat ja nun kein Hänschen mehr" – erstickt: Das weibliche Prinzip der Immobilität – des Hauses und der Sicherheit – demonstriert seine Macht über das männliche der neugierdegeleiteten Mobilität.

Halten wir fest: Wegen seiner weitgehenden Instinktentbundenheit ist der Mensch ein handlungsoffenes Wesen, das sich sein Wissen und motorisches Können erst durch neugierdegeleitete Erkundung seiner Umwelt und seiner selbst erwirbt. Weil handlungsoffen, ist er an kein bestimmtes Biotop gefesselt, sondern kann sich jedes Biotop der Erde so zurichten, dass er in ihm leben kann. Qua Handlungsoffenheit ist der Mensch also *welt*offen, ist er, ganz anders als der instinktdirigierte Zugvogel, zu einer grenzenlos schweifenden Mobilität, zur Wanderschaft ins unbekannte Überall, befähigt – ein konstitutioneller Kosmopolit sozusagen; und qua Neugierde und Not wird er getrieben, alle WeltenRäume – zu Lande, zu und unter Wasser, im Universum – ausmessend zu erkunden und damit seinen geistigen Horizont und sein Reaktionsvermögen, die Mobilität im „Raume" seiner Vorstellung lernend zu erweitern. Unterstreichen wir aber auch noch einmal, dass seine anthropologisch verankerte Mobilitätsbereitschaft den Menschen nur in mythologisch-phantastischen Ausnahmefällen – man denke an Ahasver, den fliegenden Holländer oder Jules Vernes Kapitän Nemo – zum ruhelosen Wanderer macht. Immer, freilich in von Gesellschaft zu Gesellschaft höchst unterschiedlichen Formen und Verhältnissen, wird der reale und geistige Mobilitätsdrang durch seinen anthropologischen Gegenpol, durch den eingefassten, bergenden Raum des „Hauses", das Urprinzip des Weiblichen und Ur-Symbol menschlicher Beheimatung, konterkariert – dem „Hänschen-Klein-Syndrom" konnten sich die Menschen im Laufe ihrer Geschichte niemals ganz entziehen.

Dass Mobilität in Form einer Ausweitung des Aktionsradius ins Unbekannte hinein selbst dann, wenn sie nicht mit systematischer Exploration verbunden ist, wegen der damit verbundenen neuen Erfahrungen den „geistigen Horizont" erweitert und anreichert, ist bekannt: Die Erfahrung des Fremden vermannigfacht gewissermaßen die Anzahl der Seh-Türme im Vorstellungsraum, von denen aus verfremdende Sichtweisen auf das Eigene möglich sind, wirkt also als Movens auch der geistigen Mobilität. Wir werden diesen Zusammenhang später noch historisch konkretisieren. Freilich sind solche „Horizonterweiterungen" ein sich normalerweise voll erst im Nachhinein – nach der Rückkehr aus der Fremde – entfaltendes Langzeitprodukt, und sie werden in manchen Fällen durch Wirkungen der Mobilität auf das Bewußtsein komplettiert, die zunächst als deren gerades Gegenteil erscheinen. Sie entstehen während der Bewegung selbst, und zwar desto ausgeprägter, je gefährlicher und feindlicher das unbekannte Terrain ist, in das eingedrungen wird. Dann zieht sich nämlich der „geistige Horizont" vollkommen zusammen und es entsteht eine Disposition angespanntester Bereitschaft nur für das Hier und Jetzt, in der sich die Zeit in eine – freilich nicht zerstückelte, sondern fließend miteinander verbundene – Folge von Momenten absoluter Gegenwärtigkeit verwandelt. Der Akteur ist „ganz da", von Augenblick zu Augenblick, mit all seiner gebündelten Aufmerksamkeits- und Handlungsenergie. Der für das Gemeinte oft benutzte Begriff der „Geistesgegenwart" ist deshalb nicht ganz treffend, weil er das Moment körperlicher Spannung, das mit diesem Zustand verbunden ist, nicht anspricht. Das neutralere Wort „Präsenz", das die körperliche und geistige Dimension dieses *Da*-Seins gleichermaßen umschließt, ist angemessener. Den psychophysischen Spannungszustand eines Bergsteigers bei der Erstbesteigung einer Steilwand, dessen gesamte Aufmerksamkeitsenergie sich im jeweils nächsten Griff konzentriert, oder des Soldaten im unbekannten Feindesland, den die Allgegenwart von Partisanen zum blitzschnellen Reagieren zwingt, kennzeichnet ebensolche Präsenz.

Präsenz im skizzierten Sinn ist zwar häufig, aber nicht ausschließlich Produkt der ausschreitenden Mobilität ins unbekannt-feindliche Terrain. Es gibt ein interessantes Exempel, bei dem es gerade die massive *künstliche Einschränkung der räumlichen Mobilität* ist, die den Akteuren absolute Präsenz und ein exorbitantes psychophysisches Reaktionsvermögen aufnötigt: die Sportart des Boxens. Dazu ein kleiner Exkurs. Boxen ist, weil mehr als ein Nur-Sport, der extremste Extremsport: Boxen ist kein simulierter oder gespielter, sondern ein wirklicher Kampf, zwar regelgebunden, aber auf eine Bezwingung des Gegners angelegt, die die Verletzung, die Gewalteinwirkung auf seinen Körper anzielt, und Profi-Boxer trainieren auch, im Gegensatz zu Amateuren, auf einen Sieg durch K.O. hin. Die Präsenz, die der spezifische Kampfcharakter des Boxens erfordert, ist keineswegs nur Produkt langwierig-harten körperlichen Trainings. Hinzu kommen, jedenfalls im Profibereich, mentale Konditionierungen, deren Kern die Anstachelung des Siegeswillens durch den aggressionsbündelnden Aufbau eines *Feindschemas* vom Gegner ist. Freilich ist die Stilisierung des Gegners zum Feind ein gänzlich künstlicher Stimulus, der sich mit dem Ende des Kampfes in der erschöpft-innigen Umarmung der Kontrahenten sofort auflöst. Beides, Kampf und Umarmung – auch als „Clinch" während des Kampfes – prägen die gleichermaßen faszinierende wie befremdende Aura homoerotisch getönter Männlichkeit, die dem Boxsport eignet. Dass der Boxkampf wie ein Symbol archetypischer Männlichkeit verstanden sein will, wird auch durch jedes Detail seiner Inszenierung unterstrichen: durch das Einschreiten in die Arena und das Betreten des sich den Zuschauern erhöht darbietenden magischen Areals des Rings, in dem die Kontrahenten erstmals, nach der Entkleidung, in einigen tänzelnden Schritten das einzige Instrument ihres Kampfes, ihren durch diszipliniertes langes Training stark und beweglich gemachten Körper, zeigen. Das Training selbst ist übrigens bei „großen Kämpfern" vor „großen Kämpfen" nicht selten mit einem entsagungsvollen, quasi-mönchischen Rückzug aus der Normalität des Alltags verbunden, der die Lenkung aller Energie nur auf den großen Augenblick, den Kampf, also absolute Präsenz, ermöglichen soll. Boxer müssen im Kampf „ganz da" sein, weil sie im winzigen Ringareal für die gesamte Kampfdauer einander voll konfrontiert sind und als Einzelkämpfer für jeden Fehler selbst und augenblicklich zahlen müssen, so sehr, dass die kleinste Aufmerksamkeitsdiffusion seines Gegners auch dem deutlich Unterlegenen einen sprichwörtlichen „lucky punch" ermöglichen kann. Hinzu kommt, dass das Ethos des Boxers den Imperativ des „Weitermachens" auch nach schweren Treffern einschließt, was eigentlich basalen menschlichen Instinkten zuwiderläuft und in der Boxersprache „Herz zeigen" heißt. Durch den Boxraum zu einer weitgehenden räumlichen Immobilität verurteilt, demonstriert sich die Präsenz im Ring in einer spezifischen, manchmal tänzerisch anmutenden Beweglichkeit, in blitzschnellen, flexiblen Reaktionen, von Augenblick zu Augenblick, in der Ewigkeit der drei Minuten, die eine Runde zählt. Die Schnelligkeit, mit der hier Aktion und Reaktion aufeinander folgt, illustriert treffend das Boxer-Wort, daß einen Schlag zu *sehen* bedeute, ihn *abwehren* zu können: Der gute Boxer bedarf also einer Schnelligkeit, die das Sehvermögen des Auges übertrifft. Für ein derartiges Aktions- und Reaktionsvermögen spielt das Mitbringsel natürlicher Begabungen fraglos eine große Rolle, aber die *Form,* in der dieses sich äußert, ist hochgradig artifiziell: Kein Schlag und keine Schlagkombination und keine Bewegung des Körpers und der Beine beim Angriff und der Verteidigung sind von roher Natürlichkeit, alle sind Produkte ausdauernden artistischen Feinschliffs. Noch einmal aber sei unterstrichen, dass das *Da*-Sein des Boxers im Ring, obwohl sich *nur*-physisch äußernd, ein *psycho*physisches Phänomen ist, das von mentalen Ausrichtungen abhängt, die ein gehöriges Maß sozialer Intelligenz einschließen: Um blitzschnell reagieren zu können, müssen in Sekundenbruchteilen Kampfabsichten des Anderen antizipiert werden, und um diese antizipieren zu können, braucht der Boxer ein Gespür dafür, wie er selbst auf den anderen wirkt. Beides erfordert komplexe Lernleistungen: Der intelligente Boxer „studiert" den Anderen – seinen Stil, seine Eigenheiten – vor und in der Anfangsphase des Kampfes, die deshalb oftmals eher einem gegenseitigen Abtasten ähnelt; und er studiert *sich selbst* – zum Beispiel im Training vor dem Spiegel -, um sich realistisch „mit den Augen" des studierten Anderen wahrnehmen zu können. Nur derartige Lernleistungen ermöglichen jenes flexible Reaktionsvermögen, jene Präsenz, die der Boxer zum Siegen braucht.

Kehren wir nun, nach diesem Abstecher in die kleine Welt des Boxens, wieder zur Mobilität in der großen Welt zurück. Wir wollen das Thema in höchstmöglicher Grundsätzlichkeit angehen und schauen deshalb ganz weit in die Gesellschaftsgeschichte zurück. Zunächst wollen wir die fundamentalen Zäsuren kenntlich machen, durch die sich im Laufe der Geschichte die Formen und das Verhältnis von Mobilität und Immobilität grundlegend wandelten. Dabei sollen fünf Stadien in der Mobilitätsgeschichte unterschieden werden, wobei wir in den Vordergrund immer die Frage stellen, welche Auswirkungen jede der Zäsuren auf den *mentalen Habitus* des Menschen hatte, auf geistige Mobilität im weitesten Sinn. Zuletzt werden dann ausführlich die wichtigsten Mobilitätsmaschinen unserer industriegesellschaftlichen Moderne – Eisenbahn, Auto, Flugzeug und Computer – im Hinblick auf die durch sie geformte Merkmalsstruktur von geistiger Mobilität und Reaktionsvermögen unter die Lupe genommen.

Als *erstes* ist natürlich auf die altsteinzeitliche Jäger- und Sammlerhorde in der langen Frühgeschichte des Menschen mit ihrem immensen Übergewicht der Mobilität über die Immobilität hinzuweisen. Aber bereits hier gab es auch schon ein deutliches „Mehr" an Immobilität bei den Frauen, Kindern und Alten, die bei den männlichen Jagd- und Erkundungszügen in provisorischen Lagern zurückblieben, in Vorformen des Behaust-Seins, als dessen frühestes Symbol in der Menschheitsgeschichte das gezähmte Feuer gelten darf. Im Kreis um die wärmende Feuerstelle haben sich – komplementär zur arbeitsteiligen Kooperation der Männer bei der Großwildjagd – in der frühen Menschheit Zusammengehörigkeitsgefühle und sprachliche Kompetenzen ganz wesentlich gebildet. Mit der Erfindung der Agrikultur im Neolithikum kam es dann zu einer radikalen Änderung: Der Mensch verwandelt sich vom schweifenden Wanderer zum Bewohner eines „Hauses", zum homo domesticus, und zum Produzenten seiner Lebensmittel auf dem „im Schweiße seines Angesichts" urbar gemachten Land um das Haus herum, das sich nun als Polster zwischen ihn und die „wilde" Natur schiebt; er bindet sich also an einen zweifach artifiziell eingefaßten Raum, einen immobilen Besitz, der, in der Generationenfolge weitergereicht, zum Kern ganz neuartiger familialer Strukturen und zum Ursymbol von „Heimat" wird. Haus und Acker sind die Inbegriffe der Seßhaftigkeit und die zentralen Artefakte einer Selbstdomestizierung, in der sich der psychophysische Habitus des Menschen vollkommen umgestaltet: Die Wand, die Grenze des kleinen bergenden Kosmos „Haus" hindert überall am freien Ausschreiten; und die Herdstelle, das Zentrum früher Häuslichkeit, macht ganz neue Selbsterfahrungen der familialen Gruppe als einer *regelmäßig sitzend* kommunizierenden und essenden Einheit möglich. Die Anbindung an Haus und Acker bewirkt eine massive Verengung des visuellen Horizonts im Vergleich zum nomadischen Leben, und die mühsame, disziplinierende Landarbeit mit ihrer zyklischen Periodik macht „Langsamkeit" zu einem Grundmerkmal des mentalen Habitus des Bauern. Zugleich entsteht ein ganz neuer *Horizont der Zeit*, „Langsicht": Um die

Frucht seiner Mühen ernten zu können, muß der Bauer *warten* können, lange warten können – so ist die entfernte Zukunft in allem, was er tut, immer präsent, und zwar als ungewisse, besorgte Zukunft. Die Urhoffnung des Bauern – das „nichts dazwischen kommen möge" – ist der Schlüssel zur Erklärung des sprichwörtlichen bäuerlichen Konservatismus, seiner „weltanschaulichen Immobilität" sozusagen. Nicht vergessen werden darf, dass die größere Sicherheit in punkto Nahrungswerwerb, die die bäuerliche Existenz ermöglichte, immer auch eine Kehrseite hatte: Als Besitzer eines Behälters gehorteter Lebensmittel war der Bauer seit Urzeiten privilegiertes Objekt beutesuchender mobiler Nomaden, aus denen sich in den frühen Städten typischerweise die Krieger rekrutierten. Im biblischen Mythos von Kain und Abel sind die historisch typischen Täter- und Opferrollen vertauscht, denn der Brudermörder Kain war Bauer und Abel der Viehzüchter, aber gerade im Hinblick auf das Mobilitätsthema ist der Mythos in vielerlei Hinsicht interessant. Denn Kain, nach seiner Bluttat von Gott mit dem Kainszeichen gebrandmarkt – einem Zeichen, das ihn zum „outlaw" stempelte, aber gleichzeitig unter Gottes Schutz stellte –, wurde zum ruhelosen Wanderer, einem Vorgänger des ewigen Juden Ahasver, bis er schließlich die Stadt Henoch gründete. So verkörpert Kain gleichzeitig den Archetypus des Ackerbauers, die mythologische Figur des zur ewigen Wanderschaft verdammten Gesetzesbrechers und des Städtegründers.

Der hochkulturelle Städtebau ab dem dritten Jahrtausend vor unserer Zeitrechnung bedeutet auch im Hinblick auf die Mobilitätsthematik eine grundlegende Zäsur. Mit der Stadt entstehen strukturierte Ballungen einer Vielzahl von Häusern auf engstem Raum, die, den neuartigen Sozial- und Herrschaftsstrukturen entsprechend, sich in verschiedene Haustypen – Herrschafts-, Sakral-, Speicher-, Produktions- und Wohnbauten – aufgliedern und von einer monumentalen Stadtmauer eingefaßt werden. Sie bildet eine markante Grenze zwischen dieser neuen steinernen Kunst-Landschaft und dem Natur-Raum und allem Fremden, die zwar Schutz vor feindlichen Angriffen bietet, aber zugleich auch das Weglaufen bei Gefahr verhindert. So ist die Mobilität des Städters durch die Mauern seines Hauses und die Mauern seiner Stadt *zweifach beschränkt* und zugleich in ihren Äußerungsformen durch deren architektonische Struktur und Gesetzeskanon künstlich reguliert. Anders als die räumliche Immobilität des Bauern aber bewirkt diejenige des Städters eine kulturgeschichtlich außerordentliche *Erweiterung geistiger Mobili-*

tät: Die Stadt als Ort verdichteten Zusammenlebens einer Vielzahl ganz *unterschiedlicher Sozialfiguren*, die durch Herrschaft und die Medien des Marktes, Geldes und der Schrift miteinander sozial verknüpft sind, konfrontiert jeden Bewohner alltäglich mit ungewohnten Perspektiven, unter denen diejenigen der manifest Fremden noch einmal herausragen. So kultiviert die Stadt die geistige Beweglichkeit. Zugleich entstehen hier auch neue soziale Typen, die ein jeweils spezifisches Ausschreiten *über die Stadtgrenze* hinweg und damit verbundene Erfahrungsmuster ganz eigenständiger Art verkörpern. Drei stechen besonders hervor: der Fernhändler, der Krieger und der Pilger. Der *Fernhändler* ist ein Produkt expandierenden Markt- und Geldverkehrs, der dem innerstädtischen Handel die Dimension des *zwischen*städtischen hinzufügt. Er bildet durch seine Tätigkeit ein Habitusprofil heraus, das rationale Kalkulation, Offenheit für das Fremde und friedliche Gesinnung miteinander kombiniert. Zum Händler- und besonders Fernhändlerdasein waren geschichtlich immer vornehmlich Menschen disponiert, die „nicht ganz" zur Urbevölkerung gehörten, Zugewanderte, die einen irgendwie gearteten Status des „Draußen- und Fremd-Seins" behielten und gerade deshalb mobiler blieben. Die Juden sind das beste Beispiel für diesen Zusammenhang zwischen Fremdheit, Handel und geistiger Mobilität. Zweite Sozialfigur einer neuartigen Mobilität wurde der trainierte Krieger, in dem sich die unter Bedingungen einer unbekannt-feindlichen Umgebung erforderte Präsenz und blitzschnelle Reaktionsfähigkeit quasi archetypisch verkörpert. Eine spezialistische Militärorganisation, ein *Kriegeradel*, entstand in der Stadt, weil sie als zentrierter Herrschaftsverband Machtinteressen über das Land und andere Städte entwickelte und zugleich als große Schatztruhe auch eine lockende Beute für konkurrierende Herrscher darstellte. In den frühesten städtischen Machtzentren im Vorderen Orient war es die aus der Synthese des Rades, des Ursymbols aller artifiziellen Bewegung, des Eisens und des domestizierten Pferdes hervorgegangene Erfindung des *Streitwagens*, die allererst eine weitausgreifende bewegliche Kriegführung ermöglichte, deren Horror der Prophet Jesaja so beschreibt: „Ihre Pfeile sind scharf und alle ihre Bogen gespannt. Ihrer Rosse Hufe sind wie Felsen und ihre Wagenräder wie Sturmwind. Ihr Brüllen ist wie das der Löwen …" Schließlich der dritte, an die hochkulturelle Stadt geknüpfte Typus des in die Ferne Ausschreitenden, der *Pilger*. Der Pilger ist eine Verkörperung des *langsamen Wanderns*, eines Wanderns hin zu einem „heiligen Ort", dem zu begegnen eine singuläre *Erweiterung des geistigen Horizonts auf das Transzendente* hin bewirken soll, eine über die Niederungen des profanen Alltagslebens weit erhebende Selbstbegegnung. Das Motiv der Pilgerreise ist bereits in einem der frühesten schriftlichen Zeugnisse der Menschheit, im babylonischen Gilgamesch-Epos vorgebildet, findet aber doch wohl erst im Zusammenhang mit den Heilszielen der Weltreligionen seine sinnfälligste Ausgestaltung. Einmal im Leben soll der Muslim den Geburtsort des Propheten, Mekka, besucht haben, und im Christentum wurde oftmals die Pilgerfahrt zur Chiffre für das als lange Wanderschaft zu Gott hin gedeutete Leben: „Denn zu Dir hin hast Du uns geschaffen und unruhig ist unser Herz, bis es ruhet in Dir" schreibt der Kirchenvater Augustinus in seinen „Bekenntnissen".

Eine *vierte* große Zäsur in der Mobilitätsgeschichte des Menschen stellt die europäische Entdeckung und Eroberung der Welt dar, deren Beginn die Entdeckung Amerikas durch Kolumbus im Jahre 1492 symbolisiert. Sie verschob den geistigen Horizont ins Unbestimmt-Unendliche und revolutionierte vollständig das Denken. Erstes Kennzeichen dieser neuzeitlichen Entdeckungsgeschichte war ihre *maritime* Dimension, das große Übergewicht des Reisens zu Wasser über dasjenige zu Lande. „Mobilis in Mobili" („Beweglich im Beweglichen") hatte sich Jules Vernes Kapitän Nemo zum Leitmotto auserkoren – eine Devise, aus der, wie brillant Peter Sloterdijk beschrieben hat, sich alle wesentlichen Aspekte der sich hier formierenden neuartigen Weltbild- und Subjektmuster herausdestillieren lassen. Dreierlei wurde in völligem Gegensatz zur traditionellen Kosmologie evident: Dass die Welt eigentlich nicht „Erde", „terra" genannt werden dürfte, sondern Wasserwelt, weil auf ihr dem gefährlichen nass-beweglichen Element, dem Meer, bei weitem der Vorrang gebührt; dass sie, zweitens, eine umfahrbare Kugel ohne bergende sphärische Außenhülle ist, ein „Globus", auf dessen Rand die Menschen gewissermaßen nur in Nachbarschaft zum „Nichts" existieren – eine Botschaft, die sich jetzt bei Betrachtung jedes Erdglobus, dessen erste Exemplare „Erdäpfel" genannt wurden, aufdrängen mußte; und drittens schließlich begründete sich aufgrund der Dominanz der Westrichtung bei den Entdeckungen das Bild Amerikas als einer „neuen Welt", die zum Bezugspunkt einer vollkommen neuartigen Sichtweise auf das „Abendland" wurde: Letzteres löste sich aus seiner mythisch-metaphysischen Ausrichtung auf den Orient und gewann als „Europa", als „alte Welt" ein radikal anderes geistiges Profil. Diese revolutionären Wandlungen und Weitungen des geistigen Horizonts dürfen freilich nicht vergessen machen, dass die für uns kaum noch nachvollziehbaren Gefahren in der Frühgeschichte der europäischen Welterkundung bei den Akteuren auf den Entdeckungsreisen selbst mentale Ausrichtungen quasi gegenteiliger Art förderten; gewaltsam-künstliche Blickverengungen nur auf das Heute und die Hinfahrt, die die Maxime eines unbeirrbaren *Vorwärts* erzeugten, bei weitestgehender Zurückdrängung aller Gedanken an „Heimat" und Rückfahrt. Die Frühgeschichte der europäischen Weltentdeckung bietet also eine Variante jener Korrelation von Präsenz und Horizonterweiterung, die wir schon einige Male als Kennzeichen alles Eindringens in unbekannt-gefährliches Territorium benannt haben. Als Indiz für die Unbedingtheit, mit der diese präsentistische Blickverengung, dieses *Vorwärts* durchgesetzt wurde, mag der Hinweis genügen, dass Magellan 1520 auf jener Reise, aus der die erste Weltumseglung hervorging, bei Todesstrafe verbot, von Rückkehr zu sprechen. Sloterdijk hat freilich plausibel gemacht, dass dieses bedingungslose *Vorwärts* in einem exorbitant gefährlichen unbekannten Raum, diese Extremform des *Enthaust*-Seins, nur möglich wurde durch die Fähigkeit, bergende Gehäuse des heimatlichen Eigen-Raums quasi mit auf die Reise zu nehmen und sich mittels ihrer Ordnungen des unbekannten Raumes zu bemächtigen – die europäische Globalisierung war ganz wesentlich so etwas wie ein europäischer Raumexport. Außer dem realen bergenden Behälter des Schiffes, das selbst wie eine mobile Quasi-Heimat zu wirken vermochte, waren es vor allem symbolische Behälter – Religion, Sprache, Wissenschaft und Loyalität gegenüber den mutterländischen Fürsten –, die Ordnungssysteme für die geistige und reale Aneignung der entdeckten neuen Welten boten. Entsprechend zerteilt sich die Geschichte der europäischen Globalisierung auch in verschiede Sozialtypen mit ganz divergenten mentalen Habitusmerkmalen, Figuren, die manchmal auch in einer einzigen Person zusammenfinden konnten. Ihre wichtigsten waren der Entdecker, der Eroberer, der Wissenschaftler, der Missionar und schließlich der Überseehändler. Der *Entdecker-Kapitän* verkörpert die Maxime des bedingungslosen Vorwärts, den Primat der Initiative vor allen hemmenden Risikobedenken, die ungebremste Bereitschaft zur geistesgegenwärtigen Bemeisterung jeder neuartig-gefährlichen Situation, Habitusmerkmale, die beim *Eroberer* – man denke an die Konquistadoren – typischerweise mit der Gier nach Reichtümern verschmolzen, die ihrerseits zur extremen Rücksichtslosigkeit gegenüber den fremden Völkern, auf die man stieß, disponierte. Der *Wissenschaftler* fungierte zunächst primär als Ausmesser der neu entdeckten Räume, als Kartograph; er begründete in Form der Landkarte ein zweidimensional homogenisiertes und mathematisiertes kognitives Raumkonstrukt, wurde also zum Schöpfer eines neuartigen, an den Funktionen menschlicher Mobilität orientierten und ihre Gefährdungen mindernden Welt-*Bildes*; eines *Welt*bildes, das freilich durch die Logik seiner Benennungen die entdeckten Räume zugleich als *okkupierte* Räume kennzeichnete, für die europäischen Herrscher, das also strikt *euro*zentrisch ausgerichtet war. Natürlich folgten den Kartographen sehr bald schon andere Wissenschaftler-Typen, Ethnographen und Biologen beispielsweise, die die Lebensweise fremder menschlicher und tierischer Populationen studierten und das neue Wissen mittels des Wissensspeichers des Buches dem europäischen Publikum zugänglich machten. Dass auch ein Charles Darwin seine wichtigsten Ideen über die menschliche Evolution durch Beobachtungen auf seiner Welt-Studienreise an Bord der *Beagle* zwischen 1831 und 1836 erhielt, ist bekannt. So revolutionierte die europäische Entdeckung der Welt vollständig das wissenschaftliche Bild von der Welt. Dem *Geistlichen* waren bei der europäischen Globalisierung zwei Haupt-Rollen zugewiesen: Als Mittler zur Transzendenz bot er den Entdecker-Eroberern mentalen Schutz bei den Gefahren im Unbekannten, und als Missionar europäisierte er den Glauben der unterworfenen Bevölkerungen und gab den neuen Machtverhältnissen eine religiöse Legitimierung. Der *Überseehändler* schließlich trat erst auf den Plan, nachdem Entdeckung, Kartographierung und Beherrschung das Risiko in den Räumen der neuen Welt so weit gemindert hatten, dass sich das Reisen in einen Reise*verkehr* verwandeln konnte. Der Begriff des Verkehrs ist der Inbegriff *reversibler Bewegungen*, unter Bedingungen des Verkehrs ist also der bedingungslose Primat der Hinfahrt, der das Kennzeichen der abenteuernden frühen Entdeckungsreisen war, zugunsten einer *Äquivalenz* von Hin- und Rückfahrt aufgehoben. Diese Äquivalenz machte einen neuen Typus geistiger Mobilität möglich: die *langfristige* rationale Nutzenkalkulation im *abstrakt-quantitativen Medium des Geldes*. Wie der Begriff des Verkehrs die sich immer neu reproduzierende Bewegung des Hin und Zurück zwischen fixierten Orten anspricht, so derjenige des *Kapitals* die Endlosigkeit einer kreisförmigen Bewegung des Geldes, in der es immer wieder, und zwar vermehrt, zum Ausgangspunkt zurückkehrt. Geld-Ware-Mehrgeld … als *endlose Bewegung* – das ist die Oberflächenformel des Kapitals, dessen anachronistischer Gegenpol die *vollständig immobilisierte* Geldform des *Schatzes* ist, der seinen Besitzer allerhöchstens zu Phantasiereisen ins Reich kaufbarer Dinge einlädt. So wurde die endlose Mobilität der Kapitalbewegung zur Triebkraft der endlos-kreisförmigen Mobilität der Bewegung von Waren und Menschen im institutionalisierten Überseehandel, der den Händlern, jedenfalls im Prinzip, eine Langfristkalkulation ihrer Gewinnspannen ermöglichte.

Die *fünfte* große Phase in der Mobilitätsgeschichte des Menschen bezeichnet die *Industriegesellschaft*, als deren *zentraler Motor* in fast allen ihren Phasen das *Kapital* fungierte. Zwar hat man diesen Motor in jenem großen Menschheitsexperiment namens Kommunismus einmal ausgewechselt und durch eine allmächtige Partei zu ersetzen versucht – mit den bekannten katastrophalen Folgen –, und in den großen Kriegen wirkten andere als Kapitalinteressen als Agenten und Beschleuniger der menschlichen Mobilität, aber im Normalfall war es doch das Kapital, das hier die Menschen mobilisierte, und zwar so radikal, dass dabei permanent alles Gewohnte, alles „Ständische und Stehende verdampfte" – wie es in dem unübertroffenen klassischen Text zur neueren Globalisierung, dem „Kommunistischen Manifest" von Karl Marx heißt – und in immer schnellerer Bewegung die Welt zu *einer* Welt zusammenwuchs. Es sind drei Hauptkennzeichen, die die von den Kapitalströmen in der Industriegesellschaft dirigierte menschliche Mobilität charakterisieren: dass nunmehr *erstens* große Menschenmassen, die, so Werner Sombart, „seit Jahrhunderten so fest an ihrer Scholle geklebt hatten wie nur irgendein Bodengewächs", sich vom ländlichen Boden lösen und in unkontrollierten Wanderungsbewegungen den Städten zuströmen – ein Prozeß, den man früher „Urbanisierung" nannte, der aber in der Gegenwart auch jene krebsartig wuchernden Mega-Agglomerationen vornehmlich in unterentwickelten Weltregionen hervorgebracht hat, die den Namen „Stadt" keinesfalls verdienen; dass *zweitens* diese Land-Stadt Wanderungen von Anfang an transnationale und -kontinentale Raumüberwindungen einschlossen, unter denen im 19. Jahrhundert der Aufbruch der europäischen Überschussbevölkerung in die weiten Räume Amerikas die wichtigsten und symbolträchtigsten waren, während heute die Armutspopulationen anderer Kontinente sich Einlass in den dichtbesiedelten Raum Europas und des „Westens" zu verschaffen suchen, in jenen globalisierten „Weltinnenraum" des Kapitals, der lediglich ca. ein Drittel der Weltbevölkerung zusammenschließt; und dass *drittens* die Mobilität in der Industriegesellschaft sich *maschinisiert* und sich dabei in beständig perfektionierten und immer schnelleren und weiter reichenden Maschinentypen vergegenständlicht, bis hin zu den Weltraum-Fahrzeugen unserer Gegenwart. Diese Maschinisierung der Mobilität soll nun im folgenden in ihren Grundmerkmalen und vor allem in ihren Auswirkungen auf den mentalen Habitus – auf die dadurch geformte Merkmalsstruktur von geistiger Mobilität und Reaktionsvermögen – genauer beschrieben werden.

Das erste maschinisierte Artefakt zu Lande war bekanntlich die Eisenbahn, der sich dann an der Wende zum zwanzigsten Jahrhundert das Automobil als Inbegriff des maschinisierten Individualfahrzeugs anschloss. Das maschinengetriebene Schiff folgte fast unmittelbar der Eisenbahn, und es blieb bis Mitte des zwanzigsten Jahrhunderts das wichtigste Fahrzeug im Überseeverkehr, wurde dann aber vom Flugzeug, das zum Massentransportmittel avancierte, abgelöst: Eisenbahn, Auto, Motorschiff und Flugzeug sind die zentralen Verkehrsmaschinen der industriegesellschaftlichen Moderne, lebensstilprägende Menschen-Beweger, deren technische Rationalität auch in jeweils unterschiedlichen Technikmythen Gestalt gewann. Schauen wir zunächst auf die erste dieser Maschinen, die Eisenbahn, die kognitive und emotionale Orientierungen förderte, die in vielerlei Hinsicht für die maschinisierte Mobilität in der Moderne paradigmatisch sind. Die Technologie der Eisenbahn beruht auf einem zweifachen Maschinencharakter: auf einem Antriebsaggregat für mechanische Kraft und auf dem Ensemble von Rad und Schiene, durch das die Energie in Mobilität umgesetzt wird. Dieses Ensemble – das eigentliche Kennzeichen der Eisenbahn – ermöglicht einen vollständig neuen Typus von Mobilität, dessen Idealform die *vollständig begradigte Bewegung* ist. „Vollständig begradigt" ist die Bewegung zum einen, weil die Schiene Bodenunebenheiten und mikrophysikalische Widerstände weitgehend eliminiert; und zum anderen, weil die Schienen „wie mit dem Lineal" durch die Landschaft gelegt wurden und werden, in souveräner Missachtung ihrer natürlichen Formen, ihres „makro-physikalischen Widerstandes" sozusagen, den man mittels Tunnels, Brücken, Erdaushebungen und -aufschüttungen bekämpft. Diese doppelte Begradigung machte die Schiene übrigens auch zum *Vorbild der technisch perfekten Straße*, die bereits Mitte des 19. Jahrhunderts – ich zitiere aus einem damals weitverbreiteten englischen Verkehrs-Lehrbuch – so definiert wurde: „Eine vollkommene Straße müsste glatt, eben, hart und gerade sein" – eine Definition, die Wirklichkeit erst weit später in einem historisch vollkommen neuartigen Typus von Straße wurde, die man eigens für das Automobil herstellte; jenen asphaltierten und betonierten und ebenfalls „wie mit dem Lineal" durch die Landschaft gezogenen Straßen, die sinnigerweise Auto-*Bahnen* genannt wurden: die moderne Straßenbautechnik basiert auf einer Angleichung an die technischen Prinzipien der Schienenwege. Mit der Eisenbahn entstanden Muster der Reiseerfahrung, wie es sie noch nie gegeben hatte; homogenisierte kognitive und emotionale Orientierungen, in denen das Mobilitätserlebnis selbst nur noch wie eine leere Größe existiert und deren wichtigstes Merkmal das *Quasi-Verschwinden des Raumes zugunsten der Zeit* ist, und zwar zugunsten einer vollkommen *abstrakten, mathematisierten* Zeit. Eine im 19. Jahrhundert oftmals gebrauchte Metapher pointiert die neue Reiserfahrung: Die Eisenbahn wird als Projektil beschrieben, das die Reisenden wie Pakete durch die Landschaft schießt – eine Metapher, die ersichtlich vollgültig erst für das moderne Flugerlebnis wird, das das von der Eisenbahn begründete Mobilitätserlebnis idealtypisch perfektioniert. Die Metapher spricht zunächst die *Passivität* des Reisenden an, die Immobilisierung auf seinem Sitz und seine auf Null herabgesetzte Fähigkeit, eigenmächtig reagierend sein Gefahren-Werden zu beeinflussen; sie thematisiert dann die *ungeheure Geschwindigkeit* des neuen Verkehrsmittels – immerhin brachten es die unmittelbaren Nachfolger der ersten Eisenbahn, die ihr Erfinder Stephenson „rocket" (Rakete) genannt hatte, schon auf 60 Stundenkilometer –, und sie deutet zuletzt das neue Raumerlebnis des Eisenbahnreisens an, das in einer weitgehenden Auflösung des *Zwischen*-Raums zwischen dem Ausgangs- und Zielpunkt besteht. Der Zwischen-Raum verflüssigt sich in einem monotonen Reigen auftauchender und verflüchtigender Bilder, die die Wahrnehmung ermüden und zur Abwendung des Blickkontaktes – zum Lesen oder Schlafen – anreizen, so dass der Erfahrungsgewinn durch die Reise gleich Null ist und diese wie ein Aufeinandertreffen isolierter Orte durch einen leeren Raum erscheint. Phileas Fogg, der Held von Jules Vernes „Reise um die Welt in achtzig Tagen" hat deshalb als englischer Snob ganz konsequent alle seine Eisenbahnpassagen mit zugezogenen Vorhängen absolviert. Heinrich Heine hat 1843 die neue Reiseerfahrung auf den Punkt gebracht: „(Unsere) Elementarbegriffe von Raum und Zeit sind schwankend geworden. Durch die Eisenbahnen wird der Raum getötet, und es bleibt nur noch die Zeit übrig". Diese „Tötung" des Zwischen-Raumes vollendet sich beim Fliegen, das den Reisenden fast vollständig von jeglicher Außenwahrnehmung abschließt und ihn wirklich „wie ein Paket" durch den Luft-Raum schießt. Das Fliegen hat zu einer *Raumkompression* geführt, die das „Erlebnis" eines Kontinentalfluges auf die Mitteilung der neutral-abstrakten Zahl der Stunden reduziert, die der Reisende dafür braucht. Übrigens ist diese manchmal sogar geringer als die Zeit, die er im immobilisierten Wartezustand auf den Flughäfen – öden Beton-Schachteln, vollkommen ohne die ästhetische Aura der alten Bahnhöfe des Industriezeitalters – zuzubringen gezwungen ist. Fassen wir zusammen: Das Reisen mit den Mobilitätsmaschinen des Massenverkehrs im pazifizierten „Weltinnenraum des Kapitals", im „Westen", ist ein routinisierter, gänzlich passiver Akt, der weder dem Reaktionsvermögen noch den Körperkräften etwas abverlangt, aber vollkommen homolog zu jener Art geistiger Mobilität ist, die unsere Gesellschaft bestimmt: Zum Denken in der Logik der knappen und ihrerseits in Geldeinheiten bemessenen Zeit, einem Denken, dem die „Umrechnung" allen Handelns mittels der Kriterien einer abstrakten Zeit/Kostenkalkulation zur unhinterfragten Selbstverständlichkeit geworden ist.

Das Reisen mit dem Automobil unterscheidet sich in einigen Merkmalen deutlich von dem gerade skizzierten Typus. Zwei seien, weil in besonderem Maße für die Faszination dieser mobilen Maschine verantwortlich, hervorgehoben. Das Auto wird oftmals keineswegs nur als ein funktionales Transportmittel empfunden, sondern, weil Individualbesitz und mittels eigener Bewegungen bewegt und gesteuert, als ein fahrender Behälter, in dem eine kinästhetische Ausdehnung des gesamten Körpers Gestalt gewinnt; als eine Erweiterung eines quasi-körperlichen Eigenraums bis zur Behältergrenze. Das Gefühl der Leibexpansion wird übrigens auch durch sensorisch-physiologische Eigentümlichkeiten des Autofahrens gefördert, durch den frontalen Blick des Fahrers etwa, der ihn – im Gegensatz zum seitlichen Blick des Zugreisenden – zum Mittelpunkt des Geschehens und Handelns macht, oder durch die unmittelbare Wahrnehmung des selbsterzeugten Beschleunigungsvorgangs in der Körpermitte, im „hohlen Bauch". Es ist evident, dass das Gefühl der Körperexpansion im Eigenraum des Autos zunächst einen Schutz gegen das reale Enthaust-Sein im durchfahrenen fremden Raum darstellt; dass es eine sinnliche Präsenz des Vertrauten im Unvertrauten herstellt, die kein Massenverkehrsmittel bietet und die in den Wohnmobilen eine kleinbürgerlich-anheimelnde Steigerungsform findet. Zweites Grundmerkmal der Faszination des Autofahrens ist die *ganz eigene Anreizstruktur*, die hier das Fahren als solches herstellt; eine Anreizstruktur, die rein funktionale Deutungen des Autos regelmäßig ausblenden und deren Kern das sog. „Flow-Erleben" ist, das angenehm-fließende Zeiterleben, das sich beim Autofahren im Zusammenhang mit einer gewissermaßen „abgesenkten" Reaktionsbereitschaft des Fahrers einstellen kann. Freilich: Das Flow-Erleben, das in den existenzialistischen Auto-Romanen wie Kerouacs *On the Road* und den Road Novels und Road Movies vielfältig verarbeitet wurde, hat zu seinen Grundbedingungen die „freie" Straße oder den gleichmäßig „fließenden" Verkehr, Bedingungen, die bei der modernen Verkehrsdichte eher Ausnahmecharakter haben. Das „stop and go" im Stadtverkehr und die Überholvorgänge auf der Autobahn bewirken viel öfter eine hochgespannte streßauslösende Reaktionsbereitschaft, deren Extremform sich im *Rennfahrer* verkörpert. Der Rennfahrer, fast bewegungslos in den winzigen Sitzbereich seines Gefährts eingezwängt, muß in habitualisierten Kleinstbewegungen seiner Hände und Füße auf ständig wechselnde Gefahrenmomente mittels eines die Grenzen des Normalen weit übersteigenden Reaktionsvermögens antworten, das das konträre Gegenbild zu demjenigen des Boxers darstellt: das Reaktionsvermögen des Boxers, obwohl *psycho*physisch konstituiert, äußert sich *ausschließlich physisch,* während dasjenige des Rennfahrers gewissermaßen „*Nur-Psyche*" ist, Psyche, die sich in winzigen motorischen Impulsen auf die Motorik seines Rennwagens überträgt.

Schaut man auf Grundmerkmale der Lebensform des Menschen in der westlichen Gegenwart, der man ob ihrer hohen Mobilität oft in leicht selbstschmeichelnder Absicht „nomadische" Züge zuspricht, dann fällt zunächst auf, dass der moderne Nomade, der wir angeblich sind, den größten Teil seiner wachen Existenz *sitzend* verbringt, auf standardisierten Stühlen oder Sesseln – eine kulturgeschichtlich höchst ungewöhnliche Existenzform –, und deshalb oft von Rückenproblemen geplagt wird. Der Stuhl ist die wichtigste Stütze seines häuslichen Lebens, und auch bei seinen Ortsveränderungen bewegt er nur wenig seinen Körper, sondern er wird im Auto, Zug oder Flugzeug sitzend bewegt, eine Daseinsform, die ihn allerhöchstens als einen „sitzenden Techno-Nomaden" erscheinen lässt. Seine Reisen haben normalerweise nicht den Charakter nomadischen Vordringens ins Unbekannte und Gefährliche, denn sie spielen sich vornehmlich, auch in ihrer länder- und kontinentübergreifenden Form, im verwestlichten „Weltinnenraum des Kapitals" ab; innerhalb einer pazifizierten, aus standardisierten Elementen zusammengefügten sozio-technischen Superstruktur, in der genuin neue Erfahrungen, die den geistigen Horizont zu erweitern vermögen, selten sind. Ein Symbol dieser eigentümlichen Erfahrungslosigkeit ist das Mobiltelefon, das rhetorische Geistesgegenwart abverlangt und im unvertrauten Irgendwo jederzeit eine vertraute berufliche oder private kommunikative Verbindung garantiert. Nicht selten wird der moderne Techno-Nomade als „Individualist" bezeichnet, was zumindest darin zutrifft, dass er oft alleine wohnt, in wechselnden Miet-Etagenwohnungen, die sein „Zuhause" sind. Ist er ein wirklicher Repräsentant unserer Zeit, dann befindet sich dieses Zuhause in einem Hochhaus, einem geradlinig-scharfkantigen Quader aus übereinandergestellten Schachteln, die jeglichen Bezuges auf anthropomorphe Formen entbehren und in allen Orten im globalisierten Weltinnenraum gleich sind. In seiner Schachtel aber kann er ein sowohl autarkes und von körperlicher Bewegung befreites als auch hochvergesellschaftetes und hochmobiles Dasein leben, weil ihre technische Mikrostruktur an technische Makrostrukturen angeschlossen ist, deren ausgedehnteste das elektronische globale „Netz" bildet. In diesem Netz hat die moderne Raumkompression eine nicht mehr steigerungsfähige Form erlangt. Vor seinem Bildschirm sitzend, kann der moderne Nomade nun mittels winzigster Fingerbewegungen „Datenautobahnen" rasend durchfahren, in Sekundenbruchteilen von einem Orte dieser virtuellen Welt in einen anderen fliegen, kann „surfend" ins Terrain unbekannter Informationen eindringen, sich mit Nachrichten über das augenblickliche Weltgeschehen – politische, militärische oder sportliche Ereignisse – versorgen, kann Banküberweisungen tätigen und Warenbestellungen aufgeben. Alles das zusammen wird als „virtuelle Mobilität" bezeichnet, die ein primär visuell-kognitives Phänomen ist und mit einer merkwürdigen Erfahrungslosigkeit verbunden ist. Denn das, was durch Fingerklick im Internet sofort verfügbar wird, sind isolierte Informationsfragmente, im Hinblick auf Verwertbarkeit dargeboten und im Hinblick auf aktuelle Verwertbarkeit im Modus des „Überfliegens" angeeignet. So befördert die virtuelle Mobilität eine geistige Mobilität, die dreierlei miteinander kombiniert: Schnelligkeit, Fixierung auf Verwertungsfähigkeit und Kontextlosigkeit. Das inhaltsleere Modewort des modernen Bildungsmanagements, die „Flexibilität", zielt genau auf diesen Typus geistiger Mobilität. Erwähnen wir noch zuletzt, welche Reise des modernen Techno-Nomaden *liebste* Reise ist: die Urlaubsreise. Von ihr gibt es unterschiedliche Varianten, von denen nur kurz das Zentralmerkmal der von der modernen Tourismusbranche offerierten angesprochen werden soll. Es ist dieses die Grundmaxime des Fordismus „Normung, Montage und Serienfertigung", wie bereits 1958 Hans Magnus Enzensberger treffend schrieb. Es ist ein Irrtum zu meinen, in den modernen Offerten namens „Individualreise", die immer stärker nachgefragt werden, sei diese Grundmaxime aufgehoben: Tatsächlich werden in derartigen Angeboten die standardisierten Ferien-Teile, die Module, nur etwas vermehrt und anders zusammengesetzt als bei den Billigangeboten, und wenn sich unter diesen Modulen auch ein „Abenteuer-Modul" befindet, dann kann der moderne Ferienreisende vielleicht einen Hauch jenes Lebensgefühls erahnen, den in früheren Epochen das Vordringen ins Unbekannt-Gefährliche vermittelte.

Erfahrungsgewinn und Weitung des Horizonts, also ein Begriff von „geistiger Mobilität", der wirklich diesen Namen verdient, scheint unter den Bedingungen moderner Mobilitätsmaschinen eine bewußte Distanz zu allen *schnellen* Transport-Medien vorauszusetzen, eine Haltung, die eine kontrollierte und primär funktional orientierte Nutzung derselben ermöglicht. Nur auf *langen und mühsamen* Wegen – auch in der eigenen örtlichen Umgebung – wird man wirklich des Fremden gewahr, sie waren es immer, die die Preise für den Zugang zu ihm hoch hielten. Das gilt genauso für das lebenslange Reisen durch die Welt geistiger Güter, das zur „Bildung" führt, die etwas anderes als „Information" ist und allein durch Nutzung des Internet nicht erworben werden kann. Beide Aspekte der persönlichkeitsformenden Wirkungen realen und geistigen Reisens sind zusammengefasst im Sinnbild der Pilgerreise, des Archetypus des langsamen Wanderns. Wer aber unter den Bedingungen unserer entkörperten Existenz auch seinen Körper und sein Reaktionsvermögen schulen will, dem sei das Boxen empfohlen, das in einzigartiger psychophysischer Weise zwei Personen einander konfrontiert. Das Boxen und die Pilgerreise sind fundamentale *Gegenbilder* gegen jenen Typus geistiger Mobilität in unserer Gesellschaft, den die schnellen Maschinen geformt haben.

Gernot Böhme

Invasive Technisierung

1. Einleitung

Wenn ich in mein Auto steige, weht mich immer wieder der Gedanke an, zu welcher Vollkommenheit doch dieses Gerät entwickelt wurde, während der Mensch, als ephemeres, emotional geschütteltes Selbst und bei eingeschränkter Intelligenz doch immer derselbe geblieben ist. Dieser Eindruck drängt sich schon im Blick auf die eigene Lebensspanne auf. Er verstärkt sich aber noch durch den Vergleich von Technikgeschichte auf der einen Seite und kultureller, sozialer und politischer Geschichte auf der anderen Seite: Ein Fortschritt ist bei Letzteren nicht festzustellen, vielmehr Rückschritte, Wiederholungen, Zerstörungen. Die Technikgeschichte scheint als einzige Dimension menschlicher Entwicklung übrig zu bleiben, in Bezug auf die man mit Fug und Recht von Fortschritt reden kann.[1]

Folglich, so scheint es mir, muss man sich die Technikgeschichte zum Vorbild und Paradigma von Entwicklung für die anderen Dimensionen menschlicher Existenz nehmen – wie das ja gegenwärtig mit dem Begriff des *human* enhancement geschieht. Auf der anderen Seite darf man nicht übersehen, dass Technikgeschichte und die anderen Dimensionen menschlicher Entwicklung nicht unabhängige Parameter sind. Vielmehr ist, was an menschlichem Leben heute möglich ist, durch die Technik als Medium oder Rahmenbedingung bestimmt: Wir leben in der technischen Zivilisation. Was das für uns heute bedeutet, gilt es zu bestimmen. Zwar kann man die Geschichte des Menschen, soweit sie sich kulturgeschichtlich zurückverfolgen lässt, als die Geschichte des Homo Faber oder auch des werkzeuggebrauchenden Tieres beschreiben, doch ist in den letzten beiden Jahrhunderten eine Verschärfung in der Beziehung von Mensch und Technik eingetreten, nach der man die Technik nicht mehr nur als Werkzeug betrachten kann, vielmehr Anlass hat, von einer Technisierung des menschlichen Lebens zu sprechen und dies genauer im Blick auf die Medizintechnik als invasive Technisierung: Die Technik ist, sagt man, uns auf den Leib gerückt.

2. Begriffsbestimmung: invasive Technisierung

Den Begriff der invasiven Technisierung habe ich ursprünglich bereits im Blick auf medizinische Technologie geprägt.[2] So sind ein Fall von Herztransplantation und ein Fall von Tiefenstimulation im Gehirn in meinem gleichnamigen Buch die Hauptbeispiele. Von der Wortgeschichte des Terminus *invasiv*, der auf das lateinische Wort *invadere* = eindringen zurückgeht und der im gegenwärtigen Verständnis durch die Konnotation zu *Invasion* ein gewalttätiges Eindringen bezeichnet, sind nichtinvasive Technologien in der Medizin solche, die weitgehend auf Schnitte und Eröffnungen des Leibes verzichten und die organischen Prozesse soweit wie möglich ungestört lassen. Im Verhältnis zu einer Bypass-Operation mit Öffnung des Brustkorbs, Freilegung des Herzens und gegebenenfalls vorübergehender Substitution des Herzens durch eine Herzlungenmaschine, ist das Setzen eines Stents mithilfe eines Katheters natürlich *minimalinvasiv*. In Richtung solcher minimalinvasiven Verfahren geht die gegenwärtige Entwicklung medizinischer Technologien. Durch die fortschreitende Miniaturisierung der Geräte und Sonden, durch die bildgebenden Verfahren, durch die elektronische Datenverarbeitung und durch die mögliche Kontrolle des Geschehens am Monitor können mehr und mehr gewaltsame Eingriffe in den Organismus vermieden werden. Es klingt deshalb zunächst paradox, wenn ich die Entwicklung der Technologie in den letzten zweihundert Jahren im Bezug auf den Menschen als *invasive Technisierung* bezeichne. Offenbar ist in diesem Zusammenhang mit *invasiv* etwas anderes als das gewaltsame Eindringen gemeint.

Gleichwohl geht es um ein Eindringen. Ich habe bereits darauf hingewiesen, dass die anthropologische Bedeutung von Technik bis weitgehend im 19. Jh. durch den Begriff des Homo Faber, des werkzeuggebrauchenden Menschen gedacht wurde. Ein Werkzeug ist ein Gerät, mithilfe dessen menschliche Zwecke und Absichten leichter, genauer und effektiver erreicht werden. Dabei wird unterstellt, dass die menschlichen Lebensvollzüge und seine Absichten dem Gebrauch des technischen Werkzeugs vorausgehen und von diesem unabhängig sind: Ich trinke aus der hohlen Hand oder mithilfe einer Tasse; ich bewege mich von einem Ort zum andern, indem ich laufe oder mithilfe eines Fahrrades. Es scheint, dass seit geraumer Zeit dieses Verständnis von Technik als Werkzeug unzureichend geworden ist. Wir können oder wir müssen von invasiver Technisierung sprechen, wenn das technische Gerät oder die technische Einrichtung die Lebensformen des Menschen und seine Absichten nicht mehr unberührt lassen. Vielmehr sind menschliche Lebensvollzüge und das, was er damit beabsichtigt, heute weitgehend durch die technischen Medien und die technischen Rahmenbedingungen des Lebens bestimmt. So ist beispielsweise menschliche Kommunikation, die sich in technischen Medien abspielt, nicht einfach eine verbesserte Face-to-face-Kommunikation. So wird zunehmend, was Wahrnehmung ist, durch den Gebrauch technischer Instrumente und Medien bestimmt. Man kann sogar sagen, dass der Wandel bereits durch den Gebrauch von Brillen, Mikroskop und Teleskop eingeleitet wurde. Damit wurde nämlich das Scharfsehen zur bestimmenden Norm für das, was Sehen überhaupt ist. Sehr schön kann man diesen Übergang von Technik als Hilfsmittel zu Technik als Medium oder Dispositiv, also als das, was den menschlichen Lebensvollzug definiert, am Fall des Thermometers sehen. Wurde das Thermometer im 17. Jh. als ein Hilfsmittel entworfen, mit dem man die menschliche Wärmeerfahrung genauer und objektiver erfassen wollte, so wird heute, was warm oder kalt ist, durch Thermometergrade bestimmt und der menschliche Wärmesinn wurde dann als ein mehr oder weniger guter Zugang zu dem, was Wärme ist, verstanden.[3] In geradezu grotesker Form wird dieser Punkt artikuliert, wenn in Wettervorhersagen ein Unterschied angegeben wird zwischen der Temperatur und der „gefühlten" Temperatur.

Das waren natürlich Beispiele, die historisch weit zurückliegen und deren Wirkung heute selbstverständlich ist. In beiden Beispielen ist die genannte Technologie doch noch im Wesentlichen Werkzeug. Das wird aber anders etwa seit der Entwicklung der Eisenbahn, also einer Struktur gesellschaftlicher Beziehungen, und es ist nun heute definitiv anders mit dem Internet. Das Internet mag ursprünglich auch einem bestimmten Zwecke gedient haben, heute aber ist es einfach als ein Medium da, für das immer neue Zwecke gesucht und gefunden werden. So mag es ursprünglich dem Nachrichtenaustausch gedient haben, heute ist es ein Speicher für alles mögliche menschliche Wissen – freilich in Form von Information. Es ist ein Medium gesellschaftlichen Handelns, beispielsweise als „Öffentlichkeit", aber eben auch ein Medium gesellschaftlicher Steuerung, und das umso mehr, als man heute jedermann zwingt, ein „Anschluss" zu sein, um überhaupt der Gesellschaft anzugehören. Das bedeutet, dass bestimmte Technologien heute nicht mehr für vorausdefinierte Zwecke und Absichten entworfen werden, sondern umgekehrt als Medium den Rahmen dafür abgeben, überhaupt erst bestimmte Zwecke zu setzen und Absichten zu entwickeln. Mit dem Philosophen Michel Foucault kann man auch von Technik als einem *Dispositiv* sprechen[4]: Die Technik ermöglicht menschliche Verhaltensweisen, und zwar durchaus auch neue. Sie schränkt sie aber auf der anderen Seite auch ein, indem deren Ausbildung auf eben diese Technik als Medium angewiesen bleibt.

In summa können wir sagen, dass Technologien heute nicht mehr nur Werkzeuge zur effizienteren Verrichtung menschlicher Verhaltensweisen sind, sondern in diese *eindringen* und sie in dem, was sie sind, bestimmen. Diese Verhältnisse müssen wir nun genauer mit einem Blick auf die medizinische Technologie beschreiben.

3. Veränderung der Medizin durch Technisierung

3. a) Reproduktionsmedizin

Ich habe in einer älteren Studie[5] gezeigt, wie sich das Wissen um Geburtshilfe durch die Klinisierung der Geburt und die Unterordnung der Hebammen unter die Gynäkologen verändert hat. Damit war bereits eine Änderung der sozialen Stellung der Hebammen verbunden, aber auch ihres Wissenstyps und ihrer Ausbildung. War ursprünglich eine Hebamme eine ältere, erfahrene Frau – lange wurde sogar vorausgesetzt, dass sie selbst geboren haben müsse, – ihr Wissen also Erfahrungswissen war und die Geburt für sie ein natürlicher Vorgang – der Arzt wurde nur im Fall von Komplikation hinzugezogen, so wurde die Hebamme Schritt für Schritt zu einer technischen Assistentin des Gynäkologen. Damit veränderte sich auch die Sicht auf den Geburtsvorgang selbst, er wurde nun als ein naturwissenschaftlich erkannter und steuerbarer Prozess gesehen. Diese Sicht hatte wohl verfrüht, aber damals auch an den Interessen der Frauen vorbei, zur Idee der *programmierten Geburt* geführt. Heute sehen wir diese Entwicklung durch den weltweiten Vormarsch der nichtindizierten Geburt durch Kaiserschnitt[6] wieder aufgenommen. Diese Sicht auf den Vorgang menschlicher Fortpflanzung ist treffend von Goethe in seinem *Faust* in der Szene, in der „ein Mensch gemacht" wird, vorweggenommen. Er lässt den Wissenschaftler Wagner sagen:

> „Behüte Gott! wie sonst das Zeugen Mode war,
> Erklären wir für eitel Possen ...
> So muss der Mensch mit seinen großen Gaben
> Doch künftig höhern, höhern Ursprung haben."
> (Faust 1, 6839 f. und 6846 f.)

Entsprechend begegnet man der durch Lebensformen und biografische Entwicklung sinkenden Fertilität in der Bevölkerung durch Fertilisation in vitro.

Durch diese Entwicklung der Reproduktionsmedizin hat sich das Bild, was die Fortpflanzung des Menschen eigentlich ist, in den Institutionen, aber auch in der Öffentlichkeit weitgehend verändert. Aber auch, was dieser Vorgang für die einzelnen Frauen, also die Schwangeren und nachher die Gebärenden ist, wurde dadurch mit betroffen. Zwar sind sie auch heute noch weitgehend und immer überraschend, aber auch erschreckend mit ihrer eigenen Natürlichkeit konfrontiert, doch dies mehr und mehr in distanzierter Form. So hat die Medizinhistorikerin Barbara Duden in ihrem Buch *Der Frauenleib als öffentlicher Ort*[7] darauf hingewiesen, dass Frauen heute mit ihrem Kind nicht primär durch dessen Regungen, also das leibliche Spüren, bekannt werden, sondern schon früher und primär über Sehen, nämlich vermittels des sonografisch produzierten Bildes des Kindes. Abschließend sollte man bei diesem Punkt erwähnen, dass die Reproduktionsmedizin insbesondere in der Form der pränatalen Diagnostik das Kinderbekommen immer mehr von einem Geschehen zu einem Machen werden lässt. Dasselbe gilt natürlich auch für die Zeugung auf „natürlichem Wege", insofern sie sich in der Regel nur noch in der Lücke der Verhütung vollziehen kann.

3. b) Technik als Dispositiv

Wir haben mit der Reproduktionsmedizin ein erstes Beispiel dafür, wie das wissenschaftliche Wissen in diesem Bereich und die daraus folgende Technologie und Praxis bestimmen, was dieser Bereich überhaupt ist. Menschliche Reproduktion vollzieht sich im Rahmen und unter den Einschränkungen, die durch die Reproduktionsmedizin gesetzt sind. Dies gilt auch für die Begegnung von Arzt und Patient.

Diese Begegnung findet immer schon in einem technischen Setting statt. Damit soll nicht nur gesagt sein, dass das Sprechzimmer zu einer Art Labor geworden ist, sondern vielmehr noch, dass das allererste, was der Arzt beim Erscheinen des Patienten tut, ist, in seinen PC zu blicken. Das bedeutet nicht nur, dass wegen der Sogkraft des Bildschirms der Arzt häufig in der Sprechstunde den Patienten kaum direkt anschaut, sondern dass auch der Patient ihm weitgehend über seine medizinischen Daten erscheint. Natürlich ist der Arzt von den Versicherungen her gezwungen, die Befindlichkeiten des Patienten in abrechenbare Kategorien zu fassen[8], wie er auch gezwungen ist – durchaus auch wegen der Erwartung des Patienten – sein ärztliches Handeln in *Verschreibungen* zu fassen. Auch dazu muss er wieder in den PC blicken, um aus der jedes menschliche Maß übersteigenden Zahl von Medikamenten, das, nach den von ihm festgelegten Kategorien, Richtige durch Suchfunktionen zu finden. Man sieht auch hier, wie das, was sich zwischen Arzt und Patient abspielt, durch die technischen Rahmenbedingungen ihres Zusammentreffens bestimmt wird. Dass die Bedeutung des ärztlichen Erfahrungswissens dabei geringer wird und dass der Arzt seine intuitiven Fähigkeiten zur Diagnostik im persönlichen Gespräch mit dem Patienten verliert oder gar nicht erst entwickelt, ist zu vermuten. Kein Wunder, wenn heute ein Trend zur Telemedizin besteht und sogar mit Hinweisen auf die Ärzteknappheit gefördert wird.[9]

Wenn der Patient durch diese technischen Rahmenbedingungen der Sprechstunde mehr und mehr für den Arzt zum Datenbündel wird, so auch für sich selbst. Auch bei einer geringen hypochondrischen Veranlagung neigen Patienten heute dazu, sich Geräte anzuschaffen, durch die sie ihr *Befinden*, also genauer den Pegel verschiedener Parameter ihres Körpers ständig kontrollieren. Die Industrie für medizinische Geräte kommt dem entgegen, indem sie handliche tragbare Messgeräte entwickelt, mithilfe derer der Patient seinen Zustand, sei es beim Spazierengehen, sei es beim Jogging und bei einer Bergtour ständig im Blick hat.

Dieses technisch vermittelte Biofeedback legt den Menschen nahe, dass, was sie von sich erwarten können an Leistung und Produktivität etc., in Abhängigkeit von dem Datensatz zu sehen, der ihnen ihren inneren Zustand in Abhängigkeit von ihrem Blutdruck, ihrem Hormonspiegel und dergleichen präsentiert. Das legt natürlich nahe, mögliche Steigerung und Ausdauer ihrer Leistung nicht etwa durch Bewusstseinsübungen und Meditation anzustreben, sondern durch Produkte, die ihre Daten verbessern. Das ist ein Teil dessen, was man heute *Enhancement* nennt. Auch das ein Beispiel, wie sich auf der Basis der vorhandenen medizinischen Technologie und hier auch der Pharmakologie, das menschliche Selbstverständnis und folglich auch das Verhalten gegen sich selbst verändert.

3. c) Invasive Technisierung

Ich komme nun zu den Beispielen invasiver Technisierung im engeren Sinne, nämlich durch medizinische Technologie, die in den menschlichen Leib eindringt und dann als ein Stück seines Körpers seine Lebensvollzüge verändert und auf Dauer bestimmt. Im weiteren Sinne spreche ich auch dort von invasiver Technisierung, wo die Technik in die menschlichen Verhaltensweisen, also sagen wir die Kommunikation oder, wie am Beispiel gezeigt, in den Fortpflanzungsprozess eindringt. Invasive Technisierung im engeren Sinne ist eine solche, wo die Technik dem Menschen „auf den Leib rückt". Ein Beispiel dafür ist der Herzschrittmacher. Natürlich könnte man den auch einfach als Prothese ansehen wie etwa die künstliche Herzklappe. Bei den Prothesen hat man es im Grunde noch mit einer Technologie zu tun, die als Werkzeug zu verstehen ist. Der Technikphilosoph Ernst Kapp[10] hatte ja Ende des 19. Jh. versucht, alle Technologien als „Organprojektionen" zu verstehen, nämlich mit der Behauptung, die Technik sei nichts weiter als eine Veräußerlichung von Funktionen des menschlichen Körpers. Von dieser Auffassung her legt sich ein Verständnis nahe, das darüber hinausgeht, aber trotzdem im Modell des Instruments bleibt, nämlich, dass Technik Organverlängerung und schließlich Organersatz sei. Damit wären wir bei den Prothesen.

Was nun den Herzschrittmacher angeht, so kann ich das Besondere dieser Technologie durch eine Anekdote erläutern. Ich hatte mal Gelegenheit, den, oder besser einen der Erfinder des Herzschrittmachers zu sprechen. Gegen seine These, dass Herzschrittmacher nur eine Art Organersatz sei, wendete ich ein, dass die Herzfrequenz auch von den Emotionen abhänge. So schlage das Herz schneller, wenn man frisch verliebt sei. Darauf antwortete dieser Ingenieur, der übrigens den Titel *Treasure of Mankind* trug – und wohl auch verdiente –, man könnte ja die vom Herzschrittmacher vorgegebene Frequenz auch von außen regeln – er arbeite daran. Technisch gesehen eine passende Antwort, aber menschlich gesehen paradox: Die Person, der der Herzschrittmacher implantiert ist, regelt ihre Organtätigkeit, nämlich die Herzfrequenz ganz *cool* so ein, dass sie ihrem emotionalen Zustand entspricht.

Das bringt mich zu einem zweiten Beispiel, nämlich einem Fall von Hirnstimulation zur Bewältigung von Parkinsonsymptomen. Ich brauche hier nicht ausführlich zu sein, weil der Fall genauer in meinem Buch *Invasive Technisierung* beschrieben ist. In diesem Fall, dem Fall des Soziologen Helmut Dubiel, ist die Implantation und anschließende Gehirnstimulation nicht so günstig verlaufen, wie man das inzwischen von vielen Fällen her kennt. Vielmehr stellte sich heraus, dass, wenn die Parkinsonsymptome durch Gehirnstimulation bei ihm unterdrückt wurden, er nicht mehr sprechen konnte. Deshalb schlugen ihm die Ärzte vor, durch einen von außen zu betätigenden Schalter die Stimulation abzuschalten. In diesem Zustand konnte er sprechen und seine Tätigkeit als Vortragender oder lehrender Professor ausüben, nicht aber laufen oder stehen. Wenn er dann wieder den Hebel umlegte, konnte er stehen und gehen, nicht aber sprechen. Man fragt sich jedoch, wer dieses „er" überhaupt ist. Dubiel ist durch diese Möglichkeit des Umschaltens offenbar explizit zur rein intellektuellen oder geistigen Person geworden bzw. sein Organismus zum so oder so funktionalen Körperding[11].

Der zweite Fall, den ich im Buch *Invasive Technisierung* bespreche, ist der des Philosophen Jean-Luc Nancy, der Fall einer Herztransplantation. Dieser Fall ist in zweierlei Hinsicht ein besonderer. Einerseits wegen der Tatsache, dass Nancy immer noch lebt, obgleich die Transplantation ja wohl Anfang der 90er Jahre durchgeführt wurde. Diese erstaunliche Tatsache muss man daran messen, dass der Patient nach einer Herztransplantation durchschnittlich nur mit einer Überlebensdauer von fünf Jahren rechnen kann[12]. Das andere Besondere an diesem Fall ist, dass Nancy über seine Leiden durch die Herztransplantation in einem Buch sehr aufrichtig berichtet hat, aber gleichzeitig in diesem Buch geradezu triumphierend, was mit ihm geschehen ist, als einen Fortschritt der Menschheit feiert.[13] Seine Leiden sind nicht bloß durch die Immunsuppressiva bestimmt und die daraus folgenden Sekundärkrankheiten, sondern vor allem durch eine tiefgehende Entfremdungserfahrung. Ich zitiere dafür nur ein einziges Zeugnis. Schon bei der Ankündigung der Transplantation wegen Herzmuskelschwäche notiert Nancy:

„Mir war von diesem Herzen ganz schlecht, wie von einem
ungeeigneten Nahrungsstück. Eine Art Ekel, aber sanft.
Ein sanftes Gleiten trennte mich von mir selbst." (aaO S. 13 f.)[14]

Nun das andere Zitat, in dem er quasi Nietzscheanisch seinen Zustand als einen Vorläufer des Übermenschen ansieht:

„Gemeinsam mit den immer zahlreicher werdenden ähnlich Betroffenen bin ich, sind wir tatsächlich die Anfänge einer Mutation. Der Mensch beginnt (erneut) damit, den Menschen unendlich zu übersteigen..." (aaO S. 48)[15]

Man hat auch bei anderen Transplantationen, beispielsweise der Niere oder der Leber, psychosomatische Nebenwirkungen[16] dokumentieren können. Den Abstoßungsreaktionen des eigenen Körpers gegenüber dem fremden Organ entsprechen offenbar auch Probleme in der seelischen, oder sagen wir besser in der leiblichen Akzeptanz. Diese vollzieht sich sichtlich nicht so einfach durch Embodiment, wie etwa in Bezug auf ein Gebiss. Hier merkt der Patient nach einiger Weile nicht mehr, dass er mit *falschen Zähnen* kaut.

Was wir aus den Berichten entnehmen können, ist, dass Organtransplantationen zu tiefgreifenden Entfremdungserfahrungen führen können. Durch den medizinisch-technischen Akt der Transplantation macht sich der Mensch selbst zum kartesischen Menschen, nämlich zu einer Zweiheit der „Substanzen" res cogitans und res extensa, einer Zweiheit von ich denke und ich bin ein ausgedehnter Gegenstand, eine Maschine. In der Selbsterfahrung lassen sich – zumindest in den zitierten Beispielen – die beiden Seiten nicht mehr zur leiblichen Einheit integrieren.

So kann man leben. Aber will man das? Damit haben wir eine Frage gestellt, die zu den ethischen Konsequenzen der invasiven Technisierung überleitet.

4. Ethische Konsequenzen

Wir wollen jetzt nicht die einzelnen Fälle invasiver Technisierung in Bezug auf ihre ethischen Konsequenzen durchgehen, zumal dazu inzwischen genügend geschrieben worden ist. Es scheint mir wichtiger, grundsätzliche Unterscheidungen anzuführen, von denen her der bisherige Diskurs medizinethischer oder bioethischer Art unzureichend erscheint. Die wichtigste Unterscheidung, die gewöhnlich nicht gemacht wird, ergibt sich aus der Frage, ob man eigentlich eine Ethik für die Ärzte oder eine Ethik für die Patienten machen will. Dieser Unterschied ist gravierend. In der Ethik für Ärzte entwirft man Handlungsregeln nicht für die einzelne Person, also den einzelnen Arzt, sondern vielmehr für eine ganze Profession. Auf diesem Feld muss argumentiert werden und einzuführende Handlungsregeln müssen von höheren Prinzipien her gerechtfertigt werden. Beim einzelnen Menschen geht es – im Unterschied zum kategorischen Imperativ – jedoch nicht um allgemeine Regeln, vielmehr darum, dass der Einzelne für seine Entscheidung, also insbesondere in Ausübung seiner Rolle als mündiger Patient, herausfinden muss, was zu ihm passt.[17]

Nun also zunächst zur Medizinethik als einem Regelsystem für die Profession der im medizinischen Bereich Tätigen. Ich habe gesagt, dass in der Auseinandersetzung über entsprechende Verhaltensregeln hier Argumentationen, d.h. also eine Diskursethik notwendig sei. Das ist aber keineswegs generell der Fall. Vielmehr werden die meisten Entscheidungssituationen, vor die sich ein Arzt gestellt sieht, durch das *Übliche*, also den hippokratischen Eid und weitere medizinische Verhaltenskodizes und schließlich durch gesetzliche Regelungen bestimmt. Daraus folgt, dass der einzelne Arzt in alltäglichen Situationen keineswegs sein Handeln ethisch begründen muss – das wäre auch sehr ineffektiv -, er tut einfach, was üblich ist. Wir haben eine ähnliche Situation beispielsweise bei Ingenieuren, deren Handeln im Alltag durch den „Stand der Technik", durch DIN-Normen etc. bestimmt ist. Daraus folgt, dass im Bereich ärztlichen Handelns ethische Begründungen eher selten sind. Sie beziehen sich einerseits auf solche, vor allem durch den Fortschritt der medizinischen Technologie bestimmten Situationen, die noch keine konsensuelle Regelung erfahren haben und sie beziehen sich andererseits darauf, dass der einzelne Arzt sich gelegentlich dafür entscheidet, in seinem Handeln von dem Üblichen abzuweichen. Das sind Situationen, die ich im Unterschied zur Alltagsroutine als ernst bezeichnen würde und in denen es hier im engeren Sinne um Moral geht.[18] Ich möchte zur Verdeutlichung ein negatives und ein positives Beispiel bringen. Das Negative entnehme ich einem Anschreiben eines Studenten an mich, der im Zuge seiner Magisterarbeit die Frage bearbeiten sollte, ob geklonten Menschen Menschenwürde zukomme. Ich habe diese Frage schlechthin abgewiesen, weil das Klonen von Menschen weltweit verboten ist. Leider sind solche Fragestellungen in der professionellen Ethik nicht selten. Man behandelt dort häufig ethische Fragen völlig außerhalb des sozialen, politischen und rechtlichen Kontextes. Das andere Beispiel ist das Beispiel von Ärzten, die entgegen dem gegenwärtig gültigen Konsens und der gegenwärtigen Rechtslage einzelnen Patienten ärztliche Hilfe bei ihrem Suizid haben zukommen lassen. Das ist natürlich genau genommen eine Straftat, doch wir können sagen, dass wir hier eine Situation haben, die aufgrund der Entwicklung medizinischer Technologie – insbesondere aufgrund der technischen Möglichkeiten der Lebensverlängerung – noch keine hinreichende Regelung erfahren hat. Entsprechend sind auch die meisten Ärzte, die in dieser Situation ihrer eigenen Moral folgen, freigesprochen worden oder es sind ihnen zumindest mildernde Umstände zugestanden worden und sie haben ein Urteil, ausgesetzt zur Bewährung, erhalten. Zusammenfassend können wir also sagen, dass ärztliches Handeln in der Regel keiner moralischen Rechtfertigung bedarf. Insbesondere ist die informierte Zustimmung (*informed consent*) keine Legitimationsbasis für ärztliches Handeln. Vielmehr soll sie den einzelnen Arzt vor möglichen Regressforderungen freihalten, wie sie sich im weitesten Sinne aus dem Grundrecht auf körperliche Unversehrtheit herleiten ließen.[19]

Moralische Argumentationen sind also einerseits für den einzelnen Arzt notwendig, wenn er von dem in seiner Profession Üblichen abgewichen ist und andererseits im Vorfeld der Einführung neuer Üblichkeiten bzw. neuer Gesetze zur Regelung des medizinischen Handelns.

Eine Hauptschwäche der gegenwärtigen Medizinethik ist es, dass sie fast durchweg nur auf das ärztliche, also das professionelle Handeln kapriziert ist und die moralische Lage, in der sich der Patient befindet, übersieht oder zumindest nicht erwähnt, dass die entworfene Medizinethik keine Ethik für den Patienten, sondern für das medizinische Personal darstellt. Auf der Seite des Patienten sieht die ethische Situation, in der er sich befindet, vollständig anders aus als die ethische Situation, in der sich der Arzt befindet. Für ihn geht es nicht so sehr um moralische Argumentation, sondern vielmehr um Abwägung von Risiken und um die Entscheidung zwischen verschiedenen Therapiemöglichkeiten. Formal juristisch wird diese Situation konkret, indem der Patient eine Einverständniserklärung für einen bestimmten Eingriff unterschreiben muss, wobei de facto unterstellt wird, dass der Patient hinreichend aufgeklärt wurde. Zu den Zumutungen an den Patienten, die damit verbunden sind, gehört auch die Forderung, er müsse ein mündiger Patient sein[20]. Diese Forderung ist in einem freiheitlich-demokratischen Rechtsstaat durchaus angebracht. Freilich wird in keiner Weise berücksichtigt oder in den medizinethischen Debatten ausgeführt, was aufseiten des Patienten vorausgesetzt werden muss, wenn er ein mündiger Patient sein soll. Und dabei geht es eben nicht nur um Information, die man allenfalls noch durch das ärztliche Aufklärungsgespräch oder die Vordrucke für den Informed Consent übermitteln könnte, sondern es geht um die Einschätzung, was die Alternativtherapien bzw. die möglicherweise auftretenden Risiken für ihn, den Patienten bedeuten. Den sachlichen Vergleich von alternativen Therapien und auch die Abschätzung der Risiken sind etwas, was der Arzt dem Patienten nach wie vor abnehmen kann bzw. abnehmen muss. Doch welche Art Risiken der Patient eingehen will und wie die alternativen Therapien sich für seine Lebensführung auswirken – dafür müsste sich der Patient kennen und die Frage beantworten können, wie er eigentlich leben will. Das heißt also, dass das, was der Medizinethiker in der Arbeit mit dem Patienten leisten müsste, ist keineswegs eine Spezifikation seiner ohnehin schon sophistifizierten ethischen Argumente, sondern vielmehr eine Unterstützung des Patienten im Prozess einer Selbstkultivierung. Dabei ginge es darum, dass der Patient in Vorbereitung seiner Entscheidung erst einmal sich selbst und seine gewünschte Lebensform kennenlernt. Das betrifft beispielsweise auch die Ausfüllung einer Patientenverfügung. Was hier der professionelle Helfer leisten kann, ist dem Patienten überhaupt erst einmal klarzumachen, was die eine oder andere Entscheidung für Konsequenzen für seine Lebensführung hat, aber auch – wie die meisten Patientenverfügungen vorsehen – ihn darauf aufmerksam zu machen, dass er zur Realisierung seiner Verfügung im Falle, dass er nicht mehr „Herr seiner Sinne ist" eine sehr vertraute Person braucht, von der er erwarten kann, dass sie dafür sorgt, dass die Patientenverfügung in seinem Sinne realisiert wird.[21] Für den sehr viel häufiger auftretenden Fall einer Therapieentscheidung, die mitzutragen einem „mündigen Patienten" zugemutet wird, muss der Patient aber überhaupt in der Lage sein, Entscheidungen zu treffen, und zwar Entscheidungen auch in Lebenssituationen, die für ihn durch Schmerzen und Ängste hoch belastet sind. Die Aufgabe der Medizinethik wäre also hier, Patienten zu einer persönlichen Reife und Entscheidungsfähigkeit hinzuführen. Das ist übrigens eine generelle Schwäche der professionellen Ethik, nämlich dass sie durch Analyse und Bereitstellung von Argumenten und Prinzipien zwar intellektuell Entscheidungen vorbereitet, aber nichts dafür tut, dass der betroffene Mensch überhaupt in der Lage ist, Entscheidungen zu treffen. So ist es nicht verwunderlich, dass häufig Patienten in eine Spirale von Therapien hineinrutschen, indem sie jeweils dem folgen, was das medizinische System suggeriert.

Erstaunlich ist, um damit zu schließen, dass selbst bei Jean-Luc Nancy, immerhin einem Philosophen, sich die Frage nach dem Sinn seiner Herztransplantation vor der Operation nicht gestellt hat. Erst nachträglich ist ihm klar, dass es eigentlich nur auf eine Lebensverlängerung hinausläuft, sodass er dann immer wieder die Frage stellt, ist es der Mühe wert – est ce qu'il vaut la peine (aaO S. 16 und 18).

Doch es geht nicht nur um Entscheidungsfähigkeiten aufseiten des Patienten. Es geht auch darum, dass er ein Gefühl dafür bekommt, worüber er entscheidet. Auch das war bei Jean-Luc Nancy nicht der Fall. Wenn er die haarsträubenden Entfremdungsphänomene, die die Herztransplantation bei ihm verursacht hat, schildert, so auf dem Hintergrund, dass er auch schon vor der Operation eine entfremdete Beziehung zu sich als Körper hatte. Und das dürfte bei vielen unserer Zeitgenossen nicht anders sein: Man versteht sich heute als Körpermaschine und praktiziert im normalen Umgang mit seinem Körper bereits ein kartesisches Selbstverständnis: Der Mensch ist das denkende und dann noch entscheidende Subjekt und ihm steht der Körper als Objekt gegenüber. Eine kompetente Entscheidung über Eingriffe in die eigene Leiblichkeit würde aber voraussetzen, dass man sie überhaupt erst als eigene erfahren hat, beispielsweise eben das Herz als das eigene Herz. Das setzt Übungen voraus, die einen dazu hinführen, überhaupt bei sich selbst im eigenen Leibe zu Hause zu sein. Wenn man hinzunimmt, dass *der Leib die Natur ist, die wir selbst sind*[22], so folgt daraus die Maxime für den Umgang mit sich selbst: die eigene Natürlichkeit, soweit es möglich ist, zu bewahren.

Anmerkungen

[1] Gernot Böhme, Am Ende des Baconschen Zeitalters. Studien zur Wissenschaftsentwicklung, Frankfurt/M.: Suhrkamp 1993.
[2] Gernot Böhme, Invasive Technisierung. Zug/Schweiz. Die Graue Edition 2008.
[3] Gernot Böhme, Quantifizierung und Instrumentenentwicklung, Kap. II. 4 in: Am Ende des Baconschen Zeitalters, s. Anm 1.
[4] Zu Technik als Dispositiv siehe G. Böhme und Alexandra Manzei (Hrsg), Kritische Theorie der Technik und der Natur. München: Fink 2003.
[5] Gernot Böhme, Wissenschaftliches und lebensweltliches Wissen am Beispiel der Verwissenschaftlichung der Geburtshilfe, in: Wissenssoziologie, Sonderheft 22 d. Kölner

Zt. f. Soziologie, Köln: Westdeutscher Verlag 1981, 445–463. Auch in: G. Böhme, Alternativen der Wissenschaft, Frankfurt/M.: Suhrkamp 2. Aufl. 1993.

[6] In Deutschland 31,9 % der Geburten im Jahre 2012, Tendenz steigend. http://de.wikipedia.org/wiki/Schnittentbindung#Statistische_Entwicklung_und_Gr.C3.BCnde, angesehen 6.10.2014.

[7] Barbara Duden: Der Frauenleib als öffentlicher Ort. Vom Missbrauch des Begriffs Liebe. Hamburg, Zürich: Luchterhand, 1991.

[8] G. Böhme und M. v. Engelhardt (Hrsg.): Entfremdete Wissenschaft, Frankfurt/M.: Suhrkamp 1979.

[9] http://de.wikipedia.org/wiki/Telemedizin#Medizinische_Herausforderungen; http://www.e-health-com.eu/fileadmin/user_upload/dateien/Aus_den_Verbaenden/01_11_BMC.pdf. Beide angesehen am 6.10.2014.

[10] Ernst Kapp, *Grundlinien einer Philosophie der Technik. Zur Entstehungsgeschichte der Kultur aus neuen Gesichtspunkten*, Braunschweig: Verlag Georg Westermann 1877.

[11] Helmut Dubiel: Tief im Hirn. Verlag Antje Kunstmann, o. J.

[12] „Die Fünf-Jahres-Überlebensrate nach einer Herztransplantation lag 2008 bei 70–80 Prozent; http://de.wikipedia.org/wiki/Herztransplantation#.C3.9Cberlebensrate; angesehen 6.10.2014.

[13] Jean-Luc Nancy: Der Eindringling: Das fremde Herz. Berlin. Merve-Verlag 2000.

[14] Meine Übersetzung.

[15] Meine Übersetzung.

[16] siehe Oliver Decker: Der Prothesengott. Subjektivität und Transplantationsmedizin. Gießen, Psychosozial-Verlag, 2004. Das Buch von David Wagner: Leben. Reinbeck bei Hamburg, Rowohlt 2013, ist im Ergebnis ein durchaus positiver Bericht von seiner Lebertransplantation. Allerdings ist es ziemlich bald nach der Transplantation geschrieben und noch erfüllt von der Euphorie, ein neues Leben geschenkt bekommen zu haben (aaO S.277).

[17] Siehe meinen Aufsatz *Der mündige Patient* in: G. Böhme, Hrsg.: Der mündige Mensch. Denkmodelle der Philosophie, Geschichte, Medizin und Rechtswissenschaft. Darmstadt: WBG 2009, S. 143–155.

[18] Zu dieser Unterscheidung siehe G. Böhme, Ethik im Kontext. Über den Umgang mit ernsten Fragen, Frankfurt/M.: Suhrkamp 1997, 2. Aufl. 1998. Englische Übersetzung: Ethics in Context. The Art of Dealing with Serious Questions. Cambridge: Polity Press 2001.

[19] Karsten Witt: Tiefe Hirnstimulation, personale Identität und informierte Einwilligung. In: Florian Stieger, Hrsg. Medizin und Ethik. Risiken und Folgen technologischen Fortschritts. S. 129–153. Neben dem Fehler, die informierte Einwilligung als Grundprinzip ärztlicher Ethik einzustufen, macht er sich auch noch unnütze Sorgen für den Fall der Tiefenhirnstimulation aufgrund der Überlegung, dass der Patient vor dem Eingriff und nach dem Eingriff nicht mehr derselbe sein könnte. Es ist natürlich völlig abwegig, die Identität eines Menschen an die Konstanz seiner Hobbies oder seiner Mentalität zu knüpfen. Jeder Mensch ändert sich dauernd auch ohne Hirnstimulation und seine Identität ist nicht etwas Gegebenes, sondern wird konstituiert durch seinen Willen, gegebene Versprechen einzuhalten bzw. für seine Taten in der Vergangenheit gegenwärtig einzustehen. In diesem Sinne ist das Festhalten an seiner Zustimmung zur Operation nach der Operation etwas, was gerade seine personale Identität konstituiert.

[20] Siehe dazu G. Böhme (Hrsg.), Pflegenotstand: der humane Rest. Bielefeld: Aisthesis Verlag 2013.
[21] Das zeigte ich in drastischer Form in einer Übung zum Thema Altern und Sterben, die ich am Institut für Praxis der Philosophie e.V., IPPh, durchführte: die Hälfte der Teilnehmer konnte eine solche Vertrauensperson nicht benennen.
[22] Das ist die Definition aus meinem Buch *Leibsein als Aufgabe. Leibphilosophie in pragmatischer Hinsicht.* Zug/Schweiz: Die Graue Edition 2003.

Thomas Fuchs

Innen oder außen – wo finden wir uns selbst?

> „Nichts ist drinnen, nichts ist draußen;
> denn was innen, das ist außen."
> *Goethe, Epirrhema*

Wo finden, wo lokalisieren wir uns selbst? – Die Frage scheint einfach zu beantworten: Wir sind einfach da, wo wir stehen oder gehen, sitzen oder liegen, also da, wo unser Körper sich in der Welt befindet. Schwieriger wird es schon, wenn man uns nach dem geistigen Zentrum unserer selbst, also nach dem „Bewusstsein", dem „Selbst" oder „Ich" fragt. Die meisten Menschen würden wohl, von den Neurowissenschaften belehrt, ihr Ich irgendwo im Gehirn verorten. Descartes nahm bekanntlich an, der „Sitz der Seele" sei die Zirbeldrüse oder Epiphyse, ein zapfenförmiges, unpaariges Organ im Zwischenhirn (s. Abb. 1). Nun hat sich die

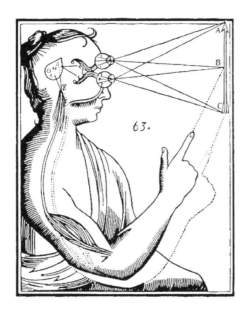

*Abb. 1:
Descartes' Modell der Wahrnehmung mit der Zirbeldrüse im Gehirn
(„De Homine", 1622)*

Suche nach einem Ich-Zentrum im Gehirn, an dem alle Sinnesdaten zusammenlaufen und von dem aus die Handlungen gesteuert werden, als vergeblich erwiesen. Im Gehirn gibt es keinen „Homunculus", keinen cartesianischen Beobachter, der das von den Neuronen gelieferte Schauspiel der Welt betrachtet. Was wir dort finden, ist nur ein komplexes Zusammenspiel verschiedenster Areale, die zum räumlichen, fühlenden und reflektierenden Selbsterleben beitragen – wobei das Problem der Integration all dieser Teilfunktionen zu einem einheitlichen Bewusstsein bislang völlig ungelöst ist.

Dennoch: Führende Neurowissenschaftler und Neurophilosophen sind sich einig, dass das Selbsterleben im und vom Gehirn erzeugt wird, ja einige vertreten die Auffassung, dass das „Selbst" überhaupt nur ein illusionäres Datenkonstrukt darstellt, das vom Gehirn im Wachzustand vorübergehend aktiviert wird; in den Worten des Neurophilosophen Thomas Metzinger:

„Bewusstes Erleben gleicht einem Tunnel. (…) Zuerst erzeugt unser Gehirn eine Simulation der Welt, die so perfekt ist, dass wir sie nicht als ein Bild in unserem eigenen Geist erkennen können. Dann generiert es ein inneres Bild von uns selbst als einer Ganzheit. (…) Wir leben unser bewusstes Leben im Ego-Tunnel."[1]

Doch selbst wenn wir das Gehirn für das zentrale Organ der Bewusstseinstätigkeit halten mögen – solchen Aussagen steht unsere alltägliche Erfahrung diametral entgegen. Denn hier erleben wir uns selbst und die Welt nicht im Inneren des Schädels, sondern als verkörperte, leibliche Wesen. Ernst Machs Zeichnung des einäugigen Sehfeldes (Abb. 2) ist

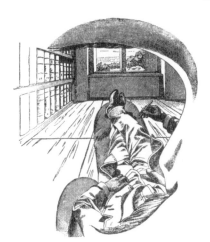

Abb. 2:
Ernst Machs Zeichnung des einäugigen Sehfeldes („Analyse der Empfindungen",
1900)

nur ein künstlicher Ausschnitt; tatsächlich sind wir immer bei den Dingen, in der Welt. Und wenn wir auf uns selbst deuten sollen, wird zwar mancher, den eigenen Blick rückwärts verfolgend, auf eine Stelle etwa zwischen den Augen zeigen, die meisten aber auf ihre Brust, also dorthin, wo wir vor allem unsere Gefühle empfinden. Ebenso macht uns jeder Schmerz rasch klar, dass der betreffende Körperteil unausweichlich zu uns selbst gehört („denn einzig in der engen Höhle des Backenzahnes weilt die Seele," wie Wilhelm Busch über den Zahnschmerz treffend formuliert). Das Gleiche gilt für unsere Bewegungen: Einen Walzer tanzend, setze ich nicht meinen Gliederapparat von innen her in Bewegung, sondern ich selbst bin es, der tanzt, indem ich in den Rhythmus der Musik einschwinge und mich meinen leiblichen Bewegungen überlasse. Einem geübten Tänzer, einem Schauspieler oder Pianisten wird es daher kaum einfallen, sich selbst in einem „Ego-Tunnel" seines Gehirns zu lokalisieren. Und sehen wir nicht auch den Anderen als ganze, leibhaftige Person? Lieben wir nicht auch sein Aussehen, sein Auftreten, seinen Gang, seine Stimme?

Unsere alltägliche Erfahrung als leibliche, lebendige Wesen passt offenbar schlecht zur Konzeption eines „Gehirn-Selbst". Doch wie vereinen wir sie mit dem neurowissenschaftlichen Bild des Menschen? Phantomglieder oder -schmerzen von Amputierten, die im „leeren Raum" des ehemaligen Körperteils auftreten, erst recht die außerkörperlichen Erfahrungen in Extremsituationen, bei denen man den eigenen Körper von oben wie einen äußeren Gegenstand liegen sieht – solche Phänomene scheinen zu belegen, dass das räumliche Körpererleben nur ein Konstrukt des Gehirns darstellt und nahezu beliebig täuschbar ist. Und die gegenwärtigen Theorien der sozialen Kognition sagen uns, dass wir immer nur aus äußeren Anzeichen auf den inneren Zustand des Anderen schließen können und uns einer „Theory of Mind" bedienen müssen, um zu mutmaßen, was „hinter seiner Stirn" vorgehen könnte. Denn das Bewusstsein des Anderen sei nun einmal „innen", verborgen hinter der Hülle seines Körpers.

All das erscheint verwirrend. Wo sollen wir uns selbst nun lokalisieren? – Zunächst einmal können wir versuchen zu verstehen, wie wir in dieses Dilemma überhaupt hineingeraten sind. Bei Platon und den Pythagoräern finden wir zum ersten Mal die Vorstellung, die Seele sei im Körper eingeschlossen und „…gezwungen die Wirklichkeit durch den Körper zu sehen wie durch Gitterstäbe" (Phaidon 82e). Demgemäß teilten Augustinus und die Neuplatoniker später das Seiende in zwei Bereiche auf: das Draußen („foris"), also die räumlich-körperliche Welt, und das Drinnen („intus"), die Welt der Geistseele. „Geh nicht nach außen, in dich selbst kehre zurück; im inneren Menschen wohnt die Wahrheit", so Augustinus' bekannte Aufforderung.[2]

Dem gegenüber jedoch stand die Lehre von Aristoteles, wonach die Seele als Form und Lebendigkeit des Körpers von ihm untrennbar sei (auch wenn Aristoteles dem vernünftigen Geist eine unabhängige Existenz ließ). Und so galt bis zur Neuzeit als herrschende philosophische, theologische und medizinische Lehre, dass die Seele zwar unteilbar, aber doch über den ganzen organischen Körper ausgedehnt sei: „Die menschliche Seele ist ganz im ganzen Körper und in jedem seiner Teile", heißt es bei Thomas von Aquin, ebenso wie bei Meister Eckehart, und diese Lehre entsprach ja auch unserem gewöhnlichen, im ganzen Körper ausgebreiteten Selbstempfinden.[3] Spürend sind wir ebenso in der tastenden Fingerspitze wie im drückenden Magen oder im schmerzenden Kopf.

Die eigentliche Trennung von Innen und Außen geschah mit Descartes. Denn erst als *res cogitans* wird die Seele zu einer reinen Innenwelt. Den Körper hingegen schlägt Descartes als mechanischen Apparat der materiellen Außenwelt zu, der *res extensa*. Außer der Zirbeldrüse im Gehirn haben die beiden Welten nichts mehr miteinander gemein. „Bewusstsein" heißt nun der mentale Innenraum, in den die Bilder der Welt vermittels der Zirbeldrüse hineingelangen und so von uns erlebt werden wie in einem Panoptikum – oder einem „Kopfkino", wie es heute auch gerne heißt. Mit dem Körper hat dieses Bewusstsein nichts mehr gemein. Unsere räumliche Empfindung des eigenen Leibes muss dann zu einer illusionären Projektion erklärt werden – zum Beleg verweist bereits Descartes auf die Phantomglieder. Was wir als unseren gespürten Leib erleben, ist demnach nichts anderes als ein gewohnheitsmäßiger „Phantomkörper". So sieht es auch die heutige Neurowissenschaft – nur dass sie auch das Bewusstsein, den Nachfolger der Seele, selbst noch zu einem Gehirnprodukt erklärt. „Ihr eigener Leib ist ein Phantom, das Ihr Gehirn aus rein praktischen Gründen vorübergehend konstruiert hat", so der Neurowissenschaftler Ramachandran.[4]

Wie sollen wir aus diesem angeblichen Kopfkino oder Ego-Tunnel wieder hinaus ins Freie finden? Dazu müssen wir uns zunächst vergegenwärtigen, dass wir unseren subjektiven Leib normalerweise als räumlich kongruent oder *koextensiv* mit dem organischen Körper erfahren: Der empfundene Schmerz sitzt dort, wo die Nadel auch die physische Hand gestochen hat. Der Töpfer fühlt den Ton genau da, wo seine Hand ihn tatsächlich presst und formt. Und zeigt der Patient dem Arzt seinen schmerzenden Fuß, so wird dieser auch dort nach der Verletzung suchen, und nicht im Gehirn. Anders als Descartes annahm, gibt es durchaus eine räumlich ausgedehnte Subjektivität, eine „*res cogitans extensa*".

Diese Koextension von subjektivem Leib und organischem Körper ist auch funktionell sinnvoll: Das bewusste Erleben ist dort, wo die Interaktionen mit der Umwelt stattfinden – im Körper und an seiner Peripherie, nicht im Gehirn. Nur weil der Schmerz in der gestochenen Hand sitzt, zieht man sie unwillkürlich vor der Nadel zurück. Nur weil die Empfindung des Töpfers in seiner tastenden Hand ist, und er dort den Widerstand des Tons spürt, kann er ihn auch so geschickt formen. Eine bloße zentrale Verarbeitung im Gehirn könnte niemals leisten, was die unmittelbare Präsenz des Subjekts in seiner Hand ermöglicht, nämlich die Verknüpfung von Wahrnehmung, Bewegung und Material in einem gemeinsamen Raum. Leiblich sind wir immer da, wo wir von etwas berührt werden, und wo etwas zu tun ist.

Wenn wir also den Schmerz im Gehirn suchen, denken wir immer noch cartesianisch. Evolutionär verhält es sich gerade umgekehrt: Ursprünglich war der ganze lebendige Körper gewissermaßen ein Sinnes- und Fühlorgan. Gerade an seinen Grenzflächen mit der Umgebung ist der Organismus reizbar, sensibel und responsiv. Berührt man z. B. mit einem Glasstab den Tentakel eines Tintenfischs, so zieht er ihn rasch zurück. Berührt das Tier hingegen durch seine Eigenbewegung den Stab, so erfolgt kein Zurückziehen, sondern ein Abtasten mit mehreren Tentakeln. Auch ohne Gehirn kann der Tintenfisch also „Selbst" und „Nicht-Selbst" unterscheiden, allein durch die Empfindung und Bewegung seines Körpers.

Die Entwicklung des Gehirns erweitert und steigert das Selbsterleben der höheren Tiere bis hin zum Menschen, aber auch ihr Selbst bleibt verkörpert: Dass das leibliche Bewusstsein mit dem Organismus koextensiv ist, zeigt, dass es nicht erst dem Gehirn entspringt wie Athene aus dem Haupt des Zeus, sondern vielmehr von Anfang an ein *verkörpertes Bewusstsein* ist. Es stellt das Selbsterleben des lebendigen Organismus insgesamt dar, nicht ein im Gehirn produziertes Phantom. Das heißt: *Wir sind leibhaftig in der Welt* – und haben nicht nur die Illusion, leibliche Wesen zu sein.

Freilich sind die räumlichen Leibempfindungen vielfach diffus und stimmen nicht genau mit den Strukturen und Grenzen des Körpers überein. Sie können sich sogar auf geschickt gebrauchte Instrumente ausdehnen: Für den Blinden ist der Stock zu einem Teil seines Leibes geworden, sein Ende zu einer Sinneszone, mit der er die Umgebung ertastet. Der geübte Autofahrer spürt die Qualität des Straßenbelags buchstäblich unter den Reifen seines Wagens. Das Phantomglied reicht über den Stumpf hinaus „ins Leere", weil der Leib dort gewohnheitsmäßig empfindlich und beweglich bleibt. Daher kann ein Amputierter durch Übung und Gewöhnung sogar seine Prothese so „inkorporieren", dass sie für ihn zu einem neuen Körperglied wird, in dem er sich selbst spürt. Solche Verschiebungen des Leiberlebens sind also funktionell sinnvoll. Sie bestätigen nur, dass das leibliche Selbst mit den organischen Strukturen des Körpers grundsätzlich kongruent ist.

Das bedeutet freilich nicht, dass wir unseren Leib auch ohne Gehirn spüren könnten. Funktionsfähige somatosensorische und -motorische Hirnareale sind notwendige Bedingungen dieses Subjekterlebens. Doch daraus folgt nicht, dass das Selbst im Gehirn zu lokalisieren wäre wie Descartes' Seele in der Zirbeldrüse. Dass man ohne Netzhaut nichts sehen kann, beweist ja auch nicht, dass es die Netzhaut ist, die sieht – ebensowenig wie der visuelle Kortex im Gehirn. Sehen kann nur das Lebewesen als ganzes. Genauso ist das Selbsterleben immer an den gesamten Organismus gebunden. Wir sind lebendige, das heißt zugleich *lebende* und *erlebende* Wesen. Wir gehören der Welt an, mit Haut und Haaren – es gibt uns nicht noch einmal in unserem Inneren.

Verkörperte Personen sind wir daher auch für einander. Wir nehmen den anderen nicht als einen rein dinglichen Körper wahr, aus dessen äußerlichen Bewegungen wir auf einen wie in einer Kapsel verborgenen „Bewohner" im Gehirn schließen. Der Leib ist vielmehr die lebendige Erscheinung der Person, in ihm stellt sie sich dar und wird uns „leibhaftig" gegenwärtig. Wir erkennen einen Menschen wieder am charakteristischen Stil seines Gangs, seiner Haltung, seiner Gestik und Mimik. Sein Leib ist Teil seiner Persönlichkeit, seiner Identität. Im Blick des anderen sehe ich *ihn selbst*; seine Hand in der Begrüßung ergreifend, gebe ich *ihm* die Hand, und in seinen Worten vernehme ich *ihn selbst*. Wäre die Person im Inneren des Körpers verborgen, dann würden wir nur leere Blicke sehen und statt Worten nur Töne hören, in denen sich niemand ausspricht, sondern die wir nur als Anzeichen für eine unzugängliche Innenwelt interpretieren könnten. Personen aber sind das Ur-*Phänomen:* das, was sich leiblich zeigt, was in seinem Erscheinen und seinem Ausdruck selbst anwesend ist. „Nichts ist drinnen, nichts ist draußen; denn was innen, das ist außen" – das gilt auch für uns selbst.

Fazit: Wir stecken nicht irgendwo in unserem Körper, um in einem mentalen Innenraum Bilder und Kunde von der Welt zu erhalten. Wir sind vielmehr verkörperte, leibliche Wesen, und als solche immer schon in Beziehung zur Welt und zu den anderen. „Es gibt keinen inneren Menschen: der Mensch ist zur Welt, er kennt sich allein in der Welt", so der Leibphänomenologe Maurice Merleau-Ponty.[5] Wir können uns lokalisieren, indem wir auf unseren ganzen Körper zeigen – auf uns selbst als Lebewesen. Wir können uns selbst aber auch in all dem wiederfinden, was wir im Kontakt mit der Welt aus uns herausgesetzt haben – in unserer Wohnung, unserer Arbeit, unseren Werken und unseren Beziehungen. Über Descartes' Dilemma, die absolute Trennung von Innen und Außen, sollten wir uns daher nicht allzu sehr den Kopf zerbrechen. Besser nehmen wir sie mit Ironie, so wie Robert Gernhardt in seinem Gedicht „Philosophie-Geschichte":

> Die Innen- und die Außenwelt,
> die warn mal ein Einheit.
>
> Das sah ein Philosoph, der drang
> erregt auf Klar- und Reinheit.
>
> Die Innenwelt,
> dadurch erschreckt,
> versteckte sich in dem Subjekt.
>
> Als dies die Außenwelt entdeckte,
> verkroch sie sich in dem Objekte.
>
> Der Philosoph sah dies erfreut:
> indem er diesen Zwiespalt schuf,
> erwarb er sich für alle Zeit
> den Daseinszweck und den Beruf.

Anmerkungen

[1] T. Metzinger, Der Ego-Tunnel. Eine neue Philosophie des Selbst: Von der Hirnforschung zur Bewusstseinsethik. Berlin 2009, S. 21f.

[2] Augustinus, *De vera religione*, XXXIX, 72f.

[3] Vgl. Aristoteles, *De Anima* 411 b 24 („in jedem der Teile sind alle Teile der Seele vorhanden"); später dann Thomas von Aquin: „Anima hominis est tota in toto corpore et tota in qualibet parte ipsius" (T. von Aquin, *Summa Theologiae*, I q 93 a 3) und Meister Eckhart: „Die Seele ist ganz und ungeteilt vollständig im Fuße und vollständig im Auge und in jedem Gliede" (Eckhart, *Predigten*, 161ff.).

[4] V. S. Ramachandran, S. Blakeslee: Die blinde Frau, die sehen kann. Rätselhafte Phänomene unseres Bewusstseins. Reinbek/Hamburg 2001, S. 114.

[5] M. Merleau-Ponty, Phänomenologie der Wahrnehmung, Berlin 1966, S. 7.

Günther Bittner

„… die Wahrheit fatieren" (S. Freud)

Über Wahrheit als verdrängte und verleugnete
in der Psychoanalyse

Der Schweizer Psychiater Ernst Blum, der 1922 als junger Mann bei Freud in Analyse war, hat in seinen Erinnerungen daran die folgende Anekdote überliefert. Freud hatte eine Deutung gegeben, der eifrige junge Adept stimmt sogleich zu und fügt hinzu, genau dasselbe habe er auch gerade sagen wollen. Freud erzählte ihm darauf einen jüdischen Witz:

> „Ein Jude wird von seiner Frau in die Stadt geschickt, um für Sabbat einen Karpfen einzukaufen. Zwei Juden bemerken ihn mit einem schönen Karpfen … und beschließen, ihm diesen Fisch ‚abzuschwindeln'. Sie kennen sich, der eine spricht ihn wie zufällig an: Was hast du eingekauft? Einen Karpfen. Zeig her. Aber das ist ja ein Aal. (Aal ist eine für den Juden verbotene Speise, eine Schlange) Ein Aal, und noch am Sabbat, nun, ich will nichts gesehen haben. Und er kehrt sich von ihm ab. An der nächsten Ecke begegnet ihm der zweite Jude, der ebenfalls, diesmal empört, ihm Vorwürfe macht, dass er einen Aal eingekauft hat und ihm den Vorschlag macht, ihm den Aal zu überlassen. Ohne Fisch nach Hause zurückgekehrt argumentiert der Mann gegen die Vorwürfe seiner Frau: Wenn zwei Juden sagen, es ist ein Aal; dann ist es ein Aal!" (Pohlen 2006, S. 278).

Der Witz bringt Freuds Skepsis gegenüber unumstößlichen Wahrheiten zum Ausdruck; in seinem Buch über den Witz findet man andere mit ähnlicher Tendenz. Im gegenwärtigen Kontext soll er dazu dienen, die Facetten des Begriffs „Wahrheit" bei Freud und in der Psychoanalyse zu beleuchten.

Wahrheit wird hier in einem ersten Schritt verstanden als Attribut einer Aussage, die tatsächliche Gegebenheiten in der sichtbaren Welt zutreffend benennt: wenn das in Augenschein genommene Objekt ein Karpfen ist, dann ist es kein Aal – und vice versa. Ich weiß nicht, ob die zoologischen Klassifikationssysteme absolut eindeutig sind oder evtl. Spielraum für unterschiedliche Zuordnungen bieten – jedenfalls scheint mir auf dieser Ebene der zoologischen Faktizität ausgeschlossen, dass da ein Streit entstehen könnte: ist das ein Karpfen oder etwa ein Aal? Hier müsste die Wahrheitsfrage eindeutig zu entscheiden sein: wahr ist eine Aussage, die die Tatsachen zutreffend wiedergibt.

Unser Jude mit dem Karpfen rechtfertigt sich indessen auf einer anderen Ebene. Er beruft sich auf den – nicht nur jüdischen – Rechtsgrundsatz von „zweier Zeugen Mund", durch den „erst die Wahrheit kund" werden soll. Als wahr gilt, was durch zwei – oder auch mehr – voneinander unabhängige Beobachter bezeugt ist. Ähnlich im deutschen Zivilprozess: als wahr wird unterstellt, was von keiner der Parteien bestritten wird. In diesem juristischen Verständnis stellt sich die Wahrheit als eine Setzung bzw. Unterstellung dar. Ein beliebtes Scherzwort aus juristischen Anfängervorlesungen veranschaulicht die Definitions- und Setzungsmacht des Gesetzgebers. Ein Gesetz könne juristisch korrekt definieren: „Weihnachtsmann im Sinn dieses Gesetzes ist auch der Osterhase". Auf dieser Ebene korrekt kann auch das jüdische Speisegesetz das Essen eines Aals verbieten, weil er „im Sinn dieses Gesetzes" als eine Schlange gilt. Wahr ist in diesem Verständnis eine Setzung, die auf gesellschaftlichem Konsens beruht. Solcherart Wahrheit allerdings ist höchst anfällig für Manipulationen: wenn die zwei Juden, deren Zeugnis zum Beweis der Wahrheit einer Behauptung ausreichend sein soll, sich etwa vorher abgesprochen haben, um einen dritten hereinzulegen, ist der Beweis hinfällig.

Nun ist allerdings zu beachten, in welchem Kontext Freud seinem jungen Analysanden diese Anekdote erzählt. Freud hatte ihm eine Deutung gegeben, d.h. ihm einen Zusammenhang in seinem Seelenleben aufzuweisen versucht. Der junge Analysand stimmt eifrig zu: ja, das habe er auch gerade sagen wollen. Er will damit ausdrücken, dass er voll mit Freud übereinstimmt. Und hier hakt dieser mit seiner Anekdote ein. Er will sagen: wenn wir zwei Juden übereinstimmen, das ist ein Aal, könnte es trotzdem ein Karpfen sein. Übereinstimmung ist noch kein Wahrheitsbeweis. Wenn wir übereinstimmen, könnte es trotzdem sein, dass wir uns gemeinsam eins in die Tasche lügen.

Ich liebe diese Geschichte, weil sie Freuds Nüchternheit und selbstkritische Skepsis dokumentiert. Trotzdem bleibt eine Frage offen: was ein

Aal und was ein Karpfen ist, das wird sich ja zur Not noch konsensfähig klären lassen, aber wie verhält es sich mit Gegebenheiten, die nur der inneren Wahrnehmung zugänglich sind? Der Philosoph Ludwig Wittgenstein hat diese Frage aufgeworfen an Hand eines einfachen Beispielsatzes: Ich habe Schmerzen. Wie kann der andere wissen, ob ich wirklich Schmerzen habe? Und mehr noch: wie kann ich selbst das wissen? Ich erlebte dieses Dilemma einmal konkret beim Zahnarzt im Kontext einer Wurzelbehandlung. So lange noch Schmerzen da sind, kann er die endgültige Füllung des Zahns nicht vornehmen. Bei jeder Sitzung antwortete ich auf seine Frage: also, ein bisschen Schmerz ist noch da. Schließlich wurde es mir zu lang, ich dachte: so kommen wir nie zu Ende. Ich entschloss mich, die Messlatte für Schmerz etwas höher zu legen und bestätigte: ich habe keine Schmerzen mehr. Ich bekam meine Füllung und der Zahn hat sich in der Folgezeit tadellos gehalten. Auf innere Wahrnehmungen bezogen, mit denen es die Psychologie und speziell die Psychoanalyse zu tun hat, ist die Wahrheit einer Aussage viel schwieriger festzustellen, als wenn es um Aal oder Karpfen geht.

Alle drei Bedeutungsnuancen von Wahrheit (und vielleicht noch einige mehr) spielen im Verständnis Freuds und im psychoanalytischen Diskurs bis heute eine Rolle:
– Wahrheit im Sinn von Tatsächlichkeit
– Wahrheit als Konsens
– subjektive Wahrheit als „Wahrhaftigkeit".

Im Hintergrund meiner Überlegungen stehen allgemeine wahrheitstheoretische Positionen, vor allem: Konkordanz-, Konsens- und Evidenztheorie. Es wird sich erweisen, dass die Psychoanalyse keiner von den dreien passgenau zuzuordnen ist.

Freud über „Wahrheit"

Freud hat mehrfach – direkt oder indirekt – auf das Thema „Wahrheit" Bezug genommen. Vielleicht die einfachste Aussage steht in der Neuen Folge seiner Vorlesungen. „Die Psychoanalyse begann als eine Therapie, aber nicht als Therapie wollte ich sie Ihrem Interesse empfehlen sondern wegen ihres Wahrheitsgehalts …" (1933a, S. 169). Was die Psychoanalyse lehrt, will er damit sagen, stimmt einfach, es entspricht den Tatsachen.

Sein eigentliches Thema allerdings ist von Anfang an ein spezielleres: es sind die unterdrückten Wahrheiten, z. B. in einem eigenen Traum aus der „Traumdeutung" (1900a), wo er seinen Vater als betrunken träumt, was offenbar nie der Fall war. In diesem Zusammenhang steht seine allgemeinere Bemerkung: „Es liegt im Wesen jeder Zensur, daß man von den unerlaubten Dingen das, was unwahr ist, eher sagen darf als die Wahrheit" (ebd., S. 439). Das gilt für die Individuen ebenso wie für ganze Kulturen. In „Zeitgemäßes über Krieg und Tod" kurz nach Ausbruch des Ersten Weltkrieges schreibt er z. B. unser Verhältnis zum Tod sei „nie ein aufrichtiges gewesen". Er geißelt die „Kulturheuchelei" (1915b, S. 336) und findet, es sei an der Zeit „die Wahrheit (zu) fatieren" und „unsere unbewußte Einstellung zum Tode, die wir bisher so sorgfältig unterdrückt haben, ein wenig mehr hervorzukehren" (ebd., S. 354).

Die psychoanalytische Behandlung müsse hier sozusagen mit gutem Beispiel vorangehen. In den „Bemerkungen über die Übertragungsliebe" diskutiert er verschiedene Möglichkeiten, wie damit umzugehen sei, wenn eine Patientin sich in ihren Analytiker verliebt. Insbesondere verwirft er die Idee, der Analytiker könne ja zum Schein die zärtlichen Gefühle der Patientin erwidern und hoffen, dass sich das Ganze damit beruhigt. Freud wendet dagegen ein, „daß die analytische Beziehung auf Wahrhaftigkeit aufgebaut ist. ... Da man vom Patienten strengste Wahrhaftigkeit fordert, setzt man seine ganze Autorität aufs Spiel, wenn man sich selbst von ihm bei einer Abweichung von Wahrheit ertappen lässt" (1915a, S. 312). Hier ist ein Begriff ins Spiel gekommen, den Freud auch gern verwendet: Wahrhaftigkeit. In einer späteren Schrift heißt es einmal ähnlich, dass „die analytische Beziehung auf Wahrheitsliebe ... gegründet", hier fügt er sogar noch eine Erklärung hinzu, was damit gemeint ist: „Anerkennung der Realität" (1937c, S. 94).

Der analytische Prozess hat die Aufgabe, die Lebensgeschichte des Patienten, die ihn krank gemacht hat, wahrheitsgemäß zu rekonstruieren, wobei er zuerst wohl vor allem an die historische Wahrheit, d. h. an das tatsächlich Vorgefallene dachte und später einsehen musste: was historisch „wahr" ist, lässt sich von dem, was der Patient phantasiert, nicht immer genau unterscheiden. „Diese Phantasien besitzen psychische Realität im Gegensatz zur materiellen" (1916–17a, S. 383), sind also in anderer Weise auch „wahr".

Ein weiterer Punkt im Kontext der Behandlungstheorie: wie kann der Analytiker erkennen, ob seine Deutungen (Freud sagt auch gern: Konstruktionen) verdrängte Wahrheit ans Licht bringen, oder ob sie dem Patienten etwas suggerieren? Er legt hier wenig Gewicht auf die direkten Bestätigungen, steht diesen sogar erst einmal eher skeptisch gegenüber wie im Fall des jungen Ernst Blum, der ihn durch seine allzu eifrige Bestätigung zu der Replik mit dem Judenwitz veranlasste. Er setzt mehr auf die indirekten. Sogar falsche Deutungen schaden nach seiner Ansicht nicht viel; das Material, das der Patient daraufhin bringt, korrigiert die falsche Deutung: es ist dann so „als hätte man, mit Polonius zu reden, den Wahrheitskarpfen gerade mit Hilfe des Lügenköders gefangen" (1937d, S. 48).

Überschauen wir die Reihe der Zitate, drängt sich ein doppelter Eindruck auf:
– dass Freud im Vergleich zu heute einen noch undifferenzierteren Begriff von Wahrheit verwendet: Wahrheit ist die Übereinstimmung mit dem, was existiert – gleichgültig ob in der Außenwelt oder im Inneren;
– dass er das Wort „Wahrheit" überhaupt eher sparsam verwendet, vielleicht um der Gefahr moralisierender Pathetik zu entgehen, und lieber von Übereinstimmung mit der Realität oder ähnlichem spricht.

Zweierlei Wahrheit?

In Tübingen sind in den 1970er Jahren von zweien meiner damaligen akademischen Lehrer Arbeiten erschienen, die auf das gegenwärtige Thema Bezug haben: 1975 veröffentlichte der Philosoph Otto Friedrich Bollnow ein kleines Buch: Das Doppelgesicht der Wahrheit; 1976 der Psychoanalytiker Wolfgang Loch einen Aufsatz über Psychoanalyse und Wahrheit. Beide verwenden eine von Michael Landmann geprägte Metapher für die „zwei Baustile(n) des Wahrheitsbegriffs", die dieser als „Spiegel" und „Fels" bezeichnet und die er dem griechischen Denken einerseits, dem hebräischen auf der andern Seite zuordnet. „Der ... griechische Wahrheitsbegriff ... ist primär an der Erkenntnis orientiert: Wahr ist ... eine richtige Aussage über einen gegebenen Tatbestand. ... Wahrheit als Spiegel. Im Hebräischen ist dagegen ... die Wahrheit im ursprünglichen Sinn eine Seinsverfassung: Sie bezeichnet die Verläßlichkeit eines Dings oder eines Menschen ...". „Sie ‚wird allem zugesprochen, an dessen unerschütterlicher Dauer man glaubt. ... Was aber dauerhaft ist, darauf kann man bauen'. ... Symbol dafür ist der tragende Fels" (Bollnow 1975, S. 9, mit Zitaten von Landmann).

In ähnlichem Sinn greift Loch (1976) für die Psychoanalyse Bollnows Rede von den zweierlei Wahrheiten und Landmanns Metapher von Spiegel und Fels auf: Wahrheit sei erstens zu verstehen als „korrekte Feststellung, Übereinstimmung mit ihrem Objekt, als historisches Faktum, wobei vorausgesetzt ist, daß eine solche Wahrheit schon längst, schon immer existierte, wir sie nur formulieren mußten"; zweitens „Wahrheit als Sinn, d. h. aber als etwas, das entsteht, indem der Prozeß einer Interaktion eine Gestaltung annimmt, die, einmal gebildet, es hinfort erlaubt, sich auf sie zu verlassen und sein Leben als Subjekt in eben diesem gefundenen Sinn fortzusetzen" (ebd., S. 869). „Wahrheit wird hier substantivisch z.B. als Fels verstanden, ist der Grund, auf dem man stehen kann" (ebd.). Loch nennt diese beiden die theoretisch-wissenschaftliche und die existentielle Wahrheit.

Wahrheit im ersten Sinn begegnet in der Psychoanalyse vor allem als biographisch-historische, im analytischen Prozess aufzudeckende; am Paradebeispiel Ödipus: er muss „die Wahrheit" erkennen, dass er, ohne es zu wissen, seinen Vater getötet und seine Mutter zur Frau genommen hat. Diese Wahrheit als faktische aber, nach Loch, ist in der Psychoanalyse selten zu haben. Diese Erkenntnis, dass die Frage, ob die in der Analyse auftauchenden Erinnerungen im faktischen Sinn wahr oder aber Phantasien sind, oftmals nicht zu entscheiden ist, habe schon Freud selbst dazu bewogen, den Begriff der „psychischen Realität" einzuführen. In aller Regel müsse dahingestellt bleiben, ob die auftauchenden Erinnerungen historisch wahr sind; selbst wenn sie es nicht sein sollten, komme ihnen Realitätscharakter in einem andern Sinn zu, eben als „psychische Realität". Während demnach die Wahrheit im erstgenannten Sinn als „Spiegel" in Lochs Perspektive tendenziell zerrinnt, gewinnt sie im letzteren Sinn als „Fels" ein desto größeres Gewicht: Wahrheit als Sinn, d. h. als etwas, das im Prozess der analytisch-therapeutischen Interaktion sich bildet und das es hinfort erlaubt, sich darauf zu verlassen und „sein Leben als Subjekt in eben diesem gefundenen Sinn fortzusetzen" (ebd., S. 869). Etwas in dieser Richtung soll der Patient aus seiner Analyse mitnehmen.

Die Deutungen des Psychoanalytikers sollen dem Patienten gerade nicht inhaltlich fixierte angebliche „Wahrheiten" (im objektiven Sinn, wenigstens dem Anspruch nach) vermitteln, wie dies in der älteren Psychoanalyse vielfach der Fall war, sondern sollen Raum geben für dessen eigene Gedanken. Loch bringt ein kleines, relativ anspruchsloses Beispiel: einem Patienten, der „in zwanghafter Weise immer eine Zigarette zwischen zwei Verhandlungen in der Pause rauchen muß", soll der Analytiker nicht etwa sagen: „Ich denke, Sie haben in der Verhandlung zuvor Ihren Phallus (oder Ihre Brust) verloren und die Zigarette ersetzt Ihnen diesen imaginären Verlust", sondern eher dies: „Ich nehme an, Sie haben vielleicht sich damit das zurückholen wollen, was Sie in der Verhandlung zuvor Ihren Klienten gegeben hatten" (ebd., S. 892 Fußnote) – also dem Patienten Raum lassen, das offen Gebliebene mit seinen eigenen Gedanken, d. h. mit seiner eigenen „Wahrheit" zu implementieren. Psychoanalyse in diesem Verständnis wäre demnach „eine Methode zur Mehrung der Intelligibilität des Menschen", indem sie „hilft, neuen Sinn und also neue Wahrheit zu entdecken, beides verstanden als die Freiheit, neue Gedanken und neue Bedeutungen zu bilden" (ebd., S. 893).

Hier kommt Lochs zentraler Gedanke zum Tragen, dass die Wahrheitsfindung im psychoanalytischen Prozess der „interaktionelle und konsensuelle Versuch" sei, „für Gegenwart (und Zukunft) einen neuen (Lebens-)Sinn herzustellen" (ebd., S. 865). Das wirft allerdings eine Reihe von Fragen auf.

1. Nicht umsonst habe ich diese Überlegungen mit Freuds Witz vom Aalschwindel eingeleitet: wenn zwei sich konsensuell darauf verständigen, das Ding sei ein Aal, könnte es trotzdem ein Karpfen, die konsensuelle „Wahrheit" also eine getrickste oder erschlichene sein.

2. Eben dies lässt sich konkret gegen Lochs Beispiel vom zwanghaften Raucher einwenden. Wir drücken dem Patienten zwar nicht mehr auf, sagt er, dass er sich den verloren gegangenen Phallus oder die verloren gegangene Brust wieder zuführen will, aber dass der Zwang zum Rauchen mit dem Sich-wieder-Zuführen von etwas Verlorengegangenem zu tun hat, wird durch die Form der Deutung weiterhin vorgegeben oder auch: insinuiert.

Hier kommt das konsensuelle Wahrheitsfinden an seine Grenze. Insofern erinnert mich das Beispiel an gewisse Kämpfe mit den eigenen Kindern, als sie noch sehr klein waren: Du darfst sagen, ob du die rote oder die grüne Hose anziehen willst – womit der Widerstand des Kindes, überhaupt eine Hose anzuziehen, elegant überspielt wird (schon bei 8–10jährigen funktioniert dieser „konsensuelle" Trick meistens nicht mehr).

3. Die Metapher vom Felsen hat für den Psychoanalytiker noch den speziellen Reiz, dass sie von Freud bereits verwendet wurde, wenn auch in etwas anderer Bedeutung. In „Die endliche und die unendliche Analyse" reflektiert er über den Punkt, wo jede Analyse auf den „gewachsenen Fels" stößt, wo es nicht mehr weitergeht: „Für das Psychische spielt das Biologische wirklich die Rolle des unterliegenden, gewachsenen Felsens" (1937c, S. 99). Bei Freud ist demnach der Fels das Triebfundament, Ziel das Kongruent-Werden des Ichs mit dieser zentralen Kraft, die das Uhrwerk des individuellen Lebens in Bewegung hält.

Bei Jung übrigens auf ganz ähnliche Weise: Hermann Hesse, der ewige Selbst-Sucher und Selbst-Zweifler, hat 1921 einige wenige analytische Sitzungen mit ihm gehabt, die ihn beeindruckten. Unter den Botschaften, die Jung ihm in diesen wenigen Stunden vermittelte, war auch diese, von Hesse in einem Tagebuch-Blatt notierte: „Man muss *wollen*, was man *eigentlich* möchte" (1921, S. 656, zum Kontext vgl. Bittner 2015). Das ist in meinen Augen eine ebenso schlichte wie treffende Formulierung für das, was mit dieser inneren existenziellen Wahrheit gemeint sein kann: das, was man „eigentlich" und im tiefsten Grunde sich wünscht, als das Seine ergreifen.

4. Die von Landmann, Bollnow und Loch verwendete Metaphorik von Spiegel und Fels meint etwa das, was heute als konvergenz- bzw. konsenstheoretisches Konzept von „Wahrheit" diskutiert wird. Ein wahrer Satz gibt wieder, was ist bzw. was der Fall ist – er ist demnach ein Spiegel dessen, was ist. Lochs Auslegung der Fels-Metapher scheint zunächst in eine andere, dritte Richtung von Wahrheitstheorie zu zielen: Wahrheit als etwas, was mir den Grund gibt, auf dem ich stehen kann – also existentielle Wahrheit, Subjekt-Wahrheit, die aber von Loch sekundär mit dem Konsens-Modell verknüpft wird, insofern diese Position von ihm dann doch als konsens- und dialogvermittelt konzipiert ist.

Mit alledem ist aber ein zentrales Stück von Freuds Wahrheitsverständnis außer Acht gelassen: dass nämlich die Wahrheit über mich immer zuerst das Verdrängte ist, das – mit tatkräftiger Unterstützung durch gesellschaftliche Lebenspraxis und Denkgewohnheiten – auf keinen Fall erkannt werden soll. Darüber wacht selbst im Traum noch unbarmherzig die Zensur, wie Freuds vorhin zitiertes Traumbeispiel zeigt.

Die Wahrheit psychoanalytischer Deutungen

Die Deutung spielte in der klassischen Konzeption Freuds bekanntlich für das Bewusstwerden des Verdrängten eine zentrale Rolle. Gedeutet werden sollte, was von der Kindheitsgeschichte des Patienten in der Übertragung aktualisiert war. Die Deutung verlangt die quasi-reale Präsenz des zu Deutenden.

Die Deutung hat zwar in der heutigen Psychoanalyse an Wichtigkeit eingebüßt, weil andere Einflussgrößen an Gewicht gewannen; trotzdem liegt auf der Hand, dass Deutungen, die dem Patienten Orientierung über seine innere Zustände geben sollen, „wahr", d. h. zutreffend sein sollen.

Was aber heißt „wahr" in diesem Zusammenhang? Freud hatte die Tätigkeit des Analytikers gern mit der des Archäologen verglichen, der aus gefundenen „Puzzle-Steinen" rekonstruieren will, wie die antike Vase, das Bauwerk etc. wirklich aussahen. Die Wahrheit einer Deutung stellte sich Freud, geleitet von dieser Archäologenmetapher, also als eine Art Tatsachenwahrheit vor: die Deutung ist valide, wenn sie aus dem Puzzle der Erinnerungsspuren die vergessenen oder verdrängten „wahren Tatsachen" zusammensetzt. Hier kann man sehen, dass für Freud die „zweierlei Wahrheit" im Sinn von Bollnow und Loch noch völlig fern lag: Es gab nur die eine, die tatsächliche Wahrheit, unter Einschluss freilich der seelischen Tatsachen – und dieser Wahrheit kam zugleich befreiende Wirkung zu.

Dies änderte sich von Grund auf mit der subjektiv-intersubjektiven Wende der 1970er und 1980er Jahre. Spence (1982) kontrastierte die historische mit der „narrativen" Wahrheit. Die historische Wahrheit („wie es wirklich gewesen ist") sei in der Analyse nicht zu haben, es gehe immer darum, die subjektiv erlebte Wahrheit des Patienten möglichst unverstellt zur Geltung zu bringen.

Dass dies nicht uneingeschränkt richtig sein kann, zeigte sich auf folgenreiche Weise in den 1990er Jahren. Eine psychische Krankheit, wenn auch nicht neu, wurde populär: das Multiple Personality Syndrome (MPS) und im Zusammenhang damit der sexuelle Missbrauch von Kindern und Jugendlichen, der als Ursache dieser Störung angesehen wurde. Viele vor allem junge Frauen „erinnerten" sich plötzlich vor allem im Kontext von Psychotherapien daran, in der Kindheit sexuell missbraucht worden zu sein. Es kam zu Strafprozessen: Väter wurden verurteilt; es gab zahlreiche Fehlurteile, weil die „Erinnerungen" ohne gründlichere Prüfung als Beweise genommen wurden. Deutungen, Vermutungen, Unterstellungen in Therapien mochten den Patientinnen suggeriert haben, es müsse etwas Derartiges in ihrer Vorgeschichte vorgefallen sein, und sie glaubten schließlich selbst daran. Psychologen beschrieben im Kontrast zum MPS auf Grund solcher Negativerfahrungen das False Memories Syndrome (FMS).

Diese warnenden Beispiele zeigen, dass die „subjektive" oder „narrative" Wahrheit eines Patienten, wie immer sie zustande gekommen sein mag, nicht unbesehen und unhinterfragt als „die" biographische Wahrheit gelten und dass in der Therapie die Frage nach der Tatsachenwahrheit (war es wirklich so?) nicht völlig aus dem Blick geraten darf.

Eine Therapiestunde

Ein Mann, Mitte 50, der wegen einer Persönlichkeitsstörung schon längere Zeit bei mir in Analyse ist, kommt in die Stunde, die ich hier berichten will, geradezu übermäßig pünktlich. Die Stunde davor hatte er mich 20 Minuten warten lassen, weil er sich in den Kopf gesetzt hatte, die 50 km zu mir auf dem kürzesten und wie er meinte, zeitsparendsten Weg zurückzulegen. Der Effekt war genau der gegenteilige, weil er sich in diversen Kreisstraßen verfranzte. Er war absolut verzweifelt, als er ankam.

Die jetzige Stunde hat zwei Themen: er berichtet von seiner neuen Arbeitsstelle in einer Anwaltskanzlei, wo er sich gut hineinfinde und zunehmend wohlfühle. Dann, zunächst etwas zögernd, kommt er auf eine Kollegin dort zu sprechen, in die er sich verliebt habe. Er denkt darüber nach, wie er mit ihr in persönlichen Kontakt kommen könnte. Ich denke etwas erschrocken: nicht schon wieder! Nach einer frühen, kurz dauernden Ehe mit nachfolgender Scheidung bestand sein ganzes Leben aus mehr oder weniger erfolglosen Versuchen, mit Frauen in einen länger dauernden Kontakt zu kommen: entweder brach er ab oder die Frauen wiesen ihn zurück. Er versucht es immer wieder, kommt aber immer wieder in Schwierigkeiten, wenn er mit den Frauen, die entweder er abgewiesen hat oder die ihn abgewiesen haben, anschließend weiter zusammen arbeiten muss. Ich sage also: es wäre doch schade, wenn die gute Atmosphäre an seiner jetzigen Arbeitsstelle durch einen unzeitigen Antrag gleich wieder belastet würde. Aber wie das mit Ratschlägen so geht: ich habe das Gefühl, auf taube Ohren zu treffen.

Dann ist noch kurz die Rede von seiner Tochter, mit der er in einem Dauerclinch lebt, weil sie, obwohl am gleichen Ort wohnend, sich nicht genug um ihn kümmere. Er wolle sie und ihren Mann demnächst zur Rede stellen: so könne sie nicht mit ihm umgehen.

Am Ende der Stunde sage ich: ich hätte mir überlegt, ob nicht „etwas in ihm" die Dinge immer so gestaltet, dass eine Enttäuschung dabei herauskommt: die Spannungen mit der Tochter, seine immer wieder enttäuschenden Verliebtheiten und sogar die Fahrt zu mir, wo er sich eine besonders direkte Route herausgesucht hat, bei der dann im Endeffekt das Gegenteil von dem heraus kam, was er sich davon versprach. Er sagt, für mich überraschend: etwas geträumt habe er auch noch. Ein Aquarium mit Goldfischen, die er brät und essen will. Im Traum hat er Bedenken, weil Goldfische angeblich giftig sind.

Ich sage: Goldfische isst man demnach anscheinend besser nicht, und wenn man sie gebraten hat, sind's keine Goldfische mehr, sondern Bratfische. Er wiederholt nachdenklich: Goldfische isst man besser nicht. Dann, mit sichtbar in seiner Miene aufleuchtender Einsicht: Sie meinen also …? Wir lachen beide. Der Satz bleibt unvollendet. Ich würde das für eine „wahre", wenn auch überwiegend implizite Deutung halten. Natürlich nicht im Sinn objektiv überprüfbarer Übereinstimmung mit irgendwelchen Tatsachen. Aber es scheint mir doch mehr zu sein als nur die heute in der Psychoanalyse so populäre intersubjektive (konsenstheoretische) Validierung in dem Sinn: wir beide kommen überein, dass diese Deutung zwischen uns als richtig gelten soll.

Freuds „Wahrheit": immer schon verleugnet, wenngleich „mit Händen zu greifen"

Ich komme zurück auf Freuds merkwürdige Wendung: die Wahrheit „fatieren" (vom lat. fateor), die zu entschlüsseln die ganze altsprachliche Gymnasialbildung aufgeboten werden muss. Bekannter ist das Compositum confiteor („Konfession"), das in erster Linie Bekennen einer Schuld, sodann aber auch einer Überzeugung bzw. eines religiösen Glaubens bezeichnet. Das Präfix con– bedeutet bei vielen lateinischen Verben einfach die Steigerung bzw. „Pathetisierung" eines Vorgangs. Das Simplex fateor besagt ungefähr das Gleiche wie das Compositum, eben nur ohne die pathetische Note. Heute wird das Fremdwort „fatieren" – und zwar vor allem in Österreich, wo Freud ja herkommt – eigentlich nur noch im Zusammenhang mit der Steuererklärung verwendet: man legt dem Finanzamt gegenüber seine Vermögensverhältnisse offen, man „fatiert" sie; also ein echter Austriazismus.

Mit dieser höchst prosaischen Offenlegung mehr oder weniger wahrer Tatsachen gegenüber dem Finanzamt vergleicht also Freud die psychologischen Wahrheiten. Da heutzutage so vieles moralisch hochgepuscht wird, ist Freuds Pointe nur noch schwer zu verstehen. Auch die gute alte Steuerschummelei ist ja zum inzwischen „Steuerbetrug" hochgehievt worden. In Freuds Zeiten hatte sie diesen moralischen Touch noch nicht. „Die Wahrheit fatieren" würde demnach heißen: relevante Sachverhalte offenlegen, die man lieber für sich behielte; ihnen ins Auge zu sehen, ohne Beschönigung, aber auch ohne moralisches oder religiöses Bekennerpathos. Die „Wahrheit" bei Freud: das ist also etwas so Unpathetisches und zugleich beinahe Unmögliches, weil der dem Menschen anscheinend in die Wolle gefärbten Neigung zum Verbergen und Tricksen diametral Zuwiderlaufendes wie eine Steuererklärung, die Gewinne und Verluste in der persönlichen Bilanz redlich offen legt.

Von seinem unpathetischen und skeptischen Wahrheitsbegriff her würde Freud die Landmann-Bollnow-Loch'sche Wahrheit als „Fels", auf dem man stehen kann, wohl kaum goutieren: diese Bildersprache wäre ihm vermutlich zu pathetisch, zu existenzialistisch, letzten Endes zu „religiös". Die Wahrheiten, die Freud im Blick hat, sind nichts derart Großartiges: sie sind einfach unangenehm, man mag sie nicht sehen und schon gar nicht „fatieren". Wo sich das Ich solchen unangenehmen Wahrheiten in der Außenwelt zu entziehen sucht, spricht Freud von „Verleugnung"; wo es darum geht, sich unangenehme innere Wahrnehmungen fern zu halten, von „Verdrängung" und weiteren Abwehrmechanismen: Projektion, Idealisierung usw.

Die Wahrheit: das ist nach Freuds Auffassung beileibe nicht etwas, was die Menschen suchen, sondern eher etwas, was sie fürchten wie der sprichwörtliche Teufel das Weihwasser. Aber manchmal können sie trotzdem nicht verhindern, dass etwas davon „aufblitzt". Was den Patienten im obigen Beispiel betrifft: Es scheint sowohl an meiner „unanalytischen" Warnung wie auch an der nachgeschobenen Deutung wenigstens „etwas" Wahres dran gewesen zu sein. Der Patient „evaluiert" sie

(Berns 1994), indem er Phantasiematerial nachschiebt – einen Traum, von dem er spüren mag: der hat was mit unserem Thema zu tun. Ich denke, was ich ihm vermitteln konnte, war eine „Wahrheit" in diesem von Freud gemeinten Sinn: es war „evident"; es war sozusagen „mit Händen zu greifen", auch wenn er sich alle erdenkliche Mühe gab, es *nicht* zu sehen – im Traum allerdings sah er es doch.

Freud, der Meister bildhafter Veranschaulichung, hat diesen Befund der immer schon durch Verleugnung und Verdrängung verfälscht vorgefundenen Wahrheit mit der Zensur von unerwünschten Stellen in alten handgeschriebenen Büchern verglichen (1937c, S. 81 f.): da wird ausgelassen, ausradiert, überklebt, was der Zensur nicht in den Kram passt. Der Sinn des Textes wird damit mehr oder weniger unkenntlich. Ähnlich bei meinem Patienten: er wollte einfach nicht wissen, wie viele Enttäuschungen in Beziehungen er sich schon selbst bereitet hatte; mir war es überlassen, gleichsam sein Gedächtnis zu sein wie Leporello in Mozarts Oper und zu deuten: bitte nicht schon wieder dasselbe! Immer wieder Goldfische, die als Bratfische enden!

Eine Erschwernis, Wahrheiten über mich selbst als Wahrheiten anzuerkennen, liegt freilich heute in einer allzu weitgehenden Subjektivierung des Wahrheitsbegriffs. Vielen gilt heute, frei nach Wittgenstein: „Richtig ist, was immer mir als richtig erscheinen wird" (1918, S. 394). Innerseelisches, da nicht evaluierbar, wird zur Ansichtssache. Insofern ist Freuds revolutionäre Erkenntnis heute in Gefahr, ins Leere zu laufen: dass die Menschen um jeden Preis vermeiden wollen, über sich selbst zu wissen, was ihnen eigentlich zu wissen nottäte. Ist doch Ansichtssache, denkt man gern, und jeder soll nach seiner Façon selig oder auch unselig werden. Dass dieses Innere nicht nur Ansichtssache ist, wollte ich mit meinem Stundenprotokoll belegen.

Was im Hinblick auf unser Innenleben wahr ist bzw. wo wir uns über uns selbst täuschen, dafür gibt es wohl nur ein einziges, wissenschaftlich freilich wenig valides Kriterium, das Freud meines Wissens nie benannt hat, obwohl einer seiner Lehrer, der Philosoph und Psychologe Franz Brentano, große Stücke darauf hielt: das Evidenzerlebnis. Ich bin mir bewusst, dass am Begriff der Evidenz ein ganzer Rattenschwanz von Problemen hängt. Es gibt das religiöse Evidenzgefühl des Gottes- oder Unsterblichkeitsgläubigen; es gibt auch das Evidenzgefühl des Wahnkranken, der seine Wahnvorstellungen für „wahr" hält. Dennoch meine ich, um nochmals auf Lochs zwei Wahrheiten und seinen resignativen Verzicht auf die Erreichbarkeit wissenschaftlicher Wahrheit in der Psychoanalyse zurückzukommen, dass diese Nicht-Erreichbarkeit zwar vermutlich Tatsache ist, dass sie uns anderseits aber auch nicht nötigt, mit der „Wahrheit als Fels" uns in ein quasi religiöses Fahrwasser zu begeben.

Für den Alltagsgebrauch sind die streng wissenschaftlichen Evidenzkriterien wohl unerreichbar hoch angesetzt. Das gilt nicht zuletzt für die sog. „evidenzbasierte" Medizin. An vielen Stellen aber, von der Theologie über die Jurisprudenz bis hin zur Verkaufspsychologie beginnt inzwischen ein anderes Verständnis einer ermäßigten Rationalität sozusagen „zweiter Ordnung" (Renn 2013) Platz zu greifen, innerhalb dessen auch Gefühlsmomente eine Rolle spielen. Gerd Gigerenzer, einer der profilierten psychologischen Forscher auf diesem Gebiet, spricht vom „Bauchgefühl" als einem gefühlten Wissen, als einer unbewussten Form von Intelligenz (Gigerenzer 2014, S. 2). Im Rahmen eines solchen Konzepts einer „limbischen Vernunft" (vgl. Bittner 2015, S. 44 ff.)) könnten auch Evidenzerlebnisse wieder ihren Stellenwert bekommen, wenn man sich ihnen nicht blindlings anvertraut und seine reflektierende Vernunft nicht abschaltet.

Freuds Schüler Carl Gustav Jung hat sich in seinen Überlegungen zum von ihm so genannten „Schatten" übrigens auch mit den verleugneten und unangenehmen Wahrheiten befasst. Manchmal brauche man Hilfe von außen, die einem nahebringt, was man bei sich selbst nicht sieht oder nicht sehen will. Es könne „leicht eine Sonntagspredigt, seine Frau oder die Steuerkommission" der Wahrheitserkenntnis auf die Sprünge helfen (Jung 1951, S. 26). Also wieder das Finanzamt! Aber, wie man gleich sehen wird, auch die eigene Frau.

Meistens also brauchen wir einen Anstoß von außen, um eine Einsicht mit Evidenzcharakter zu gewinnen. So ging es meinem Patienten, so ging es auch mir. Zum besseren Verständnis meines geliebten Witzes von den zwei Juden habe ich Nachhilfe von außen gebraucht. Meine Frau brachte mich auf die Spur, indem sie fragte: Hatte der Karpfen-Käufer nicht einfach Angst, vor seiner Frau dumm da zu stehen und von ihr geschimpft zu werden, weil er ohne Karpfen heim kam? So erfand er zur Rettung seines Selbstwertgefühls das ganze Problem vom Karpfen, der – vielleicht – ein Aal war, und alles weitere, was daraus folgt. Wenn's einem jemand gesagt hat, ist es so evident, dass man sich nur wundern kann, dass man nicht selbst darauf gekommen ist.

Literatur

Berns, U. (1994): Die Übereinstimmungsdeutung. Ein Ergebnis der Evaluationsanalyse, Forum der Psychoanalyse 10, S. 226–244.
Bittner, G. (2015): „Dir unbewußt arbeite ich in Dir". Die Psychoanalyse Hermann Hesses bei Josef Bernhard Lang, Würzburg.
Bollnow, O. F. (1975): Das Doppelgesicht der Wahrheit, Stuttgart.
Brentano, F. (1930): Wahrheit und Evidenz. Erkenntnistheoretische Abhandlungen und Briefe, Leipzig.
Freud, S. (1900a): Die Traumdeutung, GW II/III, Frankfurt/M.
Freud, S. (1915a): Bemerkungen über die Übertragungsliebe, GW X, Frankfurt/M.
Freud, S. (1915b): Zeitgemäßes über Krieg und Tod, GW X, Frankfurt/M.
Freud, S. (1916–17a): Vorlesungen zur Einführung in die Psychoanalyse, GW XI, Frankfurt/M.
Freud, S. (1933a): Neue Folge der Vorlesungen zur Einführung in die Psychoanalyse, GW XV, Frankfurt/M.
Freud, S. (1937c): Die endliche und die unendliche Analyse, GW XVI, Frankfurt/M.
Freud, S. (1937d): Konstruktionen in der Analyse, GW XVI, Frankfurt/M.
Gigerenzer, G. (2014): Ein Bauchgefühl ist keine Willkür (Interview), Main-Post Würzburg vom 4.11.2014.
Hesse, H. (1921): Aus einem Züricher Notizbuch, SW Bd. 11, Frankfurt/M.
Jung, C.G. (1951): Aion. Beiträge zur Symbolik des Selbst, GW 9/2, Olten u. a.
Loch, W. (1976): Psychoanalyse und Wahrheit, Psyche 30, S. 865–898.
Pohlen, M. (2006): Freuds Analyse. Die Sitzungsprotokolle Ernst Blums, Reinbek bei Hamburg.
Renn, J. (2013): Praktische Gewissheit und die Rationalität zweiter Ordnung, Zeitschrift für Theoretische Soziologie 2, S. 56–81.
Spence, D. (1982): Narrative Truth and Historical Truth. Meaning and Interpretation in Psychoanalysis, New York.
Wittgenstein, L.(1918): Philosophische Untersuchungen, Schriften Bd. I, Frankfurt/M. 1960.

Peter Cornelius Mayer-Tasch

Würde – ein allzu großes, ein unzeitgemäßes Wort?

„Die Würde des Menschen ist unantastbar. Sie zu achten und zu schützen ist Verpflichtung aller staatlichen Gewalt." So steht es in Art. 1, Abs. 1 des deutschen Grundgesetzes. Und im Rückblick auf die atemberaubende und markerschütternde Weise, in der die Würde unzähliger Menschen während der ersten Hälfte des 20. Jahrhunderts gerade in Deutschland, aber auch in vielen anderen Ländern, mit Stiefeln getreten wurde, erschien die Verankerung dieses normativen Aus- und Aufrufes als Verfassungsgrundsatz unabweisbar. Durch den in der rechtswissenschaftlichen Literatur hoffnungsvoll als „Ewigkeitsklausel" apostrophierten, nur durch einen Staatsstreich oder eine Revolution aufhebbaren Art. 79, Abs. 3 GG ist dieser Verfassungsgrundsatz nach dem Willen der Väter des Grundgesetzes jeglicher Änderung entzogen, genießt mithin allerhöchste Priorität und wurde daher auch seit dem Erlass des Grundgesetzes in Gesetzgebungs- und Rechtsprechungsverfahren immer wieder als Referenz bemüht. Und dennoch: Angesichts zahlreicher gesellschaftlicher Fehlentwicklungen unterhalb der sofort und ohne weiteres verfassungsrechtlich fassbaren Anstößigkeitsgrenze hat die Strahlkraft dieses Verfassungsgrundsatzes seit jenen Tagen der großen Worte unverkennbar abgenommen, hat die Beschwörung des Begriffs in der Wahrnehmung einer ständig wachsenden Zahl von Zeitgenossen einen schalen Beigeschmack erhalten. Aus der Fortentwicklung der Lebensverhältnisse sind neue kritische Fragen erwachsen – Fragen wie diese: Vertragen sich die Modalitäten des heutigen Umgangs mit unserer Um- und Mitwelt tatsächlich noch mit der Würde des Menschen? Ist die nur schwach abgefederte kapitalistische Akkumulations- und Manipulationsdynamik des sich in wachsendem Maße globalisierenden Wirtschaftslebens, ist die ständig wachsende Spreizung von Reichtum und Armut, ist die technisch ermöglichte und rechtlich unzureichend gebremste Aufhebung der Privatsphäre des zunehmend „gläsernen" Bürgers, ist die immer rasantere Beschleunigung aller Informations- und Kommunikationsprozesse wirklich noch mit einer Vision und Perzeption von Würde vereinbar, die auch nur hierzulande, geschweige denn weltweit, auf Übereinstimmung hoffen darf? Ist Würde nicht ein allzu großes Wort, um sich mit seiner (bloßen) Normierung zufrieden zu geben? Passt es auch und noch in unsere Zeit? Fragen all diese, die es nahelegen, der Idee und der Geschichte des Begriffs der Menschenwürde ein wenig nachzuspüren.

Wert und Würde: zwei Begriffe, die – gerade auch in ihrer Doppelung – leicht aus der Feder fließen. Und dies keineswegs von Ungefähr. Beide Begriffe gehen auf einen gemeinsamen indogermanischen Wortstamm zurück und signalisieren die (Hin-)Wendung zu Besserem, Höherem. Unwert, unwürdig oder auch nur un„wirsch" verhält sich nach unserem althergebrachten Sprachgebrauch, wer Blick, Hand und Herz nicht nach „Oben", sondern nach „Unten" richtet. Das „Oben" wie das „Unten" aber bemisst sich nach den Überlieferungen und Überzeugungen unseres – weither und weithin morgenländisch inspirierten – abendländischen Weisheitswissens.

Nachgedacht hat man über das dem Menschen Angeborene und über das ihm An- und Zustehende seit eh und je – im Rahmen der ägyptisch beeinflussten mosaischen Ethik, bei den Orphikern und Pythagoräern, in der Vorsokratik, im Umkreis der griechischen Klassik, bei den Kynikern, Epikuräern und Stoikern, in der römischen Ziviltheologie, im frühen Christentum unter dem Einfluss der platonischen Philosophie und der in den Evangelien dokumentierten Liebesethik des Propheten aus Nazareth. Und nachgedacht hat man über diese Grundfragen der *conditio humana* in der manichäisch akzentuierten augustinischen und in der aristotelisch akzentuierten thomasischen Theologie und Philosophie des frühen und des hohen Mittelalters.

Zu einem denkwürdigen Kristallisationspunkt dieses zeitweise äußerst eingeengten, nie jedoch völlig abreißenden Nachdenkens, Sprechens und Schreibens über Beschaffenheit und Bestimmung des Menschen wurde dann am Übergang vom Mittelalter zur Neuzeit der sich im kulturellen Spannungsfeld von Neapel, Rom und Florenz entwickelnde humanistische Diskurs. Während Bartolomeo Fazio in seinem Traktat *De excellentia ac praestantia hominis* von 1447/8 die Gottesverehrung noch ganz im Sinne des christlichen Mittelalters als einzig würdige Bestimmung des Menschen betrachtet, sein (Auftrags-)Gegner Gianozzo Manetti in seiner Abhandlung *De dignitate et excellentia hominis* von 1452 diese „Würde und Exzellenz" des Menschen nur dann erfüllt sieht, wenn sich dieser im Sinne des biblischen Ermächtigungsgebotes seiner gottgegebenen Anlagen bemächtigt, um mit deren Hilfe Um- und Mitwelt zu gestalten, wählt der zum Zeitpunkt der Niederschrift seiner „Eleganten Rede" (*Oratio elegantissima*) – als solche nämlich war sein knapper Traktat konzipiert – erst 23-jährige Pico della Mirandola einen etwas anderen Blickwinkel. Und wenn wir heute die Wiedergeburt des Menschen und die Wiedergeburt des Staates als zentrale Leistungen von Humanismus und Renaissance betrachten, so hat Picos – 1486 verfasste und 1496 unter dem Titel *De dignitate hominis* (Über die Würde des Menschen) erstmals erschienene – Schrift einen nicht unwesentlichen Anteil daran. Das nach jahrhundertelanger Ausrichtung aller philosophisch-theologischen Diskurse auf das Idealbild des *Homo Viator,* des an der strengen Hand institutioneller Mittler auf seiner Pilgerreise geleiteten Wanderers zu Gott, neu erwachte Interesse am real existierenden Menschen – am Menschen, wie er leibt und lebt – hat zu Beginn der Renaissance etliche Wortführer erhalten. Keiner aber hat so unmissverständlich und nachdrücklich wie er die Bestimmung des Menschen als ein mit Willenskraft begabtes, zum Bildner seiner eigenen Welt berufenes und insoweit auch nicht festgelegtes Geschöpf Gottes erklärt. Als ein in den Mittelpunkt der Erde gestelltes, Himmel und Erde in sich bergendes Wesen (Pico nennt ihn „caelestium et terrestrium vinculum et nodus") ist der Mensch aus dieser Sicht ein existentiell am Scheideweg stehendes, unausweichlich zu einer Richtungsentscheidung berufenes Wesen. Was ihm sein Schöpfer auf den irdischen Weg mitgibt, ist – nach den Worten Pico della Mirandolas – unmissverständlich: „Weder als einen Himmlischen noch als einen Irdischen habe ich dich geschaffen und weder sterblich noch unsterblich dich gemacht, damit du wie ein Former und Bildner deiner selbst nach eigenem Belieben und aus eigener Macht zu der Gestalt dich ausbilden kannst, die du bevorzugst. Du kannst nach unten hin ins Tierische entarten, du kannst aus eigenem Willen wiedergeboren werden nach oben in das Göttliche…Wer wollte dieses Chamäleon nicht bewundern?"

Im Gegensatz zu dem von Platon im ‚Mythos der drei Metalle' zumindest partiell und tendenziell festgelegten Menschen der *Politea* sind dem Menschen aus Picos Sicht „Samen jedweder Art und Keime zu jeder Form von Leben" mitgegeben. „Die, die jeder pflegt, werden sich entwickeln und ihre Früchte an ihm tragen." Selbst zum Höchsten ist er befähigt. Entwickelt er die „Keime des Geistes", wird er „Engel sein und

Gottes Sohn". Dass Pico in diesem Zusammenhang den Propheten Asaph (Ps. 82,6) mit den Worten „Götter seid ihr und Söhne des Höchsten alle" zitiert, auf den sich nach dem Johannes-Evangelium (Joh. 10,34) auch schon Jesus von Nazareth affirmativ bezogen hatte, dürfte nicht nur seine eigene Position verdeutlichen, sondern auch erklären, warum Picos Plan, der Gelehrtenwelt in Rom 900 (sic!) Thesen zur Diskussion vorzutragen, am Veto Papst Bonifaz VIII scheiterte. Allzu leicht nämlich hätten solche Zitate unter den Gläubigen Zweifel an der Haltbarkeit der auf dem Konzil von Nicäa (325 n. Chr.) von den Anhängern des Patriarchen Athanasius von Alexandrien durchgesetzten und verkündeten Glaubenswahrheit der alleinigen Gottessohnschaft Jesu wecken können. Wie immer es sich aber damit auch verhalten mochte – sicher ist, dass die Rolle der Philosophie gerade auch im Hinblick auf Wert und Würde des Menschseins inzwischen eine bemerkenswerte Entwicklung erfahren hatte. Wo sie an der Schwelle zum Mittelalter dem – wohl zu Unrecht wegen Hochverrats zum Tode verurteilten – Kanzler des Ostgotenkönigs Theoderich, Boethius, bei der Niederschrift in der ‚Todeszelle' zu Pavia verfassten Werkes *De consolatione philosophiae* noch als majestätische Trösterin erschien, die dann im Laufe der folgenden Jahrhunderte mehr und mehr zur bloßen *ancilla theologiae* (Magd der Philosophie) herabsank, wurde sie am Ausgang des Mittelalters für den hochgesinnten Humanisten Pico della Mirandola in Form von Ethik und Dialektik Führerin auf dem Weg zur Wahrnehmung einer individuellen Vergöttlichungsoption.

Wenn der humanistische Diskurs über die Würde des Menschen als Kulminationspunkt einer Jahrtausende alten Tradition bezeichnet wurde, so nicht zuletzt deshalb, weil er noch einmal die großen Fragen – die Rahmenbedingungen und die Entwicklungspotentiale – des Menschseins auf den philosophischen Prüfstand stellte und so zum dialektischen Resonanzboden für zahlreiche nachfolgende Detail-Diskurse wurde, dessen Echo selbst noch durch den atheistisch oder auch agnostizistisch gefärbten Existenzialismus des 20. Jahrhunderts hindurchklingen sollte. Während es in den theologisch-philosophischen Auseinandersetzungen des Reformationszeitalters vor allem wieder um die Modalitäten der spirituellen Pilgerreise des *Homo Viator* ging, bemühte sich die Aufklärung nicht zuletzt darum, dem längst zum *Homo Faber*, zum tatkräftig Wirkenden, Gewordenen die sozialen und politischen Voraussetzungen für die Verwirklichung der ihm philosophisch zuerkannten Lebens- und

Entwicklungsperspektiven zu schaffen. Die sozialen Bewegungen des 19. Jahrhunderts schließlich waren von der Überzeugung getragen, dass dem Menschen ohne eine hinreichende wirtschaftliche Basis kein würdevolles Leben möglich sei. Während im 18. und 19. Jahrhundert mithin nurmehr Fußnoten zu den – weithin als längst geklärt erscheinenden – „großen" Fragen der *conditio humana* geschrieben wurden, erfuhren diese zur Mitte des 20. Jahrhunderts hin im Zeichen der existentialistischen Philosophie und Literatur eine markante Neuauflage. Dass diese Neuauflage durch die monströsen Menschenopfer und Vernichtungsorgien nicht nur der beiden dicht aufeinanderfolgenden Weltkriege, sondern auch der in ihrem zeitlichen Umkreis virulent gewordenen Massenideologien beflügelt wurde, liegt auf der Hand. Gerade denjenigen, die sich mit Adorno zweifelnd fragten, ob man nach Auschwitz noch Gedichte schreiben könne, konnte nicht verborgen bleiben, dass der Stand- und Wirkort des Menschen am Scheideweg unterschiedlichster Entwicklungsperspektiven sowohl altangestammt als auch unumgänglich war. Auch diejenigen, die den Himmel nicht mit Göttern und Engeln bevölkert sahen und denen auch die Hölle als jenseitige Strafanstalt völlig außer Sichtweite geraten war, konnten sich an dem orientieren, was seit Jahrtausenden als edel und würdig galt, oder an dem, was seit eh und je verachtet und verworfen wurde. An den Maßstäben änderte sich wenig – höchstens an den Nuancierungen des täglichen menschlichen Umgangs miteinander.

Dieser tägliche Umgang kennt zwei normative Hauptebenen – eine allein der mit-menschlichen Würde geschuldete erste, und eine der praktischen Vernunft des sozialen In- und Miteinanders geschuldete zweite Ebene. Auf der ersten Ebene richtet sich ein würdiges Verhalten danach, was dem Nächsten in selbstreflexiver Perspektive zugebilligt werden sollte oder zugemutet werden darf. Es bemisst sich mithin nach der goldenen Regel der Stoa („Was du *nicht willst*, daß man *dir* tue…), nach ihrer christlichen Umformung in der Bergpredikt nach Matthäus 7,12 („Was du *willst*, daß man *dir* tue…) oder nach dem kategorischen Imperativ Kants („Handle nach der Maxime, die sich selbst zugleich zum allgemeinen Gesetze machen kann"). Auf der zweiten Ebene richtet sich ein würdiges Verhalten seit eh und je nach dem Rang- bzw. Beziehungsverhältnis der sich auf dieser Ebene Begegnenden. Stehen sie in einem Partnerschafts-, Verwandschafts- oder Freundschaftsverhältnis, werden die Erwartungen an ein würdiges Verhalten höhere sein als in der Begegnung mit Unbekannten. Wer in „Amt und Würden" oder doch in einem Verhältnis institutioneller oder beruflicher Über- und Unterordnung steht, darf in aller Regel einen der Wertigkeit seines Amtes oder seiner Stellung in der jeweiligen Gesellschaft entsprechenden Respekt erwarten. Dass sich der Umgang mit den Amts- und Würdenträgern im Laufe der Zeit und nach Maßgabe der jeweiligen sozialen Kultur stark verändert haben und noch weiter verändern, ist unverkennbar. Wo in manchen Ländern einst die *Proskynesis* bzw. der Kotau – d. h. also der Fußfall – üblich war (in Äthiopien galt dies bis zur Revolution des Jahres 1974) dürfte heute eine – durch ein Kopfneigen verstärkte – angedeutete Verbeugung und die Anrede „Herr Präsident", „Herr Bundeskanzler" oder auch (wo es noch Könige gibt) „Majestät" angemessen sein. Auch traditionsbewussten Professoren fällt in der Regel kein Stein aus ihrer Wissenschaftskrone, wenn sie den Rektor ihrer *Alma Mater* bei feierlichen Anlässen mit „Magnifizenz" adressieren. Schon mit der Erwähnung des Amtes jedoch oder im privaten Umgang mit der Anrede „Herr" oder „Frau" ist in einer liberal-demokratisch geprägten Sozialkultur einer würdigen Form Genüge getan. Einer Form, die deshalb als „würdig" betrachtet werden kann, weil sie nach dem Gemeinspruch „Ehre, wem Ehre gebührt" zum Ausdruck bringen mag, dass der in „Amt und Würden" Befindliche eine Gemeinwohlaufgabe erfüllt, die ihm oder ihr das Vertrauen der hierzu berufenen sozialen Kräfte übertragen hat. Dass ihm oder ihr dieser Respekt aber nur bedingt gezollt wird, d. h. also nur insoweit, als die betreffenden Persönlichkeiten sich „des Amtes würdig" erweisen, wenn „Amt und Würden" also nicht nur als Redewendung zusammenfallen, belegen zahlreiche Erfahrungen aus Vergangenheit und Gegenwart. Individual- und sozialpsychologisch interessant ist, wie sich der Aufbau und der Übergang von Würdigkeit, Würde, Würdigung, Selbst-Entwürdigung und Verlust auch von „Amt und Würden" in einem dialektischen Entwicklungsprozess stets auf neue vollziehen. Und wer nicht die von Tarquinius Superbus über Nero, Caligula und Heliogabal bis hin zu Hitler reichende Kette von Staatsoberhäuptern bemühen will, die an ihrer Würdelosigkeit scheiterten, wird genügend einschlägige Beispiele auf allen Stufen der Gesellschaftspyramide, aber auch auf allen Erfahrungs- und Entwicklungsebenen der zwischenmenschlichen Dialektik von Aufwertung, unwertem Verhalten und Abwertung finden und nennen können.

In seinem eindrucksvollen Buch mit dem Titel „Eine Art zu leben" hat der deutsch-schweizerische Philosoph und Romancier Peter Bieri in sehr umsichtiger Weise der Vielfalt der menschlichen Würde nachgespürt. Im Blick auf Würde als individuelle Lebensform hat er sie – unter Einbezug der verschiedensten Dimensionen von Achtung und Selbstachtung – assoziations- und facettenreich durchdekliniert. Wer unter den heutigen Lebensbedingungen über das Wort und den Begriff der (individuellen) Würde stolpert und vielleicht auch an persönlichen Scheidewegen steht, sollte dieses Buch zur Hand nehmen und von der ersten bis zur letzten Seite lesen. Es mag ihm oder ihr danach leichter fallen, den Weg in dieser oder jener Richtung fortzusetzen.

Würde aber ist nicht nur ein Wort zur Bezeichnung des je und je individuell Angemessenen. Ganz so, wie menschliches (Selbst-)Bewusstsein sich seit eh und je Rechenschaft abzulegen versuchte über würdiges und unwürdiges Verhalten, wie das Stimmige gesucht und das Unstimmige in Frage gestellt wurde im eigenen Bewusstsein, im Umgang mit anderen Menschen und im Umgang mit soziopolitischen, sozioökonomischen und soziokulturellen Rahmenbedingungen (und sei es auch nur im Hinblick auf einen situationsgerechten Sprachgebrauch oder eine dem gesellschaftlichen Anlass angemessene Kleiderwahl), so lässt sich auch die Frage nach der einem Zeitalter eignenden Würde stellen – d. h. also die Frage, um welche (mit-)menschlichen Werte jeweils gerungen wurde und welcher Erfolg diesem Ringen beschieden war.

Auch diese Frage(n) und mögliche Antworten ließe(n) sich für die uns hinlänglich bekannte Geschichte zumindest des letzten Jahrtausends durchdeklinieren. Wegweisendes Kriterium für eine Antwort auf diese Frage(n) ist, was die geistigen Wortführer der jeweiligen Epochen im Lichte ihrer bedeutsamsten Erfahrungen und Erkenntnisse als „Berufung" ihres Zeitalters, d. h. also, als die der Schicksalslage ihrer Zeit angemessene Hauptaufgabe empfanden. Versucht man, eine solche Sequenz zu skizzieren, so kann man beliebige historische und regionale Ansatzzeiten und -orte wählen. Für das Abendland wird man feststellen können, dass sich nach dem Zusammenbruch des Römischen Reiches unter dem zuletzt übermächtigen Druck germanischer Stämme zunächst und zuvörderst ein enormer politischer Neuordnungs- und kultureller Neuorientierungsbedarf ergab. Eine epochale Aufgabe dies, die durch die – in den Anfängen ungebärdige, später gemessenere – Macht- und Kulturpolitik der Karolinger Pippin und Karl in ersten ‚groben' Zügen erfüllt wurde. Wenn die Geschichtsschreibung Karl das Prädikat ‚der Große' zuerkannte, so deshalb, weil es ihm – trotz oder wegen eines ambivalenten Charakterbildes und der von ihm begangenen *crudeltà necessarie* (Machiavelli) – gelang, diese Aufgabe zu meistern. Vor allem wohl aber auch deshalb, weil es ihm gelang, die von seinen Heeren nach Norden, Osten und Süden gezogene Blutspur durch ein Zweckbündnis mit dem Papsttum zu sanktionieren und so den realpolitischen Anspruch kriegerischer Stärke mit der traditionssichernden römischen und der „heiligenden" christlichen Legitimation zu verbinden. Das Resultat in Gestalt des – durch die Kaiserkrönung Karls am Weihnachtstag 800 besiegelten – „Heiligen Römischen Reichs" sollte dann dem ganzen Mittelalter eine epochale Titularwürde verleihen.

Auf das Ringen aller ethisch bestimmenden Kräfte, diesem nominellen Anspruch gerecht zu werden, die unter der Ägide dieses Anspruchs Lebenden auf einen sicheren Weg zu Gott zu führen und sie auch auf diesem Weg zu halten, folgte dann die für viele Christ-Gläubige schmerzliche Erfahrung einer ständigen Verengung und Verhärtung dieser spirituellen Führungsimpulse. Zu dogmatischer Intoleranz und machtpolitischem Missbrauch theologischer Positionen im Inneren des Reichs gesellte sich im Zeichen des Kreuzes eine zunehmend aggressive Expansionsbereitschaft nach Außen, unter dessen – durch die spätere Kolonialpolitik aufgefrischtem und verstärktem – negativen „Nachruhm" Europa heute noch zu leiden hat.

Als das christliche Mittelalter im Gefolge dieser Entwicklungen in den Augen eines Großteils seiner eigenen geistigen Eliten viel von der ihm in den Anfängen zuerkannten Würde verloren hatte, erstand dem Abendland im Zeichen des Humanismus die historische Aufgabe der Wiedergeburt eines – schon in der griechischen Klassik vorgeformten – Menschenbildes. Unter dem Druck allzu starker Bevormundung wiedergeboren werden sollte nunmehr das Bild eines zwar nach wie vor als Geschöpf Gottes verstandenen, aber zugleich auch zu ethischer Selbstbestimmung sowohl befähigten als auch berufenen Menschen, dessen Würde – ganz im Sinne Pico della Mirandolas – aus der Wahrnehmung dieser Doppelgabe von Befähigung und Berufung erwuchs. Dass diese Wiedergeburt in der Auseinandersetzung mit den soziokulturellen Kräften der Beharrung während der konfessionellen Bürgerkriege des 16. und 17. Jahrhunderts quer durch Europa einen erheblichen Blutzoll fordern sollte, gehört zur Dramatik und zur Tragik des – gleichwohl einem hehren Leitbild Bahn brechenden – Zeitalters der Renaissance.

Mit dem (Wieder-)Erstehen dieses an antike Ideen anknüpfenden, sie aber doch auch christlich akzentuierenden normativen Leitbildes erfolgte zugleich auch die Entwicklung des sich aus dem Netz des mittelalterlichen Feudalismus lösenden Flächenstaates als geschlossener Ordnungs- und Friedenseinheit. Nach den Vorstellungen seiner geistigen Väter sollte er die historische Aufgabe übernehmen, dem aus dem Elend der konfessionellen Bürgerkriege und mannigfacher mentaler Befangenheiten befreiten Menschen einen zumindest sicheren, aber möglichst auch würdigen Stand- und Wirkort zu garantieren. Unter dem Eindruck der Wahrnehmung von allzuviel ‚Sicherheit und Ordnung' und allzuwenig Freiheit innerhalb der – durch den Westfälischen Frieden auf eine neue (völker-)rechtliche Grundlage gestellten, tendenziell absolutistisch regierten – europäischen Staatsgebildes sollte dem ausgehenden 17. und dem 18. Jahrhundert dann aber schon bald die neue epochale Aufgabe zuwachsen, den zur Verwirklichung des humanistischen Menschenbildes unverzichtbaren Freiheitsräumen zuerst theoretische und dann auch praktische Anerkennung zu verschaffen. Wenn es Philosophen wie Jean Bodin (1530–1596) und Thomas Hobbes (1588–1678) noch in erster Linie – wenn auch nicht ausschließlich – um die Sicherung von Leib und Leben der den konfessionellen Bürgerkriegen Entronnenen gegangen war, stellten Denker wie John Locke (1632–1704), Jean-Jacques Rousseau (1712–1724), Immanuel Kant (1724–1804) und eine lange Reihe anderer vorrevolutionärer Aufklärer nunmehr weit höhere Anforderungen an ein sozial, wirtschaftlich und kulturell selbstbestimmtes Leben. Unverkennbar ist, dass schon sie die Würde ihres Zeitalters in der Förderung und Durchsetzung dieser Ziele sahen.

Dem 19. Jahrhundert schließlich fiel die historische Aufgabe zu, das aus dem Vulkan der französischen Revolution über die politische Landschaft Europas geschleuderte Werte-Magma in fruchtbringende Bahnen zu lenken. Eine Aufgabe dies, die in den sich im Laufe des Jahrhunderts entwickelnden sozialen Bewegungen Gestalt annahm und nach und nach und hie und da auch in diversen Konstitutionen und Kodifikationen zum Ausdruck kam. Neben dem facettenreichen Traditionsstrom des Konservativismus bemühten sich zunächst die Apostel von Liberalismus, Kommunismus und Sozialismus, mehr und mehr dann auch die Fahnenträger demokratischer Partizipation, um die sukzessive politische Anerkennung der revolutionären Trias von ‚Freiheit, Gleichheit und Brüderlichkeit'. Im Rückblick auf diese sowohl nach – als auch vorrevolutionäre Epoche wird man ihren Anspruch auf epochale Würde in dem das ganze Jahrhundert beherrschenden „Bohren harter Bretter mit Beharrlichkeit und Geduld" (Max Weber) verwirklicht sehen können, das nach dem Willen der geistigen und politischen Wortführer des 19. Jahrhunderts dem als menschengerecht Erkannten zum Durchbruch verhelfen sollte.

Dem 20. Jahrhundert schließlich, das sich in seiner ersten Hälfte im Übermut seiner technischen Errungenschaften und seiner nationalistischen Besessenheiten von vermessenen Potentaten und kurzsichtigen Gefolgschaften in völkermordende Kriege und Verfolgungen treiben ließ, blieb *post festum* nichts anderes übrig, als die Scherben zusammenzukehren. Das Gemeinziel Friede, Freiheit und Wohlstand einer möglichst großen Zahl von Menschen nunmehr ernsthaft anzustreben, sollten dem zum „Friedhof Europa" (George Sorel) gewordenen Abendland seinen Wert und seine Würde wiedergeben. Dass dieses – in den ersten Jahrzehnten nach dem zweiten Weltkrieg noch von einer bedrohlichen Ost-West-Spannung überschattete – Ziel zur Jahrtausendwende in Europa dank weitsichtiger politischer und ökonomischer Rahmensetzungen (wenn auch in regional und sozial abgestuftem Maße) eine Annäherung erfahren konnte, ist unabweisbar. Schon im letzten Drittel des 20. Jahrhunderts, spätestens aber zu Beginn des 21. Jahrhunderts wurde aber auch (über-)deutlich, dass die – dem amerikanischen *way of life* nacheifernde – europäische Erfolgsgeschichte der Nachkriegszeit auch eine dunkle Schattenseite zeigt, die ‚Wert und Würde' ihres Handels und Wandels in erheblichem Maße zu beeinträchtigen droht.

Das zur Erreichung der genannten Nachkriegsziele erforderliche Wirtschaftswachstum, das sich nach und nach in ganz Europa zu einem wahren ‚Wirtschaftswunder' entwickeln sollte, erfolgte nicht zuletzt auf Kosten der allzu „freien Güter" Wasser, Luft und Erde. Dies galt für die europäischen, erst recht aber für die Länder, in die viele Produktionsarten ausgelagert wurden, weil die Lohnkosten und die Umweltstandards tiefer lagen. Das eigene Nest zu beschmutzen ist unwürdig, das Nest des Nachbarn zu beschmutzen, noch würdeloser. Offerten wie die des früheren ugandischen Diktators Idi Amin, der in der *New York Times* eine als Investorenwerbung gedachte Annonce mit der Aufforderung „Come and pollute us" publizieren ließ, machen das ganze Syndrom noch anrüchiger. Und wenn die in der Europäischen Union verbundenen Länder in den vergangenen Jahrzehnten unter dem Druck kritischer (Gegen-)Eliten auch erhebliche Anstrengungen unternommen haben, wenigstens einen Teil ihres – nach den Gesetzlichkeiten der kapitalistischen Rationalität und den Bedingungen einer zunehmenden Globalisierung erwirtschafteten – Wohlstandes der Eindämmung dieser sozioökologischen Kollateralschäden zu widmen, so ist doch noch keineswegs Land in Sicht. Fatal und die Würde unseres Zeitalters ebenfalls schwer beeinträchtigend ist die Tatsache, dass dieser sozioökonomische Bewegungsstil nicht nur einen ungehemmten Wachstumshunger, sondern (in dessen unverzichtbarem Gefolge) auch einen unbegrenzten Rohstoffhunger nach sich zieht, der sich nur vordergründig zugunsten, vielfach aber zulasten der diesen Hunger befriedigenden unterentwickelten oder erst schwach entwickelten Länder darstellt. Und dies keineswegs nur aus ökologischen Gründen. Unübersehbar nämlich ist, dass die von den Industrieländern aus Opportunitäts- und Praktikabilitätsgründen zu Komplizen gemachten Herrschaftseliten der Rohstoffe und sog. *Cash crops* (wie Kaffe, Kakao etc.) liefernden Ländern einen nicht unwesentlichen Teil der Exportgewinne für private Zwecke abschöpfen und zumeist auch der eigenen Volkswirtschaft entziehen. Ein Missstand dies, der in aller Regel erst dann in vollem Umfang publik wird, wenn die betreffenden Machthaber durch einen Putsch oder eine Revolution gestürzt wurden. Die *Mésalliance* von Korruption und Naturausbeutung führt in vielen Ländern insbesondere (aber nicht nur) Afrikas zu einer kontinuierlichen Hungermisere, die ihrerseits eine sich ständig verstärkende Armutsmigration nach sich zieht. Nicht mehr Hannibal, wohl aber die ‚nach der Ordnung der Zeit' (Anaximander) auf uns zurückschlagenden Implikationen und Konsequenzen unserer – von des Gedankens Blässe nur mäßig angekränkelten – Expansivität stehen nun *ante portas* und begehren immer unabweisbarer Einlass. Was sich im spanisch-marokkanischen Melilla, in Lampedusa und an vielen anderen Küsten unseres Kontinents nahezu täglich ereignet, ist ein zumindest teilweise selbst verschuldeter (Rück-)Schlag ins Gesicht Europas, das sich mit seinen überkommenen und weltweit selbstbewusst behaupteten Wertvorstellungen – und damit letztlich auch mit seiner Würde – schwerlich vereinbaren lässt. Dieser Eindruck muss sich noch verstärken, wenn man die Situation diesseits der Grenzen betrachtet, wo trotz unverkennbarer Disparitäten Überfluss, Verschwendung und die ruhelose Jagd nach einem Mehr und immer Mehr an Geld und Gütern die Seelenlage einer ständig wachsenden Zahl von Menschen aus dem Gleichgewicht bringt. Der von Peter Bieri (wohl in Anlehnung an die epikuräische *Ataraxia* und die stoische *Apatheia*) als Synonym für eine würdige Geisteshaltung angesprochene Gleichmut ist jedenfalls Mangelware, wie die ebenfalls ständig wachsende Zahl der Psychotherapeuten, aber auch die Statistiken der Krankenkassen belegen. Den Einen geht dieser Gleichmut verloren, weil sie in ihrem obsessiven Akkumulations- und Expansionseifer (sei er nun selbstauferlegt oder systembedingt) zu unablässig weiterhetzenden Suchtopfern werden, den Anderen, den Arbeitslosen, weil ihnen, obwohl von der Gesellschaft durchgefüttert, das Selbstbewusstsein und die Würde abgeht, die selbst bescheidene Arbeit zu schenken vermag – und sie außerdem mitansehen müssen, wie sich die Schere zwischen den Armen und den Reichen immer weiter öffnet. Letzteres nicht zuletzt deshalb, weil die globale Finanzspekulation immer üppigere Blüten treibt, und – was der Gesellschaft ihre wirtschaftliche Würde vollends raubt – die Gesamtheit der Bürger für missglückte Finanzspekulationen der Banken in kollektive Geiselhaft genommen werden, weil der Staat zur Vermeidung von angeblich Schlimmerem für die ins Wanken geratenen Finanzinstitute mit deren Steuergeldern einspringt. Die (auch sozial-)architektonische Dialektik von Tragen und Lasten wird so in einer allen ethischen Gesetzen der Selbst- und Fremdverantwortung widersprechenden Weise außer Kraft gesetzt. Und dies nicht zuletzt deshalb, weil diese Vorgehensweise für die jeweils Regierenden die größten Aussichten bietet, soziale Unruhe zu vermeiden und so ihr Eigeninteresse am politischen Machterhalt zu sichern.

Genau besehen, erwachsen die kollektiven Würdelosigkeiten unseres Zeitalters aus dem – sich wechselseitig verstärkenden – Zusammenwirken einer Vielzahl individueller Würdelosigkeiten. Und wie zu allen Zeiten erwachsen auch heute die einen wie die anderen aus einer schwer zu entwirrenden Mischung aus mangelnder Einsicht in die Komplexität des jeweiligen Geschehens, mangelnder Bereitschaft zu selbstkritisch relativierender Reflexion und mangelnder sozialer Empathie. Aristoteles von Stagira war es, der in seiner ‚Nikomachischen Ethik' (V, 9) diese anthropologische Hürde auf dem Weg zu einem – die Bemühung um Tugend und Gerechtigkeit voraussetzenden würdigen Leben unnachahmlich schlicht auf den Punkt gebracht hat. Es sei, so Aristoteles, die Neigung des Menschen, der je und je eigenen Interessenlage „zuviel an schlechthin Vorteilhaftem und … zuwenig an Nachteiligem" zuzubilligen, dieses Verhältnis aber im Hinblick auf die Mitmenschen umzukehren. Als Diagnose ist dieser – nicht nur für das Verhältnis der Menschen, sondern auch der menschlichen Gruppierungen untereinander geltenden – Erkenntnis für den Regelfall wenig hinzuzufügen. Wer jedoch über Würde spricht und schreibt, sollte auch die Therapie im Auge behalten. Als „Idealist" und „Realist" zugleich erhebt Aristoteles die „goldene Mitte" (Horaz) zur Richtschnur würdigen Verhaltens. Wer Pico della Mirandola als Kronzeugen gelten lassen will, darf auch die Hoffnung auf *mehr* als die Mitte nicht gänzlich aufgeben.

Normative Bescheidenheit allerdings ist auch in unserer Epoche angesichts allgegenwärtiger Gefährdungen der individuellen wie der kollektiven Würde vonnöten. Jeder Schritt, den wir individuell und kollektiv im Blick auf den aufgezeigten Werthorizont gehen, ist ein richtiger Schritt. Niemand wird sich der Illusion hingeben können, dass unsere heutige Weltgesellschaft oder auch nur die europäische Gesellschaft ohne parapfingstliche Ereignisse ihren soziopolitischen und sozioökonomischen Bewegungsstil von heute auf (über-)morgen verändern könnte oder auch nur wollte. Und dennoch: Anzeichen einer allmählichen Abkehr vom Wachstumswahn und seiner politischen Implikationen sind inzwischen unübersehbar geworden. Entschleunigung, Einfachheit und Selbstgenügsamkeit sind zwar heute noch Nischenwerte, haben aber vor dem Hintergrund mannigfacher zivilisatorischer Menetekel ein unverkennbares Ausdehnungspotential. Sie zu verwerfen hieße, mannigfache Gespenster der Vergangenheit erneut zu beschwören. Im Zeichen dieser Werte aber könnte nach und nach viel an verlorengegangener individueller und kollektiver Würde wiedergewonnen werden.

Würde ist tatsächlich ein großes und auch im Wechsel der Zeiten stets neu zu erhellendes Wort. In diesem Sinne ist es auch ein stets „zeitgemäßes" Wort. Es ist ein Wort, in dem sich der Adel des Menschseins stets aufs Neue kristallisiert. Ein Wort allerdings auch, das sich seine Größe und seine Zeitgemäßheit stets aufs neue verdienen muss – ein Wort, das an jedem (und sei es auch noch so unbedeutend erscheinenden) individuellen und kollektiven Scheideweg mitbedacht werden muss.

Bernhard Malkmus

Naturgeschichten vom Fisch, oder: Die Angst vor dem Anthropozän

Viele Zeitgenossen, mögen sie nun einer utopischen oder dystopischen Weltsicht zuneigen, sind in einer Zeit der globalen ökologischen Krise Millenaristen, oder sagen wir ‚Endzeitler'. Den Utopisten erscheint die Welt wie ein Endspiel im menschlichen Kampf gegen die Natur. Es sei die Klimax der Jahrtausende alten Bemühungen des *homo faber*, sich durch Prothesen vor den Unwägbarkeiten seiner Umwelt zu schützen und damit von der Geschichte zu erlösen. Die Dystopisten sehen das naturgemäß anders. Dieses scheinbare Endspiel führe nur vor Augen, dass der Technologiepark, in dem wir unser Leben in der Moderne eingerichtet haben, ein Käfig sei, der uns von wesentlichen regenerativen Kräften abschneide oder gar in die Selbstzerstörung führe. Der Schriftsteller W.G. Sebald, von dem noch eingehender die Rede sein wird, formuliert dies in seinem Endspieltext *Die Ringe des Saturn* folgendermaßen:

> [Es nimmt mich wunder,] in welch großer Zahl [...] die Menschen bereits in der Zeit vor der Industrialisierung mit ihren armen Körpern fast ein Leben lang eingeschirrt gewesen sind in die aus hölzernen Rahmen und Leisten zusammengesetzten, mit Gewichten behangenen und an Foltergestelle oder Käfige erinnernden Webstühle in einer eigenartigen Symbiose, die vielleicht gerade aufgrund ihrer vergleichsweisen Primitivität besser als jede andere Ausformung unserer Industrie verdeutlicht, daß wir uns nur eingespannt in die von uns erfundenen Maschinen auf der Erde zu erhalten vermögen.[1]

Der Erzähler wechselt hier geschickt von der anfänglichen Distanz des ‚sie' zur Identifikation des ‚wir' und betont damit eine anthropologische Konstante. Die *conditio humana* sei aufgespannt zwischen der Notwendigkeit, Prothesen zu bilden und der Unmöglichkeit, die Eigendynamik dieser Prothesen zu beherrschen. Diese Vorstellung durchzieht bereits viele Modernetheorien. Schon Georg Simmels blasierter Großstädter führt nicht mehr, wie der Dandy bei Baudelaire, seine Schildkröte auf dem Pariser Boulevard spazieren, sondern widmet seine ungeteilte Aufmerksamkeit Taschenuhr und Zeitung. Nutzt der Mensch die neuen Freiräume, um sich neu zu gestalten, oder verlangen ihm die Zwänge bei der Erschaffung dieser Freiräume Opfer ab bis zur Selbstzerstörung? Max Webers Antwort ist exemplarisch. Der neuzeitliche Prozess der Rationalisierung mache es unmöglich, die vermeintliche Freiheit des Individualismus von einer Ideologie der instrumentellen Naturbeherrschung zu entkoppeln. Beide sind, um einen schönen philosophischen Fachbegriff zu bemühen, ‚gleichursprünglich'. Sie gleichen, anders gesagt, eineiigen Zwillingen. Als Mutter dieser Zwillinge wird dann oft und gerne, von Theodor Adorno bis Zygmunt Bauman, von Walter Benjamin bis Anthony Giddens, die Aufklärung bemüht. So sieht Nietzsche schon bei Sokrates eine fatale Vernunfttümelei walten: „Die ‚Vernünftigkeit' um jeden Preis" brandmarkt er etwa in seinem Aufsatz über die Geburt der Tragödie „als gefährliche, als leben-untergrabende Gewalt." Im *Ecce Homo* müssen dann Leibniz und Kant herhalten als „die zwei größten Hemmschuhe der intellektuellen Rechtschaffenheit Europas."

Eine vergleichbare Ambivalenz findet man auch bei der Rede vom Anthropozän. 2012-3 beherbergte das Haus der Kulturen der Welt in Berlin eine ganzjährige Veranstaltungsreihe zu dem Thema, im Dezember 2014 öffnete eine umfassende Ausstellung mit dem Titel „Willkommen im Anthropozän: Unsere Verantwortung für die Zukunft der Erde" im Deutschen Museum die Pforten. Als einer der wichtigsten Berater fungierte dabei Christian Schwägerl, der mit seinem populärwissenschaftlichen Buch *Menschenzeit* von 2010 den Begriff des Anthropozäns einem breiten Publikum nahebrachte; dessen Untertitel lautet: „Zerstören oder gestalten? Wie wir heute die Welt von morgen erschaffen." Auch hier also wieder diese Ambivalenz: Gestalten wir mit den Prothesen unserer Kulturtechniken die Zukunft oder zerstören ebendiese Prothesen unsere Zukunft? – Zeit also, die Karriere dieses Begriffs und seine Rolle in unserem Selbstverständnis näher unter die Lupe zu nehmen. Welches Zeit-, Geschichts- und Epochenbewusstsein drückt sich in der Rede vom Anthropozän aus?

'Der neue Mensch'

Um die kalendarische Jahrtausendschwelle herum ging dem Atmosphärenchemiker Paul Crutzen bei einer Konferenz in Mexiko die Hutschnur hoch: Hört doch mal auf mit dem Gerede vom *Holoz*än, soll er spontan ausgerufen haben, wir sind doch schon längst im *Anthropoz*än. In seinem kurzen einflussreichen Aufsatz „Die Geologie der Menschheit" notiert er: „Den Beginn des Anthropozän kann man auf das späte 18. Jahrhundert datieren, da Untersuchungen der in Eisbohrkernen eingeschlossenen Luftbläschen ergaben, dass die Konzentration von CO_2 und Methan in der Atmosphäre in dieser Zeit weltweit zuzunehmen begann. Dieses Datum fällt überdies mit James Watts Erfindung des sogenannten Wattschen Parallelogramms im Jahr 1784 zusammen, einer entscheidenden Verbesserung der Dampfmaschine."[2] Eine berufenere Stimme zu diesem Thema als die des Holländers gibt es nicht. Immerhin ist es seiner weitsichtigen Forschung über die Atmosphäre und seinem beherzten politischen Engagement zu verdanken, dass die Menschheit heute kein globales ‚Ozonloch'-Problem hat. Bereits 1873 sprach der italienische Geologe Antonio Stoppani vom Menschen als einer „neue[n] tellurische[n] Macht, die an Kraft und Universalität mit den großen Gewalten der Natur" vergleichbar sei, und bezeichnete das Industriezeitalter als „anthropozoische Zeit."[3] In den 1980er Jahren verwendete der Biologe Eugene F. Stoermer bereits informell das Wort „anthropocene", während Hubert Markl von einer „anthropozoischen Ära" sprach.[4] Dennoch ist der Begriff umstritten, immerhin fallen Aussagen über die Zukunft (und die trifft die Rede vom Anthropozän) nicht ins eigentliche Metier der Geologie oder der Stratigraphie. Auch ist der Mensch beileibe nicht das erste Lebewesen, das in geologische und atmosphärische Zusammenhänge eingreift; nicht einmal den wahrscheinlichsten Anwärtern für den Ursprung des Lebens, den Protocyanobakterien oder den so genannten Urbakterien (*Archaea*), wurde die Ehre zuteil, Namengeber für eine geologische Epoche zu werden. Eine weitere fundamentale Kritik lässt sich aus einer sozio-politischen Perspektive an diesem Begriff üben, denn der *ánthropos*, der Veränderungen anthropozäner Dimension herbeigeführt hat, war bis tief ins letzte Jahrhundert hinein nur der Bürger westlicher Industrienationen, und auch mit dem wirtschaftlichen Aufstieg der Schwellenländer geht die vermeintliche quasi-geologische Kraft des Menschen nur von einer Minderheit der Spezies aus.

Der Begriff, wie er in der heutigen politischen Diskussion verwendet wird, umfasst einen Widerspruch, der bereits in der griechischen Wurzel liegt: *ánthropos* und *kainós*, wörtlich: der neue Mensch. Ist der Mensch nicht immer bereits das Produkt biologischer und kultureller Genealogien, auch wenn er sich neu zu erfinden vermeint? Ein Produkt der Evolution kann *per definitionem* nicht neu sein, ist es doch erst durch vielfältige Verknüpfungen von Mutations- und Selektionsprozessen entstanden. Dennoch, auch wenn der Begriff aus evolutionsbiologischer und kulturgeschichtlicher Sicht keinen Sinn ergibt, ist der Mensch im Anthropozän in einem reflexiven Sinne ‚neu': Mit schockartiger Plötzlichkeit wird er dessen gewahr, was er im chemischen und physikalischen Umgestalten der Erde verwirkt hat, nämlich das Privileg, Antagonist der Natur sein zu dürfen und die Natur als vermeintlich unerschöpfliche Ressource ausbeuten zu können. Dies ist die unwiderrufliche Wende in der Wissensordnung der *Neu*zeit: Der Mensch ist dazu gezwungen, seine eigene Natur gleichzeitig als biologische Spezies, als soziokulturelles *zóon politikòn* und als transgenerationale Intelligenz zu begreifen. Der Jurist Jens Kersten fasst entsprechend die Herausforderung des Anthropozän-Konzepts folgendermaßen zusammen:

> Zeitlich ist das Anthropozän die vergängliche Erdepoche der Menschen. Räumlich werden sich die Menschen der Endlichkeit ‚ihres' Planeten bewusst. Politisch begreifen die Menschen ihre Rolle als ein zentraler Akteur im Erdsystem. Und wissenschaftlich realisieren sie, dass vor allem die Forschung versuchen kann, die (un)vorhersehbaren Folgen menschlichen Handelns im Anthropozän zu bestimmen und mit ihnen konstruktiv umzugehen.[5]

Nur im Falle einer schonungslosen Selbstbefragung hinsichtlich dieser vier Kategorien – Zeit, Raum, Handlung, Wissen – und ihres radikalen Wandels im Anthropozän wird der Mensch sich dem ökologischen Imperativ von Hans Jonas stellen können: „Handle so, dass die Wirkungen deiner Handlungen verträglich sind mit der Permanenz echten menschlichen Lebens auf Erden."[6]

In einem grundsätzlichen Sinne ist also das ‚Anthropozän' ein epistemologischer Begriff, der nach moralphilosophischer Ausbuchstabierung verlangt. Der Mensch ist auf genau die Fähigkeiten zurückverwiesen, die in die prekäre Situation geführt haben: Bewusstsein und Selbstbewusstsein, die unheimliche Fähigkeit, von sich selbst zu abstrahieren, das Wissen um den Tod und die Angst vor dem Tod, ebenso wie die daraus resultierende Neigung zu utopischen Entwürfen und zur Selbstüberschätzung. Allerdings stellt sich die oft daraus abgeleitete Verbindung zwischen einer *Analyse des Anthropozäns* und einer *Kritik am Anthropozentrismus* als unterkomplex dar. Der Kritik am Anthropozentrismus sollte vielmehr eine Analyse dessen vorgelagert sein, warum „wir uns nur eingespannt in die von uns erfundenen Maschinen auf der Erde zu erhalten vermögen", wie Sebald formuliert. Liegt doch der relative evolutionäre Vorteil des Menschen, gerade in seiner De-zentriertheit – in der Fähigkeit, sich selbst in Frage stellen zu können, und in dem Zwang, sich in eine ungewisse Zukunft projizieren zu müssen. Helmuth Plessner hat dafür den Begriff der „exzentrischen Positionalität" geprägt und schreibt dazu: „Der Mensch, in seine Grenze gesetzt, lebt über sie hinaus, die ihn, das lebendige Ding, begrenzt. Er lebt und erlebt nicht nur, sondern er erlebt sein Erleben. Ihm ist der Umschlag vom Sein innerhalb des eigenen Leibes zum Sein außerhalb des Leibes ein unaufhebbarer Doppelaspekt der Existenz, ein wirklicher Bruch seiner Natur."[7]

Wenn des Menschen Existenz, wie Plessner eindringlich fortfährt, nun „wahrhaft auf Nichts gestellt" ist, dann muss er sich gegenüber seiner Außenwelt, Innenwelt und Mitwelt situationsbezogen immer wieder neu in Position bringen und entscheiden. Anthropo-zentrismus ist demgemäß eine je unabschließbare, aber notwendige Aufgabe, nicht eine Verirrung der menschlichen Bestimmung, wie dies insbesondere die konstruktivistische Kritik an der Moderne annimmt. Die „Gestelltheit gegen das Umfeld", die Plessner dem Menschen zuschreibt, macht den Menschen zu einem übenden Wesen. Wir schaffen Kultur, um uns vorübergehende Formen dieses Zentriertseins zu verschaffen. Die Kritik am historischen Anthropozentrismus wird landläufig mit dem anthropologischen Universalanspruch der Aufklärung und kolonialistischen Ideologien in Zusammenhang gebracht. Sie schießt über ihr Ziel hinaus, wenn sie den Anthropozentrismus als Aufgabe des übenden Menschen aus den Augen verliert. Ein ethischer Biozentrismus, etwa im Sinne der ‚deep ecology', ist vor diesem Hintergrund widersprüchlich. Der Mensch wird hier biologisch-materialistisch definiert, gleichzeitig wird ihm die sonst im Tierreich nicht zu beobachtende Fähigkeit zugeschrieben, Empathie mit anderen Arten zu empfinden. Dieser Widerspruch führt zu einer unfreiwilligen Überhöhung des Menschen: Im bloßen Spezies-Sein hat der Mensch bereits eine Sonderstellung und versteht sein Menschsein nicht mehr als Aufgabe – als ständiges Infragestellen, Positionieren, Abwägen, also als dynamische Möglichkeit statt als festgeschriebene Wesenheit.

Blue Marble

Die Begriffsprägung ‚Anthropozän' hat meines Erachtens in erster Linie heuristischen Wert. Die Frage etwa, ob die altehrwürdige Geological Society of London in einer ihrer nächsten Jahressitzungen den Terminus wissenschaftlich beglaubigen wird oder nicht, spielt eine untergeordnete Rolle. Wichtiger ist, dass bereits eine öffentliche Debatte in Gang gekommen ist. Selbst wenn es das Anthropozän nie in die Geologie- und andere Geschichtsbücher schaffen sollte, hat sich in der Diskussion darüber heute schon ein Umbruch von epochaler Gewalt vollzogen. Der Mensch im Anthropozän ist derjenige, der nicht mehr zurück kann *ad fontes* und derjenige, der nicht mehr auf einen *deus ex machina* vertrauen kann. Für die Dramaturgie der Zukunft bleibt dann nicht mehr viel übrig. Auch nicht das, was Peter Sloterdijk als den „kinetischen Expressionismus" der Spätmoderne bezeichnet. Darunter versteht er „den Daseinsstil der Modernen, der vor allem durch die leichte Verfügbarkeit von fossilenergetischen Brennstoffen ermöglicht wurde": „Seit diese Stoffe praktisch in jedermanns Hand gelangt sind, führen wir ein Leben, als ob Prometheus das Feuer ein zweites Mal gestohlen hätte."[8] Die eigentliche Herausforderung besteht darin, Freiheit jenseits der Ideologie der grenzenlosen Individualität denken zu können, ohne dabei von Narzissmus und Wachstumsfantasmen geleitet zu werden. Das Anthropozän ist also nicht nur eine epistemologische, sondern auch eine ästhetische *und* eine psychologische Aufgabe. Darin liegt seine Brisanz. Diese Aufgabe ist, im Theologenjargon gesprochen, unser „Sitz im Leben". Und sie wird es einige Zeit bleiben.

Eine Endzeitfigur des kinetischen Expressionismus an der Schwelle zum ‚neuen Menschen' des Anthropozäns ist Herr Geiser in Max Frischs spätem Text *Der Mensch erscheint im Holozän* (1979). Von Anzeichen einer Demenzerkrankung oder den Folgen eines leichten Schlaganfalls oder von beidem gezeichnet, erlebt Herr Geiser sintflutartige Regenfälle in seinem Alterswohnsitz in den Tessiner Bergen. Murenabgänge schneiden sein Tal für Tage von der Außenwelt ab. Aus

Nachschlagewerken und Lehrbüchern schnipselt er sich Wissen zurecht für eine Ersatzordnung der Dinge, mit der er sein Wohnzimmer tapeziert. Das Destillat seiner absurden Ordnung ist die Aussage, dass der Mensch im Holozän erschienen sei. Jeder, der im Geografieunterricht aufgepasst hat, weiß, dass dies so nicht stimmt; die biologischen Wurzeln des Menschen liegen im Pleistozän in Ostafrika. Herr Geiser habe sich wohl wieder einmal vertan und bringe das Wissen durcheinander, das die Wissenschaft so fein säuberlich für uns rubriziert habe, so die gängige Lesart. Eine Wissenschaftskritik also, vielleicht sogar eine Kritik des traditionellen Humanismus, so verständnisselig die Literaturwissenschaft. Doch Herr Geiser hat natürlich recht: Der Mensch, um den es ihm geht, der Mensch, der Spuren hinterlässt und Gedächtniskulturen entwickelt, der Kain, der Abel erschlug, der Ackerbauer, der mit dem Pflug die Jäger und Sammler hinter sich ließ – dieser Mensch erschien erst im Holozän. Nicht von ungefähr datieren manche Forscher den Beginn des Anthropozäns auf die neolithische Revolution, also ungefähr vor 12.000 Jahren.

Die leitmotivische Kontrastierung zwischen der vermeintlichen Urwelt Islands, das Herr Geiser als junger Mann besucht hatte, und der Kulturlandschaft Tessin, in die er sich im Alter zurückgezogen hat, bestimmt den gesamten Text. Die Urlandschaft Island ist, wie wir wissen, eine Fiktion: bis auf die von Stricklava durchzogenen Teile war die Insel von relativ dichter Vegetation überzogen, die dem Schiffbau und vor allem der Weidewirtschaft zum Opfer fiel. Das Tessin hingegen wird in Frischs Text systematisch als ein von anthropogenem Wandel durchdrungenes Naturbild dechiffriert. Dies geschieht anhand dreier globaler ökologischer Marker: Verlust der Artenvielfalt, biologische Invasion durch Neobiota, Klimawandel. So kommentiert denn Geiser, dass selbst in dieser entlegenen Bergregion Arten wie Braunbär, Wolf und Wildschwein Haustieren weichen mussten und einst häufige Arten wie Schlangen kaum mehr anzutreffen seien. Der von GIs während des zweiten Weltkriegs in Italien eingeschleppte Kastanienkrebs habe weite Teile der Kastanienbestände in der Südschweiz ausgelöscht. Insbesondere Anspielungen auf mögliche katastrophale Folgen eines Klimawandels durchziehen den Text. Hier ist ein Beispiel für Herr Geisers Bewusstseinsstrom:

> Kein Gehöft, nicht einmal ein verlassenes, kein Menschenwerk. Brandung um einen schwarzen Lava-Turm. [...] Welt wie vor Erschaffung

des Menschen. Mancherorts ist nicht zu erraten, welches Zeitalter das ist. Erschaffen sind die Möwen; ihr weißes Geflatter vor dem tintenblauen Gewölk über einem fahlen und bleiernen Meer. [...] Wenn das Eis der Arktis schmilzt, so ist New York unter Wasser. Ein Zeichen dafür, dass die Erschaffung schon stattgefunden hat, ist ein Leuchtturm, anderswo eine amerikanische Radar-Station. Da und dort Treibholz aus Sibirien.[9]

Diese leitmotivische Engführung von *konfusen* prähistorischen Erdepochen und einem *diffusen* Epochenverständnis der Jetztzeit markiert diesen Text als einen Schwellentext von großer Aussagekraft. In Herrn Geisers durch Alter und Krankheit ausgelösten Ängsten äußert sich nicht nur die Angst vor dem eigenen Untergang, sondern auch und vor allem eine schlaglichtartige und noch nicht näher artikulierbare Ahnung des *homo faber*: Der Mensch muss unablässig auf die nicht regulierbare Dynamik der von ihm umgestalteten ökologischen Makrosysteme reagieren; deswegen kann er nicht mehr auf die selbstregulativen Ordnungen von Sinnträgern wie Natur oder Leben vertrauen.

Stanley Kubrick's Film *2001: A Space Odyssey* (1968) ist eine der wichtigsten frühen künstlerischen Reflexionen des Anthropozäns. Der Mensch katapultiert sich dort mithilfe einer technologischen Raffinesse ins All, die er nicht mehr zu beherrschen vermag. Der Bordcomputer HAL, Zentralmetapher des Beherrschungswahns, richtet sich gegen den einzig überlebenden Astronauten auf dem Raumschiff. Er löst durch seine unkontrollierbare Eigendynamik als Mensch-Maschine-Hybrid auch die anthropozentrische Kosmos-Schau auf, die sich durch die Epochenumbrüche von Kopernikus und Darwin hindurchgerettet hat in unsere Zeit. Kubricks Odyssee ins All lässt sich nicht einfach wieder rückübersetzen in eine Heimkehrgeschichte, weder nach Ithaka noch zur Gralsburg. Der Weg zurück zur Erde müsste durch und über die Technologie führen. Die Evolutionstheorie nahm uns die Idee vom Plan Gottes dadurch, dass Entwicklungsprozesse nicht als zielorientiert sondern vielmehr als Trial and Error gesehen werden. Das Bewusstsein des Anthropozäns nimmt uns die Illusion, Konflikte und Krisen jederzeit durch Zugriff auf die Unerschöpflichkeit und intrinsische Selbstregulierungskapazität der ‚Natur' begrenzen und lösen zu können.

Der epochemachende Blick aus dem All auf die Erde, der Kubricks Film eingebrannt ist, war bereits Ende der 60er Jahre ähnlich widersprüchlich wie der Begriff des Anthropozäns. Als die Apollo 8 im Dezember 1968 das berühmte Bild vom Erdaufgang zurück auf die Erde brachte, herrschte allenthalben ein Gefühl der Erhabenheit, im klassischen Sinn, zwischen den Grenzen der Sinnlichkeit und der Grenzenlosigkeit der Vernunft. Der Astronaut Jim Lovell etwa nannte die Erde eine „große Oase" des Lebens, das durch das „Grab" des Universums schwebe. Andere bemühten Kenneth Bouldings Begriffsprägung vom „Raumschiff Erde" und schwelgten in Science-Fiction-Fantasien über die Allmacht menschlicher Prothesenbildung. Der Narziss Mensch spiegelt sich im Weltraum als Maschine. Auch damals war aber schon jedermann klar: „Völlig losgelöst", wie es die Populärkultur wollte, war das Raumschiff mit seinem Bordcomputer nie, und einen Notausgang hat es auch nicht.

1972 brachte die Apollo-17-Mission das ebenso ikonische Bild der Blauen Murmel (*Blue Marble*) mit, die 21750 Seemeilen vom Antlitz der Erde entfernt im Nichts zu atmen scheint. Der amerikanische Umweltaktivist Bill McKibben verwendet es auf dem Umschlag seines Buches *Eaarth* von 2010.[10] Dort ist die Blue-Marble-Fotografie abgebildet mit einem blutroten tiefen Schmiss, der sich quer über die linke Seite zieht. In den beiden Bildern habe die Menschheit eine kurze Ahnung davon bekommen, auf welch sagenhaft stabilem und fragilem Gebilde sie bislang gelebt habe. Dann habe sie die globale Zerstörung des fossilen Zeitalters im Kataklysmus der letzten 40 Jahre auf die Spitze getrieben. „Auf diesem Planeten jedoch leben wir nicht mehr," schreibt er, „jedes Jahr gleichen wir weniger einer Oase und mehr einer Wüste. Es ist nicht das Ende der Welt, aber das Ende der Welt, so wie wir sie kennen."[11] Deswegen „Eaarth", ein zusätzliches ‚a', das für Aufschub, Verdrängung, Simulation von Menschenhand stehen mag – oder einfach dafür, dass wir das neu entstandene Gebilde zu verantworten haben, ebenso wie die genetischen Manipulationen, mit denen wir unsere Enkel- und Kindeskinder fit machen werden für die anthropotechnischen Verteilungskämpfe der Zukunft. Es gibt kein Zurück in einen Zustand von „Earth" mit einem ‚a'.

Die Ringe des Saturn

Der Mensch erlebt sich auf dieser „Eaarth" zunehmend als Teil der Naturgeschichte und gleichzeitig als Schöpfer einer Maschinenwelt, deren er nicht mehr Herr ist. *Die Ringe des Saturn* von W.G. Sebald, der oben bereits zitierte Reisetext, setzt hier an. Er handelt von einer „Fußreise durch die ostenglische Grafschaft Suffolk." Der Untertitel beschreibt diese Reise als „Wallfahrt", die aber nicht, wie die klassische englische Wallfahrt nach Canterbury, linear und entlang konsekutiver Stationen verläuft, sondern vielmehr kreisförmig und stockend, wie die im Text zitierten Labyrinthe der Kathedrale von Chartres und des Herrensitzes Somerleyton. Letzteren vergleicht der Erzähler gar „mit den Irrwegen, die ich zurückgelegt hatte, einfaches Muster, von dem ich im Traum mit absoluter Sicherheit wusste, dass es einen Querschnitt darstellte durch mein Hirn."[12] In zehn Kapiteln folgt diese Wallfahrt zehn Kreisbewegungen und gerät dabei immer an Punkte, wo es, wie in einem Labyrinth, nicht weitergeht. Es sind dies meist Punkte, an denen den Erzähler „das lähmende Grauen" übermannt – das Grauen „angesichts der selbst in dieser entlegenen Gegend bis weit in die Vergangenheit zurückgehenden Spuren der Zerstörung."[13] Im Zentrum des Labyrinths, durch das der Erzähler wandert, steht denn auch das Leitmotiv „the horror, the horror" aus Joseph Conrads *The Heart of Darkness*, einem der Subtexte, auf den immer wieder angespielt wird: Der Horror des Kolonialismus, der Horror der Selbstzerstörung menschlicher Gemeinschaft und Gesellschaft, der Horror des langsam fortschreitenden globalen Ökozids. In einer atemberaubenden Umkehrung der judeo-christlichen Erlösungsgeographie beschreibt Sebald den frühen englischen Kolonialismus als eine permanente Westverschiebung über zwei Kontinente hinweg:

> Der Osten ist gleichbedeutend mit Aussichtslosigkeit. Insbesondere zur Zeit der Kolonisierung des amerikanischen Kontinents war zu beobachten, wie die Städte nach Westen sich entfalteten, während sie in den östlichen Bezirken schon wieder zerfielen. In Brasilien erlöschen bis heute halbe Provinzen wie Feuersbrünste, wenn das Land durch Raubbau erschöpft ist und weiter im Westen neuer Raum aufgetan wird.[14]

Zu Beginn des für unser Thema einschlägigen siebten Kapitels flicht Sebald, von der systematischen Abholzung der Britischen Inseln ausgehend, Zivilisationsgeschichte und den Prometheusmythos ineinander:

Die Verkohlung der höheren Pflanzenarten, die unaufhörliche Verbrennung aller brennbaren Substanz ist der Antrieb für unsere Verbreitung über die Erde. Vom ersten Windlicht bis zu den Reverberen des achtzehnten Jahrhunderts und vom Schein der Reverberen bis zum fahlen Glanz der Bogenlampe über den belgischen Autobahnen ist alles Verbrennung, und Verbrennung ist das innerste Prinzip eines jeden von uns hergestellten Gegenstandes. [...] Die von uns ersonnenen Maschinen haben wie unsere Körper und wie unsere Sehnsucht ein langsam zerglühendes Herz.[15]

Jeder, der mit den *Ringen des Saturn* vertraut ist, wird sich an das denkwürdige dritte Kapitel erinnern. Über etwa 15 Seiten hinweg gräbt sich der Erzähler durch Palimpseste der Kultur- und Naturgeschichte. Die Passage beginnt mit der Beschreibung der lokalen Fischerkultur in der Gegend von Lowestoft an der englischen Ostküste. Die in Zelten auf die Zeichen des Meeres und der Fischzüge achtenden Fischer werden verglichen mit den „letzten Überresten eines wandernden Volkes [, das] sich hier, am äußersten Rand der Erde niedergelassen" hat.[16] Aber natürlich tragen diese vermeintlichen nomadischen Nachfahren Abels auch das Kainsmal auf ihrer Stirn: Sie laufen kaum mehr aus auf See, sind vielmehr Beobachter einer ökologischen Katastrophe und melancholische Betrachter ihrer zugrunde gehenden Zunft. Die Fischbestände sind stark rückläufig, die Verseuchung der Nordsee mit Industrieabfall führt zu Massensterben und grotesken Wucherungen:

Einige der selteneren Schollenarten, Karauschen und Brassen, bei denen mehr und mehr der weiblichen Fische in bizarrer Mutation männliche Geschlechtsorgane ausbilden, vollführen ihre mit der Fortpflanzung verbundenen Rituale nur noch als einen Totentanz, der die Kehrseite ist der Vorstellung von der staunenswerten Selbstvermehrung und Vervielfältigung des organischen Lebens, mit der wir noch aufgewachsen sind.[17]

Während der Biologieunterricht und konventionelle ‚Naturgeschichten' – im Sinne von didaktischen Lehrwerken der Biologie – eine unerschöpfliche Fülle des Lebens suggerierten, weicht dieses ökologisch veraltete Bild in Sebald einem erzählerischen Ineinander-Verweben von Naturgeschichten und Kulturgeschichten. Das beginnt mit dem fast beiläufigen

Hinweis, dass einer der Lehrfilme über den Hering, den der Erzähler im Nachkriegsdeutschland als Schüler gesehen habe, bereits 1936 gedreht worden sei. Das Vakuum des Zweiten Weltkriegs und des Holocaust wird sieben Seiten später gefüllt durch ein Bild der Leichenberge von Bergen-Belsen. Kompositorisch wird dieses Bild nun in direkten Bezug zu der wenige Seiten zuvor abgedruckten Fotografie einer überreichen Heringsernte in Lowestoft gesetzt. Durch den Bewusstseinsstrom des Erzählers geht ein Riss, der bleibt. So korrespondiert die folgende Erwähnung der Massensezierungen von Heringen mit dem zuvor beschriebenen Gemälde einer Autopsie: Rembrandts *Die Anatomie des Dr. Tulp* aus dem Jahr 1632. In ähnlicher Weise wird das Naturphänomen der Luminiszenz von Heringsschuppen mit einem späteren kulturellen Vergleich in Verbindung gebracht: Die menschliche Geschichte sei wie ein kurzes Aufschimmern, das sich nur unklar von den Wogen des Meeres unterscheide – nicht klar zu trennen von den Naturgeschichten vom Fisch. Systematisch durchflicht Sebald Kulturgeschichten mit Naturgeschichten, Geschichten vom Menschen mit Geschichten vom Fisch.

Das Ineinanderblenden von der Ausbeutung des Herings und der Vernichtung von Menschen in Bergen-Belsen nun suggeriert die tiefe Verwurzelung sowohl von ökologischem Raubbau als auch von Völkermord in den Epistemen der Moderne. Natürlich ist das eine gezielte Provokation, unterfüttert von den oben erwähnten Modernetheorien etwa der *Dialektik der Aufklärung* oder von Zygmunt Bauman.[18] Wie auch immer man als Leser dieses Verfahren ästhetisch und ethisch bewerten mag, es versucht in jedem Fall die anthropogene „Naturgeschichte der Zerstörung" in der Moderne jenseits von teleologischen Bestimmungen als wichtige Epochensignatur zu verstehen.

Eine ironische Wendung erfährt das Thema „Naturgeschichte" in Sebalds Text dadurch, dass die lehrbuchhafte Darstellung des Herings im Zentrum der etwa fünfzehnseitigen Passage keinen Hering darstellt, sondern einen Kabeljau, auf Englisch „cod". Durch diese, wie wir annehmen dürfen, absichtliche Fehllenkung des Lesers, wird die Naturgeschichte des Herings überlagert durch die lange Kulturgeschichte des Kabeljaus, die während der 1970er Jahre in den so genannten *cod wars* zwischen Großbritannien und Island gipfelte – einer bewaffneten Auseinandersetzung um umstrittene Fischfangzonen in der Nordsee.[19] Der Riss in der Linnéschen Nomenklatur erzwingt einen „allegorischen" Blick, wie ich gleich erläutern werde.

Der Begriff Naturgeschichte spielt bei Sebald zwar immer noch auf die altehrwürdige Wissenschaftstradition an, die damit befasst war, das Leben auf der Erde in seinen morphologischen und evolutionären Zusammenhängen zu erfassen. Zunehmend wechselt der Begriff bei ihm allerdings ins weite Feld der Kulturtheorie über, und mit der Prägung „Naturgeschichte der Zerstörung" finden wir uns vollends in den Armen des Kulturtheoretikers Walter Benjamins. Nach Benjamin begegnet der Mensch der radikalen Andersheit der Natur nur an dem Punkt, wo er ein Stück menschlicher Geschichte nicht mehr eindeutig mit Sinn ausstatten könne. Dort, wo unsere Symbolisierungsstrategien versagten, begegneten wir der Widerständigkeit und Materialität der Natur. Wenn uns also beispielsweise eine Ruine Symbolisierungsversuche entlockt, diese aber zugleich enttäuscht, dann sind wir zum allegorischen Blick gezwungen – zu einem Blick, der die eigenen Bedingungen der Sinnformung mitreflektiert.[20] Zum allegorischen Blick gezwungen zu sein ist für Benjamin allerdings gleichbedeutend mit der Erfahrung, in „Naturgeschichte" geworden zu sein. In anderen Worten, Kulturtechniken nehmen aus der Perspektive des Menschen den Charakter von „Natur" an, wenn sie nicht mehr in einen plausiblen symbolischen Verwendungszusammenhang eingebunden sind.

Von diesem Naturbegriff rührt auch das Bild kosmischer Melancholie, auf das Sebalds Titel anspielt. Der Melancholiker steht ja in der traditionellen Ikonografie unter dem Hundsstern oder Saturn, und dem Text ist denn auch ein Auszug aus dem Brockhaus vorangestellt, der vor dem Hintergrund dieses Naturgeschichtebegriffs neue Bedeutung gewinnt:

> Die Ringe des Saturn bestehen aus Eiskristallen und vermutlich meteoritischen Staubteilchen, die den Planeten in dessen Äquatorebene in kreisförmigen Bahnen umlaufen. Wahrscheinlich handelt es sich um die Bruchstücke eines früheren Mondes, der, dem Planeten zu nahe, von dessen Gezeitenwirkung zerstört wurde [...].[21]

Die europäische Moderne seit den Feldzügen Napoleons erscheint bei Sebald als Katalysator einer Verfallsgeschichte, die in einer vermeintlich universellen Naturgeschichte der Zerstörung wurzelt. Einerseits setzt Sebald zwar erzählerisch eine Konzeption des Anthropozäns um, nämlich die Vorstellung, dass der Mensch als Spezies in einer Weise in den globalen Naturhaushalt eingreift, die in die Selbstzerstörung führen könnte. Gleichzeitig unterminiert er eine ethische Reflexion dieses Zusammenhangs durch seine enge Anlehnung an Benjamins Geschichtsmetaphysik. Der zufolge kann der Mensch die Natur nur als Verfallsprodukt der Kultur – und dann in einer Form der radikalen Andersheit – erleben. Der Mensch ist bei Sebald zu einer Existenz als Kulturfolger der von ihm geschaffenen Strukturen verdammt.

Vom Wasser haben wir's gelernt, so das romantische Lied. Nein, erwidert der Peripatetiker Sebald, mit ein paar Bänden Benjamin unterm Arm: lernen könnten wir nur vom Niedergang der Fischerei, von unserer totalen Entfremdung von einer Kulturtechnik in ihrer ruinösen Industrialisierung. Salomonisch verweist dagegen Joseph Brodsky in seinem unvergleichlichen „Lullaby of Cape Cod" auf die Phylogenese in uns: „somewhere in us lives a dormant fish". Aus Naturgeschichte wird hier wieder Evolutionsgeschichte, und zwar als Ontogenese.

Anders-Sein-Können – Zusammenfassung

Im Anthropozän sein heißt für uns, sich folgender Tatsache nicht mehr verschließen können: In der technologischen Emanzipation von ökologischen Zusammenhängen sind wir paradoxerweise mit der Angst davor konfrontiert, radikal ökologisch sein zu müssen. Angst flößt uns das ein, weil wir plötzlich verstehen, dass das Leben künftiger Generationen, die systemische Regeneration von Habitaten und die Artenvielfalt Zusammenhänge sind, die wir bis zu einem gewissen Grad selbst gewährleisten müssen.

In den erwähnten Texten, denen sich viele weitere beifügen ließen, artikuliert sich ein diffuses Epochenbewusstsein – *diffus* im doppelten Sinne: es durchdringt alles und lässt sich nicht exakt konzeptionalisieren. Gerade deswegen ist der Blick in die Literatur und Kunst in Schwellenzeiten so hilfreich. Wie können wir dieses diffuse Epochenbewusstsein zusammenfassen? Hier sind die wichtigsten Aspekte:

1. Das alte *Schichtenmodell*, nach dem die Kulturgeschichte auf der Evolutionsgeschichte und diese auf der Geologiegeschichte aufruhen, ist obsolet. Heute sind Geologen und Biologen ja nicht mehr nur Semiotiker des offenen Buches der Natur, sondern auch Kulturwissenschaftler, die an Eisbohrkernen und Roten Listen die Spuren ihrer Artgenossen ablesen.

2. Das *Zeitregime der Moderne* ist zu Ende. Die evolutionäre Offenheit der modernen Zukunftsvorstellung funktioniert nur in dem Maße, in dem der Mensch die Vergangenheit hinter sich lassen kann. Diese Vorstellung basiert paradoxerweise auf dem Glauben an die unversiegbare Regenerationsfähigkeit des Lebens auf der Erde. Das Anthropozän ist aber durchdrungen von Wiedergängern, die uns daran erinnern, dass dem nicht so ist. Die Hartnäckigkeit dieser Wiedergänger bemisst sich nach den Halbwertszeiten des Mülls, denn wir produzieren und nach den Risikobilanzen, die sich daraus ergeben.
3. Die *Subjektideologie der Moderne* stößt an Grenzen. Der Mensch wird gezwungen, sich auf sein Potenzial zur kollektiven Rationalität zu besinnen und – wie Hans Jonas nachdrücklich betont – seine Einbildungskraft so zu schulen, dass Verantwortung transgenerational gedacht werden kann.
4. Das *ästhetische Grundprinzip der Moderne* steckt tief in der Krise. Die Valorisierung von Innovation und Originalästhetik um jeden Preis ist tief verwurzelt in den Subjekt- und Zeitvorstellungen der Moderne. Kunst wird sich in Zukunft nicht mehr primär danach bemessen lassen, welchen Wert sie für die vermeintliche Autonomie des Kunstsystems abwirft, sondern inwieweit sie bereit ist, ‚Lebenskunst' zu werden.
5. Im Fossilzeitalter wird der Mensch zu einer Art Saprobiont oder „Folgezersetzer" wie Aasfresser, Totholzfresser oder Koprophagen. Aber anders als diese wichtigen ökologischen Zersetzer konsumiert der Mensch nur tote organische Materie, nämlich Fossilbrennstoffe. Er gibt keine bio-geo-chemische Abfallprodukte an den ökologischen Zyklus zurück, die Leben erhalten oder fördern. Dieses Verhalten wird in der Literatur als „bloom and crash" beschrieben.[22] Die verschiedenen „tipping points" oder Kippmomente, die sich zu den Katastrophenszenarien des Anthropozäns zusammenfügen, gefährden ja in keiner Weise das Überleben von Leben auf der Erde. Sie gefährden aber sehr wohl den Fortbestand von ökologischen Rahmenbedingungen, welche das Weiterleben des Menschen ohne epidemiologische und demografische Kataklysmen gewährleisten würden. Deswegen steht im Zentrum des diffusen Epochenbewusstseins im Anthropozän auch ein abstrakter Lebensbegriff. Teil unserer „exzentrischen Positionalität" und unseres Anthropozentrismus wird es in Zukunft sein müssen, eine Ethik zu entwickeln, die dem Weltorganismus Würde zuspricht.

Eine gute Krise dürfe man niemals verschwenden, meinte Winston Churchill. Die Zukunft des Menschen auf Erden wird maßgeblich davon bestimmt sein, ob der Mensch als Spezies evolutionsgeschichtlich eine erfolgreiche Spezies ist oder wird. Der Mensch muss lernen, sich sowohl als Produkt der Evolution wie auch seiner eigenen Utopiefähigkeit zu verstehen, nur dann kann er den Beweis antreten, dass seine „exzentrische Positionalität" ein evolutionäres Erfolgsmodell ist.[23] Dieser Erfolg ist allerdings eine paradoxe Angelegenheit, denn er muss ohne ein ‚zurück zur Natur' auskommen, ganz im Sinne von Nietzsches spöttischer Bemerkung in *Jenseits von Gut und Böse*:

‚Gemäss der Natur' wollt ihr l e b e n ? Oh ihr edlen Stoiker, welche Betrügerei der Worte! Denkt euch ein Wesen, wie es die Natur ist, verschwenderisch ohne Maass, gleichgültig ohne Maass, ohne Absichten und Rücksichten, ohne Erbarmen und Gerechtigkeit, fruchtbar und öde und ungewiss zugleich, denkt euch die Indifferenz selbst als Macht – wie k ö n n t e t ihr gemäss dieser Indifferenz leben? Leben – ist das nicht gerade ein Anders-sein-wollen, als diese Natur ist? Ist Leben nicht Abschätzen, Vorziehn, Ungerechtsein, Begrenzt-sein, Different-sein-wollen? (§ 9)

Meines Erachtens müssen wir von Nietzsches „Anders-sein-Wollen" zum Anders-sein-Können: Menschsein als Aufgabe, Selbstbescheidung und Selbstübung. Und das kann nur gelingen, wenn wir das Anders-Sein als eine Kunst begreifen, die auch unserer evolutionären Verfasstheit verpflichtet ist und nicht immer ‚anders sein muss', wie es uns die ästhetische Moderne suggeriert. Nicht nur vor den Errungenschaften der Zivilisationsgeschichte sollten wir Ehrfurcht haben, sondern ebenso vor der Vielfalt und gestalterischen Potenz der Evolutionsgeschichte. Deswegen schlägt beispielsweise Wolfgang Welsch auch vor, sich „eine evolutionäre Karte des Menschen" zu vergegenwärtigen:

Von einzelnen Teilen unseres Körpers ausgehend, hätte man lange und immer längere Linien in die Vergangenheit zu ziehen – beispielsweise zur Erfindung des beidäugigen Sehens (vor über 220 Mio. Jahren), der Lungenatmung (vor ca. 380 Mio. Jahren), des zentralen Nervensystems (vor 590 Mio. Jahren), des Blutkreislaufs (vor gut 600 Mio. Jahren), der Immunabwehr (vor ca. 2 Mrd. Jahren), des genetischen

Naturgeschichten vom Fisch, oder: Die Angst vor dem Anthropozän

Codes (vor nahezu 4 Mrd. Jahren) – also letztlich bis zum Anfang des Lebens.[24]

In der Fähigkeit, uns als Teil einer Phylogenese und nicht nur als Produkt einer isolierten Ontogenese und Zivilisationsgeschichte zu sehen, liegt beträchtliches ethisches Potenzial. Albert Schweitzers etwas allzu oft bemühte Floskel von der „Ehrfurcht vor dem Leben" ist immer noch eine starke Alternative zum melancholischen Blick des Verlustes, mit dem uns ökologische Themen häufig hypnotisieren, so etwa auch bei Sebald. Noch blicken wir von der Erde aus auf uns und nicht von den Ringen des Saturn. Noch können wir den Fisch besingen, der, wie Joseph Brodsky schreibt, irgendwo in uns schläft (– oder träumt er gar nur?). Wir müssen es nur *wollen* lernen – und vor allem: wir müssen es *können* lernen.

Anmerkungen

[1] W.G. Sebald, *Die Ringe des Saturn. Eine englische Wallfahrt* (Frankfurt am Main: Fischer, 1995), S. 334.
[2] Paul J. Crutzen, „Geology of Mankind", *Nature* 415 (6867), S. 23.
[3] Ibid.
[4] Hubert Markl, *Natur als Kulturaufgabe* (München: DVA, 1986).
[5] Jens Kersten, *Das Anthropozän-Konzept. Kontrakt – Komposition – Konzept* (Baden-Baden: Nomos, 2014), S. 97.
[6] Hans Jonas, *Das Prinzip Verantwortung. Versuch einer Ethik für die technologische Zivilisation* (Frankfurt am Main: Suhrkamp, 1979), S. 36.
[7] Helmuth Plessner, „Der Mensch als Lebewesen", in *Mit anderen Augen. Aspekte einer philosophischen Anthropologie* (Stuttgart: Reclam, 2009), S. 9–62, hier: S. 10.
[8] Peter Sloterdijk, „Wie groß ist ‚groß'?", *Das Raumschiff Erde hat keinen Notausgang* (Berlin: Suhrkamp, 2011), S. 93–109, hier: S. 97.
[9] Max Frisch, *Der Mensch erscheint im Holozän. Eine Erzählung* (Frankfurt am Main: Suhrkamp, 1979), S. 70.
[10] Wertvolle Hinweise zu diesen Zusammenhängen verdanke ich dem Historiker Thomas Lekan.
[11] Bill McKibben, *Eaarth* (New York: Time Books/Henry Holt, 2010), xv.
[12] W. G. Sebald, *Die Ringe des Saturn. Eine englische Wallfahrt* (Frankfurt am Main: Fischer, 1995), S. 206.
[13] Ibid., S. 68.
[14] Ibid., S. 191.
[15] Ibid., S. 202–3.

[16] Ibid., S. 68.
[17] Ibid., S. 69–70.
[18] Siehe auch, neueren Datums, Michael Mann, *The Dark Side of Democracy. Explaining Ethnic Cleansing* (Cambridge: Cambridge University Press, 2005), Kapitel 1.
[19] Diese Hinweise verdanke ich dem Literaturwissenschaftler und Meeresforscher Marcus Breyer.
[20] Siehe zum Beispiel Walter Benjamin, *Ursprung des deutschen Trauerspiels* (Frankfurt am Main: Suhrkamp, 1963), 197–8. Benjamins Konzept der Naturgeschichte dürfte seiner Auseinandersetzung mit Adorno in den frühen Dreißiger Jahren entstammen, siehe Theodor W. Adorno, *Gesammelte Schriften I: Philosophische Frühschriften* (Frankfurt am Main: Suhrkamp, 1973), 345–65; ebenso *Gesammelte Schriften 6: Negative Dialektik. Jargon der Eigentlichkeit* (Frankfurt am Main: Suhrkamp, 1973), S. 347–53.
[21] W. G. Sebald, *Die Ringe des Saturn. Eine englische Wallfahrt* (Frankfurt am Main: Fischer, 1995), S. 9.
[22] Siehe Bronislaw Szerszynski, „The End of the Nature", *The Oxford Literary Review* 34/2 (2012), S. 165–84, hier: S. 174–5.
[23] Siehe Jan Zalasiewicz, *The Earth After Us: What Legacy Will Humans Leave in the Rocks?* (Oxford: Oxford University Press, 2008), S. 240.
[24] Wolfgang Welsch, *Mensch und Welt. Eine evolutionäre Perspektive der Philosophie* (München: Beck, 2012), S. 85.

Miki Sakamoto

Poesie des Augenblicks in der Natur

Gedichte zu schreiben bedeutet für mich, wie für viele Japaner, auszudrücken, was ich sehe, höre, spüre, und was mich nachdenklich macht oder glücklich stimmt. Momente des Alltags können es sein, bei einem Spaziergang oder einer Begegnung, auf der Reise in Neues, Unbekanntes, oder in der vertrauten Heimat. Die Verse sind meine Stimme. Aus den Stimmungen des Augenblicks heraus versuche ich sie in Worte zu fassen. Unmerklich vernehme ich sie vielleicht im Moment. Dann formen sie sich später in der Erinnerung. Oft regen mich besondere Eindrücke draußen in der Natur dazu an, sie in ein Gedicht zu fassen. Vergänglich sind sie, aber dennoch hinterlassen sie bleibende Spuren in den Versen. Wichtigste Voraussetzung ist die Stille, aus der sie geboren werden, auch wenn die Natur vielstimmig tönt.

Die Gedichte drücken die persönlichen Empfindungen aus. Sie geben nicht vor, wie andere sie verstehen sollen. Nach japanischer Art sind sie dazu gedacht, eine geeignete Stimmung hervorzurufen. Deshalb beginnen sogar viele ansonsten ganz normale Briefe mit Versen. Am stärksten verdichtet und in eine feste Form gebracht sind sie im Haiku.

Japanische Naturlyrik ist zeitlos, doch fast immer mit Bezug auf die Jahreszeit. Diese gibt die allgemeine Stimmung vor. Und das zumeist auch dann, wenn die Gedichte auf Menschen, auf Liebe oder Verabschiedung, bezogen sind.

Japaner lieben und verehren die Natur. Die künstlichste Umformung von wildwüchsiger Natur im Zen-Garten bedeutet für sie kein Abrücken, sondern meditative Vertiefung der Beziehung zur Natur, in der auf alles Nebensächliche verzichtet wird. Dem Alltagsleben in Japan ist die Natur fern. Hier in Europa liegt sie uns näher und erscheint mir daher mitunter sehr „wild" und vielfältig. Das macht ihren Reiz aus.

Nebelmorgen

Der Fluß steigt mit dem Nebel hinüber in die Aue
und beide verschmelzen in der Kühle
des frühen Morgens

Die Stille hüllt den See ein
während lautlos dahingleitend
ein Schwan aus dem Nebel aufschimmert

Der Ruf des Schwarzspechts
weckt sie auf
die ruhende Stille

und im Geräusch der Schritte
treibt es den Nebel hinweg
in die Höhe

als ob im Rhythmus des pochenden Herzens
der werdende Tag
seinen Schritt gefunden hätte

Die Stille des Morgens
schwillt an
zur lauten Lebendigkeit der Natur

朝靄(あさもや)

霧に包まれ　畔に浮きあがって見える河
その河と畔が明け方の冷たさの中に
いっしょに溶け込んでいる

静かな湖には
朝靄に映えて一羽の白鳥が
音もなく憩っている

そこに発するクマゲラの叫び声に
その静寂が
突然やぶられてしまった

その湖畔をふむ足音とともに
しだいに高く上がり
晴れる靄

まるで胸の動悸(どうき)のリズムに乗って
今日という一日の始まりが
その第一歩をふみ出したかのようだ

朝の静けさが
しだいに音色を帯び
自然が生き生きと盛り上がる

原題Nebelmorgen

Nach dem Sturm

Licht erwacht
aus der Stille

Angst verzieht sich
in die Ferne

Leben bleibt
hier im Jetzt

Wer erteilt
nun den Segen?

Wenn das Denkmal
errichtet sein wird
an jenem Ort

an dem der Albtraum
Wirklichkeit geworden war
werden wir vergeblich stehen

in Trauer versunken
und machtlos vor den Kräften
der Natur

嵐の後

静けさの中から
よみがえる明るさ

遠くへ追いやられる
恐怖

今ここに残された
限られた人々の生命
いったい誰が
それを与えるのだろう?

犠牲者のための碑が
いつか建てられる時
その悪夢が
真の現実と化した所で

悲嘆に暮れ
自然の暴威の前に
私達は無為(むい)に佇むばかりだ
何の術(すべ)も知らないまま

原題 Nach dem Sturm

Regen im Juni

Kraft und Hitze des Sommers
schwinden und verlöschen
im Wasser

Tagelang lausche ich den Regentropfen
in Wehmut
die zur Wut sich wandelt
wenn das Gewitter mit Hagel
alles zerschlägt

Lange schon
ersehne ich wieder die Kraft der Sonne
die uns fast umgebracht hätte mit Hitze
Das Unbehagen machte mich damals wütend
dann kraftlos erschöpft

Stets fern der Wirklichkeit bleiben die Wünsche:
So lange die Tropfen trommeln
wünsche ich voller Inbrunst
den Regen, prasselnden Regen,
zu überhören!

六月の雨

夏の力も　そしてその暑さも
もう水の中に流れ　消えゆく

くる日も来る日も　聞こえる雨音に
つのる憂(うれ)い

そして雷雨に伴って
アラレがはげしく降り落ちる時
その憂いは　腹立たしさに変わっていく

もうずいぶん長く
太陽の光と　焦げんばかりの暑さを
待ちあぐねてきた

そうして憂鬱(ゆううつ)さに
きげんが悪くなる時もあったのに
いまはその意気すら消え失せてしまった

この雨の降り続く日々に願いがある
この雨音が聞こえる間中
それを悲愴(ひそう)なおももちで乞う

パラパラと降る雨の音を
どうか聞き流せますように

原題Regen im Juni

Rosenkäfer

Inmitten der Blüte
ruht das späte Sommerkind
der Rosenkäfer

Sein Grün schimmert,
glänzt auf im Frühlicht
Reinheit der Morgenstimmung

Noch ist er zu matt
hinauszufliegen
in die taufrische Welt

Der Spätsommer gönnt ihm
ein langes Ruhen
vor dem kurzatmigem Aufleben
im Sonnenschein

Wer spürte oder hörte nicht
die Rufe nach dem Herbst?

カナブン

　　花芯の中でじっとしている
　　成長のおくれた夏の児、カナブン

　　緑色の光沢が朝日に輝き
　　早朝の清澄(せいちょう)さに映える

　　だがもうすこし力が足りないのか
　　　露にぬれた朝の大気に
　　まだ飛び立つことが出来ない

　　　陽の光の中での
　　束の間の再生(さいせい)の直前に
　生き物にたっぷりと休息を与えてくれる晩夏

　しのびよる秋を　いやその呼び声を
　　誰が聴かずにおれよう？

　　原題Rosenkäfer

Herbstgedanken

Laub fällt in den Regen
Immer ferner rückt die Erinnerung
an den Sommer
Und der Herbst schmilzt weiter dahin im Regen

Spürbarer wird der Jahreswechsel
wenn die Blätter fallen

Herbstlaub deckt die Erde
gelb und kastanienbraun

Unzählige Gedanken
ruhen unter dem Laub
als sich auflösende Spur
von Zeit und Geschichte

秋の思索

雨に落ちる木(こ)の葉
どんどん遠のく夏の思い出

そして雨の中にとけ込んだ
秋のおとずれ

木の葉の散り去る様(さま)に
四季の移ろいが感じられ

地面をおおう紅葉(もみじ)が
あわれをさそう

そしてその下に眠る
数えられないほどの想い

時と歴史の流れにとけ
なお残った足跡(あしあと)として

原題Herbstgedanken

Zeit im Schnee

Wie langsam vergeht die Zeit
wenn ohne Pausen
der Schnee fällt

Die Vögel vergessen
ihre Sätze zu beenden
mit Endwort (und Fermata)

Ihr Verstummen wird eingeschneit
wie ihr Futter
und meine Finger zittern

Lautlos tickt weiter die Zeit
auch im Schnee

雪に潜む時

しんしんと降り続ける雪に
ゆっくりと流れる時

鳥も途中で歌をわすれてしまったのか
フェルマータも終止符もないまま
あたりが静まり返る

その彼らの沈黙と　餌に
雪がしきりに降り続き
餌をあげる自分の手が震えてしまう

時が音もなく
雪の中に刻まれ続ける

原題Zeit im Schnee

Josef H. Reichholf

Natura in minimis ...

Dezemberschnee. Vor ein paar Tagen hatte es zu schneien angefangen. Anfangs tauten die Flocken tagsüber weg, weil der Boden noch nicht gefroren war. Nun aber liegt eine handbreithohe, fast geschlossene Schneedecke. Sie wird nicht bleiben. Dezemberschnee hält im nördlichen Alpenvorland selten einmal länger. Nass ist er zudem. Und schwer, wie ich frühmorgens beim Schneeräumen am Haus zu spüren bekam. Nachmittags gehe ich mit dem Hund hinaus in den Auwald am Fluss. Unser Hund mag den Schnee. Gern wälzt er sich darin. Danach schüttelt er weg, was an den langen Grannenhaaren seines Fells hängen blieb. In die dichte Unterwolle dringt ohnehin kein Schnee. Wie bei den Wölfen. Und wie diese lebt er auf, wenn es draußen frostig geworden ist und er durch Schnee laufen kann. Ist dieser trocken genug, bleibt nichts hängen an seinen Pfoten. Das Fell, das über die Zehen reicht, schützt sie wie ein Handschuh. Aber heute ist der Schnee zu nass. An seinen Fußballen bilden sich Knollen. Von Zeit zu Zeit bleibt er stehen, rollt sich halb zur Seite und beißt sie weg. Dennoch genießt er den Gang hinaus in den verschneiten Auwald. Er gerät dabei in die Hochspannung des Jägers. Sie stammt wohl noch aus jener fernen Zeit als der Hund noch nicht Hund, sondern Wolf war. Würden ich mit ihm nun gemeinsam jagen, wie einst vor Zehntausenden von Jahren als Wölfe anfingen, sich den Eiszeitjägern anzuschließen, wären wir sicher ein recht gutes Team. Er hört viel besser als ich, und was die Leistung seiner Nase betrifft, bin ich ein Stümper. Sie verrät ihm, ob das Reh oder der Hase vor kurzem erst oder schon vor einiger Zeit die Fährte gezogen haben, die sich vor uns im Schnee deutlich abzeichnet. Aber ich habe den viel besseren Überblick aus einer Höhe, in der er auf den gestreckten Hinterbeinen stehen müsste, um es mir gleichzutun. Formen und Figuren erkenne ich viel besser als er. Bewegungen, so flüchtig sie sein mögen, erfasst er schneller. Noch ist es hell für seine Augen, während sich meine schon auf die Dämmerung einstellen müssen. Sie kommt heute früher und düsterer, weil dicke Schneewolken den Dezemberhimmel bedecken. Für den Hund/Wolf wäre dies die beste Zeit für die Jagd. Das Grau und Schwarz seines Fells würden nicht einmal mehr als Schatten zwischen den Bäumen sichtbar sein. Er könnte jeden Schritt des Wildes hören, im kaum merklichen Wind wittern und mit seinen Augen den Wald durchmustern wie mit einem Nachtsichtgerät.

Der Hund merkt natürlich nichts von meinen halb zoologischen, halb phantasierenden Ausflügen in jene Zeiten, in denen Wölfe zu Hunden wurden. Es dürfte ihm auch ziemlich egal sein, ob sein zweibeiniger Kumpan über seinen einstigen Ursprung sinniert. In der Dämmerung des winterlichen Waldes regen sich seine Instinkte. Er bietet seine Mithilfe zur Jagd an, erregt und ungeduldig. Doch ich bin kein Jäger und so rede ich ihm ein, dass es Zeit ist, nach Hause zu gehen, weil dort bestes Futter auf ihn wartet (und Abendessen für mich). Sein Blick drückt Unverständnis aus. Ich empfinde das so, weil ich nicht verhindern kann, mit meinem Denken für ihn mitzudenken, auch wenn er als Hund wohl erheblich anders denkt. René Descartes wollte uns zwar vor über 300 Jahren weismachen, dass Tiere nicht in der Lage sind zu denken, und daher kein Sein haben, sondern allenfalls das Dasein eines „Dings", das wie eine Maschine den Prinzipien der Natur gehorchen muss. Hätte er, der große Vordenker der Aufklärung, einen Hund gehabt, wäre er auf eine solche Geringschätzung der *animales* nie gekommen. Unter seinen geistigen Höhenflügen haben wir noch immer zu leiden. Dabei ging man schon in der Antike ganz selbstverständlich davon aus, dass die Tiere (auch) eine *anima*, einen Geist bzw. eine Seele haben. Animalisch meint „beseelt". Descartes wollte sie auf lebende Maschinen reduzieren. So weit kommt es, wenn man den Kontakt mit der Natur, mit dem lebendigen Leben verliert, und sich in philosophische Höhen schwingt, die den Boden der Tatsachen verlieren, sinniere ich in die Dämmerung hinein, während ich dem Hund zusehe, wie er versucht, mich für ein Jagdabenteuer zu gewinnen.

Und da geschieht es. Plötzlich sehe ich sie neben uns auf dem Schnee, Winzlinge, die auch zu den *animales* gehören, wenngleich sie kaum größer als ein grobes Rußkorn sind. Höchst lebendig laufen sie auf dem Schnee herum. Sie geraten dabei in die Fußabdrücke, die mein Hund und ich hinterlassen haben. Hüpfend versuchen sie, wieder herauszukommen, während weitere der schwärzlichen Winzlinge in die Falle der Fußstapfen geraten. Bis diese schwarz sind; schwarz vor Schneeflöhen. Descartes ist verdrängt aus meinen Gedanken. Und mit dem Heimgehen habe ich es jetzt, zum Vergnügen des Hundes, auch nicht mehr so eilig. Als er bemerkt wie ich auf den Schnee starre, schiebt er seine Schnauze zu der Stelle hin, von der er wohl annimmt, dass ihr mein Interesse gilt. Tief saugt er die Luft ein – und schaut mich an. Nichts sagt ihm seine Nase, außer dass er kurz niesen muss. Ich muss lachen; zurückhaltend, wie es sich gehört, denn man lacht (s)einen Hund nicht aus, weil er in seinem Eifer Schneeflöhe in die Nase bekommen hat. „Das glaubt uns keiner", sage ich ihm, „dass wir heute Massen von Schneeflöhen entdeckt haben!". Hier unter bleigrauen Erlenstämmen auf nicht mehr ganz reinweißem Schnee tummeln sie sich kurz vor Einbruch der Nacht. „Morgen gehen wir wieder hin; ich muss das bei mehr Licht ansehen!" sage ich zum Hund und ernte ein zustimmendes Schwanzwedeln.

Sichtlich zufrieden mit den Aussichten für morgen, eilt er mir voraus auf den Weg nach Hause. Solche Ankündigungen versteht er. Erinnern wird er sich auch daran. Daheim bekommt er zuerst sein Futter. Er verschlingt es so gierig als wäre es die Beute, die wir beide als Eiszeitjäger gemacht haben. Dann rollt er sich in seinem Korb zusammen. Und ich erkläre meiner Frau das relativ späte Heimkommen mit dem Hinweis: „Wir haben Schneeflöhe gefunden!". Sie stutzt, obwohl sie daran gewöhnt ist, mit zoologischen Merkwürdigkeiten konfrontiert zu werden, deren Wahrheitsgehalt die allermeisten Menschen zunächst bezweifeln würden. „Schneeflöhe"!?! Sie mustert mich und forscht nach Auffälligem. Das verrät ihr Blick. Und schaut sogleich zum Hund. Der deutet dies als Zeichen dafür, dass es einen Nachschlag zum Futter geben könnte. Dafür ist er immer zu haben, selbst wenn er dafür den begonnenen Verdauungsschlaf unterbrechen muss. Erfolgreich in diesem Fall, denn das Rätsel der Schneeflöhe trägt ihm ein paar zusätzliche Krümel ein. Ich muss meiner Frau nun erklären, dass es Schneeflöhe gibt, worum es sich bei ihnen handelt, und dass der Fund aus gutem Grund mein (Zoologen) Interesse verdient. Schneeflöhe sind auch nicht seltsamer als Schneepilze, Schleimpilze und dergleichen. Wo aber sind sie im Spektrum der Lebewesen unterzubringen? Fallen sie in die Kategorie von Ungeziefer, wie Nacktschnecken, Spinnen und Zecken? Gibt es sie überhaupt? Oder verdeckt ihr Name, wie nicht selten bei ungewöhnlichen Tiernamen, worum es sich wirklich handelt?

Am nächsten Tag gehe ich mit dem Hund, wie (ihm) versprochen, wieder hinaus zu der Stelle, an der ich die Schneeflöhe bemerkt hatte.

Mit Fotoapparat, um glaubhaft zu machen, dass es diese Tierchen gibt und nichts, was ich darüber erzählte, übertrieben oder gar falsch dargestellt worden ist. Bei Mittagslicht hoffe ich „Dokumentarfotos" trotz anhaltender Trübe des frühwinterlichen Wetters machen zu können. Doch der Schnee ist leer. Außer flachen bräunlichen Erlensamen und den ähnlich kleinen, wie das Miniaturflugbild eines Falken aussehenden von Birken finde ich nichts auf dem Schnee. Dass wir an der richtigen Stelle sind, beweisen die Pfotenabdrücke des Hundes. Er „hilft" auch gleich wieder intensiv bei der Suche, ohne zu wissen, worum es mir geht. Von Schneeflöhen keine Spur, so genau ich den Schnee auch mustere. Schließlich finde ich doch ein dunkles Körnchen im gestrigen Abdruck meines Stiefels. Mit der Lupe erkenne ich, dass es tatsächlich ein Schneefloh ist. Ich drückte ihn so weit in den nassen Schnee, dass er nicht mehr herauskam aus seinem gläsernen Sarg. Auf der Hand taut dieser schnell auf – und der Schneefloh springt davon. Mehrere Zentimeter hoch hatte er sich plötzlich empor geschnellt. Wie ein Floh eben. Dabei geriet er über den Rand meiner Hand und war weg. Unauffindbar nun. Der Hund schnüffelt noch intensiver herum. Schneeflöhe sind aber als Geruchsqualität in seinem Gehirn nicht gespeichert. Also hebt er am Wegrand schließlich ein Bein und markiert den Ort auf seine Weise. Dann kehren wir heim. Ich bin etwas kleinlaut. „Die Schneeflöhe waren nicht mehr da!", teile ich meiner Frau mit, aber wir gehen gegen Abend noch mal hin. Das tun wir gemeinsam. Und nun ist's dort wie gestern, nur noch viel eindrucksvoller.

Zuerst sieht der Schnee wie überzogen mit einer dünnen Rußschicht aus. Sie ist in irritierender Bewegung. Die kaum einen Millimeter kleinen Schneeflöhe laufen und hüpfen nicht einfach wirr durcheinander, sondern bewegen sich deutlich genug in einer Richtung, wie wir verblüfft bemerken. Ich peile mit dem Kompass: West bis Nordwest. Ob schon jemals jemand mit einem Kompass Schneeflöhe peilte? Und sich die Frage stellte, was ihr Ziel sein könnte? Noch schneller als gestern füllen sich die Fußspuren, die wir im Schnee hinterlassen, mit diesen Winzlingen. Sie färben die Abdrücke bläulich dunkelgrau, dann schwarz, in solchen Massen sammeln sich die Schneeflöhe darin an. Wir können die zunehmende Schwärzung direkt beobachten, wenn wir an unserer Spur entlang zurückgehen. Die Abdrücke werden dunkler und dunkler, bis sie wie mit Ruß gefüllt aussehen. Zudem verdichtet sich auf der von keinen Abdrücken versehrten Oberfläche des Schnees die bewegte blaugraue Schicht. Millionen und Abermillionen Schneeflöhe sind unterwegs. Mit bloßem Auge ist nun zu erkennen, dass sie in Richtung Westen laufen; dorthin, wo das Einheitsgrau des Hochnebels am Himmel, das auf die Schneewolken folgte, noch am hellsten ist. Südwesten meine ich, müsste dann die Richtung sein, wenn die Helligkeit sie vorgibt, und peile erneut mit dem Kompass. Sie bleibt bei West bis Nordwest. Vielleicht, weil der Wald im Südwesten höher und dichter gewachsen ist? Wie stets sucht man gleich nach einer Erklärung für das Unverstandene. Sie wäre allerdings zu vordergründig, weil sie die Frage, warum die Schneeflöhe überhaupt wandern, nicht beantwortet. Dass sie eine Richtung halten, gibt weder den Grund für die Wanderung, noch für das Ziel an.

Bei der Masse von Schneeflöhen, die jetzt unterwegs sind, gelingen trotz des schwachen Lichtes die Fotos, die dokumentieren sollen, wie sie sich in den Fußspuren ansammeln und in welcher Dichte sie auf dem Schnee verteilt sind. Die Tierchen sind so klein, dass sie am Bildschirm des Computers auch nicht mehr bieten als ein deutlich längliches, blauschwarz rundliches Gebilde. Erst die stärkere Vergrößerung unter dem Binokular erhellt ihre Natur. Springschwänze sind es, urtümliche Gliedertiere, die man bis vor kurzem für primitive Insekten gehalten hat, mit noch fast wurm- oder asselartig anmutendem Körperbau ohne Flügel und mit winzigen Stummelbeinchen. Aber eine Bildung zeichnet sie aus, die ihnen den deutschen Namen eingetragen hat: Eine längliche „Gabel", die von einem Segment des Hinterleibs, dem vierten, also nicht direkt vom Körperende, bauchseits nach vorn reicht. Mit dieser Sprunggabel (in der zoologischen Fachsprache Furca genannt) schnellen sie sich in die Höhe („Spring-Schwanz") wie Flöhe. Bis zu vier, fünf Zentimeter kommen sie hoch, wie ich feststelle, also zum rund 50fachen ihrer Körpergröße. Flohrekord? Nein, der Menschenfloh schafft mit zwei bis vier Millimetern Körperlänge mehr, nämlich bis zu knapp einen halben Meter Sprunghöhe. Aber dazu hat er richtige Sprungbeine und Muskelkraft, während sich die Schneeflöhe lediglich mit ihrer elastischen Springgabel in die Höhe schnellen. Unvergleichlich einfacher ist ihr Körper als jener der echten Flöhe gebaut. Wahrscheinlich gibt es sie viel länger schon als die Insekten. Überbleibsel sind sie aus jener Zeit vor vielen Jahrmillionen als Gliedertiere anfingen, das Festland zu erobern. Seither leben sie vielgestaltig und in großen Mengen in den oberen Bodenschichten, wo sie das Laub und andere abgestorbene Pflanzenteile zersetzen, sich von

Pilzfäden ernähren und nur sehr wenigen Spezialisten bekannt sind, die sich mit der Kleinsttierwelt des Boden befassen. Springschwänze gehören zur Bodenfruchtbarkeit. Sie sind beteiligt an der Bildung von Humus, vor allem im Wald, auch wenn sie wegen ihrer Kleinheit bei weitem nicht so auffällig sind wie Regenwürmer. Es ist schwierig, die zahlreichen unterschiedlichen Arten der Springschwänze richtig zu bestimmen und auseinander zu halten.

Einigermaßen gut geht das bei ihren Verwandten, die auf der Oberfläche von stehenden Kleingewässern, von großen Pfützen, kleinen Tümpeln und Gartenteichen leben. Eine rundlich gebaute Art heißt bezeichnend „Kugelspringer", eine andere, längliche „Schwarzer Wasser-Springschwanz". Diese ähnelt den Schneeflöhen und über ihre Lebensweise ist am meisten bekannt. Zunächst erscheint es wunderlich genug, dass diese Springschwänze auf der Wasseroberfläche leben. Ihre samtig wirkende, das Wasser abhaltende Körperoberfläche und die Oberflächenspannung des Wassers ermöglichen ihnen dies. Dadurch sinken die nur etwa einen Millimeter langen, blauschwarzen Wasser-Springschwänze und auch die noch kleineren Kugelspringer nicht ins Wasser ein. Sie sind zu leicht dafür, selbst wenn sie, wie das manchmal geschieht, in so großer Menge vorkommen, dass handgroße Flächen komplett von ihnen bedeckt sind. Wie ein blausamtenes Flößchen treiben sie gemeinsam auf der Oberfläche umher. Die häufigen hellen Kugelspringer fallen weniger auf. Sie können auch grünlich oder violett werden, je nachdem, wovon sie sich ernähren. Oft sind das Pollenkörner, die von der Oberflächenspannung geradezu eingefangen werden, oder Bakterienrasen am Rand von Blättern oder Halmen, die auf dem Wasser treiben. Die Kugelspringer übertreffen die Schneeflöhe an Sprungweite beträchtlich. Sie reicht bis 20 Zentimeter hoch, was dem 400fachen ihrer Körperlänge entspricht und die echten Flöhe tatsächlich übertrifft.

Ist die Springgabel schon Besonderheit genug für solche ansonsten so „urtümliche" Tierchen, so glaubt man seinen Augen kaum, wenn man ihre Paarung und Fortpflanzung erlebt. Die Übertragung der Samen geschieht nämlich indirekt, nicht wie bei Insekten üblich durch eine Kopulation. Trifft ein Springschwanz-Männchen auf ein möglicherweise paarungsbereites Weibchen, so fängt es an, dieses mit den Fühlern zu beklopfen, „betrillern", wie man es nennt. Dann streckt es sich vor dem Weibchen und setzt halbkreisförmig winzige, gestielte Samenpakete ab. Sie sind nur einen Zehntelmillimeter lang und sinken natürlich auch nicht ins Wasser ein. Ist das Männchen damit fertig, dirigiert es das Weibchen so vorwärts, dass dieses die Samenpakete mit der Geschlechtsöffnung aufnehmen kann. Beim Kugelspringer verhaken sich vor der Paarung Männchen und Weibchen sogar mit den dafür mit einer Art Klammergriff ausgestatteten Fühlern Kopf an Kopf. Hängt darin das Männchen richtig fest, lässt es sich vom beträchtlich größeren Weibchen wie auf Hörnern aufgespießt herumtragen, bis es an der Zeit ist, auf der Wasseroberfläche das Päckchen Sperma abzusetzen und das Weibchen zur Aufnahme genau passend darüber zu ziehen. Was für ein Leben im Kleinsten, kann man dazu nur sagen. Kaum glaublich, aber es ist tatsächlich so, dass sich diese Zwerge auf so komplizierte Weise paaren. Rätselhaft ist zudem, woher die Springgabel kommt. Was mag ihre Entwicklung veranlasst haben? Bei den auf dem Wasserspiegel lebenden Springschwänzen ist sie stark abgeplattet als Anpassung an die Spannung der Oberfläche, die beim Hochschnellen nicht durchbrochen werden darf. Wozu brauchen sie diese überhaupt, zumal wenn die Springschwänze im Laub, Mulm und den obersten Bodenschichten leben. Das Gebilde wirkt viel zu kompliziert für diesen Lebensraum. Spezialisten für Besonderes sind nahezu alle Arten der Springschwänze. Die Wasseroberfläche erfordert als Lebensraum besondere Anpassungen, der Humus auch und die Oberfläche des Schnees erst recht. Es gibt sogar Schneeflöhe, die auf dem Gletschereis leben. Kein noch so schwieriger Lebensraum scheint für sie unmöglich. Außer wenn es zu warm wird. Hitze vertragen sie nicht, und auch keine anhaltende Trockenheit.

Zurück zu den Schneeflöhen im Auwald. Ich widme mich ihnen nun, bis der Schnee wie im Dezember üblich verschwindet. Wochen später, es ist schon Februar, finden wir sie wieder. Es hat erneut geschneit. Die Neuschneedecke liegt mit 20 Zentimeter gut doppelt so hoch wie im Dezember. Gegen Abend fallen sie mir dann wieder auf, die kleinen dunklen Krümel, die auf dem Schnee laufen und herumhüpfen. Sie quellen heraus aus den Kaminen, die wie Röhren die Stängel dürrer Stauden umgeben, die aus dem Schnee ragen, und klettern an den Baumstämmen hoch und verbreiten sich über die Oberfläche des Schnees. In immer größeren Mengen. Wieder fangen sie zu wandern an. Dieses Mal ziemlich genau nach Westen, der Helle des Sonnenuntergangs entgegen. Es herrscht kein Frost. Die Lufttemperatur liegt ein paar Grad Celsius über Null. Wie im Dezember. Jedes Mal ist das so, wenn ich in den folgenden Tagen nach den Schneeflöhen schaue und sie aktiv finde. Bei Frost bleiben sie verschwunden. Bei hellem Tageslicht auch. Inzwischen habe ich sie mir genauer angesehen und weiß, dass sie einige winzig kleine Augen haben. Bilder liefern diese wahrscheinlich nicht, aber Unterschiede in der Helligkeit erfassen sie gewiss. Diese reichen offenbar aus, um auf dem Schnee trotz vieler abweichender Sprünge eine allgemeine Wanderrichtung nach Westen zustande zu bringen. Meistens krabbeln sie ohnehin einfach auf ihren winzigen, stummelartigen Beinen weiter. Wohin?

Warum tun sie das? Die Fachliteratur bietet dazu wenig. Nur ihr Liebesleben war im Labor gründlich erforscht worden, wo man sie mit starken Lupen oder unter einem entsprechend eingestellten Binokular beobachtete. Draußen im Wald geht das nicht. Im feuchten Laub am Boden ist ohne technische Hilfsmittel nichts zu sehen. Und auf dem Schnee tun die Springschwänze nichts weiter als in eine bestimmte Richtung zu laufen oder zu hüpfen. Bei zwei bis fünf Grad Lufttemperatur und schwachem Licht. Bis zum Einbruch der Dunkelheit mögen sie einen Meter vorwärts gekommen sein oder auch zwei. Selbst wenn es fünf sein sollten, bleibt die Frage warum sie wandern. Was treibt sie an? Klar ist, dass sie auf der mehr oder weniger glatten Oberfläche des Schnees leichter vorwärts kommen, als in der Laubstreu am Boden, die nach Springschwanz-Maßstäben ein wirrer Haufen gigantischer Hindernisse ist, reicht mir als Erklärung nicht. Es muss gewichtigere Gründe geben für diesen Exodus über die Schneeflächen. Ist es zu eng geworden unten in der Laubstreu, weil sich die Springschwänze so stark vermehrten? Führt die Abwanderung zur Besiedelung neuer Flächen, auf denen und in denen kein so großes Gedränge herrscht, wie in den Stellen, aus denen die Millionen und Abermillionen Schneeflöhe stammen? Das wäre plausibel. Eine massenhafte Vermehrung führt bei vielen Tieren zu Auswanderungen in andere für sie geeignete Lebensräume. Der weiteren Fortpflanzung kommt das zugute. Fehlt lediglich der Nachweis. Nachdem der Schnee geschmolzen ist, suche ich nach. Die Befunde verwirren eher als dass sie überzeugen, auf der richtigen Spur zu sein. Denn wo die Schneeflöhe (aus)wanderten finde ich in der Laubstreu nahezu kein einziges Exemplar mehr. Was vorhanden ist, gehört zu anderen Arten. Und wo sie hingewandert sind, weiß ich nicht. Ich hatte ihre Schneewanderung nicht lange genug verfolgt. Um hinter die Lebensgeheimnisse dieser Winzlinge zu kommen, braucht man mehr Geduld. In alten Berichten lese ich später, dass es gegen Ende des 19. und Anfang des 20. Jahrhunderts bei Berlin so enorme Massenwanderungen von Springschwänzen gegeben hatte, dass erwogen worden war, sie als (eiweißreiches) Hühnerfutter mit Schaufeln aufzusammeln und zu verfüttern. Man dachte damals praktisch. Die winzigen Goldhähnchen, die kleinsten Vögel, die bei uns leben und sogar überwintern, nutzten in beträchtlichem Umfang Springschwänze als Winternahrung. Deren Wirkungen reichen also über die Humusbildung hinaus. Von der Häufigkeit der Schneeflöhe könnte es abhängen, ob und wie gut Kleinvögel durch den Winter kommen. Sie sind also nicht bloß eine Kuriosität und keineswegs ein Scherz, wie man vermuten könnte, wenn man die Bezeichnung „Schneeflöhe" zum ersten Mal hört. An ihrem Beispiel lässt sich die Überschrift über diesen Artikel zur deren ursprünglicher Form vervollständigen:

Natura in minimis maxima –

„Die Natur (zeigt sich) im Kleinsten am Größten".
Carl von Linné, Mitte des 18. Jahrhunderts

Dietrich Böhler

‚Frieden mit der Natur' – Verantwortung für die Menschheitszukunft

Der Diskurs mit Günter Altner (1936–2011) geht weiter

> Amicus Plato, amicus Socrates,
> sed praehonoranda veritas.
> *Luther, De servo arbitrio*

Leider habe ich Günter Altner erst 2007 kennengelernt und war ihm seitdem in einer Freundschaft verbunden, die sich auf gemeinsame Aufgaben bezog. Gleich als er ins Hans Jonas-Zentrum kam, stellten wir fest, daß wir beide Albert Schweitzer und Hans Jonas, Georg Picht und Carl Friedrich von Weizsäcker im Rücken hatten. Vor allem aber erkannten wir einander als Leute des kritischen Diskurses, denen das normative Prinzip Öffentlichkeit, die Bürgerbeteiligung und ein „diskursiver Politikstil" (Altner) über alles geht. Vor diesem Hintergrund konnten wir getrennt marschieren, in der Hoffnung, vereint zu schlagen.

In einem kurzen Essay ist es unmöglich, dem Themenkomplex und dem Werk des ökologischen und politischen Ethikers auch nur annähernd gerecht zu werden. Hinzu kommt das post mortem schmerzliche Faktum, daß unser beider freundschaftliche Nähe in theoreticis zwar eine stete Annäherung beförderte, aber eine scharfe Klärung hintergründiger Dissense konsensuell vergleichgültigt hat, so daß wir in Grundlagenfragen zumal von Konsensunterstellungen zehrten. Nun fällt es auf mich allein, die Klärung fortzuführen und die Linien der philosophischen bzw. wissenschaftstheoretischen Annäherung auszuziehen.

Die an Günter Altner anschließende Themenstellung ‚Frieden mit der Natur' differenziere ich durch die Ergänzung „Verantwortung für die Menschheitszukunft". Für diese Ergänzung sprechen drei Gründe: Erstens ist das die Sinnwidrigkeit, die begriffslogische Unhaltbarkeit von Klaus Meyer-Abichs Übertragung des Sozialbegriffs „Frieden" auf ein Technikverhältnis. Denn diese Übertragung schiebt zwei komplementäre Ebenen ineinander: das soziale Verhältnis zwischen Subjekten und das instrumentelle Verhältnis zwischen Subjekten und Objekten einer Technik bzw. einer technisch vermittelten Nutzung. Dominiert technisch die Subjekt-Objekt-Beziehung, so steht sozial die Subjekt-Kosubjekt- oder Intersubjektivitäts-Beziehung im Vordergrund, sei sie nun stärker verständigungsorientiert oder strategisch erfolgsbezogen.

Der zweite Grund für die Ergänzung des Themas liegt in Günter Altners Kritik der Erkenntnisrelation des Subjekts zum Objekt, welche die moderne Naturwissenschaft trägt. Diese Kritik war frontal; konnte er die Subjekt-Objekt-Relation doch direkt auf Descartes' Spaltung des Seins in die ichhafte res cogitans und die objektivierbare res extensa zurückführen. In dieser erkenntnislogischen Perspektive hat er, wenn ich recht urteile, seine ökologisch ethische Zukunftsperspektive die längste Zeit auf eine Verabschiedung der Subjekt-Objekt-Relation gegründet. Wiewohl die, vom Szientismus besorgte, *Verabsolutierung* der Subjekt-Objekt-Relation als des einzig wissenschaftlichen Erkenntnisrahmens einen Grundfehler der modernen Wissenschaftstheorie darstellt[1], dürfte deren Verabschiedung erkenntnislogisch unmöglich sein.

Mein dritter und womöglich stärkster, weil immanenter Grund ist der zunehmend liberale Gebrauch, den Günter Altner von der Metapher „Frieden mit der Natur" macht. Denn unter diesem romantisch metaphysischen Titel plädiert er immer stärker für eine Diskursverantwortung im technologischen und ökonomischen Umgang mit der Natur, damit dieser nicht länger die Lebensgrundlagen einer künftigen Menschheit verzehre und, nach Jonas' Formel, die Permanenz echten menschlichen Lebens auf Erden gefährde.

Diese Grundlagenprobleme einer Sozio-Ökologie werde ich im folgenden herausstellen und so den Diskurs mit dem Freunde vertiefen. Ausgehend von dem erkenntnislogischen Problem der Subjekt-Objekt-Relation bzw. -Spaltung, komme ich zurück zum ersten Punkt und damit auch zu der Frage, wie sich Günter Altners Werk und Engagement angemessen *begreifen* läßt, also zum dritten Punkt.

I. Recht und Grenze der Subjekt-Objekt-Relation im Umgang mit der Natur

Die von Günter Altner aufgegriffene Formel Meyer-Abichs ist eine motivationsträchtige und in ihrer Intention hochmoralische, aber kategorial falsche Metapher.[2] Frieden kann ich nur haben und schließen mit einem X, das mich sowohl (offen strategisch oder verdeckt strategisch) bedrohen als auch (verständigungsorientiert) anerkennen kann, *und* welches ‚ich' im Sinne uneingeschränkter Gegenseitigkeit zu verstehen vermag; so nämlich, daß zwischen dem X und ‚mir' eine Verständigung prinzipiell gleichbefähigter Kommunikationspartner möglich ist. Das ist aber auch im Verhältnis zur belebten Natur, mit der es Günter Altner als ökologischer Biologe und als Schöpfungstheologe zu tun hatte, nicht der Fall. Aus diesem Grunde kann – das haben wir im Niedernhausener Gespräch 2011 mit Karl-Otto Apel erst strittig, dann konsensuell herausgearbeitet[3] – weder die Erklären-Verstehen-Kontroverse der Wissenschaftstheorie zugunsten eines umgreifenden Verstehens aufgelöst noch die Subjekt-Objekt-Relation ad acta gelegt werden. Wohl aber muß sie *auch* biologisch differenziert und ergänzt werden. So nämlich, daß ein Quasi-Verstehen ins Spiel kommt: ein defizienter Modus von Verstehen, der sich auf das Lebendige richtet[4] – evolutionstheoretisch in Form einer Rekonstruktion organischer Prozesse und tierischen Verhaltens, die ‚von oben' ausgeht, nämlich von uns leibhaften Diskursteilnehmern. Als solche *sind* wir ja nicht bloß organische Prozesse und bestimmte Verhaltensweisen, sondern können diese auch objektivieren und reflektieren.

Was bedeutet das erkenntnislogisch? Es heißt, daß wir ein *Selbst*verständnis haben und uns als leibhafte Diskursteilnehmer dadurch einholen können, daß wir bewußt in die Subjekt-Objekt-Relation eintreten: Wir reflektieren organische Prozesse, tierische Verhaltensweisen und uns selbst *als* Leibwesen, indem wir Lebensphänomene, die uns leibhaft vertraut sind, so daß wir stets ein Vorverständnis davon haben, nunmehr zum Gegenstand machen. Wir *vergegenständlichen* sie – teils von außen mit Hilfe theoretischer Annahmen kausal erklärend, so wie Kant den Naturwissenschaftler nach Galilei beschreibt, teils mehr oder weniger von innen verstehend, nämlich aufgrund der uns vertrauten Lebensbasis, die wir mit der organischen Welt gemein haben.

Doch bleibt zwischen uns und dem nichtdiskursfähigen Leben eine Schranke. Denn ein X, zu dem ich nicht in die volle Gegenseitigkeit des dialogischen Verstehens und der Verständigung treten kann, vermag auch kein Friedenspartner zu sein. Die Metapher vom Frieden mit der Natur ist eine semantische Fehlleistung und noch dazu eine moralische Verharmlosung. Denn sie verharmlost sowohl den kognitiven als auch den moralischen *Differenz*-Charakter des Mensch-Natur-Verhältnisses. Dessen kognitive Differenz liegt in der Fallibilität der Erkenntnis, da wir auch in Biologie und Ökologie eine Kluft zu den Erkenntnisgegenständen überbrücken müssen. Die moralische Differenz besteht in der Einseitigkeit der Verantwortung. Handelt es sich doch bei Natur- und Tierschutz um ein Fürsorge-Verhältnis eines Verantwortlichen zu einem permanent Schutzbedürftigen, wie es die lebendige Natur dem „technological man" (Jonas) gegenüber ist. Hingegen sind zwei Partner, die miteinander Frieden oder Krieg haben können, jeweils selbstverantwortlich. Da die Natur das nicht sein kann, ergibt sich das Problem der Verantwortung des Menschen *für* die Natur – jedoch nicht als Verantwortung *gegenüber* der Natur.

Vor allem in den siebziger und achtziger Jahre denkt Günter Altner in einer teils subkutanen, über Weizsäcker und Picht vermittelten, teils auch direkten Wirkungsgeschichte des späten Heidegger.[5] Wie der diskursvergessene, daher seinsholistische Todtnauberger Technik-, Descartes- und Subjekt-Objekt-Kritiker identifiziert er die Erkenntnisrelation Subjekt-Objekt ohne Umschweife mit der cartesischen Subjekt-Objekt-Spaltung und darüber hinaus auch mit der Weltbemächtigung Descartes', die den methodisch im Subjekt-Objekt-Schema verfahrenden Technologen/Wissenschaftler zum maître et possesseur de la nature erhebt.[6] Als Heilmittel schlägt er „symbiotische, ganzheitliche Erkenntnismethoden in der Wissenschaft" vor[7] und teilt Fritjof Capras Perspektive einer „Kommunion mit dem Kosmos".[8] Insofern vertritt er einen ökologischen und ethischen Holismus. Demzufolge solle sich der Mensch nicht länger cartesianisch als das Andere der Natur, sondern als einbezogen in einen umfassenden Zusammenhang des Lebendigen, in ein Universum des Willens zum Leben und der Gemeinschaft aller lebendigen Wesen verstehen. Aus den Tatsachen unserer Zugehörigkeit zu dieser kosmischen „Lebensgemeinschaft" und unseres möglichen Zugehörigkeitsgefühls will man Normen einer kosmischen Solidarität ableiten. Freilich würde dann eine *biologische* Gemeinschaft des Lebendigen das Konzept des *logischen* Universums als eines Diskursuniversums – man denke an das Kantische Reich der Zwecke oder an die ideale Kommunikationsgemeinschaft im Sinne von Peirce und Apel – ersetzen. Ist diese Strategie sinnvoll?

Eine solche Strategie verwickelt sich in zwei Kategorienfehler, den naturalistischen Fehlschluß, der die Ableitung von Normen bloß aus der Beschreibung von Tatsachen suggeriert, und die holistische Reflexionsvergessenheit. Diese zeigt sich hier in einem Spezialfall: als holistische Verwechslung des *Gegenstandsbereichs* der Verantwortung, letztlich also der Ökosphäre, mit der *Geltungsebene* der möglichen Sätze, in denen Verantwortungsverhältnisse beschrieben und Verantwortungspflichten zur Geltung gebracht werden.[9] Es ist diese Kategorienverwechselung, die es Altner ermöglicht, ungeschützt auf Albert Schweitzers anticartesianischen Grundsatz zurückzugreifen: „Ich bin Leben, das leben will, inmitten von Leben, das leben will". Er versteht diesen Ansatz nicht etwa als eine kritischer Rekonstruktion bedürftige Intuition, sondern würdigt ihn als die „prinzipielle" Auflösung der „Anthropozentrik des cartesianischen Subjekt-Objekt-Dualismus", ja als „die entscheidende Begründung für die […] Ehrfurcht vor dem Leben" und die „menschliche Verantwortung für das Leben".[10]

Trifft das zu? *Lediglich* aus einer, wie immer intuitiv treffenden Beschreibung einer Situation – hier des menschlichen Lebenswillens inmitten zahlreicher anderer Selbsterhaltungstriebe – folgt keine Verpflichtung, diesen anderen mit Ehrfurcht zu begegnen bzw. Verantwortung für sie zu übernehmen. Vielmehr kann ‚ich' angesichts dieser Situation auch die Entscheidung treffen, die anderen Selbsterhalter zu entmachten und sozialdarwinistisch gegen sie zu agieren. Man denke an Hobbes' gedankenexperimentell angenommenen Naturzustand.

In der Tat ist ein bellum omnium contra omnes, wie ihn Hobbes als erste Stufe seines zweckrational strategischen Vertragsgedankens annimmt, eine logisch nicht minder zulässige Antwort auf Schweitzers Situationsbeschreibung menschlichen Lebens, das leben will, inmitten anderen Lebens, das leben will. Wenn dem so ist, löst aber Schweitzers Grundsatz die Anthropozentrik des Subjekt-Objekt-Dualismus nicht etwa auf, sondern gibt dem Selbstbehaupter geradezu ein Motiv für die Unterjochung anderer Lebewesen an die Hand. Das zeigt einmal mehr, daß eine bloße Seinsbeschreibung zu keinem moralischen Sollen führt, hier: zu keiner Verantwortungspflicht – auch nicht zu einem verantwortungsförderlichen moralischen Gefühl. Vielmehr muß zu einer Seins- bzw. Situationsbeschreibung sogleich eine normative Orientierung hinzugebracht werden. So bringt der Selbstbehaupter die egoistisch strategische Maxime mit: „Setze dich gegen die anderen Selbstbehaupter durch!

Das ist richtig!" Albert Schweitzer bringt die pathozentrische Liebesmaxime mit: Sei gut. „Gut ist, Leben erhalten und fördern; böse ist, [anderes] Leben vernichten und [anderes] Leben hemmen."[11] D. h. aber: Er unterstellt, was zu erweisen wäre. Sein naturalistischer Fehlschluß von der Beschreibung auf die Verpflichtung, von einem bloßen Faktum zu einer Norm, verleitet zum Zirkel im Beweis: In Form einer petitio principii erschleicht er, was zu begründen wäre.

Soviel zum Diskurs mit Günter Altner. Oder müßte es nicht heißen: mit „Günter Altner"? Denn genau genommen, bezieht sich die Kritik nur auf die öko-holistischen Züge in seinen früheren Schriften, die aber zugleich einen diskursverantwortungsethischen Zug haben und sowohl „die alte vitalistische Indoktrinierung der Biologie durch Ganzheitsvorstellungen" zurückweisen als auch die romantisch biozentrische Unterstellung, der Mensch könne „aus seiner Geschichte noch einmal in die Natur zurückkehren".[12]

Zwischenbilanz a: Unverzichtbarkeit und kommunikative Ergänzungsbedürftigkeit der Subjekt-Objekt-Relation

Wenn wir hier Zwischenbilanz ziehen, so ergeben sich zwei Resultate: einmal eine kritische Würdigung der Subjekt-Objekt-Relation als unaufgebbarer Errungenschaft der nachcartesischen Philosophie, sodann eine Differenzierung des Verantwortungsbegriffs nach Gegenstandsbereich und Geltungsinstanz. Jene Errungenschaft hat Kant als Anfang der Erkenntniskritik gewürdigt. Enthält sie doch die Absage an die Suggestion der Wesens-Metaphysik der antiken theoria, man könne das Ansichsein der Dinge erkennen – gleichsam vernehmend bzw. schauend oder symbiotisch verstehend. Und Hans Jonas, dessen scharfe Kritik des cartesischen Dualismus derjenigen Albert Schweitzers und Günter Altners nicht nachsteht, würdigt „die sogenannte Subjekt-Objekt-Spaltung" als Anerkennung der kognitiven „menschlichen Grundbedingung, nämlich im Abstand zu den Dingen zu sein" und diesen Abstand durch die (fehlbare) Anstrengung des Geistes (versuchsweise) zu überbrücken: „Das Subjekt-Objekt-Verhältnis [...] ist nicht ein Fehltritt, sondern das Privileg, die Bürde und die Pflicht des Menschen"; zunächst die Pflicht, sich für die jeweiligen Erkenntnisbemühungen *als* Behauptungen und Versuche zu verantworten. Jonas sagt das gegen die holistische Seinsmetaphysik des späten Heidegger, dem die Subjekt-Objekt-Spaltung als Krebsschaden der abendländischen Philosophie galt, weshalb er sie durch ein vernehmendes Andenken an das Sein verwinden wollte. Dem hält Jonas entgegen: „Niemand und kein waltendes Sein nimmt uns die Verantwortung ab für das, was wir denken und sprechen."[13] Es ist erst die Einsicht in die Differenz zwischen Erkenntnissubjekt und Erkenntnisgegenständen, welche in die selbstkritische Verantwortung dessen hineinstellt, der weiß, daß er etwas geltend macht und es zu begründen hat.

Hier könnte Günter Altner einwenden, daß ich ja selbst für eine notwendige Ergänzung und Kritik der Subjekt-Objekt-Relation bzw. -Differenz plädiert habe, die Kant jedoch als methodisch solipsistischer Post-Cartesianer nicht teilen konnte und die auch Jonas, der gegenstandsbezogene Phänomenologe und Fürsorge-Ethiker, kaum hat entfalten können. „Indem du nämlich – so könnte Altner mich sokratisch stellen – für die Biologie das kausale Erklären durch ein defizientes Verstehen komplementär ergänzt, bringst du ein Stück weit die Subjekt-Subjekt-Relation, also ein Stück Intersubjektivitätsrelation, wie Apel sagen würde, ins Spiel. Damit anerkennst du ja, daß die Subjekt-Objekt-Relation zu erweitern sei durch eine kommunikative Beziehung. So kommst du meiner Kritik der Subjekt-Objekt-Relation in gewisser Weise entgegen."

„Da muß ich dir Recht geben, Günter. Denn die Subjekt-Objekt-Relation, die nicht nur die Naturwissenschaften, sondern alle analytischen Erkenntnisphasen trägt, ist a priori verwoben mit der Subjekt-Kosubjekt-Relation der sprachlichen Verständigung, von der auch das *Selbst*verhältnis der Naturwissenschaftler wie ihr Verhältnis *untereinander* getragen wird. Daher knüpfe ich in der Tat an Karl-Otto Apels „Apriori der Kommunikationsgemeinschaft" und seine dementsprechend komplementäre Wissenschaftstheorie an. Im Einklang damit scheint es mir gleichwohl richtig, die Subjekt-Objekt-Relation einerseits als wissenschaftskonstitutive Errungenschaft anzuerkennen, andererseits aber nicht nur die Notwendigkeit sondern auch die Möglichkeit ihrer kritischen Einbeziehung in die kommunikative Vernunft des argumentativen Diskurses zu erweisen – in das Sich-im-Diskurs-Verantworten. Erforderlich ist eine kommunikative Einbettung der Subjekt-Objekt-Relation, nicht deren Ersetzung durch irgendwie geartete „symbiotische, ganzheitliche Erkenntnismethoden in der Wissenschaft"[14], wofür du etwa 1987 in dem Buch „Überlebenskrise in der Gegenwart" und 1989 in dem Aufsatz „Ökologie und Frieden" plädiert hast. Denn eine öko-holistische

Methodik machte die erkenntniskritische Errungenschaft der Subjekt-Objekt-Differenz zunichte. Zudem käme sie einem performativen Widerspruch zu deiner Diskurspartnerrolle gleich. Schließlich hast du als Diskurspartner, der eine These mit Anspruch auf Gültigkeit bzw. universale Diskutierbarkeit geltend macht, bereits eine prinzipielle Distanz zwischen deiner These bzw. deinen Methoden und deinem *Gegenstand* vorausgesetzt: die Distanz der Kritisierbarkeit, in die alle sinnvollen Gegenargumente eintreten können. Damit aber hast du implizit als *Geltungsinstanz* eine ideale Argumentationsgemeinschaft anerkannt. Und daß dir eine solche Diskurs-Distanz am Herzen liegt, hast du sogar in dem frühen, scheinbar ganz öko-holistisch gestimmten Aufsatz von 1979 „Wahrnehmung der Interessen der Natur" bezeugt.

Du fragst, wodurch? Nicht zuletzt dadurch, daß du – im Widerspruch sowohl zu deinem (späteren) Plädoyer für symbiotische Methoden der Naturerkenntnis als auch zu deiner Anknüpfung an Albert Schweitzers diskurs- und daher distanzvergessenes ‚Ich bin Leben, inmitten von Leben, also erlebe ich die Nötigung zur Ehrfurcht vor allem Leben' – ein „begrenztes Eigenrecht objektivistischer Naturbewältigung" eingeräumt hast. Außerdem hast du eine von bester Absicht begleitete „menschenvergessene Naturschwärmerei" ausdrücklich verworfen.[15] Später wirst du dann mehr und mehr auf der Linie der Diskursverantwortung argumentieren. Ja, du beginnst diese Linie bereits dort, wo du noch die Parole „Frieden mit der Natur" ausgibst, etwa in deinem rückblickenden, das Öko-Engagement der siebziger und achtziger Jahre bilanzierenden Aufsatz von 1989 „Ökologie und Frieden", wo du „ein Mehr an demokratischer Politik" forderst: „ein Mehr an Kommunikation, ein Mehr an Abwägungen, ein Mehr an Abschätzungen von Alternativen".[16]„

Soweit die erste Sequenz meines fiktiven Dialogs mit dem verstorbenen Freunde. In der Tat hat sich auf dieser Linie das Gespräch zwischen Altner und der Berliner Diskurspragmatik abgespielt. So rückte er in dem letzten seiner (viel zu selten) verschriftlichten Vorträge – er hielt ihn im Oktober 2010 auf einem Symposion des Jonas-Zentrums und der Forschungsgruppe „EWD – Ethik und Wirtschaft im Dialog" – die normativ ethischen Grundbegriffe *Menschenwürde, Menschenrechte* und *Gerechtigkeit* in die Ökoperspektive. Und zwar so, daß er die Gerechtigkeit zum Verteilungskriterium der „natürlichen Lebensgrundlagen" erhebt. Sein „ethisches Leitbild"[17] unterscheidet „drei Ebenen, auf denen der Diskurs weiter geführt werden muß": Neben

> *Menschenrechten und Menschenwürde*
> treten als Ziel gesellschaftlichen Zusammenlebens
> und damit auch von Bildung
> *der Erhalt der natürlichen Lebensgrundlagen*
> und
> *Gerechtigkeit im Zugang zu ihnen*
> *und hinsichtlich ihrer Verteilung*
> in dieser „Einen Welt"

Zwischenbilanz b: Sich (im Diskurs) verantworten – Gegenstand versus Geltungsinstanz der Verantwortung

In Günter Altners ökologischen Erörterungen tritt die normative Ethik je länger desto mehr hervor, und zwar mit Blick auf das Sich-im-Diskurs-Verantworten-Können. So vertieft er 2009 im Geleitwort zu einem in seiner Reihe „Politik in sozialer und ökologischer Verantwortung" herausgebrachten Buch die Distanz zu der anfänglich von ihm geteilten Ökometaphysik. Dabei distanziert er sogar das Konzept der Nachhaltigkeit: „Dieses Konzept [...] darf man nicht wie eine Fahne vor sich hertragen. Man darf es auch nicht dogmatisieren. Man muß es unter Einbeziehung der aktuellen Prioritäten zu einer öffentlichen Sache im internationalen Diskurs machen und im Sinne einer Zukunftsverantwortlichkeit, die Diskursverantwortlichkeit einschließt, vertiefen."[18]

Diskursverantwortlichkeit heißt vor allem zweierlei: Erstens verlangt sie, wie gesagt, den jeweiligen Gegenstand der Verantwortung zu trennen von der Geltungsinstanz, nämlich dem rein argumentativen und alle sinnvollen Argumente einbeziehenden, insofern idealen Diskurs. Zweitens ist es erforderlich, alle Interpretationen des Gegenstands wie auch alle vorgebrachten Interessen dieser kritischen Geltungsinstanz zu unterwerfen; woraus z. B. die Anerkennung der Fehlbarkeit der Gegenstandsbeschreibung folgt, selbst dann, wenn es sich dabei um die Darlegung eigener Interessen, erst recht aber angenommener „Naturinteressen" handelt.

Der Verantwortungsgegenstand, und sei es ein schutzbedürftiges menschliches Wesen, ist eben nicht zugleich – das betonen Diskurspragmatiker auch gegenüber Hans Jonas –[19] die (hinreichende) Geltungsinstanz des Sich-Verantwortens. Allenfalls, nämlich im Verhältnis von Mensch zu Mensch, ist der Verantwortungsgegenstand ein, freilich unzureichender, Teil der Geltungsinstanz; weil hier der Betroffene als Diskursteilnehmer auftreten oder advokatorisch vertreten werden kann. Doch wieso nur ein unzureichender Teil? Unzureichend schon deshalb, weil sich auch ein urteilsfähiger Mensch hinsichtlich seiner Bedürfnisse, ihrer Priorisierung und ihrer angemessenen bzw. folgenverantwortlichen Erfüllung irren kann.

Die *Fallibilität der Situationseinschätzung* kann der Verantwortliche bzw. der Verantwortungsdiskurs nur hinlänglich berücksichtigen, wenn er sich einer *idealen* Geltungsinstanz unterstellt, also ein Argument sucht, das als in der Sache wahr und in praktischer Hinsicht als verbindlich gelten kann. Allerdings mag ein Skeptiker einwenden, die Anerkennung jener idealen Geltungsinstanz, also des Diskursuniversums, könnte eine metaphysische Marotte, jedenfalls überflüssig sein. Dann fragt der Diskurspragmatiker jedoch sokratisch zurück: „Wie, soll diese deine Zweifelsthese etwa nicht gültig sein? Das heißt, ist sie von dir gar nicht ernsthaft gemeint? Will sagen als Behauptung, die von *allen* möglichen Diskurspartnern müßte geprüft und eingesehen werden können?" Wenn unser Skeptiker sich nicht aus dem Diskurs herausstehlen, damit aber seinen Einwand desavouieren und sich selbst disqualifizieren will, dann kommt er nicht umhin, zuzugeben, daß er jene ideale Geltungsinstanz bereits anerkannt hat, weil er nicht etwa als Hallodri sondern als Argumentationspartner auftritt, der sich gegen alle sinnvollen Einwände müßte verantworten können.

Das Sich-Verantworten ist eine sechsstellige Relation, deren sechstes Element die Geltungsinstanz der unbegrenzten, reinen Argumentationsgemeinschaft ist, das ideale Diskursuniversum. Dort würden alle Fehler bzw. Irrtümer korrigiert. „Sich verantworten" hat nämlich die diskurspragmatische Form: *Ein* Akteur/Verantwortungsträger (1) bezieht sich *mit* Dialogbeiträgen (2) *über* seine Handlung (3) und *hinsichtlich* ihrer Folgen (4) *auf* reale Dialogpartner (5), und zwar *vor* dem Forum der unbegrenzten Argumentationsgemeinschaft (6).

Dieses sechsstellige Diskursgeflecht des Sich-Verantwortens gibt den nichtmetaphysischen Rahmen der menschlichen Verantwortung für die Natur ab. Wenn wir folgenreiche Eingriffe in die Natur (4) planen und geltend machen, bringen wir sie gegenüber menschlichen Ansprechpart-

‚Frieden mit der Natur' 233

nern (5) und letztlich vor dem Diskursuniversum (6) zur Geltung – vor wem sonst?

Freilich kann man hiergegen einwenden, die Natur erscheine dann nur unter Handlungsfolgen, so daß ein Platz für ein mögliches sittliches Eigenrecht der Natur nicht ersichtlich sei. Das sieht auf den ersten Blick so aus. *Wenn* sich aber demonstrieren läßt, daß jedenfalls der belebten Natur ein moralisches Mandat auf anwaltschaftliche Vertretung im Diskurs zukomme, so daß Menschen eine Pflicht zu ihrem Schutz hätten, dann erhält dieses Mandat an drei der sechs Stellen der Verantwortungsrelation seinen Platz: Im Blick auf die Handlungsfolgen (4) fragt sich dann, ob das sittliche Naturmandat verletzt oder berücksichtigt wird. Und es wären die realen Diskursteilnehmer (5), die jeweils die diskutierte Handlungsweise bzw. das Projekt auf dieses Mandat hin prüfen müßten. Zu guter Letzt umfaßt die Geltungsinstanz des Diskursuniversums (6) sämtliche Ansprüche, für die sinnvoll argumentiert werden kann, auch mögliche Eigenwert- und genuine Schutzansprüche der Natur.

II. Wahrnehmung der ‚Interessen' der Natur? Zwiefältiges Quasi-Verstehen und konsequente Diskursverantwortlichkeit

An diesem Punkt angelangt, könnte Günter Altner mich im Diskurs folgendermaßen weitertreiben.
A: Nun gut. Alles hängt an dem besagten Wenn. Umschifft ihr transzendentalen bzw. postkantischen Diskurspragmatiker die Begründung des Eigenrechts der Natur nicht mindestens so vorsichtig, wie Hans Jonas es laut Vittorio Hösle tut?[20] Wenn du aber in deiner Auseinandersetzung mit Jonas ein Quasi-Verstehen der Bedürftigkeit aller organischen Existenz zugibst[21], dann erkennst du ja die Elementarstufe von Albert Schweitzers Ethik der Ehrfurcht vor dem (anderen) Willen zum Leben an. Und wenn du auf dieser Linie die Subjekt-Objekt-Relation nicht allein durch die kommunikative Subjekt-Kosubjekt-Relation der sprachlichen Sinnverständigung ergänzt, sondern auch unser Verhältnis „zu Lebewesen, insbesondere zu den höheren Tieren", als (abgeschwächte) Analogie zu dieser Verständigungsrelation denken mußt[22], dann wärest du mir kein glaubwürdiger Diskurspartner, wenn du nicht auch ethisch einräumtest: „Ich, der leibhafte Diskursteilnehmer Böhler, nehme notwendigerweise in An-

spruch, daß die Anderen meinen Lebensanspruch bereits geachtet haben, als ich ein Embryo, dann ein Kleinkind und viel später vielleicht ein wachkomatöses Funktionsbündel auf der Intensivstation war."

B: Ja, Günter. In der Tat hängt unser Lebensrecht, und damit auch der elementare Teil unseres Anspruchs auf Menschenwürde, weder von der vollen Kommunikationsfähigkeit zwischen mir und meiner Mitwelt ab noch davon, ob ‚ich' aktuelle Vernunftfähigkeit besitze. Die habe ich ja nicht einmal im Schlaf. Vielmehr begründet sich unser moralisches Mandat auf Achtung und Lebensrecht aus der bloß *potentiellen* Kommunikationsfähigkeit und *potentiellen* Vernunftfähigkeit. Zwar sind wir als empfindende und auf Selbsterhaltung angelegte Leibwesen mit der übrigen organischen Natur durch ein Band des lebensfunktionalen Verstehens verbunden, zu welchem noch ein Band der Empathie, jedenfalls im Verhältnis zu Tieren, hinzukommen kann. Infolgedessen sind wir dazu motivierbar, das Erhaltungsstreben und das Leidensempfinden anderer Lebewesen ernst zu nehmen, indem wir uns um ihren Schutz bemühen.[23] Aber allein aus dem Faktum dieser Möglichkeit folgt keine Verpflichtung. Das zu behaupten, wäre ein naturalistischer Fehlschluß, der hier die Erschleichung der zu erweisenden Verbindlichkeit nach sich ziehen kann.

A: Nun gut, Dietrich. Betrachte nur weiter deine reale Existenz im Zusammenhang der Evolution des Lebens, mit Jonas gesprochen: im Prozess von „Organismus und Freiheit", und damit als Aufstufung der bedürftigen Freiheit des Stoffwechsels hin zur schutzbedürftigen Freiheit von Stoffwechsel und Kommunikation bei dir als leibhaftem Diskurspartner. Mußt du dann nicht auch zwei Dinge einräumen: Erstens, daß die evolutionären Übergänge zur vollen Kommunikationsfähigkeit und zur Vernunftfähigkeit fließend sind? Zweitens, daß wir auch hier nur fallible Erkenntnismöglichkeit haben? Will sagen: Weder können wir mit Sicherheit ausschließen, daß wir ein hochentwickeltes Tier als potentielles Vernunftwesen betrachten müßten. Noch können wir mit Sicherheit wissen, ob die außermenschliche Natur insgesamt moralische Ansprüche uns gegenüber haben kann oder nicht.

B: Ich stimme dir in beidem zu.

A: Das ist gut. Denn spricht es nicht für die Möglichkeit moralischer Ansprüche der belebten Natur an uns, daß wir solche Ansprüche dank unseres zwiefachen, funktionalen und empathischen Quasi-

‚Frieden mit der Natur' 235

Verstehens anderer Lebewesens bzw. des organischen Lebens erschließen können?
B: Erschließen? Jedenfalls haben wir naturethische Intuitionen, die sich aus einem solchen Quasi-Verstehen speisen, worauf sich auch Schweitzer stützt.
A: Wärest du aber ein glaubwürdiger Diskurspartner, wenn du deine naturmoralischen Intuitionen, die nicht bloß subjektiv sondern intersubjektiv verankert sind – denke an den tierethischen Topos „quäle nie ein Tier zum Scherz, denn es fühlt wie du den Schmerz" – nicht ernst nähmest? Das heißt aber, wenn du sie nicht vereinbaren würdest mit deiner Theorie, zumal deiner Ethik?[24]
B: Da hast du Recht. Intersubjektiv verankerte vortheoretische Intuitionen müßte ein glaubwürdiger Diskurspartner mit seinen theoretischen und normativen Annahmen vereinbaren können, andernfalls er sich quasi schizophren gebärdete.
A: Eben. Müßtest du dann nicht den Grundsatz akzeptieren: „Handle so, daß du die nichtmenschliche Natur in deinem Handeln achtest, damit du deinen diskursfähigen Naturintuitionen gerecht wirst"?
B: Das klingt gut. Freilich dürfen wir einen naturethischen Grundsatz unter keinen Umständen menschenvergessen, wie du 1979 gesagt hast, formulieren, sondern nur so, daß wir uns als leibhafte Diskurspartner in ihm wiederfinden können. Dann mag der Imperativ der Naturverantwortung etwa lauten: „Handle so, daß du als leibhafter Diskurspartner glaubwürdig bleibst: Handle gegenüber der nichtmenschlichen belebten Natur so weit im Einklang mit deinen naturethischen Intuitionen, als dagegen keine durchschlagenden Argumente im Sinne der Zukunftsverantwortung vorgebracht werden können." Genauer: „Handle gegenüber der Natur so, daß du deinen naturethischen Intuitionen genau insoweit gerecht wirst, als es mit der Permanenz verantwortungsfähigen und insofern menschenwürdigen Lebens vereinbar ist."[25]
A: Das steht auch im Einklang mit Jonas und einer Diskursverantwortungsethik. Wenn wir die Möglichkeit der Diskursverantwortlichkeit wahren, können wir auch die Quasi-Interessen der Natur im Sinne einer Naturverantwortung wahrnehmen. Menschenvergessen geht es nicht.
Wenn wir aus dem kommunikativen Diskurs denken, können wir in der Tat eine Pflicht zur Fürsorge-Verantwortung für die belebte Na-

tur demonstrieren. Das kann aber nur gelingen, weil wir dann nicht diskursvergessen ansetzen: „Ich bin Leben das leben will usw.", sondern diskursbezogen: „Ich bin ein leibhafter Diskurspartner, der leben will und der in Anspruch nimmt, sich im Diskurs verantworten zu können."
Der reflexiv sokratische Ansatz bei ‚mir' und ‚dir' als leibhaften Diskurspartnern unterläuft Descartes' dualistische Aufspaltung des Seins in die zwei Grundsubstanzen res cogitans versus res extensa, Subjekt und Geist versus Objekt und Natur. Es ist ein Ansatz in der Vermittlung, besser: bei dem Immer-schon-Vermitteltsein von Geist und Natur in der leiblich kommunikativen Wirklichkeit, die wir ‚Mensch', ‚Menschheit', ‚Gesellschaft' usw. nennen.
Wird der Diskursbegriff so im Leib- und Kommunikationsapriori angesetzt, dann trägt uns seine Verbindlichkeitskraft in die Naturverantwortung. Auf dieser Basis können wir nämlich im reflexiv sokratischen Diskurs mit jedem Skeptiker, der überhaupt argumentiert, reflexiv demonstrieren, daß wir als glaubwürdige leibhafte Diskurspartner unbedingt zur „Möglichkeit der Verantwortung" (Jonas) verpflichtet sind; nämlich sowohl zum Gattungserhalt der Menschheit im Kontext der Natur wie auch zur Wahrung der Menschenwürde als Diskurspartnerwürde. Das erste verlangt Naturschutz unter dem Primat der Menschheitsinteressen. Das zweite erlegt uns zunächst die sorgsamste advokatorische Vertretung der natürlichen Erhaltungsinteressen und Schmerzvermeidungsinteressen auf, wenngleich dabei nur in Analogie von ‚Interesse' die Rede sein kann. Überdies fordert es, mit Jonas zu sprechen, „die Anerkennung der Unwissenheit", hier in Sachen moralischer Eigenrechte der Natur und potentieller Vernunftfähigkeit bestimmter Tierarten.
Müssen wir aber solche naturethisch relevanten Möglichkeiten einräumen, so sind wir zur Achtung oder, wie Schweitzer sagt, zur Ehrfurcht vor dem (anderen) Leben verpflichtet. Diese moralische Inklusion ufert jedoch nicht in eine holistische Grenzenlosigkeit aus, weil sie eine Anerkennungsleistung des leibhaften Diskurspartners ist, der als solcher weiß: Die Möglichkeit des Sich-Verantwortens setzt die Gewährleistung moralfähigen menschlichen Lebens voraus. Daher hat dieses im Konfliktfall den Primat vor advokatorisch geltend gemachten Naturinteressen, ist aber auch von diesen ab-

hängig, da es gemeinsam mit allen übrigen Lebewesen von der einen Erde zehrt.
Günter Altner verband ein Theorie und Praxis vermittelndes Ingenium stets mit politisch-ethischem Engagement und einem dialogischen Genius der Freundschaft und des Streitens. Sein überaus reiches interdisziplinäres Werk und sein hochengagiertes transdisziplinäres Wirken sind ein Licht auf unserem Wege.

Wie werden wir der Dynamik der Evolution gerecht?
Aus dem Gespräch zwischen Helmut und Günter Altner

Der obenstehende, recht und schlecht zuwege gebrachte Versuch, die eigene Begegnung durch einen ökoethischen Grundsatzdiskurs über und mit Günter Altner zu substantiieren, ist von seinem Bruder, Professor Helmut Altner, dem Biologen und langjährigen Rektor der Universität Regensburg, nicht allein freundlich aufgenommen, sondern durch Bemerkungen ergänzt worden, die aus authentischer Quelle schöpfen: dem intensiven brüderlichen Austausch. Daher meine ich, man solle sie der Öffentlichkeit nicht vorenthalten. So seien hier, nachdem Helmut Altner zugestimmt hat, einige Passagen aus seinen Briefen, die er am 5. Januar und 2. April 2012 an mich gerichtet hat, mit Dank wiedergegeben.

In dem ersten Brief heißt es:
„Die Überwindung des cartesianischen Subjekt-Objekt-Dualismus hat Günter mir immer wieder nahe zu bringen versucht. Nun habe ich, dank Ihrer luciden Argumentation, an diese Gespräche mit Günter anknüpfen und weiterdenken können.

Auch die Frage des sittlichen Eigenrechts der Natur hat Günter und mich immer wieder bewegt, dabei nicht zuletzt die theologische Ableitung eines solchen Mandats. In der letzten Zeit hatten wir zuweilen Schwierigkeiten, uns darüber einig zu werden, wie denn vor dem Hintergrund der unerbittlichen Dynamik der Evolution unsere Tendenz zu bewerten sei, gegenwärtig existierende, höchst fragile Gleichgewichtszustände zu konservieren.

Schließlich waren, das lag nahe, unmittelbare Handlungsperspektiven immer wieder ein Thema: die Unsicherheit von Prognosen, die Qual, nur ‚falsche' Entscheidungen treffen zu können, was, wenn ich es richtig im Gedächtnis habe, die Existenzphilosophie seinerzeit mit dem Terminus ‚Grenzsituation' bezeichnet hat."

Am 2. April 2012 antwortete Helmut Altner auf meine Bitte, den Dissens zu erläutern, der offenbar zwischen ihm und seinem Bruder Günter über die Frage bestand, ob bzw. inwieweit die öko-ethische Perspektive einer Bewahrung gegenwärtiger Gleichgewichtszustände angemessen sei. Denn die Evolution befinde sich, mitsamt ihrer kulturellen Fortsetzung, doch – so Helmut Altner –in einer permanenten *Dynamik*.

„Sie waren so freundlich, hinsichtlich unserer brüderlichen Gespräche über die Erhaltung der Schöpfung vor dem Hintergrund des evolutiven Wandels nachzufragen. Es wäre zweifellos Günters Part, das mit angemessenen Worten zu erläutern. Im Kern ging es darum, dass es doch eine *statische* Sichtweise sei, für *Erhaltung* der Schöpfung zu plädieren. Die Evolution aber bedeutet Wandel, freilich vor einem weit ausgespannten Zeithorizont. Doch ließe sich nicht auch sagen, dass die Evolution schließlich dahingehend angelegt ist, dass die Spezies *Homo sapiens* die Zeitmaße für den Wandel verändert – freilich mit Hilfe ihrer zivilisatorischen Errungenschaften? So schlüge die ‚kulturelle Evolution' auf die natürliche Evolution durch und vermittelte dieser eine neue Dynamik. Die Frage: Könnte sich nicht ein weit gefasster Schöpfungsbegriff auf eine solche Dynamik einlassen? Apokalyptische Visionen sind ja den christlichen Überlieferungen nicht fremd.

Soweit ein sicher ganz unzulänglicher Versuch der Erläuterung eines Diskurses zwischen Günter und mir, eines Diskurses, der, nie systematisch geführt, zu keinem Ergebnis gelangte, gegen den Günter auch – wahrscheinlich durchaus berechtigte – Vorbehalte erkennen ließ und der nun nicht im Mittelpunkt unserer Gespräche stand. Ja, diese Gespräche fehlen mir jetzt!"

Postskriptum

Seit Günter Altners Tod sind mehr als drei Jahre verstrichen, in denen uns seine Geistesgegenwart und innere Heiterkeit, seine ökophilosophische und seine ökopolitische Kompetenz schmerzlich gefehlt haben.

Mein Versuch, den Diskurs mit ihm weiterzuführen, hat sich mittlerweile in einem größeren Buch niedergeschlagen, worin z. B. unsere Hintergrunddiskussion über Albert Schweitzer fortgesetzt wurde. Auch der hier enthaltene Dialog über die Wahrnehmung der ‚Interessen' der Natur hat dort Eingang gefunden. Das Buch trägt den Titel *Verbindlichkeit aus dem Diskurs. Denken und Handeln nach der Wende zur kommunikativen Ethik-Orientierung in der ökologischen Dauerkrise* und ist 2014 als Alber Studienausgabe in Freiburg/München erschienen. Sein Personenregister und Literaturverzeichnis belegen die so fruchtbare wie nachhaltige Präsenz Günter Altners auch im Grundsatzdiskurs über das Denken und Handeln in der hochtechnologischen Zivilisation und ihrer ökologischen Dauerkrise.

Anmerkungen

[1] Vgl. D. Böhler, *Rekonstruktive Pragmatik. Von der Bewußtseinsphilosophie zur Kommunikationsreflexion: Neubegründung der praktischen Wissenschaften und Philosophie*, Frankfurt a. M.1985, Teil A.

[2] Auch Hans Jonas griff 1992 indirekt auf die Metapher zurück, indem er fragte: „Kann sich der Geist schließlich der Natur erträglich machen, wenn ihr Nichtertragen [des Geistes] ihm sichtbar wird? Ist Frieden möglich, wo Krieg das Urgesetz des Verhältnisses war?" (H. Jonas, *Philosophie. Rückschau und Vorschau am Ende des Jahrhunderts*, Frankfurt a. M. 1993, S. 41.)

[3] Diskutiert wurden das Schlußkapitel von K.-O. Apel, *Die Erklären : Verstehen-Kontroverse in transzendentalpragmatischer Sicht*, Frankfurt a. M. 1979 (zit.: *Die Erklären : Verstehen-Kontroverse* (1979)) und Günter Altners Aufsatz „Verstehende Biologie. Ein anderer Blick auf die Naturforschung des Lebenden", in: G. Altner, M. Dederich u. a. (Hg.), *Grenzen des Erklärens. Plädoyer für verschiedene Zugangswege zum Erkennen*, Stuttgart 2011, S. 27–36, ferner ein Arbeitspapier von D. Böhler.

[4] K.-O. Apel, *Die Erklären : Verstehen-Kontroverse* (1979), bes. S. 282 ff. und 307–318, vgl. 289 ff. Weiterführend: J. P. Brune, „Können wir Leben verstehen? Hans Jonas' Kritik des systemischen Lebensbegriffs", in: D. Böhler, H. Gronke u. B. Herrmann (Hg.), *Mensch – Gott – Welt. Philosophie des Lebens, Religionsphilosophie und Metaphysik im Werk von Hans Jonas*, Freiburg/Berlin/Wien 2008, S. 89–111.

[5] G. Altner, *Überlebenskrise in der Gegenwart. Ansätze zum Dialog mit der Natur in Naturwissenschaft und Theologie*, Darmstadt 1987 (zit.: *Überlebenskrise* (1987)), S. 181–184, 203–209, 216–219. Ferner: Ders., *Die große Kollision. Mensch und Natur*, Graz/Wien/Köln 1987 (zit.: *Kollision* (1987)), S. 10, 101 und 113–138.

[6] Ders., *Überlebenskrise* (1987), S. 50 f. und 68. Ders., *Kollision* (1987), S. 95, 99 und 134.

[7] Ders., *Überlebenskrise* (1987), S. 27. Vgl. ders., *Kollision* (1987), S. 98 f. mit Bezug auf Capra.

[8] Ders., *Überlebenskrise* (1987), S. 5.

[9] So argumentierte ich 1991 bzw. 1994: D. Böhler, „In dubio contra projectum. Mensch und Natur im Spannungsfeld von Verstehen, Konstruieren und Verantworten", in: D.

Böhler (Hg.), *Ethik für die Zukunft. Im Diskurs mit Hans Jonas*, München 1994 (zit.: „In dubio contra projectum" (1994)), S. 257.

[10] G. Altner, „Wahrnehmung der Interessen der Natur", in: K. M. Meyer-Abich (Hg.), *Frieden mit der Natur*, Freiburg i. Br. 1979 (zit.:"Interessen der Natur" (1979)), S. 113 und 114.

[11] A, Schweitzer, *Kultur und Ethik*, Sonderausgabe München 1960, S 331.

[12] G. Altner, *Schöpfung am Abgrund. Die Theologie vor der Umweltfrage*, Neukirchen-Vluyn 1974 (zit.: *Schöpfung* (1974)), S. 106 und 94.

[13] H. Jonas, „Heidegger und die Theologie" (1964), in: D. Böhler u. J. P. Brune (Hg.), *Orientierung und Verantwortung. Begegnungen und Auseinandersetzungen mit Hans Jonas*, Würzburg 2004, S. 54 und 55. Inzwischen in: *Kritische Gesamtausgabe der Werke von Hans Jonas*, Bd. III/2, Freiburg/Berlin/Wien 2013, S. 225–258, hier: S. 254 und 254 f.

[14] G. Altner, *Überlebenskrise* (1987), S. 27, vgl. 24 ff.

[15] Ders., „Interessen der Natur" (1979), S. 116. Vgl. auch die schon zitierte Kritik einer Anknüpfung an die vitalistische Indoktrinierung der Biologie: *Schöpfung* (1974), S. 106.

[16] Ders., „Ökologie und Frieden", in: Wissenschaft & Frieden, 1989-1, zitiert nach: http://www.wissenschaft-und-frieden.de/seite.php?artikelID=0795.

[17] Ders., „Nachhaltigkeit – Über die ‚fast' auswegslosen Schwierigkeiten des gesellschaftlichen Diskurses", Vortragsmanuskript für das Hans Jonas-Zentrum 2010, hier: S. 8. Inzwischen in: *Dialog – Reflexion – Verantwortung. Zur Diskussion der Diskurspragmatik*. Dietrich Böhler zur Emeritierung, hg. von J. O. Beckers, F. Preußger und Th. Rusche, Würzburg 2013, S. 297–314, hier: S. 305.

[18] Ders., Geleitwort zu D. Böhler, *Zukunftsverantwortung in globaler Perspektive. Zur Aktualität von Hans Jonas und der Diskursethik*, Bad Homburg 2009, S. 10.

[19] M. H. Werner, „Dimensionen der Verantwortung. Ein Werkstattbericht zur Zukunftsethik von Hans Jonas", in: D. Böhler (Hg.), *Ethik für die Zukunft. Im Diskurs mit Hans Jonas*, München 1994, S. 303–338, hier: S. 311 f. D. Böhler, „In dubio contra projectum" (1994), S. 244–276, hier: S. 257 ff.

[20] V. Hösle, „Hans Jonas' Stellung in der Geschichte der deutschen Philosophie", in: Chr. Wiese u. E. Jacobson (Hg.), *Weiterwohnlichkeit der Welt. Zur Aktualität von Hans Jonas*, Berlin 2003, hier: S. 50 f.

[21] D. Böhler, „Hans Jonas – Stationen, Einsichten und Herausforderungen eines Denklebens", in: ders. (Hg.), *Ethik für die Zukunft* (1994), S. 62–64.

[22] Vgl. K.-O. Apel, *Die Erklären : Verstehen-Kontroverse* (1979), hier: S. 307–318.

[23] D. Böhler, „Hans Jonas – Stationen, Einsichten und Herausforderungen eines Denklebens", in: ders. (Hg.), *Ethik für die Zukunft. Im Diskurs mit Hans Jonas*, München 1994, S. 45–67, hier: S. 62–64.

[24] Vgl. in diesem Sinne die diskurs-naturethische Argumentation Horst Gronkes: H. Gronke, „Die ‚ökologische Krise' und die Verantwortung gegenüber der Natur", in: Th. Bausch, D. Böhler u. a. (Hg.), *Zukunftsverantwortung in der Marktwirtschaft*, EWD-Bd. 3., Münster 2000, S. 159–193, bes. S. 189 ff.

[25] Zur Weiterführung dieses Arguments im transzendentalreflexiven Rahmen der Diskurspragmatik: vgl. das im P.S. angegebene Buch Böhlers.

Robert Eberhardt

Naturgebilde auf Papier

Zu den Zeichnungen von Ulrich Moritz

Mit Buntstiften ertastet Ulrich Moritz Landschaften und Objekte. Nach der Natur bildet er Strukturen und Muster des Sichtbaren ab; die Vielfalt ihrer Gestaltungen inspiriert den Zeichner, sie fordert ihn heraus. Auf Reisen, mehr und mehr aber im nördlichen Barnim bei Berlin sucht er unauffällige Kompositionen von Feldern, Gewässern und Wolkengebilden. Das Unspektakuläre erregt seine Aufmerksamkeit: der Feuerstein im Geröll, ein welkendes Ahornblatt, Misteln im Geäst, Laubwogen und Blätterschaum. Sein Blick entdeckt diese ins Kleine geschriebenen Rätsel der Welt, die ihn vor allem im changierenden Lichtspiel anziehen. Er muss nichts erfinden, alles ins Bild Gesetzte ist bereits vorhanden. Er muss *nur* die gut durchdachte Platzierung auf dem Papier, den Sichtwinkel und Schattenfall gekonnt wählen, während er mit der Auslotung kleinster Details sich auf visuelle Abenteuer einlässt, die das Verborgene und Übersehene ans Licht bringen.

Mit seinen Objektzeichnungen steht Moritz in der Nachfolge wissenschaftlicher Zeichner des 18. Jahrhunderts, die das Typische der Naturerscheinungen mimetisch erfassten, die Merkmale einer Art herausstellten und damit der Natur durch Kunst zu Ordnung und Klassifizierung verhalfen. Mit seiner Treue zum Objekt, seiner Affinität zum Abbild und seiner Selbstvergessenheit beim Zeichnen scheint Moritz aus der Zeit gefallen. Doch damit einen bildnerischen Kommentar zum aktuellen Kunstgeschehen zu geben, ist ihm fremd. Im stillen, unbeirrbaren Spurentreten hält er eine Zeichentradition am Leben, deren Souveränität in der staunenden Betrachtung der Naturgebilde gründet.

Die Werke von Ulrich Moritz schenken vielleicht die Ahnung einer Naturverbundenheit, die innerlich gefühlt und doch nur vom Künstler adäquat in die Außenwelt transportiert werden kann. Sich in die Natur einhorchen, wie der Dichter Sebastian in Robert Walsers „Geschwister Tanner", der von einem Spaziergang nicht mehr heimkehrt, sondern schneebedeckt, allein im Wald aufgefunden wird. „Die Natur sieht herab auf ihren Toten, die Sterne singen leise ihm zu Häupten, und die Nachtvögel schnarren, das ist die beste Musik für einen, der kein Gehör und kein Gefühl mehr hat", schreibt Walser. Der Mensch findet sich damit ein in das Naturgeschehen, das ihn einlädt und unmerklich einflicht – hier im Tod, sonst im Dasein über die Kunst. Denn wo sollte dies mehr gelingen, als in der handwerklich wie sinnlichen Aneignung eben jener sichtbaren Formen durch die Zeichnung, die ja immer direkter, brüchiger, zarter ist als andere Gattungen? Wo dürfte man mehr hungrige Betrachter suchen als in Zeiten, in denen nach dekonstruierenden Fluten das Feld brach liegt, in einem Moment, um neue Sämlinge nach alten Regeln zu ziehen, in der Hoffnung, dass die Natur ihren Boden nicht allzu schnell vertrocknen lässt und ein neuer romantischer Sinn, rückwärts orientierend, progressiv sein kann?

Neue Bildtechnologien mögen die perlmuttene Mitte einer Spinnenschnecke besser erkunden, die Oberfläche einer Bartflechte detaillierter untersuchen und weiter in die Landschaft zoomen, doch das Geheimnis im durch Gesetz und Zeit Geformten kann nur der sensible Künstler erahnen und zum bildnerischen Gespräch führen. Denn durch die Hand des Zeichners gelangt der menschliche Anteil der Schöpfung zur Geltung, der beseelte Blick auf die pflanzlichen und tierischen Anteile der Welt, deren Schönheit und Pracht. Ob den Zeichnungen ihr melancholischer Filter durch die sterbliche Hand des Zeichners eingeschrieben ist? Woher rührt die Vanitas des Gegenstandes, des rauschenden Schilflands ebenso wie der härtesten Lava? Was ist das Geheimnis dieser eigentlichen, stummen Toten? Öffnet der Zeichner über seine mimetischen Landschafts- und Objektzeichnungen eventuell ein entlegenes Tor zu einem Naturhören, das neben der naturwissenschaftlichen Erkundung auch dem Reich der bildnerischen Poesie angehört?

Literatur

Zeit-Magazin, Nr. 12, 15.3.2012 (mit Beiträgen von Olga Mannheimer, Martin Mosebach, Katharina Enzensberger, Anita Albus, Sibylle Lewitscharoff, Hans Magnus Enzensberger, Hanns Zischler).
Robert Eberhardt, Atelierbesuch – Ulrich Moritz, Berlin: Wolff Verlag, 2012.
Robert Walser, Geschwister Tanner, Frankfurt a.M.: Suhrkamp Verlag 1984, S. 129.

Naturgebilde auf Papier 243

Bartflechte I, 1998, 23,6 × 16,7 cm

Am Kanal I, 2011, 19×35,5 cm

Naturgebilde auf Papier 245

Schilfland I, 2012, 17,5 × 36 cm

Schilfland II, 2013, 21,4 × 34 cm

Feuerbohnen, 2000, 20,5 × 17,4 cm

Naturgebilde auf Papier   249

Feuersteine, 2015, 26,3 × 16,2 cm

Roter Bogen Oktober, 2012, 21,5 × 34 cm

Naturgebilde auf Papier 251

Mistelgeäst, 2013, 15,3 × 26 cm

Naturgebilde auf Papier 253

Huernia, 2015, 28,6×20,5 cm

Frühsommer I, 2014, 18×31 cm

Naturgebilde auf Papier 255

Am Kanal II, 2011, 18,8×32,8 cm

Frühsommer II, 2014, 21,8 × 35,7 cm

Naturgebilde auf Papier 257

Spinnenschnecke, 2014, 19,3 × 12,3 cm

Naturgebilde auf Papier 259

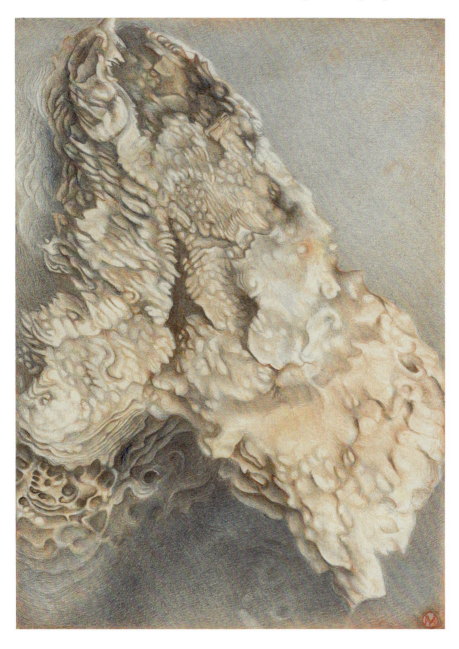

Lava, 2004, 21 × 16 cm

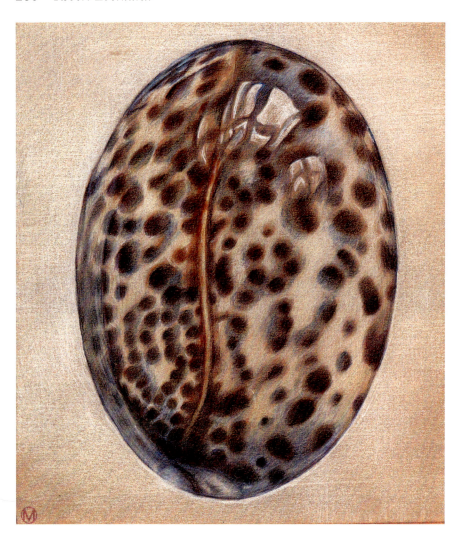

Kaurimuschel, 2005, 16 × 14,3 cm

Meeresschnecken, 2007, 21 × 18 cm

Fächerahornblätter, 2015, 26,5 × 19 cm

Naturgebilde auf Papier 263

Silberweidenblätter, 2014, 24,5 × 17 cm

264 *Robert Eberhardt*

Bartflechte II, 2015, 20,2 × 19 cm

Jens Soentgen, Klaus Hilbert

Terra Preta als politischer Mythos: „Das Wunder aus dem Regenwald"

> „Wir müssen unseren Garten bestellen."
> *Voltaire: Candide*

Der Gärtner und die Gärtnerin werden bei ihrer würdevollen und schönen Aufgabe immer wieder mit neuen Hilfsmitteln unterstützt – seien es die „Effektiven Mikroorganismen", die angeblich die Gartenerde noch fruchtbarer machen, seien es neue, angeblich wirksame Schneckenzäune aus Kupferdraht oder auch spektakuläre Rosenzüchtungen. Auch Sinnsprüche und Tipps erreichen sie, etwa über Sachbücher oder über den gereimten Abreißkalender von „Gärtner Pötschke". Nun aber hält ein neuer Mythos Einzug in die Gärten, der uns mit Amazonien verbinden soll. Es gebe da eine neue, wundertätige Erde, die Terra Preta aus dem Regenwald! Sie wird mit Pflanzenkohle bereitet, garantiere nicht nur Fruchtbarkeit für unsere Gärten sondern rette sogar das Weltklima!

Das Evangelium vom schwarzen Dreck erreicht uns unvorbereitet. Wir sind überrascht. Rettung der Welt durch Verkohlen derselben? Dies hier, so scheint uns der edle Wilde aus dem Regenwald zu sagen, der vor Kolumbus lebte und von dessen angeblich riesigen Städten am Amazonas eben nur noch schwarze Erden übriggeblieben sind, dies ist mein Fleisch und Blut, das Zeichen eines neuen Bundes, der euch erlösen wird.

Die Terra Preta ist seit etwa zwei Jahrzehnten Gegenstand einer immer weiter anwachsenden international vernetzten Forschungsindustrie und wurde inzwischen, wenn auch nicht ohne Widerspruch, als „Klimaretter" heiliggesprochen. Doch der Reihe nach. Die Entdeckung des Phänomens der Terra Preta verdankt sich dem Ethnologen und Archäologen Curt Unkel (1883–1945), der zu den bedeutendsten Indianerforschern überhaupt gezählt wird und sich um die Erforschung und den Schutz der Indianer Brasiliens größte Verdienste erworben hat. Unkel gelangte nach einer Lehre bei Carl Zeiss in Jena 1903 nach Brasilien, wo er sich bereits 1905 intensiv mit den überlebenden indigenen Gruppen befasste. 1905 zog er zu den Apapocuva-Guaraní am Rio Batalha im Bundesstaat São Paulo, blieb dort für mehrere Jahre und wurde 1906 in einer Zeremonie feierlich als einer der ihren aufgenommen. Er erhielt dabei den Indianernamen Nimuendajú, den er fortan führte und unter dem er auch publizierte. 1921, bei seiner Einbürgerung, benannte er sich gänzlich um in Curt Nimuendajú: Der Name bedeutet: Der, der sich bei uns Wohnung genommen hat. Unter dem Namen Nimuendajú wird er in der Fachliteratur bis heute zitiert. Er starb am 10. Dezember 1945 in einem Dorf der Tukuna am Rio Solimões in Amazonien in der Hütte, die er sich dort gebaut hat. Er wurde vor Ort bestattet. Später wurden seine sterblichen Überreste nach São Paulo überführt.

Nimuendajú erforschte nicht nur lebende amazonische Indianer, deren Mythologie und Sprache er in vielen Publikationen, die vielfach bis heute Standardwerke sind, untersuchte, er interessierte sich auch für Zeugnisse untergegangener Völker. Im Auftrag etlicher europäischer Forscher, vielfach aber auch ohne irgendwelche Förderung suchte und fand er zahlreiche Orte früherer indianischer Siedlungen. Dabei stützte er sich oft auf einen alten Hinweis des amerikanischen Geologen Charles Frederic Hartt, dass dort, wo man eine bestimmte Erde, die im Amazonasgebiet Terra Preta do Indio genannt werde (Schwarzerde der Indianer), findet, zugleich auch Keramikfragmente früherer Kulturen entdecken könne. Nimuendajú entdeckte allein in der Umgebung von Santarém, am Zusammenfluss des Rio Tapajós und des Amazonas, auf diese Weise 63 bislang unbekannte Siedlungen. In seinem Brief, den er an den deutsch-brasilianischen Ethnologen Herbert Baldus in seinem Todesjahr 1945 schrieb, befasste er sich nochmals mit den Terras Pretas und fasste seine Gedanken in acht Punkten zusammen. Dieser Brief, der die Überlegungen aus zahlreichen früheren Studien zusammenfasst, wirkt rückblickend wie sein Vermächtnis, denn er enthält alle wesentlichen Lehrstücke, die Nimuendajú mit genialem Scharfsinn erkannte und die sämtlich von der modernen Terras Pretas Forschung mit chemischen, teilweise extrem aufwändigen Methoden erneut bestätigt wurden. Dieser Brief muss daher, auch wenn er in der modernen Terras Pretas Forschung mittlerweile vollkommen in Vergessenheit geraten ist, als Ausgangspunkt jener Forschung, geradezu als deren Gründungsdokument betrachtet werden.

Terra Preta als moderner Mythos: „Das Wunder aus dem Regenwald"   267

Nimuendajú erklärt aus einer hellsichtigen Interpretation der räumlichen Verteilung der Terras Pretas, dass es sich nicht um Ablagerungen von Seen und auch nicht um vulkanische Aschen handeln könne, sondern vielmehr um anthropogene Böden, die nicht natürlich vorlagen, wie man vor ihm annahm, sondern die von den dort siedelnden Indianern hergestellt worden waren. Ob dies absichtlich oder unabsichtlich geschah, lässt Nimuendajú offen. Dagegen sagt er mit Bestimmtheit, dass alle Terras Pretas in Amazonien indigenen Ursprungs seien und dass sie ihren Ursprung vor allem der Verbrennung von Holz in Feuerstellen, also nicht der normalen Brandrodung verdanken. Kühn verallgemeinerte er, dass *alle* Schwarzerden auch Fundplätze wären und dass sämtliche Schwarzerden Amazoniens menschgemacht seien.

Diese Einsicht wies der weiteren archäologischen Forschung in Amazonien den Weg, sie wurde aber auch von Bodenkundlern übernommen, die mit eigenen Methoden bestätigten, dass es sich bei diesen Erden in der Tat um besonders fruchtbare anthropogene Böden handele. Diese sind nicht ohne Analogie in Europa oder Afrika. So kann man etwa den norddeutschen Plaggenesch ebenfalls als einen anthropogenen Boden ansprechen.

Dennoch sind die amazonischen Schwarzerden spektakuläre Phänomene, weil der normale Boden in Amazonien, was man aus dem Anblick des wuchernden Urwaldes zunächst nicht schließen würde, äußerst nährstoffarm ist. Brandrodungen können ihn kurzzeitig fruchtbar machen, doch sind die mit den Aschen in den Boden gelangenden Nährstoffe, auch wegen des häufigen Regens, schnell aufgezehrt. Die Terras Pretas verlieren ihre Fruchtbarkeit jedoch nicht, weshalb sie vielfach für die Anlage von Zuckerrohr-Plantagen verwendet wurden. Während sich zunächst nur Archäologen mit den Terras Pretas befassten und anfingen, sie systematisch auszugraben und nach Keramikscherben zu suchen, begann mit dem Niederländer Wim Sombroek bald auch die bodenkundliche Untersuchung dieser Böden. Sie wird bis heute fortgesetzt und ist längst das dominante Paradigma in der Terras Pretas Forschung. Die naturwissenschaftliche bodenkundliche Forschung konnte etliche Tatsachen, die Nimuendajú bereits festgestellt hatte, bestätigen, sie konnte sie aber auch quantifizieren, erklären und beträchtlich erweitern.

So wissen wir heute, dass einige Schwarzerdeböden über 7000 Jahre alt sind, dass sie Nährstoffe weitaus besser speichern können als die normalen Böden des Regenwaldes, die infolge jahrmillionenlanger Verwitterung äußerst nährstoffarm sind. Hierbei spielen die Kohlefragmente eine besondere Rolle, weil diese nicht nur Nährstoffe gut speichern können, sondern auch Mikroorganismen beherbergen und zudem nur sehr langsam abgebaut werden.

Doch die naturwissenschaftliche Übernahme des Terra-Preta-Themas durch die Bodenkundler brachte nicht nur Ergänzungen, sondern auch eine ganz neue Perspektive. Man ging nämlich, nachdem man die Terras Pretas zunächst ausgesiebt und dann mit modernsten Methoden charakterisiert hatte, daran, im Schnelldurchgang eine ähnliche Erde künstlich herzustellen. Was bei den Indianern hunderte und tausende Jahre dauerte, konnte in wesentlich kürzerer Zeit halbwegs (und natürlich nur ganz unvollständig) erreicht werden. Denn nach Aussage der Naturwissenschaftler hat der Einsatz von Pflanzenkohle vor anderen Methoden, organisches Material in die Erde einzubringen, manchen Vorzug, insbesondere den, dass die Kohle nicht so rasch verwittert wie normale pflanzliche Bestandteile. Schon im Altertum wusste man, dass Kohle resistent gegen Fäulnis ist; deshalb kohlte man in früheren Zeiten Pfeiler, die in den Boden gerammt wurden, an, um sie haltbar zu machen.

Die Naturwissenschaftler hatten die Idee, das Terra-Preta-Thema mit dem Klimathema zu verbinden. Durch Einbringen von Pflanzenkohle (Biochar in der englischen Literatur) in den Boden wird Kohlenstoff gebunden, gerade weil die Kohle nicht so schnell zu Kohlendioxid oder Methan zersetzt wird wie andere Formen organischen Materials. Diese Verbindung der Terra Preta mit dem Klimathema erwies sich als Glücksgriff, brachte sie doch ein ansonsten wenig beachtetes Thema, einen bestimmten Bodentyp, auf die internationale Agenda. Die Verbindung wurde ebenfalls von Wim Sombroek, dem altgedienten Amazonien-Forscher, hergestellt und zwar bereits im Jahre 1992, im Jahr der berühmten Konferenz von Rio und kurz nach der Publikation des ersten Sachstandsberichts des IPCC (1990), als die Klimaforscher gerade begannen, ihr Thema international zu etablieren. Sombroek erklärte, dass eine absichtlich hergestellte Terra Preta, die Terra Preta Nova, durchaus bei der Bekämpfung des Klimawandels helfen können, weil sie Kohlenstoff speichere. Der von Indianern geschaffene Boden als Rettung des Weltklimas? Diese Verbindung stiftete den modernen Terra-Preta-Mythos. Es geht nicht um eine einzelne Theorie oder um eine Technikentwicklung, sondern um ein Projekt, das den einzelnen Forscher mit großen politischen Aufgaben verbindet. Tatsächlich schuf Sombroek eine neue Gruppe und gab ihr neben dem Mythos auch ein von ihm geschaffenes, indianisch

Terra Preta als moderner Mythos: „Das Wunder aus dem Regenwald" 269

anmutendes Emblem. Er verschaffte einer sonst im Schatten stehenden Disziplin, der Bodenkunde, eine ungeahnte mediale Aufmerksamkeit.

Es gibt seit ungefähr einem Jahrzehnt nicht nur Forschung, sondern auch eine stetig steigende Zahl populärwissenschaftlicher Filme, Zeitungs- und Zeitschriftenartikel sowie Internetbeiträge über Terras Pretas. Sie übernehmen den Mythos und bauen ihn aus. Von einem politischen Mythos sprechen wir, wenn ein traditionelles Sinnschema vorliegt, das eine Anwendungsebene enthält. Im Gegensatz zu wissenschaftlichen Aussagen, die immer relativiert sind, die stets von Einschränkungen und ceteris paribus Klauseln umhegt sind, sind die Sätze des Mythos absolut, Komplexität reduzierend und sie stehen nicht im Konjunktiv, sondern im Indikativ. Der politische Mythos spricht von der „Klimakatastrophe", die Wissenschaft von „globaler Erwärmung". Der Mythos spricht vom „Wunder aus dem Regenwald", die Wissenschaft von „Amazonian Dark Earths".

Ein typisches Erzählschema, man kann mit einer Formulierung des Sozialphilosophen Jürgen Frese auch von einem „mythischen Formular" sprechen, weil sich verschiedene Namen und Adressen einsetzen lassen, kann man folgendermaßen zusammenfassen. Böse Mächte haben sich verschworen, um die Welt zu zerstören. Schon sieht alles danach aus, als würde ihr Werk gelingen. Doch mit Hilfe eines ganz unscheinbaren Wundermittels, das meist aus der Ferne herbeigeschafft werden muss, das von besonderen Wesen, zum Beispiel Zwergen oder Feen geschenkt wird, manchmal aber auch bösen Drachen oder anderen Monstren entrungen werden muss, und gelegentlich auch vom Himmel fällt, gelingt dem Helden oder der Heldin oder einer kleinen Gruppe von Helden, die Wende im Kampf herbeizuführen. Jeder kennt Umsetzungen dieses mythischen Formulars aus dem Kino oder aus der Literatur. Sie befriedigen, weil sie uns das Gefühl vermitteln, am Ende gehe alles gut aus. Betrachtet man aus einer solchen Perspektive populäre Sachbücher über Terras Pretas, ob sie nun in den USA, in Deutschland oder in Italien publiziert wurden, dann fällt nicht schwer, die „Besetzungen" (Blumenberg) in dem eben skizzierten Formular festzustellen. Die Rolle des Bösen übernimmt die moderne Agrarindustrie, die dem Planeten die Haut abzieht, und künftig viele Milliarden Menschen dem Hunger überantwortet. Zu dieser Gefahr durch die Agroindustrie kommt eine zweite durch die drohende „Klimakatastrophe". Diese bedroht durch Wetterextreme ganze Landregionen mit Verwüstung, Dürre und Überschwemmung. Gegen diese unmittelbar drohenden Gefahren steht nun die Terra Preta. Diese wird oft direkt als Wunder bezeichnet.

Würde nun die Terra Preta als Neuentwicklung aus dem Labor eines modernen Naturwissenschaftlers beschrieben, dann wäre die Steigerung zum Wundermittel wohl kaum möglich. Daher ist der Bezug zu uraltem indigenem Wissen unerlässlich. Dabei sind es wohlgemerkt die vorkolumbischen Indianer, auf die man sich bezieht, nicht die durch europäische Einflüsse korrumpierten heutigen Nachfahren.

Hier wird die – von den Ethnologen und Anthropologen seit Jahrzehnten mit viel Energie, doch vergeblich kritisierte – Figur des naturverbundenen, mythischen Indianers eingeführt, der im Einklang mit der Natur und dem Kosmos lebt und der seinerzeit schon die enormen publizistischen Erfolge Carlos Castanedas ermöglichte. Dem Leser wird zugleich ein mysteriöses Rätsel präsentiert. So habe der Chronist der ersten europäischen Expedition auf dem Amazonas, der Pater Gaspar de Carvajal berichtet, dass man in der Gegend des heutigen Santarém riesige Indianerstädte entdeckt habe. Diese wurden zwar bei späteren Besuchen nicht mehr gefunden. Wie auch sollte der unfruchtbare Urwald so viele Menschen ernähren? Genau dieses Rätsel nun „löst" die Terra Preta. Denn dies sei eine menschgemachte Erde, die ganz anders als die sonstigen Urwaldböden sehr fruchtbar sei. Indianische Weisheit habe sie produziert. Den alten Indianern gelang es, eine wundertätige Erde zu bereiten, an deren Erträge auch die moderne, technisierte Landwirtschaft nicht im Mindesten herankommt. Nachdem so der rettende schwarze Dreck und seine rätselhafte, faszinierende Herkunft erklärt worden ist, werden nun Anleitungen gegeben, wie man denn die Terra Preta im Kleingarten oder auch im großen Stil selbst herstellen kann und auf diese Weise die Welt retten und gesunde Lebensmittel produzieren kann. Und zum Retter kann der Leser selbst werden, indem er mit der Terra-Preta-Technik ein Stück zur Rettung unserer Erde beiträgt. Eine verschworene Gemeinschaft wird auf diese Weise aufgebaut, die sich an einer Handvoll Schwarzerde erkennen soll.

Nun mag man sagen, dass dies populäre Schriften sind, die mit der ernsthaften Forschung der Bodenkundler nichts zu tun hätten. Doch der Mythos ist auch in der fachwissenschaftlichen Literatur präsent und hat auch dort seinen Ursprung. Und zwar findet man ihn typischerweise im „Abstract", der „Introduction" und den „Conclusions". Ein Bericht von einer Terra-Preta-Tagung, der in der Zeitschrift Nature publiziert wurde, dem Zentrum aller fachwissenschaftlichen Literatur, schwärmt denn auch von der Zusammenkunft: „more than one eye in the room had a distinctly evangelical gleam".

Diese Präsenz eines Mythos unter Naturwissenschaftlern mag vielleicht überraschen, doch ist daran zu erinnern, dass sich Mythos und disziplinäre Naturwissenschaft nicht nur vertragen, sondern einander sogar bedingen, weil der Mythos den einzelnen motiviert, indem er seinem Streben Ziel und Sinn gibt, indem er an den Stellen Antworten gibt, wo die Naturwissenschaft aufhört und insofern eine orientierende Funktion ausübt, die ebenso wichtig ist wie das disziplinäre Paradigma. Der Mythos hat auch eine soziale Funktion, weil er aus isolierten Forschern eine Gemeinschaft schmiedet und diese politisiert, indem er ihr Ziele vorgibt, für die es zu kämpfen lohnt. Deshalb wird auch der niederländische Bodenkundler Wim Sombroek, der 2003 verstarb, von der internationalen Forschergemeinde mit fast religiöser Inbrunst verehrt, ihm werden gar inmitten ansonsten trockener Fachpublikationen Gedichte gewidmet. Seiner charismatisch vorgetragenen Weltrettungsidee verdankt sich eine Aufmerksamkeit, deren sich dieser Zweig der Naturwissenschaft bislang nicht erfreuen durfte.

Zwar zerstört die Naturwissenschaft bekanntlich durch ihre Arbeit auch etliche Mythen, doch regt sie fortwährend neue an und betreibt insofern nicht die Auflösung des Mythos, sondern nur seine Veränderung. Dies gilt umso mehr in der säkularisierten Gesellschaft der westlichen Industrienationen, in der der kirchliche Mythos immer weniger Menschen trägt. Die naturwissenschaftlichen Mythen lassen sich oft in besonders klarer Weise der jeweiligen Sachbuchliteratur entnehmen.

Über die selektierende Wirkung von disziplinären Paradigmen ist viel geschrieben worden. Doch auch Mythen sind keineswegs so diffus, als dass sie nicht zu einer Selektion relevanter und zum Aussortieren irrelevanter Aspekte führen könnten. Auch der Mythos wirkt wie eine Art Sieb, das für bestimmte Aspekte der Terras Pretas durchlässig ist – diese werden anschließend sorgfältig verpackt, beiseitegelegt und weiter beforscht. Andere aber bleiben im Geflecht hängen und werden als „zu groß" weggeworfen. Es ist nicht anders wie bei der Gartenarbeit, wo wir die Erde durch einen Maschendraht werfen, um die Giersch-Wurzeln loszuwerden. So kommt es zu einem Problemverlust, indem bestimmte Themen privilegiert werden und andere entfallen.

Diese Selektion lässt sich nachweisen, und es ist nicht allzu schwer, zu erraten, welche Bodenkomponente wohl in der Forschung im Vordergrund steht. Natürlich ist es, da der Klimawandel mit dem CO_2 verbunden ist, der Kohlenstoff. Die zweite Komponente der Terras Pretas, die vor Ort sofort auffällt, die indigenen Keramikscherben, werden dagegen so gut wie gar nicht mehr beforscht. Nicht, weil eingehend nachgewiesen worden wäre, dass sie für die Funktion der Terra Preta unwichtig sind. Doch sie lassen sich, als silikatische und kohlenstofffreie Tonprodukte, nicht sinnvoll mit dem Klimawandel in Beziehung bringen, obwohl sie zweifellos auch rein bodenkundlich, als Ionen-, Nährstoff- und Wasserspeicher eine ähnlich wichtige Funktion haben wie die Holzkohlepartikel, auf die sich die Forschung vor allem stürzt. Die Aussonderung der Scherben bezeichnet zugleich die Marginalisierung der Archäologen und der Ethnologen in der modernen Terra Preta Forschung. Diese haben allenfalls noch die Funktion von Hilfswissenschaftlern. Der Mythos des Archäologen als Entdecker endet hier.

Noch eine zweite Begrenzung ist auffallend. Die in dem Mythos geplante Weltrettung wird durch technische Maßnahmen, nicht durch gesellschaftlichen Umsturz und auch nicht durch moralische Umkehr des einzelnen geplant. Mit dem Anschluss der Terra Preta Forschung an die große Erzählung von der Klimakatastrophe ist eine chemische und eine globale Perspektive verbunden, die die Welt in globalen Stoffströmen denkt, deren Kreisläufe unter Umständen anthropogen „gestört" sein können. Das Wesentliche an der Wirklichkeit vor Ort wird daher in Tonnen, besser noch in Megatonnen und Gigatonnen Kohlenstoff dargestellt. Alles andere wird ausgesiebt.

Und so ist aus der ursprünglichen „Terra Preta do Indio" eine „Terra Preta – Das Wunder aus dem Regenwald" geworden. Ausgesiebt wurden mit den Keramikfragmenten und den Knochen und dem Anschluss an die globale Forschungsindustrie auch der der Indianer und seine ganz konkrete Umgebung. Nicht der nach europäischen Bedürfnissen zusammenphantasierte Indianer, der spielt als toter Geheimnisträger der Herstellung der Terra Preta auch in den Publikationen weiterhin seine Rolle. Aussortiert wird vielmehr der konkret vor Ort lebende. Gegenwärtige Indianer und ihre Beziehungen zu den Schwarzerden werden nur in einer einzigen Publikation, der 1993 abgeschlossenen Kasseler Dissertation von Eije Erich Pabst, ausführlich analysiert. Pabst aber, der immerhin als erster die Terras Pretas monographisch bearbeitet hat, wird in der neuen, rein angelsächsischen Literatur kaum je zitiert, möglicherweise auch deshalb, weil der Ansatz beim lokalen, konkret mit Eigennamen benannten Indianer den globalen Ansatz sprengt.

Als dritte Ausschließung der modernen Terra Preta Forschung, die die beiden genannten Selektionen gewissermaßen bündelt, ist die Marginalisierung von Curt Unkel-Nimuendajú in der Selbsthistoriographie der modernen Terra Preta Forschung zu nennen. Nimuendajú wird in den modernen „Papern" nur am Rande erwähnt, obgleich es unbestreitbar ist, dass er die wesentlichen Lehrstücke der modernen Terras Pretas Forschung als erster formuliert hat, wenn er sie auch anders begründete als dies heute geschieht. Man kann verstehen, dass Nimuendajú einem modernen Soil Scientist fremd erscheint, selbst wenn er sich offenbar für dieselben Phänomene interessierte.

Und doch könnte man zu der Meinung gelangen, dass wir, wenn uns wirklich an der Umwelt und an den Indianern und an Amazonien liegt, zu Nimuendajú zurück müssen. Denn sein Forscherleben und seine Persönlichkeit stehen in gewisser Weise in deutlichem Kontrast zu den modernen Soil Scientists, ja, zu uns allen. Nimuendajú könnte uns an die Problematik unserer Fixierung auf *globale* Umweltprobleme erinnern. Denn die „globale Umwelt" mit ihrem derzeit wichtigsten Bestandteil, dem „globalen Klima" ist ein Konstrukt, ein Kunstprodukt ähnlich wie die sorgfältig gesiebten Terra Preta Novas der modernen Soil Scientists. Für das Anliegen der „Rettung des Klimas" lassen sich zweifellos gute Argumente produzieren, und doch handelt es sich um ein Fernziel, das die Gefahr birgt, konkrete Nahziele zu verdunkeln. Es ist eine Erkenntnis, die nicht nur sehend, sondern auch blind macht. Neben der „globalen Biosphäre" gibt es auch *lokale Umwelten* mit lokalen Umweltproblemen, die mit den globalen mal viel, oft aber auch ganz wenig zu tun haben. In diesen lokalen Umwelten, etwa in einem von Holzfällarbeiten bedrohten Indianerdorf am Xingú in Amazonien leben Menschen.

Wir müssen vielleicht nicht so weit gehen wie Nimuendajú, der mehrfach sein eigenes Leben für die Indianer und den Erhalt ihrer lokalen Umwelten aufs Spiel setzte, der in jeder Hinsicht einer der ihren wurde und in der Hütte, die er sich bei ihnen gebaut hatte, starb. Doch es wäre eine Sache der Fairness, übrigens auch im Sinne der modernen Intellectual Property Diskussion, die Forschung auch *mit* jenen indigenen Völkern und *für sie* zu betreiben, deren Vorfahren die Terras Pretas erzeugten. Wenn freilich die Indianer in der modernen Terras Pretas Forschung eher in Gestalt von 5beta-Stanol und anderen durch moderne chemische Analytik gut kontrollierbaren Parametern auftauchen, deren Vorhandensein die Existenz indigener Stoffwechselprodukte in den Terras Pretas belegen, dann verursacht dies Unbehagen. Gibt es auch nur ein Indianerdorf am Amazonas, das von der inzwischen jahrzehntelangen Forschung zu Terras Pretas irgendeinen Nutzen gehabt hätte?

Curt Nimuendajú erforschte ebenfalls eine bedrohte Welt, so wie wir uns heute für das bedrohte Weltklima einsetzen. Doch Nimuendajú vollzog, anders als wir alle, eine so radikale eigene innere Umkehr, dass er heute vielleicht mehr als je zuvor eine Provokation ist. Sein konsequentes Leben und sein Name stellen an uns unbequeme Fragen.

Die Handvoll schwarzer Erde hat uns weit umher geführt in der Welt der globalen Wissenschaft. Wir graben sie jetzt wieder ein. Dem sein Beet bearbeitenden Gärtner oder der Gärtnerin können wir mitteilen, dass sie gern auch einmal Pflanzenkohle in ihr Beet mischen können. Ohnehin passiert dies oft genug, denn wer siebt schon die Kaminasche, ehe er sie in den Kompost wirft? Es ist schön, zu wissen, dass überall gegärtnert wird, auch am Amazonas und dass überall Menschen versuchen, ihre Gärten dauerhaft fruchtbar zu machen. Es schadet nicht, dabei davon zu träumen, dass man die Welt rettet. Wichtiger aber als solche globale Träumereien ist sicher die Freude an konkreter, fruchttragender Arbeit unter freiem Himmel. Daran, dass man ein kleines Stück konkreter, lokaler Umwelt vielfältiger und schöner macht und darüber neue menschliche Beziehungen knüpft. Die Freude an selbstgezogenen Früchten, Gemüsen und Kräutern, die man weiterverarbeiten und schenken kann, verbindet uns weltweit und sie holt uns immer wieder auf die Erde zurück, wenn wir allzu sehr in und von abstrakten Modellen leben.

Literatur

Herbert Baldus: Tonscherbenfunde in Nordparana. In: Archiv für Völkerkunde, Wien, 1951, Bd. 6, S. 1–19. (Darin auf Portugiesisch die Karte von Curt Nimuendajú.)

Herbert Baldus: Curt Nimuendajú, 1883-1945. In: American Anthropologist, N.S., 48, 1946, S. 238–243.

Albert Bates (Foreword by Dr. Vandana Shiva): The Biochar Solution. Carbon Farming and Climate Change. Gabriola Island, Canada: New Society Publishers 2010.

Jago Jonathan Birk, Wnceslau Geraldes Teixeira, Eduardo Góes Neves, Bruno Glaser: Faeces deposition on Amazonian Anthrosols as assessed from 5ß-stanols. Journal of Archaeological Science 38 (2011), 1209–1220.
Bruno Glaser: Prehistorically modified soils of central Amazonia: a model for sustainable agriculture in the twenty-first century. In: Philosophical Transactions of the Royal Society B 362, S. 187–196.
Peter Paul Hilbert: A Cerâmica Arqueológica da Regiao de Oriciminá. Belém – Pará – Brasil: Instituto de Antropologia e Etnologiea do Pará. Museu Goeldi, Publ. n. 9.
Shepard Krech III: The Ecological Indian. London: Norton 1999.
Emma Marris: Black is the new green. In: Nature, 2006, S., 624–626.
Eije Erich Pabst: Terra Preta. Ein Beitrag zur Genese-Diskussion auf der Basis von Geländearbeiten von Tupí-Völkern Amazoiniens. Inaugural Dissertation (unveröffentlicht), Kassel 1993.
Lilian Rebellato: Amazonian Dark Earths: Wim Sombroek's Vision. Springer 2009.
Royal Society: Geoengineering the climate: science, governance and uncertainty. London: The Royal Society 2009.
Thomas Sembres, Kelli Roberts, Thea Whitman, Kelpie Wilson, Johannes Lehmann: Biochar Systems for Smallholders in Developing Countries. Washington DC: The World Bank 2014.
Ute Scheub, Haiko Pieplow, Hans-Peter Schmidt: Terra Preta. Die schwarze Revolution aus dem Regenwald. 2014, oekom, München.
Wim Sombroek: Amazon Soils. A reconnaissance of the soils of the Brazilian Amazon region. Wageningen 1966.
Wim Sombroek: Biomass carbon storage in the Amazon Ecosystems. In: Interciencia, September-October 1992, Vol. 17, S. 269–272.
William I Woods, Cenceslau G. Teixeira, Johannes Lehmann, Christoph Steiner, Antoinette M.G.A. Winkler Prins: Amazonian Dark Earths. Wim Sombroek's Vision. Springer Verlag 2009.

Philipp Beirow

Wüstenprojekt DESERTEC

Lösung der Energiekrise – Vision oder Seifenblase?

„(…) Der Übergang von der Ganztags-Cocktailparty zur Halbtags-Plünderparty geschah mühelos und trug viel dazu bei, der ganzen Geschichte ein bißchen zusätzlichen Pep und Schwung zu geben, was inzwischen dringend nötig war, weil die Kapelle alle Nummern, die sie kannte, im Laufe der Jahre bereits unzählige Male gespielt hatte. Man plünderte, man raubte, man hielt ganze Städte als Geiseln, um den Nachschub an Käsecrackern, Avocadodips, Schweinerippchen, Wein und Schnaps zu sichern, die jetzt aus fliegenden Tankern an Bord gepumpt wurden. Dem Problem, daß die Getränke zur Neige gehen, wird man indes eines Tages ins Auge sehen müssen. Der Planet, über dem die Party schwebt, ist nicht mehr der Planet, der er mal war, als sie über ihm zu schweben begann. Er ist in miserablem Zustand."[1]

Douglas Adams schildert in seinem Science-Fiction-Roman *Das Leben, das Universum und der ganze Rest* eine Party der Extreme. Extrem und außergewöhnlich in Bezug auf die Beteiligten, die Räumlichkeiten der Veranstaltung (ein fliegendes Hochhaus), die anarchisch chaotischen Strukturen, aber vor allem auch in Bezug auf die Auswirkungen auf den Planeten. Die Annahme, Adams habe mit seinem Kapitel über diese erstaunlichste aller Partys des Universums eine Parodie des Lebensstils der menschlichen Gemeinschaft auf der Erde beabsichtigt, mag überzogen sein. Leider sind jedoch nur allzu reale Beispiele an verschwenderischem Umgang mit Ressourcen und Maßlosigkeit auch in der Wirklichkeit zahlreich anzutreffen, die zum Teil durchaus Parallelen zu Adams „Party der Extreme" aufweisen. Viele der „klassischen" Anzeichen für den verschwenderischen Lebensstil der Menschheit lassen sich neben dem Verbrauch der Ressourcen an sich, auch auf die Arbeitsleistung zahlreicher Menschen, in der Vergangenheit meist von Sklaven oder Leibeigenen erbracht[2], zurückführen. Selbstverständlich finden sich auch heutzutage noch Beispiele großen Verschwendertums, den Großteil der anthropogenen Umweltveränderung trägt jedoch die breite Masse der Industrienationen und nicht, wie zuvor, nur eine kleine Schicht besonders privilegierter Menschen. Nun ist diese Entwicklung vielleicht auch positiv zu bewerten, bedeutet es doch nicht zuletzt, dass Lösungen der Krise von allen getragen werden müssen. Der entscheidende Unterschied zu früheren Zeiten scheint sich jedoch aus dem gewandelten Bedingungsgefüge zu ergeben, das der gegenwärtigen Umweltsituation zugrunde liegt. Waren ehemals die Verfügbarkeit menschlicher Arbeitskraft und zugänglicher Ressourcen die limitierenden Faktoren, wurden diese seit der Industrialisierung sukzessive von der Verfügbarkeit von Energie abgelöst. Automatisierte Verarbeitungsprozesse und neue Fördertechniken sind in ihren Dimensionen immer häufiger nur dadurch begrenzt, wie viel Energie zur Verfügung steht.

Mahnende Appelle an die Gesellschaft, Drohungen mit Horrorszenarien zu Klimaveränderung und Umweltverschmutzung, wie sie den Filmstudios Hollywoods entspringen[3], aber auch nüchterne Abbildungen der mitunter nicht weniger erschreckenden Realität, gibt es zuhauf, Tendenz steigend. Der erhoffte große Effekt auf ein verändertes Bewusstsein der Allgemeinheit scheint trotzdem auszubleiben, die Reaktionen sind oftmals vergleichsweise unbedeutender Natur. Vor diesem Hintergrund erscheint es legitim, Parallelen zur satirischen und übertreibenden Fiktion Adams zu ziehen, vom Autor intendiert oder nicht. Skurrilität und Paradoxie des Romans lassen sich auch in der Realität wiederfinden: einerseits soll die Party weitergehen, andererseits jedoch auch das Überleben nicht gefährdet werden.

Befasst man sich mit der aktuellen Debatte zu Klimawandel, Umweltverschmutzung, Ressourcenschwund und Naturzerstörung, so erscheint die Energieproblematik als Dreh- und Angelpunkt. In der Verwendung fossiler Energieträger ist die Ursache so vieler Umweltveränderungen zu finden, jedoch kommen allen Überlegungen zu Alternativen und Sicherstellung zukünftiger Energieversorgung zugleich enorme politische Brisanz zu. Obwohl die technischen Neuerungen der letzten Jahre Anlass zu optimistischen Zukunftsperspektiven geben, bleibt die große Kehrtwende in der Energiepolitik aus. Auf Klimagipfeln werden immer noch Klimaschutzziele ausgerufen, die in den nächsten 30 Jahren erreicht werden sollen; Statistiken beziehen sich meist auf Zahlen aus der Vergangenheit, ganz so, als könne einem der Blick auf die Realität des Hier und Jetzt nicht zugemutet werden.

Die technische Vision des Wüstenprojekts DESERTEC

Ziel von DESERTEC und der damit in Zusammenhang stehenden Organisationen ist es, den globalen Energiebedarf langfristig über Solarstrom aus den Wüstengebieten der Erde und dabei insbesondere aus der Sahara sowie diversen Windkraftanlagen zu decken, um so den Ausstoß an klimaschädigenden Treibhausgasen auf ein Minimum zu reduzieren. Die Vorteile einer Nutzung der unbewohnten Wüstengebiete zur Energiegewinnung liegen auf der Hand. Neben der größeren Sonneneinstrahlung und dem damit verbundenen größeren Wirkungsgrad von Solar- und Photovoltaikkraftwerken müssen weder Zwangsumsiedelungen wie für den Braunkohletagebau vorgenommen werden noch ist mit Protesten aufgrund des veränderten Landschaftsbildes zu rechnen. Die von der Sonne gelieferte Energiemenge übersteigt den menschlichen Bedarf ohnehin bei weitem.

Machbarkeitsstudien haben ergeben, dass 90 % der menschlichen Bevölkerung in einem Umkreis von weniger als 3000 km von Wüstengebieten entfernt leben – Entfernungen, die mittlerweile über Hochspannungs-Gleichstrom-Übertragungs-Leitungen (HGÜ)[4] mit minimalen Verlusten überbrückt werden können. Auch die täglichen Schwankungen in der Sonneneinstrahlung können laut DESERTEC mit sogenannten Concentrating-Solar-Power-Verfahren (CSP)[5] effektiv ausgeglichen werden. Neben diesen grundlegenden Aspekten gibt es in Zusammenhang mit DESERTEC auch immer wieder Überlegungen in Richtung einer günstigen Methode zur Meerwasserentsalzung oder der Produktion von Wasserstoff als Speicher- und Transportform für Solarenergie. Während es sich dabei jedoch um eher randständige Überlegungen handelt, deren Realisierung teils noch mit Problemen behaftet ist, wird das grundlegende Konzept des DESERTEC-Projekts von technischer Seite aus als durchaus machbar bewertet.

Dass die Schaffung interkontinentaler Stromnetze und der Bau der Kraftwerke, sowie der damit verbundenen weiteren infrastrukturellen Voraussetzungen mit enormen finanziellen aber auch politischem Aufwand verbunden sind, steht außer Frage. Die technischen Möglichkeiten sind jedoch gegeben und Erfahrungswerte diesbezüglich viel weiter gediehen als etwa zu Fusionsreaktoren, Fallwindtürmen und was der Ideen zur Energiewende mehr sind.

Aufstieg und Fall von DESERTEC

Der geistige Vater von DESERTEC, Dr. Gerhard Knies, beschäftigte sich bereits seit den 80er Jahren des vergangenen Jahrhunderts mit den Möglichkeiten zur Energiegewinnung in ariden Gebieten der Erde. Im Zuge von Überlegungen zur Versorgung mit alternativen und vor allem regenerativen Energieträgern kam es 2009 zur Gründung der DESERTEC Foundation. DESERTEC avancierte in der Folgezeit zum wohl prominentesten Beispiel für Bemühungen um Nachhaltigkeit und technische Vision für die Sicherstellung der Energieversorgung. Während schon in den Jahren zuvor zahlreiche Studien zur Nutzung regenerativer Energiequellen durchgeführt und bereits einige Vereinigungen, wie etwa die Trans-Mediterranean Renewable Energy Cooperation (TREC) ins Leben gerufen wurden, schien mit der Vorstellung des DESERTEC-Konzepts die Phase der konkreten Realisierung angebrochen zu sein. Das mediale Interesse an DESERTEC war von Beginn an enorm hoch und hat dem Projekt sicherlich auch eine Menge Vorschusslorbeeren eingebracht, die nun im Nachhinein zurückgenommen werden mussten. Doch auch zahlreiche namhafte Investoren ließen sich von der anfänglichen Euphorie mitreißen und überschlugen sich geradezu mit hoffnungsvollen Verheißungen zur Energiekrise, deren Lösung nunmehr lediglich eine Frage der Zeit zu sein schien. So ließen die Vorstände des Rückversicherers Münchner Rück und des Energiekonzerns RWE etwa 2009 verlauten, das Projekt sei nun nicht länger eine Vision, vielmehr technologisch bestechend, auch durchaus realisierbar, und dass zugleich mit dem Projekt in Nordafrika eine nachhaltige Energieversorgung entstünde[6]. Eine ganze Armada an prominenten Investorengruppen, wie Siemens, E.ON, Deutsche Bank und RWE, um nur einige zu nennen, überboten sich gegenseitig in ihren Plänen zur Umsetzung des Projekts, sodass bereits nach wenigen Monaten von einem Investitionsvolumen von 400 Milliarden Euro die Rede war. In der Folgezeit schwankte das mediale Interesse im Zuge von Klimakatastrophen und Ereignissen wie der Nuklearkatastrophe von Fukushima im Jahre 2011 stark, der verheißungsvolle Ton blieb jedoch bestehen, auch wenn bei Recherchen in den Archiven diverser Zeitungen auffällt, dass die Artikel zum DESERTEC-Projekt über mehrere Jahre hinweg inhaltlich weitestgehend dieselben blieben und lediglich neu formuliert wurden. Stets berief man sich auf die magische Zahl von 400 Milliarden Euro, die bereits 2009 ausgerufen wurde und verhieß gar 2013 zusätzliche Investitionen aus Saudi Arabien in Höhe von fast 110 Milliarden Dollar. Doch tatsächlich investiert wurde nur wenig. Pilotanlagen wurden vor allem in Spanien und den USA realisiert, der Bau interkontinentaler Stromleitungen aber nicht in Angriff genommen. Gleichzeitig setzte mit dem Ausstieg von Siemens und Bosch im Jahre 2012 ein Trend ein, welchem in den folgenden Jahren die meisten der ursprünglich vorgesehenen potentiellen Investoren folgten.

Ab 2014 war dann die DESERTEC-Stiftung, nach einigen Kapriolen rund um das Führungspersonal, wieder in den Medien präsent. Diese erklärten in reißerischen Artikeln, ähnlich denen, die zu Beginn die Gründung feierten, nun das Scheitern des Projekts, so dass gelegentlich beinahe der Eindruck von Schadenfreude entstand. Die Gründe für diese negative Entwicklung, die das prognostizierte Scheitern plausibel erklären könnten, bleiben wenig einleuchtend. Verglichen mit der Größe der Vision und dem erhofften Nutzen für die Menschheit, nehmen sich die aufkommenden Probleme politischer Natur eher banal aus. Für die Medien scheint das Scheitern des Projekts beschlossene Sache zu sein, Artikel und Beiträge mit hoffnungsvollem Tenor sind die große Ausnahme geworden. DESERTEC selbst begegnet dieser Entwicklung mit Pressemitteilungen, das Projekt sei keineswegs gescheitert, lediglich Umstrukturierungen und Neuausrichtungen seien vorzunehmen, insgesamt also keineswegs Anlass zu Pessimismus. Wer letzten Endes eine realistisch korrekte Einschätzung der Situation geben kann, und an welchem Punkt die Auseinandersetzung in reine Polemik umschlägt, ist wohl nicht eindeutig zu klären. Feststeht jedoch, dass dem Projekt Wüstenstrom und den Bemühungen um Versorgung mit regenerativer Energie allgemein, durch die jüngsten Entwicklungen des DESERTEC-Projekts, ein erheblicher Dämpfer versetzt wurde.

Probleme, für die es (k)eine Lösung gibt?

Bedenkt man mit welchen Schwierigkeiten vergleichsweise „kleine" Großprojekte wie Stuttgart 21 oder der Berliner Flughafen BER zu kämpfen haben, überrascht es nicht, dass auch das DESERTEC-Projekt mit enormen Hürden zu kämpfen hat. Obwohl das Projekt von technischer Seite, wie bereits erwähnt, ausgereift ist, werden doch gewaltige finanzielle und materielle Mittel für die Realisierung benötigt. Dass ein Großteil dieser Investitionen im Ausland getätigt werden soll, wo die benötigten Finanzen nicht zur Verfügung stehen, lässt die Bereitschaft bei den Investoren der Industrienationen nicht eben wachsen.

Die größeren Probleme sind jedoch politischer Natur. Eine derart umfangreiche Auslagerung der Energieproduktion ins Ausland birgt zahlreiche Risiken und wird von vielen in erster Linie als ein Abrutschen in die totale Abhängigkeit von unzuverlässigen Wüstenanrainerstaaten bewertet. Wie der Arabische Frühling gezeigt hat, herrschen in den betroffenen nordafrikanischen Staaten teils sehr sensible Machtverhältnisse, die eine politische Kontinuität vermissen lassen. Da diese Staaten jedoch den Baugrund sowohl für einen beträchtlichen Teil des Leitungsnetzes als auch für die Kraftwerke selbst bereitstellen müssten, sind stabile politische Strukturen für das Projekt unerlässlich. Nachdem es zwischenzeitlich den Anschein erweckte, als würden die ehemals autoritären Systeme durch demokratisch gewählte Volksvertretungen ersetzt, wie zum Beispiel 2011/2012 als in Ägypten Wahlen durchgeführt wurden, mussten diese Hoffnungen in der jüngsten Vergangenheit deutlich relativiert werden. Zu häufig wurden die eben geschaffenen demokratischen Strukturen von Militär und radikalen Teilen der Bevölkerung umgehend zunichte gemacht. Dass vielerorts die Gesetzgebung umstrukturiert und in Teilen an die Scharia angelehnt wurde, trug nicht dazu bei, das Bild von der modernen arabischen Welt als verlässlichem Partner auf dem politischen Parkett zu fördern.

Was die Zuverlässigkeit solcher Partner anbelangt, so schwingt stets auch die Angst vor einem möglichen Missbrauch der neuerworbenen Stellung durch die Regierungen der Länder mit. Einen großen Teil seiner Energieversorgung aus dem Ausland zu beziehen, bedeutet einen enormen Vertrauensvorschuss diesen Staaten gegenüber. Vertrauen darauf, dass diese ihre neugewonnene Position nicht missbrauchen, um die mit Energie belieferten Staaten unter Druck zu setzen. Ein Szenario, für welches sich in der Geschichte der europäischen Kolonialpolitik zahlreiche vergleichbare Beispiele finden lassen. Vielleicht ist es gerade dieses Wissen um den, zwar einige Zeit zurückliegenden, aber dennoch nicht in Vergessenheit geratenen Missbrauch der eigenen privilegierten Stellung, das diese Angst in den Industrienationen umso mehr schürt.

Seit den Terroranschlägen des 11. Septembers 2001 ist der internationale Terrorismus zum bestimmenden Feindbild zunächst der Industrienationen und später der gesamten Welt avanciert. Einzelpersonen, geprägt von religiösem Fanatismus oder radikalen politischen Überzeugungen, versetzen die Welt ebenso in Entsetzen, wie gut organisierte terroristische Vereinigungen und von langer Hand geplante Anschläge. Anschläge und Vergeltungsaktionen, Überwachung und Beschränkung von Informations-, Presse- und Meinungsfreiheit erzeugen ein Klima des Misstrauens und heizen die Konflikte zusätzlich an. Seinen vorläufigen Höhepunkt erreichte diese Entwicklung mit den Aktivitäten des selbsternannten islamischen Staates IS. Dass diese Entwicklung dem Projekt DESERTEC zahlreiche weitere Steine in den Weg gelegt hat, liegt auf der Hand. Neben den Kraftwerken selbst bieten vor allem die weitläufigen Leitungsnetze potentielle Angriffspunkte für Sabotageakte, an denen zahlreiche Länder von ihrer Energieversorgung getrennt werden könnten, sollten sich terroristische Aktivitäten auf diese Ziele konzentrieren. Was ein Ausfall der Energieversorgung in Zeiten der technologischen Abhängigkeit bedeutet, dafür gibt es genügend Beispiele in Form von wetterbedingten Stromausfällen oder solchen, die auf technische Defekte zurückgehen und die für den Zeitraum des Ausfalls meist einen vorübergehenden weitläufigen Zusammenbruch von Infrastruktur und Industrie bedeuten und auch große Teile der Bevölkerung beeinträchtigen[7]. Vor technischen Defekten und wetterbedingten Ausfällen ist eine Stromversorgung grundsätzlich nie gefeit, so auch nicht beim DESERTEC-Projekt, die Gefährdung wird insgesamt jedoch als vergleichbar mit der Anfälligkeit konventioneller Stromnetze bewertet.

Neben all diesen Problemen sei auch noch auf die Unsicherheiten bei der Kalkulation des Projekts verwiesen. Schwankungen des Ölpreises und der Rohstoffkosten sowie das Fehlen vergleichbarer Projekte dieser Größenordnung machen die Kalkulation zu einem heiklen Unterfangen, was naturgemäß eine starke Streuung der Prognosen nach sich zieht. Eine Explosion der Kosten wie etwa beim Berliner Flughafen BER tritt bei Großprojekten immer wieder auf und ist mit absoluter Gewissheit niemals von vornerein auszuschließen. Trotzdem erscheint eine Verwirklichung bei sorgfältiger Kalkulation realistisch und deutlich weniger weltfremd, als die Umsetzung so manch utopischer Idee in der Vergangenheit.[8]

Der Schwierigkeiten viele – und trotzdem sollte investiert werden!

Die Liste an Schwierigkeiten mit denen DESERTEC zu kämpfen hat, liest sich wie ein umfassendes Dossier über einen großen Teil der Probleme unserer Zeit, wobei nur für wenige bisher überzeugende Lösungsansätze gefunden werden konnten. Der entscheidende Punkt ist jedoch, dass mit einer Umsetzung des Projekts der überwiegende Teil der verbleibenden Probleme gelöst werden könnte. Viele Bedenken werden sich im Voraus nicht zerstreuen lassen, und so makaber es bei einem Investitionsvolumen von 400 Milliarden Euro auch klingen mag, von „try and error" zu sprechen, lässt das Projekt doch Lösungen für so viele Probleme erwarten, dass sich ein Aufgeben der Pläne eigentlich verbieten sollte.

Die Vorteile der „sauberen" Stromerzeugung aus Sonnenenergie sind allseits bekannt und bedürfen wohl keiner weiteren Erläuterung. Neben dem Nicht-Anfallen von Treibhausgasen und radioaktiven Materialien sind gerade auch die Möglichkeiten für zukünftige Entwicklungen zu berücksichtigen. Je nach Studie geht man von etwa einem Prozent der Wüstenflächen weltweit aus, welche mit Sonnenkraftwerken bebaut, den weltweiten Energiebedarf decken könnten. In Zeiten ständig steigenden Energiebedarfs sowie der prognostizierten Bevölkerungszunahme bietet diese Form der Energiegewinnung eine Möglichkeit sich den Entwicklungen flexibel anpassen zu können. Ganz unabhängig von der lediglich begrenzten Verfügbarkeit fossiler Energieträger, ist mit einem sinkenden Bedarf an Energie keinesfalls zu rechnen. Natürlich wird die Energiewende auch in Deutschland in Angriff genommen, doch auch hier ergeben sich zahlreiche Probleme. Proteste gegen neue Stromtrassen, fehlende Flächen und Kritik am Landschaftsbild der Windparks sind dabei noch vergleichsweise harmloser Natur. Entscheidend sind vor allem der aufgrund der geographischen Lage niedrigere Wirkungsgrad der Solartechnologie in Mitteleuropa und die starken saisonalen Fluktuationen. Für die ariden Regionen nördlich des Äquators fallen die Bilanzen der Stromerzeugung deutlich günstiger aus. Eine Studie der Deutschen Gesellschaft für Luft- und Raumfahrt[9] prognostizierte für das Äquivalent an Solarenergie zu einem Barrel Rohöl einen Preis von 50 $ bei einem damaligen Ölpreis von 80–90 $. Langfristig, nach Schaffung der entsprechenden Infrastruktur, Betriebsoptimierungen etc., kommt diese Studie sogar auf einen Preis von lediglich 15 $ pro Barrel „Rohöläquivalent" aus Solarenergie. Obwohl diese Zahlen sicherlich mit Vorsicht zu bewerten sind, bedeuten sie selbst bei einer großzügigen Korrektur der Kalkulation nach oben, noch immer eine deutliche Rentabilität des Projekts. Der im Moment stagnierende bzw. gefallene Ölpreis ist dieser Prognose nicht eben zuträglich, langfristig ist jedoch beim Ölpreis erfahrungsgemäß eher wieder mit steigenden Kosten zu rechnen, sodass sich diese Situation vermutlich relativieren wird.

Sollte Energie tatsächlich, wie prognostiziert, derart günstig zur Verfügung stehen, ließen sich zahlreiche Projekte, die heute allzu viel Energie benötigen, zum Vorteil der Menschheit realisieren. Insbesondere die Meerwasserentsalzung und die Wiederaufbereitung von Abwasser, welche große Mengen Energie benötigen, könnten dadurch in ganz neuen Dimensionen betrieben werden. Da die Trinkwasserproblematik häufig, neben der Energieversorgung, als eines der größten Probleme der Gegenwart gesehen wird, käme auch hier das Engagement zur rechten Zeit. Spinnt man den Faden weiter, ließen sich auf diese Art sogar neue Gebiete zur Besiedelung und Nahrungsmittelproduktion erschließen, die einen Teil des Problems der Bevölkerungszunahme kompensieren könnten.

Die Vorbehalte, Industrienationen derart eng an Schwellen- und Drittweltländer zu binden, sind groß; man sollte jedoch auch die positiven Möglichkeiten einer solchen Bindung nicht unterschätzen. Die Beziehungen zwischen den nordafrikanischen Staaten und Europa waren bisher vor allem dadurch geprägt, dass enorme Unterschiede in Bezug auf den Entwicklungsstand und die Wirtschaftsleistung bestanden. Diese Ungleichverteilung belastet die Beziehungen seit jeher und verhindert eine Annäherung auf Augenhöhe. Mit DESERTEC würde ein gegenseitiges Abhängigkeitsverhältnis geschaffen, das somit allen Staaten große Mitspracherechte einräumen würde. Die europäischen Staaten wären auf die nordafrikanischen Länder als Energielieferanten angewiesen, während diese gleichzeitig nicht auf Europa als Abnahmegaranten verzichten könnten. Dass eine solche Machtposition missbraucht werden kann, zeigt die Ukrainekrise, in der Russland gelegentlich seine Bedeutung als Gaslieferant hervorhebt. Sie zeigt aber auch zum einen, dass zwar mit der Einstellung der Gaslieferungen gedroht wird, de facto jedoch selbst die ansonsten so konfliktfreudige Regierung Putin davor zurückschreckt, dies tatsächlich umzusetzen. Sei es nun aus Angst vor weiteren Wirtschaftssanktionen, vor den Einbußen aus dem Geschäft mit Gasexporten oder schlicht um die Beziehungen zu Europa nicht weiter zu verschlechtern. Zum anderen wird deutlich, dass die Bedenken gegenüber der Verlässlichkeit der nordafrikanischen Staaten ebenso im Zusammenhang mit vermeintlich etablierten Wirtschaftspartnern wie Russland geäußert werden können.

Wechselseitige Abhängigkeitsverhältnisse zwischen Staaten sind immer mit Einschränkungen verbunden, sie bedeuten jedoch auch, dass Konflikte von vornerein minimiert werden. Man kann die Situation der europäischen Union im Zuge der Finanzkrise und diversen anderen Schwierigkeiten, in denen sie sich aktuell befindet, unterschiedlich bewerten, eine nun schon 70 Jahre währende Phase des innereuropäischen Friedens sucht man in der Vergangenheit vergeblich. Und obwohl sich die Geister bei den möglichen Bewältigungsstrategien der Krise scheiden, besteht die Gefahr eines gewaltsamen Konflikts heute quasi nicht mehr. Schlicht aus dem Grund, da zum einen zahlreiche Abhängigkeitsverhältnisse bestehen, zum anderen ein Gefühl der Zusammengehörigkeit gewachsen ist. Gerade in Zeiten, in denen sich Christen und Muslime zum Teil mit erheblichen Vorbehalten gegenüberstehen, kann ein Projekt wie DESERTEC eine erste Näherung der islamisch geprägten Welt mit der christlichen anbahnen.

Meldungen über die zerstörerische Kraft von Taifunen, Tornados, Überschwemmungen und weiteren Naturkatastrophen erreichen uns nur allzu häufig über die Medien. Neben der Anteilnahme, welcher durch die Zusage von Hilfsgütern und Spendenaufrufe genüge getan wird, ist sicherlich auch Erleichterung darüber, dass man selbst von dem jeweiligen Unglück verschont blieb, eine der bestimmenden Reaktionen. Nicht alle diese Ereignisse lassen sich auf den Klimawandel zurückführen, ein gewisses Maß an Unberechenbarkeit der Natur ist seit jeher bekannt, für die Häufigkeit allerdings mit der solche Ereignisse auftreten, sind die anthropogenen Einflüsse auf die Umwelt jedoch weitgehend als Ursache akzeptiert. Katastrophenhilfe ist dabei sicherlich eine unerlässliche und löbliche Reaktion der Regionen, die nicht betroffen sind. Sie bekämpft solche Ereignisse jedoch lediglich symptomatisch und lässt kausal orientiertes Engagement vermissen. Investitionen in saubere Energiegewinnung und damit verbundenes Vorgehen gegen weitere Veränderungen des Klimas, können vielleicht auch als heute sinnvoll investierte zukünftige Katastrophenhilfe verstanden werden.

Das Projekt „Biosphäre 2" des amerikanischen Milliardärs Edward Bass[10] unter der Leitung der NASA, lieferte sicherlich einige wichtige

Einblicke in die komplexen Wirkungs- und Funktionsmechanismen von Ökosystemen, vor allem jedoch die Einsicht, dass es nahezu unmöglich ist, solche Systeme künstlich zu erschaffen. Überspitzt formuliert könnte man sagen, es war eine 200 Millionen Dollar teure Investition in die Erkenntnis, dass beispielsweise eine dauerhafte Besiedelung des Mars mit erheblichen Schwierigkeiten verbunden sein dürfte und man sich stattdessen vielleicht doch besser dem Ziel verschreiben sollte, unsere Erde als Heimatplanet zu erhalten. Dass Menschen gewillt sind solche Summen in Ideen zur Nachhaltigkeit zu investieren, gibt Anlass zu Hoffnung. Ziel muss es jedoch sein, die Gegebenheiten unseres Planeten optimal zu nutzen anstatt sich Wunschvorstellungen wie der Besiedelung des Mars hinzugeben.

Zurück zu Douglas Adams

Die offizielle Homepage des DESERTEC-Projekts wirbt mit dem Slogan, dass die Menschheit, unter Beibehaltung ihres bisherigen Ressourcenbedarfs, im Jahre 2050 drei Erden, statt der zur Verfügung stehenden *einen* Erde, benötigen wird um ihren Bedarf zu decken. In Douglas Adams Science-Fiction-Roman *Das Leben, das Universum und der ganze Rest* stehen den Protagonisten und den in Erscheinung tretenden Geschöpfen alle im Weltall vorhandenen Planeten, von denen die meisten obendrein Leben in der einen oder anderen Form hervorgebracht haben, zur Verfügung. Ob die Erde einer Hyperraum-Umgehungsstraße weichen muss oder Planeten versehentlich zerstört werden, weil man sich in den Koordinaten geirrt hat, ist im intergalaktischen Kontext nicht weiter von Belang. Genügend Ausweichmöglichkeiten stehen bereit, und das Individuum, ja sogar ganze Spezies besitzen keinen Wert an sich gegenüber dem Kollektiv. Insgesamt ein Entwurf des Absurden, welcher uns deutlich vor Augen führt, dass ein solches Verhalten außerhalb der Fiktion unweigerlich in die Katastrophe führen muss. Es steht uns lediglich *eine* Erde zur Verfügung, auch im Jahre 2050, und in einem Ausweichen auf den Mars lässt sich keine praktikable Alternative finden. Auch stellt sich die Frage nach dem Grad der Anmaßung, der vorhanden sein muss, wenn eine Spezies ihren Heimatplaneten für die Zukunft als voraussichtlich unbewohnbar erklärt und sich deshalb die Besiedelung eines neuen zum Ziel setzt. Hier liegt der Vergleich mit der Plünderparty, wie sie eingangs beschrieben wurde, nicht mehr fern. Mit dem feinen Unterschied, dass, bleibt man bei dieser Metapher, unsere Erde zugleich fliegendes Hochhaus und damit Veranstaltungsraum, aber eben auch der zu plündernde Planet ist, welcher den Nachschub an „Avocado-Dips und Käsecrackern" sichern soll.

Die Party scheint zu gefallen und es liegt im ureigenen Interesse einer Spezies ihr Fortbestehen zu sichern, anderenfalls gäbe es diese längst nicht mehr. Gerade von einer Spezies wie der des Menschen, die sich in Abgrenzung zu anderen stets auf ihre überragenden intellektuellen Fähigkeiten und der damit verbundenen Weitsicht beruft, um den ihr angedachten Sonderstatus zu untermauern, sollte man jedoch den Willen und die Möglichkeiten zum Fortbestand der eigenen Art erwarten können. Man sollte auch voraussetzen können, dass der Mensch, der für sich selbst diesen Sonderstatus beansprucht, auch verantwortungsvoll gegenüber denen handelt, über die er sich stellt. Ein solch verantwortungsvolles Handeln sehe ich im Projekt DESERTEC. Die Probleme sind mannigfaltig und nicht gänzlich zu lösen und doch dürfen sie kein Grund für eine Aufgabe des Projekts sein. Idealismus und die Hoffnung auf Einsicht und Verständnis müssen die Vorbehalte kompensieren. Der Mut, sich auf ein Wagnis einzulassen, muss aufgebracht werden, solange die Aussicht besteht, entscheidend auf die weitere Entwicklung zum Guten einzuwirken. Sich diesen Mutes zu entsagen, verbietet sich, wenn man verantwortungsvoll für die eigene, aber auch zukünftige Generationen handeln will. Das Scheitern des Projekts muss in Kauf genommen werden, nicht aber in der Planungsphase, sondern wenn sich nach der Umsetzung herausstellt, dass die Erwartungen möglicherweise enttäuscht wurden. 400 Milliarden am falschen Ende investiert zu haben, wird zwar schmerzhaft sein, es wird aber nicht an das Unbehagen heranreichen, das entstünde, falls wir uns einmal dafür rechtfertigen müssten, nichts unternommen zu haben.

Douglas Adams Protagonisten verlassen die Party, deren Wahnsinn sie irgendwann überdrüssig sind, und setzen ihre Odyssee durch die Galaxis fort. Die Menschheit hingegen wird ihre Party nicht verlassen können, daher gilt es, sie jetzt in die richtigen Bahnen zu lenken.

Eine Auswahl weiterführender Links und Hintergrundinformationen

http://www.desertec.org/de/
Das Konzept DESERTEC, eine Zusammenfassung, veröffentlicht in obiger Homepage
AQUA-CSP-Studie der deutschen Gesellschaft für Luft- und Raumfahrt, 2007
Hamburger Abendblatt, 17. 6. 2009, *400-Milliarden-Projekt: Wüstenstrom für Deutschland*
Süddeutsche Zeitung, 27. 6. 2013, *Wüstenstromprojekt Desertec Schatten über Sawian*
Süddeutsche Zeitung, 30. 6. 2013, über den *Ausstieg von Desertec aus Wüstenstrom-Projekt?!*
Adams, Douglas: *Das Leben, das Universum und der ganze Rest,* Heyne Verlag, München 2010, 16. Auflage

Anmerkungen

[1] Aus: Adams, Douglas: *Das Leben, das Universum und der ganze Rest,* Heyne Verlag, München 2010, S. 146–147.
[2] Man denke etwa an die Pyramiden der Ägypter.
[3] Es sei an dieser Stelle exemplarisch auf die Filme „*The Day after Tomorrow*" und „*2012*" verwiesen.
[4] HGÜ-Leitungen: Hochspannungs-Gleichstrom-Übertragung, ermöglicht die Übertragung von elektrischer Energie bei Verlusten von gerade einmal ca. 3 % auf 1000 Km.
[5] CSP: Concentrating-Solar-Power, Verfahren zur Speicherung der in Solarkraftwerken gewonnenen thermischen Energie.
[6] Hamburger Abendblatt, 17.06.2009.
[7] Vgl. Stromausfall im Großraum Amsterdam am 27.03.2015.
[8] Man denke beispielsweise an das Atlantropa-Projekt von Herman Sörgel aus dem Jahr 1928 bei dem weite Teile des Mittelmeers mit einem Staudamm trockengelegt und das einströmende Wasser des Atlantiks zur Stromerzeugung genutzt werden sollte. Das Projekt wurde erst 1960 endgültig aufgegeben.
[9] AQUA-CSP-Studie der deutschen Gesellschaft für Luft- und Raumfahrt, 2007.
[10] Das „Biosphäre 2"-Projekt war der Versuch, ein sich selbst erhaltendes Ökosystem innerhalb eines abgeschlossenen Gebäudekomplexes zu erschaffen, welches bei einer möglichen Besiedelung des Mars oder Mondes reproduziert werden sollte. Nach mehreren Versuchen von 1991–1994 wurde das Projekt als gescheitert erklärt.

Hans-Martin Schönherr-Mann

Von der Pille zum Wutbürger – Politische Lebenskunst angesichts des sozialen Wandels

1. Emanzipation durch Technologien

„Ungefähr im Dezember 1910 änderte sich die menschliche Natur", bemerkt Virginia Woolf.[1] Der zentrale primär geistige Konflikt heute verläuft nicht mehr zwischen Kapitalismus und Kommunismus, sondern zwischen Ordnung und Chaos, und zwar zwischen göttlicher Ordnung, die unveränderlich ist, und einer evolutionär sich verändernden Welt, und zwar im Sinne Darwins, wenn das einzelne Exemplar einer Art, also das Individuum, schlicht seiner eigenen Logik folgt und von Art und Gattung nichts ahnt. Deswegen wird unter religiösen Fundamentalisten denn auch die Evolutionstheorie vehement bekämpft.

Vor diesem Hintergrund stehen sich in den USA zwei innenpolitische Lager zunehmend unversöhnlich gegenüber. Die parlamentarische Kooperation der beiden großen Parteien wird seit den neunziger Jahren immer schwieriger. Die liberale Politologin Judith Shklar kritisiert 1984 sowohl den Snobismus der konservativen Eliten wie die ablehnende Haltung kritischer Linker gegenüber der Gesellschaft: „So zu tun, als würde Geld keine Bedeutung haben, heißt, eine kränkende Verachtung für nachbarliche Werte an den Tag zu legen."[2] Der Konsens über traditionelle Grundwerte der Familie und der Gesellschaft, die auch von Liberalen oder Linken vertreten wurden, kündigten seit den späten sechziger Jahren viele Menschen auf, was seither gerade in den USA zu aggressiven Reaktionen der christlichen Rechten führt.

Doch die Auflösung dieses Konsenses über gemeinsame höchste Werte, den schon Nietzsche bedroht sieht, beschleunigt sich in der zweiten Hälfte des 20. Jahrhunderts Einerseits beendet die Erfindung der Pille die Übermacht der traditionellen Ordnung. So gesteht Hans Blumenberg zu: „Dass sie <die Wissenschaft> Freiheiten verschafft, ist unbezweifelbar; ich erinnere an die einzige wirklich bedeutende Veränderung des menschlichen Verhaltens in unserem Jahrhundert durch die Kontrazeptiva."[3] Das bestätigt dann 2006 auch Norbert Bolz, der nicht nur von ‚ihrer kulturgeschichtlich zäsurierenden Wirkung' schreibt, vor allem aber das Verdikt fällt: „In der Geschichte des Eros ist sie das wichtigste Stück Anti-Natur. Wie das Ende des Lebens hat damit auch sein Anfang seine Natürlichkeit verloren."[4] Sie hat nicht nur das im 19. Jahrhundert entstandene Modell der monogamen Ehe als einzigen legitimen Ort sexueller Betätigung aufgelöst. Vielmehr bemerkt der Soziologe Jean-Claude Kaufmann: „1974 nahm die WHO zur Kenntnis, dass Sexualität zur Fortpflanzung und das Luststreben zwei verschiede Dinge sind. Sie erkannte die Legitimität und Bedeutung der Lust als Quelle des Wohlbefindens und sogar der Gesundheit an. Die Forderung nach dem Orgasmus stand nun in den politischen Gleichungen."[5] 1955 hatte Helmut Schelsky noch angesichts des Kinsey-Reports darauf bestanden, dass das Thema Sexualmoral nicht in der Öffentlichkeit diskutiert werden dürfte. Heute wird aus neokonservativen Kreisen in den USA, die sich auf Leo Strauss berufen, gefordert, der Staat solle wieder die Schlafzimmer kontrollieren: also die Rückkehr zum Ehemodell des 19. Jahrhunderts.

Andererseits begann mit der Bürgerrechtsbewegung in den USA bereits in den fünfziger Jahren eine Minderheit ihre Stimme zu erheben, was letztlich nicht allein auf gleiche Rechte abzielte, sondern den Anspruch auf Emanzipation mit partiellen Interessen verknüpfte, der zuvor als allgemein menschlicher propagiert worden war, sei es vom Bürgertum oder vom Proletariat. Interessen von Minderheiten fordern Spielräume und Beachtung und verweigern sich dabei, in eine allgemeine Ebene einzugehen, was sie ja nur anpassen würde. Daran schließen die Emanzipationsbestrebungen der Frauen seit den siebziger Jahren verstärkt an, die, durch die Pille aus dem Gebärzwang befreit, die traditionelle patriarchalische Familienstruktur umso nachhaltiger aus den Angeln hebt. Heute klinken sich in diesen Prozess die Homosexuellen ein, dazwischen ethnische und religiöse Minderheiten, Migranten, Behinderte, Kinder und Alte.

Auch die Entstehung von partiellen Emanzipationsbewegungen besitzt einen technologischen Hintergrund. Die Medien und der Verkehr transformieren lokale Proteste in eine überall beachtete Bewegung, was von vielen diskriminierten Gruppen kopiert werden wird. Heute versuchen Protestbewegungen regelmäßig die Aufmerksamkeit der Medien auf sich zu richten. Umgekehrt wollen gerade chinesische Behörden das verhindern. Das Internet wie auch der Verkehr erlaubt Minderheiten sich über große Entfernungen hinweg zu konsolidieren. So können marginalisierte Gruppen durch Massenmedien und Internet heute ihre Stimme in der Öffentlichkeit zum Ausdruck bringen.

2. *Wertewandel oder Wertezerfall?*

Vor diesem Hintergrund hat sich seither die Ethik strukturell verändert, wohl eine der revolutionärsten Entwicklungen im ausgehenden 20. Jahrhundert. Für den kanadischen politischen Philosophen Charles Taylor entsteht ein neues ethisches Selbstverständnis: „Ein Parallelfall <zur Bemerkung der Virginia Woolf> ist in den 1920er Jahren André Gides öffentliches Bekenntnis zu seiner Homosexualität – ein Schritt, zu dem ihn nicht nur sein Begehren, sondern auch seine Haltung in Bezug auf Moral und Integrität veranlassten. (...) Aber erst in der Zeit nach dem Zweiten Weltkrieg beginnt diese Ethik der Authentizität die allgemeine Einstellung der Gesellschaft zu prägen. Es wird gang und gäbe, die ‚eigenen Angelegenheiten' selbst erledigen zu wollen."[6] Viele versuchen sich nicht mehr bevormunden zu lassen. Sie folgen nicht mehr blind ethischen Normen, die ihnen religiöse oder säkulare Eliten im 19. Jahrhundert intensiviert vorschreiben, um sie zu disziplinieren.

Damit stehen sie natürlich vor neuen Herausforderungen. Sie müssen lernen, selber jene Normen auszuwählen, an denen sie sich orientieren wollen und das nicht mehr primär, um sich damit in eine Gemeinschaft ein- und unterzuordnen, um zu dienen, sondern um ihr eigenes Leben dadurch selber zu gestalten. Viele traditionelle Werte verlieren so an Bedeutung, insbesondere die Monogamie und die eheliche Treue, Demut und Gehorsam, die Nächstenliebe, der Ernst, die Opferbereitschaft für den Staat. Werte sind nicht mehr absolut, sondern optional und vor allem veränderbar: Man kann sie modulieren. Vor allem aber befolgt man sie nicht mehr, weil sie gelten, sondern fragt erstens danach, welche Effekte sie haben und zweitens unter welchen Umständen sie denn überhaupt gelten – zumindest eine Fähigkeit, die der mündige Bürger üben sollte.

Von konservativer Seite wird ein derartiger Wandel der Ethik als Wertezerfall beklagt, und zwar schon seit dem 19. Jahrhundert. Gerade die Suche nach Authentizität, die Bemühung um Selbstverwirklichung, die auf die christlichen Werte keine Rücksicht nimmt und stattdessen häufig genug in Selbstironie ausartet, kritisiert Gabriel Marcel 1951: „Und wie wollte man verhindern, dass diese simulierte oder parodistische *autarkia*, die (der Mensch) sich verleiht, in ein verdrängtes Ressentiment gegen sich selbst entartet und in die Techniken der Entwürdigung mündet? Es gibt einen übersehbaren Weg, der von den Abtreibern, bei denen die Kundschaft Sartres ein- und ausgeht, zu den Todeslagern führt, in denen sich Folterknechte auf Menschen stürzen, die sich nicht zur Wehr setzen können."[7] Das ist wahrscheinlich die historisch erste Verbindung von Abtreibung und Holocaust.

Leo Strauss entwickelt ein ähnliches Argument wie Eric Voegelin. Wenn der Mensch sich nicht ändern kann, dann auch nicht seine ethischen Orientierungen. So schreibt Strauss 1952: „Es ist für Aristoteles wie für Moses offensichtlich, dass Mord, Diebstahl, Ehebruch etc. unbedingt schlecht sind. Griechische Philosophie und die Bibel stimmen insoweit überein, dass der richtige Rahmen der Moral die patriarchalische Familie ist, die monogam ist oder dazu tendiert und die die Zelle der Gesellschaft formt, in der die freien erwachsenen Männer, und besonders die alten, vorherrschen. Was immer die Bibel und die Philosophie uns über die Vornehmheit gewisser Frauen erzählen mag, im Prinzip beruht beides auf der Dominanz des männlichen Geschlechts."[8] Wer also ethische Werte verändert, beispielsweise die Homo-Ehe legalisiert, der verändert den Menschen: ein anderer Weg zum Homicidium. Für Strauss gibt es dagegen eine richtige Vorstellung vom guten Leben, die von Platon bis Thomas von Aquin vertreten wird und die der zeitgenössische Liberalismus beginnt aufzulassen, wenn deren Vertreter den Menschen nicht mehr als Geschöpf Gottes verstehen, wie es die US-Verfassung einschreibt.

3. Der Wandel des Verhaltens und der Lebensformen

Dass sich die Ethik veränderte, verdankt sich einem Wandel der Lebensformen. Nicht nur dass die Menschen ihre Angelegenheiten selber regeln wollen und sich nicht mehr bevormunden lassen. Sie schicken sich auch nicht mehr in die Rollen, die ihnen die traditionellen Sitten vorgeben. Für Alasdair MacIntyre „bedeutet ein Mensch zu sein, eine Vielzahl Rollen einzunehmen, die alle ihr Ziel und ihren Zweck haben: Familienmitglied, Bürger, Soldat, Philosoph, Diener Gottes."[9]

Doch just Rollenverhalten kritisiert allen voran die Frauenbewegung. Auch viele Männer weigern sich, ihre sozialen Rollen zu übernehmen. Die Zahl der Gläubigen in Europa nimmt ab. Just die massenhafte Wehrdienstverweigerung in Deutschland einerseits und die Einführung einer Berufsarmee in den USA in den siebziger Jahren andererseits zeugen vom Erfolg „der großen Weigerung", von der Herbert Marcuse Ende der sechziger Jahre spricht: „Die Ghettobewohner mögen durchaus zur ersten Massenbasis der Revolte (wenn auch nicht der Revolution) werden. Die Studentenopposition verbreitet sich sowohl in den herkömmlichen sozialistischen wie in den kapitalistischen Ländern. In Frankreich hat sie zum ersten Mal das Regime voll herausgefordert (...)."[10]

Dadurch verändern sich nicht nur die sozialen Rollen, sondern auch die Lebensformen: Singleexistenzen, Wohngemeinschaften, Patchworkfamilien und Bastelbiographien entstehen, wie es die Subjektsoziologie rings um Ulrich Beck formuliert. Der Prozess der Individualisierung birgt für die einzelnen natürlich auch Risiken und nicht wenige kritisieren das. Aber das Thema Einsamkeit spielt nicht mehr jene herausragende Rolle, die es in der Gesellschaft, der Literatur, der Kunst und der Philosophie der ersten Hälfte des 20. Jahrhunderts einnahm.

Der einzelne sucht zudem nicht mehr das, was um 1800 herum eine feste individuelle Identität ausmachte, die ihm noch Schopenhauer oder der Bildungsroman damals attestierten. Hans Castorp sieht sich in Thomas Manns *Zauberberg* aus dem Jahr 1924 am Ende mit verschiedenen Weltbildern konfrontiert und findet nicht mehr genügend Gründe sich für eines zu entscheiden, ähnlich wie Mathieu Delarue in Sartres *Zeit der Reife* 1945. Ein populärphilosophischer Bestseller verkaufte sich in den letzten Jahren dagegen mit dem Titel: *Wer bin ich? Und wenn ja, wie viele?*

Immer mehr gaben sich schon in der ersten Hälfte des 20. Jahrhunderts denn auch nicht mehr damit zufrieden, ein bestimmtes Rädchen im sozialen und ökonomischen Getriebe zu spielen: Man denke an den Jazz, die Golden Twenties, an die *stillen Tage in Clichy*, an den Surrealismus, den Existenzialismus. Mit dem Rock 'n' Roll wird sich dieser Drang massiv verstärken, nämlich die Ablehnung einer öden militarisierten Industriegesellschaft. Dann folgen der Beat, der Underground, Hendrix' US-Hymne als Maschinengewehrfeuer, Hippies, Landkommunen, indische Gurus. Charles Taylor bemerkt dazu: „Die Revolten der Jungen während der ‚Sechziger' richteten sich tatsächlich gegen ein ‚System', das Kreativität, Individualität und Phantasie erstickte."[11]

Die Forderung nach Kreativität, Spontaneität, Sensibilität schwoll denn im 20. Jahrhundert soweit an, dass selbst der katholische Theologe Hans Küng dabei von einem Wandel der Werte spricht, wiewohl er einschränkt: „Die spezifischen Werte der industriellen Moderne – Fleiß (,industria'!), Rationalität, Ordnung, Gründlichkeit, Pünktlichkeit, Nüchternheit, Leistung, Effizienz – sollen nicht einfach abgeschafft, wohl aber in einer neuen Konstellation neu interpretiert und mit den neuen Werten der Postmoderne, mit Imagination, Sensibilität, Emotionalität, Wärme, Zärtlichkeit, Menschlichkeit, kombiniert werden."[12]

Dabei geht es indes eher in zweiter Linie um einen Wertewandel, sondern um einen Wandel der Umgangsweisen, der Verhaltensweisen wie des eigenen Selbstverständnisses. Man will nicht mehr dienen, nicht mehr dem Staat, nicht mehr dem Proletariat, dem Volk oder der Familie, sondern sein Leben selbst gestalten und wenn möglich auch kreativ arbeiten. Auch Charles Taylor weist darauf hin, dass sich diese Neigung im 20. Jahrhundert massiv intensivierte, „gibt es jetzt (...) einen weitverbreiteten ‚expressiven' Individualismus. (...) Neu ist jetzt, dass sich diese Art der Selbstorientierung offenbar zu einem Massenphänomen entwickelt hat."[13]

Nicht nur Jean-Paul Sartre, Simone de Beauvoir, Michel Foucault und Judith Butler verkörpern öffentlich andere Lebensformen. Sie finden vielmehr in der Pop-Kultur weite Verbreitung: Die einen heiraten längst nicht mehr, die anderen, denen das verboten ist, setzen es langsam durch. In der Transgender-Szene setzt man in die Tat um, dass es die Sexualität erst seit 300 Jahren gibt – so Foucault –, und dass selbst das biologische Geschlecht eine Interpretation eben der Biologie und keine Naturanlage ist – so Judith Butler –, mit der man folglich spielen kann, die man parodieren kann: „Die parodistische Wiederholung der Geschlechtsidentität deckt zudem die Illusion der geschlechtlich bestimmten Identität (*gender identity*) auf, die als unergründliche Tiefe und innere Substanz erscheint."[14]

Die erfolgreichste Emanzipationsbewegung des 20. Jahrhunderts war die der Frauen, was Frank Schirrmacher oder Eva Herman denn auch 2006 zu harschen Kritiken veranlasste. Aber viele Frauen wollen nicht mehr der Kitt einer Gesellschaft sein, die man derart gut gekittet und fleißig vermehrt in den Krieg schicken kann. „Allen Konfusionen und Ausflüchten zum Trotz", gesteht auch Charles Taylor ein, „wird jedoch deutlich, dass eine echte Werteverschiebung eingetreten ist. Man erkennt das daran, dass manche Dinge Jahrhunderte lang ertragen wurden, von denen es heute heißt, sie seien unerträglich. Ein Beispiel sind die eingeschränkten Optionen der Frauen. (...) Nach meiner Überzeugung hat dieser Wechsel zwar offensichtliche Nachteile mit sich gebracht, ist aber alles in allem positiv zu bewerten."[15]

Sehr viele Menschen heute wollen mündig sein, häufig selbst jene, die sich zu traditionellen Glaubensgemeinschaften bekennen, gleichgültig ob es sich um Moslems oder Christen handelt. Erst im 20. Jahrhundert ist dieser Anspruch auf Mündigkeit aufgegangen, den die Aufklärung propagierte, das 19. Jahrhundert aber in militarisierten Disziplinargesellschaften wieder massiv zurückfuhr.

Nicht erst mit den Rolling Stones und *Satisfaction* oder *Sympathy for the Devil* hat sich ein Hedonismus verbreitet. Wenn man keine gemeinsamen obersten Werte mehr hat, wenn man seine Lebensform selber aussucht, wenn man sich nicht mehr selbstredend an Autoritäten orientiert, dann bleibt gar nichts anderes als sich selbst zum Maßstab zu nehmen, um die Welt zu beurteilen. Damit kehrt in der Tat der antike Hedonismus des Aristippus von Kyrene wieder, für den man indes Bildung braucht, um selber eine Form der Humanität zu entwickeln. Bildung ist heute das große Thema mit einer ganz anderen Perspektive. Doch auch die heutige Berufsausbildung befördert indirekt den Anspruch auf Mündigkeit als Grundlage des Hedonismus: Wem es durch Ausbildung sozial besser geht, der wird auch eher mal zum Nachdenken angeregt und lässt sich nicht mehr so leicht dirigieren.

Diese Individualisierungsprozesse relativieren die großen Erzählungen der Moderne: von der Nation, von den Technologien, von der Globalisierung. Um sie herum entstehen viele kleine Erzählungen, die entweder diejenigen des individuellen Lebens sind oder im Film und der Literatur von solchen individuellen Lebensproblemen berichten. Daraus entwickeln sich auch gewisse Schattenseiten, schreibt Richard Rorty: „Doch wenn wir (...) uns mit Erzählungen zufriedengeben, die den kontingenten Gegebenheiten des individuellen Lebens entsprechend ad hoc zurechtgestutzt werden, werden wir womöglich eine baconsche Kultur gutheißen, die von ‚dem reichen Ästheten, dem Manager und dem Therapeuten' dominiert wird, was zwar nicht unbedingt das Endziel des menschlichen Fortschritts zu sein braucht, aber zumindest eine erhebliche Verbesserung ist gegenüber Kulturen, die etwa vom Krieger oder Priester beherrscht werden."[16] Oder – um mit Ernst Jünger zu sprechen – der der Moderne das Leitbild des Arbeiters zuschreibt, womit er wohl sehr treffend das umschreibt, was sich heute als workaholics realisiert.

Der Hedonismus führt zu diversem Beratungsbedarf, nicht nur durch den Therapeuten, sondern auch durch den Arzt oder andere diverse Experten. Zum Manager werden heute ständig weitere Positionen erhoben, während der führende Politiker oder führende Manager eher ambivalente Rollen spielen. Der reiche Ästhet beherrscht die gehobene Kultur, hat aber längst durch die Popkultur und den Sport starke Konkurrenz bekommen, in denen er heute längst mitmischt.

4. Der Wandel der politischen Landschaft

Der Anspruch auf Mündigkeit wie der Hedonismus haben auch die politische Landschaft verändert. Für Leo Strauss reicht diese Perspektive bis ins 17. Jahrhundert zurück. Nach Thomas Hobbes hat der Staat den Zweck, das Leben des einzelnen zu sichern. Ob das aber gelingt beurteilt der einzelne selbst. Das bezeichnet Strauss als politischen Hedonismus, wenn der Dümmste solcherart Mündigkeit besitzt. Strauss schreibt: „Wenn aber jeder noch so törichte Mensch von Natur aus darüber richten kann, was für seine Selbsterhaltung notwendig ist, dann kann mit Recht alles als für die Selbsterhaltung unerlässlich angesehen werden: alles ist dann von Natur aus gerecht. Wir können dann von einem Naturrecht der Torheit sprechen."[17]

Sicherlich verändert sich im 17. und 18. Jahrhundert die politische Landschaft. Der Anspruch auf Mündigkeit setzt sich aber erst in der zweiten Hälfte des 20. durch. 2008 hat Colin Crouch mit dem Begriff der Postdemokratie Aufsehen erregt. Der Abbau des Sozialstaates und der Einfluss der Wirtschaft im Zuge der Neoliberalisierung des Staates heben die Demokratie zwar noch nicht vollständig auf, aber bedrohen sie doch substantiell. Crouch stellt fest: „je mehr sich der Staat aus der Fürsorge für das Leben der normalen Menschen zurückzieht und zulässt, dass diese in politische Apathie versinken, desto leichter können Wirtschaftsverbände ihn – mehr oder minder unbemerkt – zu einem Selbstbedienungsladen machen."[18]

Der Politologe Jan-Werner Müller fragt indes in seinem Buch *Das demokratische Zeitalter* danach, welche Demokratie es denn zuvor gegeben hätte, die jetzt niedergeht. Jene der fünfziger Jahre kann es nicht gewesen sein, handelt es sich doch um eine weitgehend gelenkte Demokratie. Die Liberalen im 19. Jahrhundert arrangierten sich mit der partiellen Demokratie, fürchteten sie den Aufstieg des 4. Standes, wiewohl Bildung langfristig ein allgemeines und gleiches Wahlrecht ermöglichen sollte. Nach Jan-Werner Müller kann man am ehesten vor dem Hintergrund jener Bewegungen um 1968 von Postdemokratie sprechen. Denn „die Menschen wollten nicht nur von Eliten vertreten werden, sondern sich selber einmischen, beharrten die 68er; und unterschiedliche Menschen, die nach wie vor vertreten werden wollten, wollten unterschiedlich vertreten werden – allen voran die Frauen. ‚Autonomie' war letztlich doch mehr als ein Slogan."[19]

Dagegen nahm die Bürgerinitiativebewegung der siebziger Jahre zwar diverse Impulse von der APO auf, hatte diese vor allem das Interesse vieler Bürger an der Politik geweckt. Noch bis in die zweite Hälfte der sechziger Jahre bekundete eine Mehrheit der Westdeutschen Desinteresse an der Politik: 1962 waren es laut einer Repräsentativumfrage des Emnid-Instituts 60 Prozent, nachdem das Institut in Allensbach 10 Jahre vorher festgestellt hatte, dass 67 Prozent der Westdeutschen davon ausgingen, dass man gegen unerfreuliche politische Verhältnisse nichts unternehmen könne.[20] Eine große Mehrheit der Deutschen dachte also wenig demokratisch, schon gar nicht partizipatorisch und blieb bereit, auch diktatorische Verhältnisse zu ertragen, anstatt gegen eine Politik, Institutionen oder auch Wirtschaftsunternehmen zu protestieren, die man für falsch oder gar gefährlich hielt.

Seit den siebziger Jahren jedoch erlebte – sicher nicht nur – Deutschland eine Protestbewegung nach der anderen: Die Anti-AKW-Bewegung, die Ökologie-Bewegung, die Friedensbewegung, an denen breite Teile der Bevölkerung partizipierten, die Bürgerrechtsbewegung in der DDR, die Entstehung diverser international agierender NGOs. Anfang des neuen Jahrhunderts kehrte auch die soziale Frage auf die Agenda neuer Protestbewegungen zurück speziell bei *Attac* und zuletzt bei *Occupy*. Die Auseinandersetzungen um das Bahnprojekt Stuttgart 21 führten nicht nur zum Sturz einer alteingesessenen Landesregierung, sondern auch zu neuen Formen der politischen Kommunikation. Das Internet beschleunigte ebenfalls und zwar weltweit den Bürgerprotest, ob in den Staaten der ehemaligen Sowjetunion oder in Arabien.

Es sind außerinstitutionelle Bewegungen entstanden, die nicht mehr unbedingt von einer einheitlichen Ideologie getragen werden, auch nicht mehr von Parteien. Die Bürger reihen sich nicht in die Arbeitereinheitsfront ein und marschieren als Rotfrontkämpferbund quasi militärisch auf wie in der Weimarer Republik. Vielmehr vertreten Bürger ihre eigenen Interessen und manchmal auch die von anderen von Fall zu Fall und auf allen Ebenen der Politik. Parallel dazu haben die alten Volksparteien ihre vermeintlich sichere Stammwählerschaft verloren, die Gewerkschaften an Mitgliedern. Insofern ist die Demokratie erheblich partizipatorischer geworden und zwar von dem Bürger ausgehend, nicht durch institutionelle Maßnahmen. Die Bürger schauen nicht mehr so sehr zu Autoritäten auf, sondern beanspruchen eben ihre Angelegenheiten selber zu regeln und das politische Geschehen selber zu beurteilen, also Mündigkeit, was durch die Warnungen der Traditionalisten indirekt bestätigt wird, dass man in Deutschland nichts Großartiges mehr bauen könne. Die politische Landschaft ist in dieser Hinsicht demokratischer im Sinne von außerinstitutioneller Partizipation geworden, die allerdings geübt und gelernt werden will.

5. Der Abschied vom Untertan im 19. Jahrhundert

Dieser Wandel der Lebensformen in Richtung des Anspruchs auf Mündigkeit – man kann auch von Emanzipation sprechen – hat nach Charles Taylor seine Vorläufer im frühen 19. Jahrhundert, als sich kleine avantgardistische Gruppen von Außenseitern, Künstlern, Intellektuellen und Bohemiens gegen die zunehmende Disziplinierung und Militarisierung der Gesellschaft wehren. „Gegen Ende des neunzehnten Jahrhunderts", schreibt Taylor, „setzte eine breitere Reaktion gegen die evangelikale Moral ein, von der behauptet wurde, sie frustriere die Menschen, unterdrücke Freiheit und Selbstentfaltung, bewirke Uniformität, leugne das Schöne und so fort. Von Autoren wie Shaw, Ibsen und Nietzsche ist die Reaktion eindringlich artikuliert worden, (...)."[21] Georg Simmel, der Nietzsche als einer der ersten rezipiert, prophezeit diesen individualistischen Gruppen noch 1910 das Scheitern: das Individuum unterliegt dem Druck der Kulturentwicklung, muss sich den gesellschaftlich sanktionierten Lebensformen letztlich anpassen.

Wegbereiter wider Willen ist Sören Kierkegaard. Er entdeckt nämlich, dass die Ethik nicht nur den Sinn Hegels hat, das Individuum einer Gemeinschaft ein- und vor allem unterzuordnen, sondern dass die Ethik die individuelle Lebensform gestaltet und zwar gar nicht im Sinn Hegels. Das Individuum besitzt vielmehr selbst die Autorität, darüber zu entscheiden, an welchen Normen es sich orientieren will und wie es dann handelt. Kierkegaards Beispiel ist Abraham, der seinen Sohn Isaac bereit ist, zu opfern. Dabei nimmt er gerade keine Rücksicht auf familiäre oder soziale Einbindungen. Er redet über sein Vorhaben nicht mit seiner Frau. Abraham „hat mit seiner Tat das gesamte Ethische überschritten, er hatte ein höheres Verhältnis außerhalb, und im Verhältnis dazu suspendierte er das Ethische. (..) Nicht um ein Volk zu erretten, nicht um die Idee des Staats zu behaupten, hat Abraham es getan, nicht um erzürnte Götter zu versöhnen. (..) Warum tut es denn Abraham? Um Gottes willen und in Eins damit um seiner selbst willen."[22] Dadurch wird das Individuum selbstverantwortlich, und zwar auch dafür, was es auf Geheiß von anderen, also in Institutionen tut. Natürlich ergeben sich daraus schwierige Herausforderungen, die der einzelne bewältigen muss.

Zuvor hat Hegel bemerkt, dass individuelle sittliche Selbständigkeit unter den ausdifferenzierten bürgerlichen Verhältnissen, also unter rechtsstaatlichen Bedingungen nicht mehr möglich ist: Man muss den Gesetzen gehorchen und natürlich seinen Vorgesetzten. Es gibt aber ein Bedürfnis danach, das sich nur noch in der Literatur auszudrücken vermag, wenn beispielsweise Marquis Posa in Schillers *Don Carlos* von Philipp II. von Spanien fordert: „Geben Sie Gedankenfreiheit, Sir!" „Das Interesse nun aber", schreibt Hegel, „und Bedürfnis solch einer wirklichen individuellen Totalität und lebendigen Selbständigkeit wird und kann uns nie verlassen, wir mögen die Wesentlichkeit und Entwicklung der Zustände in dem ausgebildeten bürgerlichen und politischen Leben als noch so ersprießlich und vernünftig anerkennen."[23] Hegel erkennt also bereits den individuellen Anspruch, auch wenn er ihn rechtlich für obsolet und nicht mehr realisierbar hält.

Max Stirner bemerkt etwa zur selben Zeit wie Kierkegaard, dass man bloßer Untertan ist, wenn man im Sinne Hegels das Gesetz befolgt, weil es Gesetz ist. Aber dann mordet man bereitwillig im Dienste des Gesetzes – eine frühe Einsicht in die Handlungsweisen von Nazischergen oder DDR-Grenzposten. Dass man wirklich der Norm folgt, nicht zu töten, das muss man sich nach Stirner selber verbieten: „Ich aber bin durch Mich berechtigt zu morden, wenn Ich Mir's nicht verbiete, wenn Ich selbst Mich nicht vorm Mord als ‚Unrecht' fürchte"[24] Das kann kein Moralgesetz Kants dem einzelnen verbieten. Für Kant soll ja auch die Mündigkeit zur Einsicht in die Vernunft beflügeln. Man muss denn auch die Pflicht freiwillig befolgen, nicht gezwungenermaßen – ein Widerspruch in sich.

Der wichtigste Vordenker der Mündigkeit und der individuellen Emanzipation ist indes Nietzsche mit seiner Betonung der Kreativität, die er dem Untertanengeist entgegenstellt. *Zarathustra* fordert die Zeitgenossen auf, sich nicht mehr als Kamele zu verhalten, um nur das auszuführen, was man ihnen aufgetragen hat. „**Denen** klingt es lieblich zu Ohren, dass gepredigt wird: ‚Es verlohnt sich Nichts! Ihr sollt nicht wollen!' Dies aber ist eine Predigt zur Knechtschaft. (...) / Wollen befreit: denn Wollen ist Schaffen: so lehre ich. Und *nur* zum Schaffen sollt ihr lernen!"[25] Das klingt in autoritären wie in egalitären Weltanschauungen elitär. Doch Nietzsche schließt niemanden von der Kreativität aus. Er erkennt den Niedergang gemeinsamer oberster ethischer Normen. Der Übermensch oder auch der Verkündiger der ewigen Wiederkunft des Gleichen soll daher neue Werte schaffen, vor allem solche, die das Leben feiern und nicht wie das Christentum ähnlich wie die Materialisten seiner Zeit es austreiben. Aus dem Leben ein Kunstwerk zu machen, dass ist sein Programm, das nachhaltig wirkt und um das sich erst elitär eine kleine Gruppe von Künstlern, Intellektuellen und Bohemiens bemühte, bis viele im letzten Drittel des 20. Jahrhunderts direkt oder indirekt dieser Idee nacheifern. Kreativität ist heute eine der begehrtesten Tugenden.

Wenn *Zarathustra* die Forderung aufstellt: „Nicht mehr Hirt, nicht mehr Mensch, – ein Verwandelter, ein Umleuchteter, welcher *lachte*! Niemals noch auf Erden lachte je ein Mensch, wie er lachte!"[26] ebnet Nietzsche nicht nur dem partizipatorischen Denken der achtundsechziger Zeit den Weg. Nach Hannah Arendt möchte derjenige, der nicht gehorchen will, regelmäßig auch nicht befehlen. Ein solcher Zeitgenosse lehnt es ab, sich als Pastor oder als Schaf zu verstehen. Und heute wollen sich viele Katholiken weder als Schaf noch als Herde verstehen. Sie befolgen die Regeln der päpstlichen Sexualmoral einfach nicht mehr.

6. Verantwortung und Urteilskraft als politische Lebenskunst des mündigen Bürgers

Im 20. Jahrhundert ist es Sartre, der den Anspruch auf Mündigkeit und Selbstgestaltung des eigenen Lebens erhebt, und zwar in seiner existentialistischen Zeit in den vierziger Jahren, was ihm ähnlich wie Stirner gehörig den Ruf ruinierte. Angesichts der massivsten Unterdrückung unter der Herrschaft der Nazis erlebt er Nietzsches These vom Tode Gottes in der Realität. Es gibt keine moralische Autorität mehr: die Nazis sowieso nicht, auch nicht Vichy, der Vatikan kollaboriert mit den Nazis, De Gaulles France libre residiert weit weg in London. Aber jedem steht es frei, Widerstand zu leisten. Jeder besitzt dazu die Fähigkeit und jeder muss selber entscheiden, was er tun soll. Sartre schreibt in einem Aufsatz in den *Lettre francaise* am 9. September 1944, also kurze Zeit nach der Befreiung von Paris: „Niemals waren wir freier als unter der deutschen Besatzung."[27] Aber damit besitzt er auch die alleinige Verantwortung für das, was er tut. Er ist noch für den Krieg verantwortlich, in den er geworfen wurde.

Max Weber bringt die Verantwortungsethik in seinem Vortrag aus dem Revolutionswinter 1918/19 in München *Politik als Beruf* auf den Weg. Der führende Politiker und Manager soll sich an den Folgen seines Handelns orientieren, nicht an höchsten Normen. Dafür trägt er dann auch die Verantwortung. Doch der Untertan ist nicht verantwortlich. Sein Ethos liegt in der genauen Befolgung eines Befehls, selbst wenn er ihn für falsch oder unsinnig hält. „Ehre des Beamten ist die Fähigkeit, wenn – trotz seiner Vorstellungen – die ihm vorgesetzte Behörde auf einem ihm falsch erscheinenden Befehl beharrt, ihn auf Verantwortung des Befehlenden gewissenhaft und genauso auszuführen, als ob er seiner eigenen Überzeugung entspräche: ohne diese im höchsten Sinn sittliche Disziplin und Selbstverleugnung zerfiele der ganze Apparat."[28]

Nach Sartre ist dagegen jeder Mensch frei und verantwortlich für alle seine Handlungen. Es gibt keine Freiheit ohne Verantwortung und umgekehrt. Damit hat Sartre wegweisend die Debatte um Verantwortlichkeiten antizipiert und zugleich die Mündigkeit des Bürgers konstituiert, die sich seiner Fähigkeit verdankt, Widerstand auch gegenüber dem übelsten Tyrannen zu leisten. Jeder hat die Möglichkeit, sein Leben zu gestalten, trägt dafür aber auch die Verantwortung: der Weg zum Protestbürger, wie zu jenem, der die Ökologie in die eigenen Hände nimmt, der allemal seinen führenden Politkern nicht mehr mit großer Achtung begegnet, sondern selber beurteilt, ob die Richtung akzeptabel ist oder nicht: der Bürger, der sich um ein eigenes Urteil bemüht und um ein verantwortliches Handeln.

Hannah Arendt hat diese Sachlage auf eine andere Weise verarbeitet. Sie wirft Eichmann vor, nicht etwa ein grausamer Bösewicht gewesen zu sein, sondern ein Untertan, der weder nachdenkt noch sich darum bemüht, zu einem angemessenen Urteil zu kommen. Wenn man sich aber dem Bann von Autoritäten entziehen will, dann braucht man nicht nur die Fähigkeit zu denken, sondern vor allem die Urteilskraft.

Arendt greift dabei auf Kant zurück und gelangt zu der originellen Theorie, dass Kants politische Philosophie in seiner dritten Kritik, jener der Urteilskraft enthalten ist. Kant unterscheidet nämlich zwischen einer subsumierenden und einer reflektierenden Urteilskraft. Die erstere ordnet einen Einzelfall einer Regel unter. Im Fall des Urteils über das Schöne gibt es aber keine allgemeine Regel. Das Urteil ‚Das ist schön' erhebt zwar einen allgemeinen Anspruch, kann sich aber keiner allgemein akzeptierten Regel versichern. Es liegt also der Fall vor, dass man ein einzelnes Kunstwerk beurteilt ohne eine allgemeingültige Regel. Dieses Prinzip überträgt Arendt auf die Politik, somit auch „das Vermögen der Urteilskraft, das man mit einiger Berechtigung das politischste der geistigen Vermögen des Menschen nennen kann. Es ist das Vermögen, das *Einzeldinge* beurteilt, ohne sie unter allgemeine Regeln zu subsumieren, die sich lehren und lernen lassen, bis sie zu einer Gewohnheit werden, die sich dann durch andere Gewohnheiten und Regeln ersetzen lässt."[29]

Arendt überträgt diesen Sachverhalt auf die Politik. Nach Nietzsches Verdikt, dass es keine gemeinsamen obersten Werte mehr gibt, sucht man in der Politik dergleichen heute vergebens. Die Ideologien bekämpfen sich von unterschiedlichen Prämissen aus. Das führt in den Krieg der Ideologien mit den bekannten verheerenden Auswirkungen. Wenn wir das vermeiden wollen, dann müssen wir uns um gemeinsame Beurteilungen bemühen, ohne dass wir dabei auf gemeinsame Grundsätze rekurrieren könnten, die wir nun mal nicht haben.

Wir brauchen also unter postmodernen Bedingungen just diese reflektierende Urteilskraft. Dadurch könnte vielleicht das gelingen, was Gadamer mit den Worten formulierte: „Wir müssen doch miteinander leben lernen."[30] John Rawls spricht in ähnlicher Perspektive davon, dass wir einen übergreifenden Konsens brauchen, der sich keiner Ideologie verdanken kann, auf den sich vielmehr verschiedene Ideologien oder Religionen einigen müssen.

Arendt greift dazu ebenfalls wieder auf eine Idee Kants zurück, und zwar auf die erweiterte Denkungsart. In der *Kritik der Urteilskraft* formuliert Kant „das Prinzip einer ‚erweiterten Denkungsart' (...), das darin besteht, dass ich ‚an der Stelle jedes anderen denken' kann."[31] Wir müssen also die Logik uns fremder Vorstellungen versuchen nachzuvollziehen, wollen wir mit diesen zu einem Modus vivendi gelangen. Rawls ist allerdings so realistisch zu sehen, dass nicht alle Ideologien dazu bereit sind. Arendt weiß auch, dass gegen die Nazis keine Pamphlete und keine Proteste helfen, sondern nur die alliierten Panzer.

Immerhin kann man bei den Protestbewegungen seit den siebziger Jahren feststellen, dass dort keine Ideologien vorherrschen, dass sich dabei vielmehr verschiedene Weltvorstellungen jeweils zu einem konkreten Zweck zusammen fanden und gemeinsam ein Ziel verfolgten, also ohne gemeinsame oberste Grundsätze zu haben. Die Politik in ihrer heutigen pragmatischen Ausrichtung ist hier den Bürgern nachgefolgt, ähnlich wie die Bürger die Ökologisierung selber vorangetrieben haben und die Politik dann nachträglich sich um Unterstützung bemühte. Der mündige Bürger sollte sich folglich neben der Einsicht in die eigene Verantwortung vor allem um eine erweiterte Denkungsart und um die reflektierende Urteilskraft bemühen – Kerntugenden einer politischen Lebenskunst des partizipierenden mündigen Bürgers.

7. Askese und Parrhesia als politische Lebenskunst

Wenn die Ethik heute nicht mehr den Sinn hat, dass sich die Bürger der Gemeinschaft unterordnen, sondern ihr Leben gestalten, wenn es im Zeitalter der Globalisierung und einer pluralistischen Gesellschaft keine gemeinsamen obersten Werte mehr gibt, dann muss man einerseits sich um Gemeinsamkeiten ohne Rekurs auf eine gemeinsame Vorstellung von der Welt, also ohne gemeinsame Ontologie bemühen. Andererseits geht es den Bürgern darum, selber die ethischen Orientierungen auszuwählen und anzuwenden.

Michel Foucault greift dazu auf die Antike zurück, als es noch keinen christlichen Code gab, den man blind zu befolgen hatte, weil in ihm die Wahrheit und das Leben verkörpert erschienen. Der antike Mensch sollte trotzdem nicht Sklave seiner Lüste sein. Wie vermeidet man, Sklave seiner Lüste zu sein, die den Bürger beispielsweise daran hindern, etwas für die Polis zu tun? Nun, man muss Herr seiner Lüste sein, um sie sinnvoll nach eigenen Vorstellungen gebrauchen zu können. D. h. man braucht die Askese. Man muss auf seine Lüste unter bestimmten Umständen denn auch verzichten können. „Für das griechische Denken der klassischen Epoche gehört die ‚Asketik‘, die dazu führt, dass man sich als Moralsubjekt konstituiert, auch in ihrer Form zur Übung und zur Ausübung eines tugendhaften Lebens, das auch das Leben eines ‚freien' Mannes im vollen, positiven und politischen Sinn ist."[32] Das ist heute umso wichtiger, wenn ein weitverbreiteter Hedonismus herrscht, der sich aber auch nicht einfach umgehen lässt, indem man sich wiederum einem Code unterwirft, verlöre man dann seine Verantwortung und Mündigkeit, seine Fähigkeit zur außerinstitutionellen politischen Partizipation.

In seinen letzten Vorlesungen über *Die Regierung des Selbst und der anderen* aus den Jahren 1982–84 behandelt Foucault die antike Tugend der Parrhesia, des Wahrsprechens. Dabei geht es nicht um eine objektive, sondern um eine subjektive Wahrheit, die auszudrücken man in der Antike entweder ein Recht hatte oder sich das Recht nehmen musste.

Grundsätzlich verlängert die Parrhesia die Askese. Sich selbst kann man nur beherrschen, wenn man sich selbst kennt, wenn man also die Wahrheit über sich selbst zu sagen in der Lage ist. Wenn man gar wie die Kyniker anderen vorhalten will, wie sie zu leben haben, dann muss man ihnen das mit dem eigenen Leben vorführen. Man muss sich also selbst regieren können, will man die anderen regieren.

Die Parrhesia hat dabei sowohl einen individuellen Sinn wie einen politischen. Platon erhebt die Stimme gegenüber Dionysios, dem Tyrannen von Syrakus. Das kostet ihn beinahe den Kopf. Also der Philosoph soll durch die Parrhesia dem Fürsten sagen, wie dieser sich selbst und die anderen regieren kann. Oder die Kyniker leben es anderen vor. Es handelt sich um eine Tugend, die sowohl politische als auch lebensweltliche Dimensionen besitzt, um eine politische Lebenskunst.

Die Parrhesia hat dabei durchaus mit dem Bürgerprotest zu tun. Das ist auch das Thema von Euripides' Tragödie *Ion*, die während des Peloponnesischen Krieges entsteht und die Frage des Bürgerrechts problematisiert, das man damals in Athen sehr restriktiv behandelte, so dass im Krieg plötzlich die Bürger fehlten. Ion kennt seine Eltern nicht, möchte aber das Athener Bürgerrecht, um dort die *parrhesia* auszuüben, d. h. wichtige Ämter zu übernehmen und die Stadt zu führen. Um Athener Bürger zu werden, braucht man jedoch eine Athener Mutter.

Ions Mutter Kreusa ist wirklich Athenerin aus vornehmem Hause, die allerdings von Apollon verführt wurde und die das Kind aussetzte. Apollon rettete es, liess es aufziehen und machte es zum Tempeldiener seines Orakels in Delphi. Währenddessen heiratete Kreusa Xuthos, einen fremden, aber mit Athen verbündeten Mann, der kein Bürgerrecht in Athen besaß. Xuthos und Kreusa sind kinderlos und begeben sich deshalb beide nach Delphi, um zu erfahren, ob sie noch Kinder bekommen werden.

Die *parrhesia* besitzt eine originär demokratische Dimension, die sich im *Ion* präsentiert. Kreusa klagt Apollon an, weil er ihr Leid zufügte und dazu schweigt. Sie wirft ihm dabei vor, ‚Sohn der Leto' zu sein, also Sohn einer Sterblichen, mit der Zeus die Ehe brach und die ihre Kinder Apollon und Artemis auf Delos gebar. Apollon entstammt also einer ähnlichen Situation wie die, die Kreusa erlitt. Damit setzt sie dem Schweigen das Aussprechen der doppelten Wahrheit entgegen, der ihrigen wie derjenigen von Apoll.

Nach Foucault gibt es nicht nur in der antiken griechischen Gesellschaft einen ritualisierten Sprechakt, mit dem ein Schwacher einen Mächtigen anklagt, weil ersterem durch letzteren eine Ungerechtigkeit widerfuhr. Dabei handelt es sich um eine Intervention eines Schwachen, dem ansonsten, wie es Kreusa betont, nichts als die Tränen bleiben. Dieser Diskurs hat dabei zwei Elemente, nämlich die Anklage bzw. das Geständnis, die Öffnung des Herzens, die einer Anklage gleichkommt, und die Verwünschung.

Bei beiden deutet sich dabei noch eine andere Perspektive an: Der Schwache muss mit einer harschen Reaktion des Mächtigen rechnen und geht daher mit beiden Formen einer solchen Intervention massive Risiken ein. Schließlich handelt es sich dabei um eine Art der Erhebung, des zumindest verbalen Widerstandes gegen einen Mächtigen, von dem man eine Ungerechtigkeit erlitten hat.

Jedenfalls soll ein vom Mächtigen verletztes Recht wiederhergestellt werden. Doch wie ist das möglich? Hilft die Klage dem Mächtigen, seine Fehler einzusehen? In der Tat ist die *parrhesia* des Schwachen sogar nötig, damit der Mächtige überhaupt vernünftig regieren kann. Man könnte andererseits daraus folgern, wenn es keine mutigen Schwachen gibt, die es wagen, den Mächtigen die Wahrheit zu sagen, gleichgültig ob in Form der Verwünschung oder in Form der Anklage und des Geständnisses, dann können die Mächtigen gar nicht richtig regieren. Das aber entschuldigt diese keineswegs. Im Gegenteil, ihre eigene Macht ist in Gefahr, wenn sie von den Schwachen nicht rechtzeitig in die vernünftige Richtung gelenkt werden. „Das bedeutet aber," so Foucault, „dass die Demokratie notwendig ist, damit die *parrhesia* möglich wird. Für die Demokratie ist die *parrhesia* notwendig und für die *parrhesia* ist die Demokratie notwendig."[33] So hat denn Foucault an anderer Stelle bemerkt, dass Protest und Widerstand Teil des politischen Systems sind.

Nicht nur um sein privates Leben zu gestalten ist folglich die Parrhesia nötig, sondern auch in der Politik. Sie gehört somit zur privaten wie zur politischen Lebenskunst in einer Welt, in der die Bürger den Anspruch auf Mündigkeit erheben, auf die die Politiker zunehmend Rücksicht nehmen müssen, wollen sie Großprojekte durchsetzen oder bloß wiedergewählt werden. Mit der Emanzipation diverser Gruppen, mit der Entstehung diverser Lebensformen ist die Demokratie partizipatorischer geworden und die mündigen Bürger brauchen Verantwortung, Urteilskraft, Askese und Parrhesia sowohl im privaten Leben wie in der Öffentlichkeit. Sie brauchen eine politische Lebenskunst.

Anmerkungen

[1] zit. bei Charles Taylor Ein säkulares Zeitalter (2007), Frankfurt/M. 2009, 792
[2] Judith Shklar, Ganz normale Laster (1984), Berlin 2014, 139
[3] Hans Blumenberg, Beschreibung des Menschen – Aus dem Nachlass, Frankfurt/M. 2006: 479
[4] Norbert Bolz, Die Helden der Familie, München 2006, 31
[5] Jean-Claude Kaufmann, Sex@mour – Wie das Internet unser Liebesleben verändert, Konstanz 2011, 102
[6] Charles Taylor Ein säkulares Zeitalter (2007), Frankfurt/M. 2009, 792
[7] Gabriel Marcel, Die Erniedrigung des Menschen (1951), Frankfurt/M. 1957, 85
[8] Leo Strauss, Progress or Return? (1952), in: ders., Jewish Philosophy and the Crisis of Modernity, Albany 1997, 105
[9] Alasdair MacIntyre, Verlust der Tugend (1981), Frankfurt/M. 1987, 85
[10] Herbert Marcuse, Versuch über die Befreiung, Frankfurt/M. 1969, 10
[11] Charles Taylor Ein säkulares Zeitalter (2007), Frankfurt/M. 2009, 793
[12] Hans Küng, Projekt Weltethos (1990), 9. Auflage München 2004, 42
[13] Charles Taylor Ein säkulares Zeitalter (2007), Frankfurt/M. 2009, 788
[14] Judith Butler, Das Unbehagen der Geschlechter (1990), Frankfurt/M. 1991, 215
[15] Charles Taylor Ein säkulares Zeitalter (2007), Frankfurt/M. 2009, 799f
[16] Richard Rorty, Solidarität oder Objektivität? Drei philosophische Essays (1983/4), Stuttgart 1988, 66
[17] Leo Strauss, Naturrecht und Geschichte (1953), Frankfurt/M. 1977, 192
[18] Colin Crouch, Postdemokratie, Frankfurt/M. 2008, 29
[19] Jan-Werner Müller, Das demokratische Zeitalter – Eine politische Ideengeschichte Europas im 20. Jahrhundert, Berlin 2013, 338
[20] Vgl. Peter Cornelius Mayer-Tasch, Die Bürgerinitiativbewegung – Der aktive Bürger als rechts- und politikwissenschaftliches Problem (1976), 5. Aufl. Reinbek 1985, 10
[21] Charles Taylor Ein säkulares Zeitalter (2007), Frankfurt/M. 2009, 822
[22] Sören Kierkegaard, Furcht und Zittern (1843). – GW 4. Abteilung, 2. Aufl. Düsseldorf, Köln o. J., 63

²³ G.W.F. Hegel, Vorlesungen über die Ästhetik I (1822–32), Theorie Werkausgabe Bd. 13, Frankfurt/M. 1970, 255
²⁴ Max Stirner, Der Einzige und sein Eigentum (1844), Freiburg. München 2009, 195
²⁵ Friedrich Nietzsche, Also sprach Zarathustra (1882–84), Kritische Studienausgabe (KSA) Bd. 4, München, Berlin, New York 1999, 258
²⁶ Friedrich Nietzsche, Also sprach Zarathustra (1882–84), Kritische Studienausgabe (KSA) Bd. 4, München, Berlin, New York 1999, 202
²⁷ Jean-Paul Sartre, Die Republik des Schweigens; in: ders., Paris unter der Besatzung – Artikel und Reportagen 1944–1945, Reinbek 1980, 37
²⁸ Max Weber, Politik als Beruf (1919), Gesammelte politische Schriften, 3. Aufl. Tübingen 1971, 524
²⁹ Hannah Arendt, Vom Leben des Geistes – Das Denken (1977), 2. Aufl. München 2002, 191
³⁰ Zit. in: Hans-Martin Schönherr-Mann, Miteinander leben lernen – Die Philosophie und der Kampf der Kulturen, München 2008, 17
³¹ Hannah Arendt, Kultur und Politik (1958), in: dies., Zwischen Vergangenheit und Zukunft – Übungen im politischen Denken I (1968), 2. Aufl. München 2000, 298
³² Michel Foucault, Der Gebrauch der Lüste – Sexualität und Wahrheit 2 (1984), Frankfurt/M. 1989, 103
³³ Michel Foucault, Die Regierung des Selbst und der anderen, Vorlesung am Collège de France 1983 (2008), Bd. 1, Frankfurt/M. 2009, 202

Christoph Hennig

Die Illusion der Macht: Shakespeare und Hobbes

Bis in die beginnende Neuzeit wurde die Macht beschienen von den Strahlen göttlicher Gnade. Das sehr viel schwächere Licht der theoretischen Reflexion fiel auf sie erst, als dieser Glanz verblasste. Im europäischen Mittelalter waren die legitimen Könige Herrscher durch Gottes Willen, und der hierarchische Bau der Gesellschaft ruhte auf einem religiös gesicherten Grund. Als bewusst eingesetztes Herrschaftsmittel und als psychologische Antriebskraft kam Macht in den Blick, sobald dieser Grund ins Wanken geriet. Nun wurde sie als menschlicher Antrieb und menschliches Ziel erkennbar. In dieser Perspektive haben vor einem halben Jahrtausend ein Dichter und ein Philosoph die Mechanismen der Macht in bis heute unübertroffener Weise bloß gelegt. Im Denken von Thomas Hobbes, in den Figuren William Shakespeares erscheint die Macht in ihrer vollständigen Gestalt. Sie bedeutet Verfügung und Kontrolle, Ruhm und Ehre und zugleich Sorge, Angst, Zerbrechlichkeit, Schwäche. Sie hat, für die ihr Unterworfenen, einen oft furchtbaren realen Gehalt. Und zugleich ist sie im Reich der Vorstellung angesiedelt: in ihrem existentiellen Kern eine Fiktion.

Die Schwäche der Macht: dieses Thema hat sich in der Folgezeit fast verloren. Jedenfalls erscheint es nie mehr so deutlich wie bei Shakespeare und Hobbes. Unter der Macht pulsiert die Angst. Das menschliche Leben verläuft auf einem zitternden Boden der Gefährdung. Die Macht soll diese existenzielle Unsicherheit besiegen. Doch die Kanonen, mit denen die Mächtigen auf ihre Gegner zielen, bleiben im Kampf gegen die Angst nur Attrappen. Aus Angst ist die Macht entstanden, und Angst wirkt in ihr fort. Von außen gesehen, ist die Macht wirksam und gestaltend, vor allem aber bedrohlich, beklemmend, fürchterlich. Im Kern jedoch zerfällt sie in ein Nichts. Die Mächtigen mögen ganze Länder in ihre Gewalt bringen; doch niemals befreien sie sich von der Furcht, die in ihrem Innern gärt. Darum kennt für Hobbes das Machtstreben kein Ende. Es ist unendlicher und unendlich erneuerter Antrieb, der zu kei-

Die Illusion der Macht: Shakespeare und Hobbes 309

nem Ziel kommt. Und darum kann Shakespeare immer wieder die Momente hervorrufen, in denen die Illusion der Macht zerbricht und ein Königreich gerade noch so viel wert ist wie ein Pferd.

Vor allem in Shakespeares im engeren Sinn historischen Werken, den sogenannten Königsdramen, stellt die Macht das zentrale Thema dar. Sie schildern Motive und Verhältnisse, die in vielfacher Hinsicht dem Naturzustand der Hobbes'schen Philosophie ähneln. Die Parallelen sind nicht zufällig: Beide Autoren beziehen sich auf dieselbe historische Epoche. Hobbes' gedankliche Konstruktion des Naturzustands spiegelt in theoretisch zugespitzter Form die Machtkämpfe auf der britischen Insel im 14. und 15.Jahrhundert. Ohne staatliche Zentralgewalt herrscht unter den Menschen ein ständiger Krieg. Da es grundsätzlich keinen Schutz gibt vor den Übergriffen der anderen, ist auch der Friedfertigste genötigt, die Mitmenschen – die immer auch potenzielle Angreifer sind – präventiv unschädlich zu machen. *Konkurrenz* und *Mißtrauen* stehen am Beginn des *Kriegs eines jeden gegen jeden.* Für Hobbes kann nur die Monopolisierung der Gewalt in einem absoluten Machtzentrum dem schrankenlosen Ausleben der menschlichen Triebe, Begierden und Leidenschaften ein Ende setzen. Allein der absolutistische Staat, der *Leviathan*, garantiert das friedliche Zusammenleben der Menschen.

Ein solches unangreifbares Machtzentrum aber fehlte im frühneuzeitlichen England. Die Macht war ständig umstritten, ihre Usurpatoren wechselten in schnellem Rhythmus. Eben aus dieser Situation ununterbrochener Kämpfe zieht die Bühnenhandlung in Shakespeares Königsdramen ihre Spannung. Ausnahmslos dreht sie sich um den Gewinn, Erhalt und Verlust der königlichen Macht. Wie bei Hobbes kämpft jeder gegen jeden, allenfalls schwach gebremst durch Freundschaft, Verpflichtung, Loyalität. Doch reißt der Eigennutz, wie es in einem großen Monolog im *König Johann* heißt, immer wieder die Welt aus ihrer glatten Bahn, entfernt sie *von aller Richtung, Vorsatz, Lauf und Ziel*. Intrige, Täuschung und Verrat sind an der Tagesordnung. Der gewaltsame Tod ist allgegenwärtig; die Machthaber ermorden ihre Rivalen und werden ihrerseits von Rivalen ermordet. Es geht um Macht, Ehre und Tod – und um nichts anderes. Wie für Hobbes, so existiert für den Shakespeare der Königsdramen die Liebe nicht; sie hat in dieser Welt, in der allein die Macht zählt, keinen Platz. *Ich lieb' dich nicht / Ich frage nicht nach nach dir*, erklärt der Verschwörer Heinrich Percy in *Heinrich IV.* seiner Frau: *Nein, jetzo muß es blut'ge Nasen geben / Zerbrochne Kronen.* Es ist eine der ganz wenigen Stellen, an denen in den Königsdramen von Liebe überhaupt die Rede ist. Für die machtsuchenden Akteure dieser Werke ist sie auf absurde Weise bedeutungslos. Lady Percy empfindet diese Absurdität, ihr Gemahl ist ihr ein *tollköpf'ger Affe*, als er ihr erklärt, es sei sein Pferd, das ihn von ihr hinweg reiße.

Eine Welt ohne Liebe, der Krieg aller gegen alle, der radikale und unausweichliche Eigennutz, die Ehre als treibendes Motiv, die Omnipräsenz des gewaltsamen Todes und der Todesdrohung: der Dichter der Königsdramen sieht die Welt aus der gleichen Perspektive wie der Philosoph des *Leviathan*. Und wie bei Hobbes, aber viel plastischer und anschaulicher, erscheint in Shakespeares historischen Werken die Brüchigkeit und Vergeblichkeit der Macht. Dass die Macht immer gefährdet ist, dass sie Sicherheit nicht geben kann und schon gar nicht den Schutz vor dem Tod – das alles weiß auch der große Denker Hobbes. Aber er sagt es nicht laut, denn sein Denken zielt auf Stilllegung der Gefährdungen, die das menschliche Leben ständig begleiten, vor allem auf die Beruhigung der Todesfurcht. Der Realist Hobbes kennt die Grenzen und die Relativität der Macht, und eben deshalb postuliert er unrealistisch die grenzenlose und absolute Macht, die dem ständigen Kampf und der damit einher gehenden Angst ein Ende machen soll.

Shakespeare dagegen propagiert und postuliert nicht. Er zeigt die Mechanismen der Macht und ihre psychologischen Grundlagen. Seine aristokratischen Akteure, die Angehörigen der herrschenden Schicht, verstehen sich nach dem klassisch-europäischen Modell des Helden zunächst einmal als furchtlos, sie sind *zu voll Zuversicht / Von Furcht nur den Gedanken zuzulassen*. So wie die Macht die Negation der Liebe darstellt, ist sie auch Negation der Furcht. Doch die Irritation über eine immer ungewisse Zukunft, die Angst vor dem Tod, die Erkenntnis des unzureichenden Schutzes, den die Macht gewährt, sind damit nur gleichsam in den Keller des Unbewussten gesperrt. Sie pochen und klopfen an die Kellertür. Die Mächtigen hören den fernen, schwachen und bedrohlichen Klang dieser Töne. Ihr ständiger Begleiter ist daher *die ew'ge Sorg' und Arbeit des Gemüts*. Sie schlafen schlecht in *goldner Sorge./ Die weit des Schlummers Pforten offen hält / In mancher wachen Nacht*, denn der Schlaf nähert sich lieber *rauch'gen Hütten* als den Palästen der Könige. Gut schlafen der Schiffsjunge und *der, des Stirn mit grobem Tuch umwunden / Die mächt'ge Zeit verschnarcht*, doch nicht der König. *So legt Ihr Niedern, nieder Euch, beglückt / Schwer ruht das Haupt, das eine Krone drückt.*

Die Illusion der Macht: Shakespeare und Hobbes 311

All die Auseinandersetzungen, die Anstrengungen, die Gemetzel, Intrigen und Morde, wofür? Wie getrieben von einer unsichtbaren Mechanik kämpfen Shakespeares Akteure bewusstlos um Ehre und Macht. Doch immer wieder leuchten in der Düsternis Momente der Reflexion, denen das ganze Treiben vergeblich und sinnlos erscheint. In ihren eindrücklichsten und präzisesten Formulierungen behalten diese Höhepunkte poetisch-philosophischer Einsicht nur in Shakespeares eigenen Worten ihre ganze Kraft. *„Sorrow breaks seasons and reposing hours, / Makes the night morning, and the noon-tide night. / Princes have but their titles for their glories, / An outward honour for an inward toil; / And for unfelt imagination / They often feel a world of restless cares; / So that betwixt their titles, and low names / There's nothing differs but the outward fame."* (Leid bricht die Ruhe der Zeiten und der Stunden, / Kehrt Nacht in Morgen, macht aus Mittag Nacht. / Der Fürsten Glorie sind die Titel nur, / Ein äußrer Glanz für eine innre Last; / Statt ungelebter Phantasien leben / Sie eine Welt rastloser Sorge oft: / So daß vom kleinen Mann das Fürstentum / Nichts unterscheidet als der äußre Ruhm.)

Die Welt der Macht ist eine arme Welt. Ihr fehlt ein zentraler Teil des menschlichen Lebens: die „unfelt imagination", die „ungelebte Phantasie" oder „ungefühlte Einbildung". Diese Verarmung lässt sich ermessen am Vergleich von Shakespeares Königsdramen mit seinem restlichen Werk. Dieses zeigt eine kaum überschaubare Fülle unterschiedlicher Themen, Handlungen, Charaktere und Stimmungen. Es führt mit nahezu jedem Stück in eine neue Welt. Die Szenerie der Königsdramen dagegen wandelt sich kaum, ihre Handlung wiederholt sich mit leichten Variationen immer neu: „Jede dieser großen Geschichtstragödien beginnt mit dem Kampf um den Thron oder dessen Befestigung, jede endet mit dem Tod des Monarchen und einer neuen Krönung. In jeder Chronik schleppt der rechtmäßige Herrscher eine lange Kette von Verbrechen hinter sich her (...); er hat zunächst seine Feinde, dann seine einstigen Verbündeten umgebracht, seine Nachfolger und Thronprätendenten ausgelöscht. Aber es ist ihm nicht gelungen, alle auszumerzen. Aus der Verbannung kehrt ein junger Prinz zurück – Sohn, Enkel oder Bruder der Ermordeten -, dieser setzt sich in das vergewaltigte Recht ein, um ihn versammeln sich die verstoßenen Herren, er verkörpert die Hoffnung auf eine Ordnung und auf Gerechtigkeit. Aber jeder Schritt auf dem Weg zur Macht ist auch weiterhin durch Mord, Gewalttätigkeit und Treubruch gezeichnet (...) Selbst ihre Namen gleichen einander. Immer sind es ein Richard, ein Edward und ein Heinrich. Sie tragen dieselben Titel. Da gibt es den Herzog von York, den Herzog von Clarence (...) Das Drama, das sich zwischen ihnen abspielt, ist immer das gleiche."

Jan Kott hat in diesen Wiederholungen Shakespeares Vision der Geschichte als eines „Großen Mechanismus" sehen wollen, einer Geschichte, die sinnlos und unbeweglich in einem Kreislauf der Gewalt gefangen bleibt. Im Sinne seiner Interpretation überzeichnet er die strukturelle Ähnlichkeit der Stücke; ebenso gut lassen sich natürlich Differenzen herausarbeiten. Ohne Zweifel aber unterliegen Machtkämpfe einer strategischen Logik, die sich in vergleichsweise einfachen Regeln ausdrücken lässt. Die repetitiven Elemente der Königsdramen sind wohl eher dieser Logik geschuldet als der Weltsicht Shakespeares. Mechanisch, simpel und repetitiv ist die Welt der Macht insofern, als sie aus der ungeheuren Komplexität menschlichen Erlebens nur einen winzigen Teil umfasst. Der ganze Reichtum der „ungelebten Fantasie", der vom Sommernachtstraum über den Othello zum Sturm Shakespeares Werke inspiriert, ist ihr fremd. Bei den Protagonisten der Königsdramen hat nicht nur die Liebe keinen Platz. Ihnen sind auch Witz, Spiel, Poesie und Ironie fremd. Sie finden ihren Raum allenfalls bei Nebengestalten, den kleinen Leuten aus den unteren Schichten und in der singulären Gestalt des John Falstaff, der es sich erlaubt, aus der Rolle des Adligen zu fallen und auf Ehre und Dekorum zu verzichten.

Für die Macht ist ein hoher Preis zu zahlen. In ihrer Sphäre ist alles Pathos und Ernst, es gibt hier keine leichten Bewegungen. Sie bedeutet Verzicht auf eine ganze Welt der Erfahrung und der Emotionen, auf heitere Träume und beschwingte Sorglosigkeit. Die Macht ist ein Schutz vor den Unwägbarkeiten und den Gefahren des Lebens. Aber dieser Schutz wird nicht geschenkt. Er hat seinen Preis. Wie eine Rüstung ist die Macht schwer zu tragen, belastet und beengt ihre Besitzer, nimmt ihren Bewegungen Geschmeidigkeit und Eleganz. Macht kann zur Erstarrung führen. Im Filter der Macht verfangen sich manche der Leiden, die das Leben der Machtlosen plagen; darum erscheinen die Mächtigen oft als beneidenswert. Doch derselbe Filter kann undurchlässig werden für alles, was das Leben lebenswert macht. *Die Größe, die du suchst, wird dich erdrücken*, heißt es prophetisch in *Heinrich IV.* Die Macht muss, oft unter Einsatz des eigenen Lebens, erworben, gesichert, verteidigt werden.

Und bei all dieser Anspannung bleibt das Ergebnis illusionär. Zwar hat die Macht in der Außenwelt Effekte ungeheuren Ausmaßes. Das Le-

Die Illusion der Macht: Shakespeare und Hobbes 313

ben der Menschen ist ihr unterworfen. Die Opfer der Macht in Shakespeares Stücken sind kaum zu zählen. Doch ihre psychologischen Effekte – die Wirkungen auf die Mächtigen selbst – sind reine Illusionen. Diese Erkenntnis kommt den Machthabern unglücklicherweise gewöhnlich erst dann, wenn sie die Macht verloren haben, wie dem abgesetzten König Richard II. Er sieht die Illusion der Macht in aller Klarheit. Sie vermag nichts gegenüber dem Tod, der doch die Quelle aller Furcht ist. Und sie enthebt die Mächtigen nicht ihrer Bedürfnisse, ihrer Empfindungen und Ängste, die sie mit allen anderen Menschen teilen. *Im hohlen Zirkel / Der eines Königs sterblich Haupt umgibt, / Hält seinen Hof der Tod; da sitzt der Schalksnarr, / Höhnt seinen Staat und grinst zu seinem Pomp; / Läßt ihn ein Weilchen, einen kleinen Auftritt / Den Herrscher spielen, drohn, mit Blicken töten; / Flößt einen eitlen Selbstbetrug ihm ein, / Als wär dies Fleisch, das unser Leben einschanzt, / Unüberwindlich Erz; und, so gelaunt, / Kommt er zuletzt, und bohrt mit kleiner Nadel / Die Burgmau'r an, und – König, gute Nacht! (...) Ihr irrtet Euch die ganze Zeit in mir: Wie ihr, leb ich von Brot, ich fühle Mangel, / Ich schmecke Kummer und bedarf der Freunde. / So unterworfen nun, / Wie könnt ihr sagen, daß ich König bin?*

Die Rüstung der Macht ist aus der Angst geschmiedet. Shakespeare malt die glühenden Augenblicke, in denen der Machtpanzer schmilzt und sich zur Angst verflüssigt: Macbeth auf verlorenem Posten, angesichts des Todes seiner Frau; Lear, verstoßen von den Töchtern und ausgesetzt im Sturm; Richard II., auf dem Weg zum sicheren Tod; Richard III., dem in der letzten Schlacht sein ganzes Königreich auf den Wert eines Pferdes zusammen welkt. In diesen großen Momenten der Verwirrung und Einsicht steigen aus dem Abgrund, den die Macht verdeckte, nie gesehene Bilder und Gedanken auf.

Allein in der fantastischen Welt des *Sommernachtstraum* ist die Macht transformiert zur absoluten Leichtigkeit. Nur eingangs wird ihre Schwere angedeutet, als Theseus zu seiner Gemahlin sagt: *Hippolyta! Ich habe mit dem Schwert / Um dich gebuhlt, Durch angetanes Leid / Dein Herz gewonnen.* Doch noch die verfestigte Macht (des Vaters Egeus und des Königs Theseus über die junge Hermia) löst sich im verwirrenden Zauber der Elfen, der alle Gewissheiten bricht, alle Karten neu mischt. Die Elfenherrscherin Titania verliebt sich in den Eselsmenschen Zettel, die Königin macht sich gemein mit dem einfachen Weber. Die Ordnung ist aufgehoben, alles verflüssigt sich, Machtfragen werden nicht durch Befehl und Gewalt, sondern mit den Tricks der Liebe gelöst. Musik, Tautropfen, Bienengesumm, Morgenröte, Hundegebell bilden den Hintergrund der Szenerie, auf der jugendliche und reifere Liebende, Majestäten und plump oder lustig herumpolternde Handwerker sich tummeln. Wo das Stück die Macht feiert, feiert es die Macht der Fantasie: *Verliebte und Verrückte (...) / Wahnwitzige, Poeten und Verliebte / Besteh'n aus Einbildung.* Der Dichter *benennt das luft'ge Nichts, und gibt ihm festen Wohnsitz,* und aus diesem Spiel *wird ein Ganzes von Bestand / Doch seltsam immer noch, und wundervoll.*

Auch im *Sturm* verliert die Macht ihr drückendes Gewicht. Machtkämpfe bilden den Hintergrund des Stücks. Aus seiner Herrscherrolle in Mailand ist Prospero durch den Bruder Antonio verdrängt worden, mit der Tochter Miranda lebt er seither auf einer einsamen Insel. Ihm unterworfen sind dort der Luftgeist Ariel und der monströse Hexensohn Caliban. Die Macht über Ariel gibt Prospero magische Kräfte. Mit ihrer Hilfe bringt er seinen Bruder und andere einstige Widersacher als Schiffbrüchige in seine Gewalt. Er verzeiht ihnen, plant die gemeinsame Rückfahrt und gibt Ariel die lange versprochene Freiheit. Damit begibt er sich seiner Zaubermacht und liefert sich vertrauensvoll den früheren Feinden aus. Im Epilog stellt Prospero sich als nunmehr machtlos dar: *Hin sind meine Zauberei'n / Was von Kraft mir bleibt, ist mein, / Und das ist wenig.* Er appelliert an das Publikum, ihm durch wohlgefällige Aufnahme des Stücks die Segel für die Rückfahrt zu blähen.

Prospero verzichtet freiwillig auf seine Macht. Das ist in Shakespeares Stücken so selten wie im wirklichen Leben. Prospero folgt damit einem Motiv, das schon seine Herrschaft in Mailand, allerdings unfreiwillig, beendete. Dort hatte er die Regierungsgeschäfte seinem Bruder übertragen, um sich dem Studium der freien Künste hinzugeben. Dieser halbe Machtverzicht wurde von Antonio genutzt, um Prospero als Herzog abzusetzen. Zum Ende des Stücks kehrt nun Prospero zwar – so kann man annehmen – als Herzog nach Mailand zurück, allerdings weniger mit der Aussicht auf eine lange Regierungszeit als auf den Tod. Zugleich aber verzichtet er auf die größere Macht der Zauberkraft.

Im *Sommernachtstraum* verliert Macht ihre Schwere im Medium der Poesie, im *Sturm* im Medium der Weisheit des Prospero, der sein Leben mit dem Studium der verborgenen Dinge zugebracht hat. Beide Lösungen stehen gleichsam außerhalb der gewöhnlichen Welt. Jedoch ist es auch einem von Shakespeares Bühnenkönigen gelungen, die Macht zu bewahren, ohne ihr Gefangener zu werden. *Heinrich V.* taumelt nicht

Die Illusion der Macht: Shakespeare und Hobbes

metaphernreich dem Untergang entgegen wie Richard II., zeigt nicht die dämonische Bosheit eines Richard III., die dramatische Zerrissenheit von König Lear oder die zugleich lauen und verzweifelten Skrupel des Macbeth. Er hat keine Feinde im eigenen Land, über ihn wird nur rühmend gesprochen, er macht strategisch, menschlich, moralisch alles richtig. Der Erzbischof von Canterbury und der Bischof von Ely zeichnen in der Auftaktszene des Dramas ein Bild des Monarchen, das im weiteren Verlauf des Stückes nur bestätigt wird: In den Staatsgeschäften und in der Kriegführung ist er ebenso bewandert wie im geistlichen Gespräch, seine Rhetorik ist hervorragend, *die Praxis und die Kunst des Lebens scheint / Der Lehrer seiner Theorie zu sein.* Heinrich V. hält sich an das Recht, er übt Großmut und Strenge im richtigen Maß aus, behandelt seine Soldaten mit Hochachtung, befiehlt Schonung und Respekt der Feinde.

Als einziger unter Shakespeares Monarchen hat Heinrich V. zeitlebens den inneren Abstand zur Macht, den seine Amtskollegen erst in der Katastrophe des Untergangs finden. Für diesen König ist der Glanz der Macht eine Illusion. Eben deshalb weiß er sie perfekt zu handhaben. Er ist nicht an sie gebunden, seine Entscheidungsgründe nähern sich aus anderen Quellen: *Ich muß mit meinem Herzen mich beraten.* Doch die kristalline Einsicht in das Wesen der Macht strömt aus einer trüben Quelle. Als Kronprinz hat er sich mit dem einfachen Volk, mit Raufbolden, Säufern und moralisch lässigen Frauen gemein gemacht. Sein bester Freund war der fressende, prahlende, saufende, hurende, fette und feige Ritter John Falstaff. Ungehemmt nimmt der junge Heinrich an den groben Streichen seiner Kumpane teil und macht sich gemein mit den niedrigsten Schichten des Volks: *Ich habe es in einer Viertelstunde so weit gebracht, daß ich lebenslang mit jedem Kesselflicker in seiner eignen Sprache trinken kann.* Vor kriminellen Aktionen schreckt er nicht zurück, *ein Beutel mit Gold, der Montagnachts auf das herzhafteste erschnappt ist, wird Dienstagmorgens auf das scherzhafteste durchgebracht.*

Der königliche Vater träumt von einem edleren Sohn, für Heinrich sieht er keine Zukunft: Doch in der entscheidenden Schlacht erweist der Kronprinz sich als mutiger und starker Kämpfer, rettet dem Vater das Leben, fordert den gefährlichen Rebellen Heinrich Percy zum Zweikampf und tötet ihn. Das Bild des Wüstlings zeigt sich im Nachhinein als Verkleidung, *die die Vernunft ins Kleid des Narren hüllte, / Wie unter Kot die Gärtner Wurzeln bergen, / Die früh und zart vor allem keimen sollen.*

Wie die jungen Pflanzen Kraft aus dem Dünger der Exkremente ziehen, so nährt sich Heinrich V. Lebensklugheit aus dem sozialen Schmutz abseits der polierten Ehrbegriffe des königlichen Hofs. Er hat eine andere Welt erfahren und weiß, dass die Grenzen der Macht nicht zusammenfallen mit den Grenzen des Lebens. Es ist eine Welt, in der – unvorstellbar für die Adligen der Epoche – die Ehre nicht zählt. *Was ist Ehre?* fragt Falstaff: *Ein Wort. Was steckt in dem Wort Ehre? Was ist diese Ehre? Luft.*

Für Heinrichs Standeskollegen fällt die soziale Rolle zusammen mit der persönlichen Identität. Sie sind König oder Graf oder Ritter bis in die feinsten Schattierungen ihrer Gedanken und Gefühle. Heinrich hat dagegen ein *vor'ges Selbst* erlebt. Er wird niemals nur König sein, immer bleibt ihm ein Überschuss der Erfahrung. Diese Erfahrung erinnert an die Begrenztheit der königlichen Existenz: Auch der Monarch ist ein Gefangener. Heinrich V. kommt wie Lear durch *Tollheit* zur Einsicht. Doch hat er die unreinen und chaotischen Erfahrungen selbst gewählt. Anders als bei dem alten König vollziehen sie sich nicht in Angst und Schrecken, sondern als genüsslicher und lehrreicher Exzess.

Für Shakespeare ist der Machtwunsch nur eine von vielen Konstellationen im Kaleidoskop der Seele. Auch bei den hartnäckigsten Machtmenschen konfiguriert sich die Psyche neu, wenn sie vom Schicksal hinreichend durchgeschüttelt wird. Die Macht tritt dann als die Illusion in Erscheinung, die sie schon immer war: ein brüchiger Schutz vor den Intrigen der anderen, vor dem Wahnsinn und dem Tod. Lear, seiner Sinne nicht mehr mächtig, im Sturm über die Heide irrend; der gescheiterte Macbeth, dem das Leben nur noch ein „wandelnder Schatten" ist: Diesen Urbildern zerstörter Machtphantasien gesellen sich in Shakespeares Universum all die stürzenden Regenten hinzu, die im Untergang spüren, dass sie der conditio humana nicht weniger ausgesetzt sind als ihre Dienstboten und Knechte. Nie hat bei Shakespeares die Macht das letzte Wort. Es gibt ein Leben diesseits und jenseits der Macht: in Liebe und Freundschaft, Traum und Phantasie.

Das ist anders bei Hobbes. In seiner Philosophie ist die Macht die zentrale menschliche Antriebskraft. Keine Einsicht und kein anderes Lebensziel, sondern nur der Tod kann dem Machtwunsch ein Ende setzen: *So halte ich an erster Stelle ein fortwährendes und rastloses Verlangen nach immer neuer Macht für einen allgemeinen Trieb der gesamten Menschheit, der erst mit dem Tode endet.*

Der Machttrieb gehört unausweichlich zum Wesen der Menschen. Aber er gründet in keiner biologischen, keiner angeboren psychischen Disposition. Vielmehr bildet er sich aus der Situation der Menschen in der Welt, genauer gesagt: aus der unhintergehbaren Struktur ihrer Beziehungen. Das primäre Ziel aller Menschen, sich selbst zu erhalten und *gut zu leben*, treibt sie in eine ständige und unaufhebbare Konkurrenz. Zum bloßen Überleben, erst recht aber für ein *zufriedenes Leben* dienen Subsistenzmittel, die auch von anderen begehrt werden. Alle Menschen greifen offensiv auf knappe Güter zu, alle sind zugleich bedroht durch den Zugriff der anderen. Selbst der Friedfertigste ist zur Selbstverteidigung gezwungen. Er muss die anderen – die immer potenzielle Angreifer sind – unschädlich machen. Das aber kann nur gelingen, indem er sie unterwirft. Angesichts grundsätzlich knapper Ressourcen führt das Streben nach dem guten Leben zur Dauerkatastrophe des Kampfes aller gegen alle.

In dieser Situation gewinnt Macht entscheidende Bedeutung. Sie ist das offenkundige Mittel, sich gegen die anderen zu behaupten und den eigenen Zugriff auf die umkämpften Güter zu sichern. Sie ist, um mit Max Weber zu sprechen, *die Chance, innerhalb einer sozialen Beziehung den eigenen Willen auch gegen Widerstreben durchzusetzen*. So verstandene Macht würde es also erlauben, sich im Kampf um die Subsistenzmittel entscheidende Vorteile zu verschaffen.

Bei Hobbes aber nimmt die Begründung des Machtwunschs eine überraschende Wendung. Macht dient nicht in erster Linie dem realen Kampf um materielle Ressourcen. Im Gegenteil, sie ist in den physischen Auseinandersetzungen ein schwaches und unzureichendes Mittel. Der menschliche Körper ist viel zu verwundbar, als dass sie ihn wirksam schützen könnte. Im Naturzustand ist ein jeder in der Lage, den anderen zu töten. Unschwer lässt sich erkennen, *mit welcher Leichtigkeit der an Verstand und Kraft oder an beiden schwächer Begabte die Macht des Stärkeren vollkommen zerstören kann, da nur wenig dazu gehört, um einem Menschen das Leben zu nehmen*. Daran ändert der Besitz der Macht nichts.

Die Hauptfunktion der Macht für die Menschen liegt nicht im materiellen Bereich. Vielmehr dient sie für Hobbes im Wesentlichen der Erzeugung einer Fantasie: Sie garantiert die Vorstellung künftigen Wohlergehens. Der Mächtige ist den Schlägen des Schicksals ebenso ausgesetzt wie der letzte seiner Untertanen. Krankheit, Tod und die überlegene Kraft eines anderen können ihn überwältigen. Doch die Macht erlaubt es, sich vor zukünftigem Unglück geschützt zu fühlen. *Die Macht eines Menschen besteht, allgemein genommen, in seinen gegenwärtigen Mitteln zur Erlangung eines zukünftigen anscheinenden Guts.* Der primäre Sinn der Macht liegt nicht daran, sich gegenwärtige Genüsse zu verschaffen; er liegt vielmehr im Zugriff auf vorgestellte zukünftige Güter.

Die Macht dient der Zukunft oder, genauer: der *Vorstellung* von der Zukunft. Nichts kann das Überleben und ein zukünftiges Glück garantieren. Einen sicheren Zugriff auf die Zukunft gibt es nicht. Es gibt nur Vorstellungen von Wahrscheinlichkeiten, die aus der bisherigen Erfahrung gewonnen sind. *Die Vorstellung von der Zukunft ist lediglich ein Bild derselben, das sich formt nach der Erinnerung dessen, was vergangen ist.*

Die Macht der Individuen trägt bei Hobbes einen eigentümlichen Charakter. Ihr wesentlicher Zug ist nicht, wie in den neueren Machttheorien, die Wirkung auf andere. Wesentlich ist die Wirkung auf die Mächtigen selbst. Die Macht beruhigt sie; sie spiegelt ihnen vor, ihr Leben werde auch in Zukunft nach ihren Wünschen verlaufen. Sie schützt vor der Sorge, die in jedem Gedanken an die Zukunft schlummert. Die aktuelle Wirkung auf andere – etwa die Möglichkeit, Gehorsam oder Achtung zu erzwingen – ist nur ein Mittel, diese Vorstellung zu sichern. Die Beherrschung der anderen macht sie unschädlich. Sie bilden kein Hindernis mehr für die Vorstellung vom künftigen Genuss. Dazu soll die Macht dienen: frei zu werden von der Sorge um das künftige Wohlergehen.

Doch die Tröstungen der Macht halten nicht vor. Sie kann den Schmerz über die unkontrollierbare Zukunft lindern, der bohrende Stachel der Ungewissheit aber bleibt bestehen. Scheinbar still gelegte Ängste nisten sich im Kern der Macht ein. Nicht allein die Unüberschaubarkeit des künftigen Lebens macht jetzt Angst, sondern der Verlust der Macht selbst wird zur Bedrohung. Immer ist sie gefährdet, immer muss sie neu gesichert werden. Sie wird daher zum Dauerthema des menschlichen Lebens und zum psychologischen Grundantrieb. Unmöglich ist es, sich mit „ein bißchen Macht" zufrieden zu geben. Um sich vor den anderen zu sichern, muss man immer mehr Macht akkumulieren. Die Menschen können *die gegenwärtige Macht und die Mittel zu einem angenehmen Leben ohne den Erwerb von zusätzlicher Macht nicht sicherstellen.* Das Leben wird zum fortdauernden Wettstreit, zum *Rennen mit dem einzigen Ziel, an erster Stelle zu stehen.* Der Machtkampf kennt kein Ende. Notwendig führt er zur Eskalation.

Unverkennbar sind die Parallelen des Hobbes'schen Modells zum Prozess der kapitalistischen Akkumulation, der zu Lebzeiten des Philosophen in den Anfängen steckte und zweihundert Jahre später von Karl Marx beschrieben wurde. Macht und Kapital sind strukturell ähnlichen Wachstumszwängen unterworfen. Beide liefern abstrakte, unsinnliche Befriedigungen, die im Unterschied zu physischen Genüssen kein natürliches Ende und keine Ruhe kennen. Sie bedürfen der ständigen Steigerung, denn „die Konkurrenz schläft nicht" und droht, einmal erreichte Markt- oder Machtpositionen zu zerstören. Nur die kontinuierliche Expansion schützt vor der Gefährdung durch die anderen. *Die Bewegung des Kapitals ist (...) maßlos*, heißt es bei Marx: maßlos wie Hobbes' *fortwährendes und rastloses Verlangen nach Macht*. Und wie sich in der Warengesellschaft (fast) alles in Geld transformieren lässt, so bildet auch die Macht die Bezugsgröße für die unterschiedlichsten Qualitäten. Beredsamkeit, Wissen, Geschicklichkeit, gutes Benehmen, Freundschaften, Erfolg, Glück sowie jede Eigenschaft, die Liebe oder Furcht erweckt, können als Macht geltend gemacht werden. Der Wunsch nach Macht, als einem *allgemeinen* Mittel zur Erlangung zukünftigen Glücks, oder genauer: der Vorstellung vom zukünftigen Glück, ist wie die Geldgier ein unstillbares Verlangen. Es findet nie Erfüllung, sondern nur Momente flüchtiger Befriedigung, die weiterleiten zum nächsten Wunsch. Konsequent versteht Hobbes das Glück als unendliche Bewegung der Begierde, *ein ständiges Fortschreiten des Verlangens von einem Gegenstand zu einem anderen.*

Nur ausnahmsweise argumentiert Hobbes in ökonomischen Kategorien. Doch in einem bemerkenswerten Passus des *Leviathan* führt er Geld und Macht begrifflich zusammen. Der Wert (*value or worth*) eines Menschen lässt sich demzufolge nach wirtschaftlichen Kriterien bemessen. Jeder Mensch hat einen Preis. Der Preis entspricht seiner Macht, genauer: der Summe, die man für die Nutzung seiner Macht zahlen würde. Sie ist dem Schwanken von Angebot und Nachfrage unterworfen. Ein Feldherr beispielsweise ist in Kriegszeiten teuer, im Frieden preisgünstiger. Entsprechend steigt und sinkt sein Wert, der gleichbedeutend ist mit seiner Macht. Die Macht resultiert zwar aus Eigenschaften der Person: ihren Kenntnissen, Fähigkeiten, sozialen Beziehungen, ihrem Besitz. Aber diese Qualitäten wirken nur vermittelt über die Umstände und letzten Endes über das Urteil der anderen. Man mag sich selbst so hoch einschätzen, wie man will; über Wert und Macht entscheiden andere. *Und wie bei anderen Dingen, so bestimmt auch bei den Menschen nicht der Verkäufer den Preis, sondern der Käufer.*

Der Wert eines Menschen ist identisch mit dem Wert seiner Macht; dieser aber ist den Schwankungen der Nachfrage unterworfen. Erneut wird deutlich, wie wenig Sicherheit die Macht letzten Endes gibt. Der Wechsel der Umstände und die damit schwankenden Marktverhältnisse können scheinbar stabile Machtpositionen jederzeit erschüttern. Macht liegt wesentlich in den Bedürfnissen und im Blick der *anderen*.

Die Grundlage der Macht ist letzten Endes nicht materieller Natur. Nur scheinbar stützt sie sich auf körperliche Gewalt und physischen Besitz. Die Rüstungen der Macht, so massiv sie erscheinen mögen, sind aus dem allerleichtesten, gleichsam ätherischen Stoff gewebt. Sie bestehen aus Vorstellungen. Ändern sich diese, so stehen die Machthaber schutzlos da. Die Furcht aller Tyrannen vor dem Spott und der Lächerlichkeit hat hier ihren Grund.

Ein Paradox entfaltet sich somit im Kern der Macht. Sie stützt sich auf diejenigen, zu deren Abwehr sie dient. Sie hängt von denen ab, die von ihr abhängig sind. Sie wird geschützt von denen, vor denen sie schützen soll.

Für Hobbes ist die Macht der Einzelnen brüchig, illusionär und im tiefsten Sinne wirkungslos. Was sie verspricht, kann sie nicht halten. Sie schützt nicht vor den Gefährdungen der Zukunft, vor dem immer drohenden gewaltsamen Tod. Sie soll etwas sichern, was grundsätzlich nicht zu sichern ist. Sie ist auf die Zukunft bezogen, diese aber existiert nur als Vorstellung, als *Fiktion des Geistes.* Die Macht kann auf diese Fiktion wirken, nicht auf die Zukunft selbst. Das künftige Geschehen bleibt offen, wie groß immer die Macht der Einzelnen sein mag.

Alle individuellen Versuche, mit Hilfe der Macht die Ungewissheit über die Zukunft zu verringern oder gar auszuschalten, sind zum Scheitern verurteilt. Denn die Macht der Individuen ist immer nur *relativ:* Sie ruht auf der Zustimmung der anderen und bleibt daher fragil.

Hobbes kennt die Begrenztheit und Wirkungslosigkeit individueller Macht; zugleich aber kann er ihre Überwindung nur im Medium der Macht selbst denken. Er setzt gegenüber den sich gegenseitig blockierenden und zerstörenden individuellen Machtwünschen eine *absolute* Macht, die dem allgemeinen Kampf entzogen ist. Niemand kann den *Leviathan,* den *künstlichen Menschen* mit Aussicht auf Erfolg angreifen. Denn er vereint in sich die Kräfte aller und gewinnt damit übermächtige Gewalt. Dieser *Artificial man* ist der autoritär-absolutistische Staat. Nur eine absolute Form der Macht, die keinen Herausforderungen unterliegt, kann Frieden und Sicherheit verbürgen. Hobbes findet so einen Ausweg aus dem verhängnisvollen Zirkel von Unsicherheit und Gewalt, in den die Menschheit verstrickt scheint. Dass eine solche Lösung überhaupt möglich ist, liegt daran, dass die Menschen nicht nur von ihren Leidenschaften und nicht nur vom Machttrieb beherrscht werden. Ihnen eignet zudem auch die Vernunft. Die Vernunft lässt sie erkennen, dass nur die Übertragung der Macht auf einen absoluten Souverän dem erbärmlichen Zustand gegenseitiger Bedrohung ein Ende macht.

Der autoritäre Staat sichert den Frieden, aber er ändert nicht die Psychologie der Menschen. Er kann ihr Machtstreben einschränken und seine schlimmsten Auswüchse unschädlich machen, er schafft aber keinen „neuen Menschen". Unter der Macht des *Leviathan* wirken die elementaren Antriebe der Menschen fort. Denn diese wurzeln in einer objektiven Struktur, die sich durch die Gründung des Staats nicht verändert. Der *Leviathan* zügelt die Konkurrenz, aber er hebt sie nicht auf. Die Dynamik der Macht wird gedämpft, aber nicht gebrochen. Das Leben der Menschen bleibt ruhelos, atemlos, ein endloses Wettrennen, ein fortdauernder Kampf.

Der Philosoph des starken Staats ist zugleich der Philosoph der Vergeblichkeit. Wozu all diese Anstrengungen, die unaufhörliche Konkurrenz, der ständige Kampf? Für die Vorstellung von Sicherheit und die Stabilität der Zukunftserwartungen: für Illusionen. Das menschliche Leben vollzieht sich auf dem brüchigen Boden der Unsicherheit. Die Macht hebt die Drohungen einer ungewissen Zukunft nicht auf.

Für Hobbes, wie für Shakespeare, verdeckt und dämpft die Macht nur die Angst. Wie kein anderer Denker hat er ihre Brüchigkeit gesehen. In der Geschichte der politischen Theorien steht Hobbes da als der Philosoph des starken Staats, der monolithischen und unangreifbaren Macht. Aber eben weil er realistisch die Schwächen der menschlichen Macht sah, musste er unrealistisch die absolute Macht eines „künstlichen Menschen" postulieren. Der Übermensch Leviathan ist mit einer unangreifbaren Rüstung gewappnet, seine Macht ins Unendliche überhöht, weil jede menschliche Macht für Hobbes die Zeichen der Schwäche und Vergeblichkeit trägt.

Anmerkungen

Sofern nicht anders angegeben, zitiere ich Shakespeare nach der Übertragung von Schlegel und Tieck, die Werke von Hobbes nach folgenden Ausgaben: *Leviathan* in der Übersetzung von Walter Euchner (Leipzig 1978, Reclam), *The Elements of Law, Natural and Politic, Part I* in der Übersetzung von Ferdinand Tönnies (dt. Titel „Naturrecht und allgemeines Staatsrecht in den Anfangsgründen", Darmstadt 1990, Wiss. Buchgesellschaft).

Konkurrenz , Mißtrauen, Krieg eines jeden gegen jeden: Hobbes, Leviathan 13.Kap., S. 106
von aller Richtung König Johann, II / 2.
Ich lieb' dich nicht Heinrich IV., 1.Teil, II / 3
tollköpf'ger Affe ebda.
zu voll Zuversicht Heinrich IV., 2.Teil, IV / 1
die ew'ge Sorg und Arbeit Heinrich IV, 2.Teil, IV / 4
goldne Sorge ebda.
rauch'gen Hütten Heinrich IV, 2.Teil, III / 1
der Schiffsjunge ebda.
der, des Stirn mit grobem Tuch umwunden Heinrich IV, 2.Teil, IV / 4
So legt Ihr Niedern Heinrich IV, 2.Teil, III / 1
Leid bricht die Ruhe Richard III., I / 4 (Übers. Frank Günther) *ungefühlte Einbildungen*
    August Wilhelm von Schlegel)
Jede dieser großen Geschichtstragödien Jan Kott, Shakespeare heute (1965), München 1980
    (Piper), S.18,21
Die Größe, die du suchst Heinrich IV., 2.Teil, IV / 4
Im hohlen Zirkel Richard II., III / 3
Hippolyta! Sommernachtstraum I / 1
Verliebte und Verrückte Sommernachtstraum V / 1
Hin sind meine Zauberei'n Der Sturm, Epilog
die Praxis und die Kunst des Lebens Heinrich V., I / 1
Ich muß mit meinem Herzen Heinrich V., IV /1
lose Wesen / wie ein hell Metall Heinrich IV, 1.Teil, I / 2
Ich habe es so weit gebracht Heinrich IV., 1.Teil, II / 4
ein Beutel mit Gold Heinrich IV., 1.Teil, I / 2
die die Vernunft Heinrich V., II / 4
Was ist Ehre? Heinrich IV., 1.Teil, V / 1
vor'ges Selbst Heinrich IV., 2.Teil, V / 5
Tollheit Heinrich V., II / 4

So halte ich an erster Stelle Leviathan 11.Kap., S. 84
gut zu leben Leviathan 11.Kap., meine Übersetzung (Orig. „to live well")
ein zufriedenes Leben Leviathan 11.Kap., S. 84
Macht bedeutet jede Chance Max Weber, Wirtschaft und Gesellschaft (1921), 5.Aufl. Tübingen
    1972 (J.C.B.Mohr), S. 28
mit welcher Leichtigkeit Naturrecht und allgemeines Staatsrecht 14/1, S.97
Die Macht eines Menschen Leviathan 10.Kap., S. 74
Die Vorstellung von der Zukunft Naturrecht und allgemeines Staatsrecht 8/3, S.64

Die Illusion der Macht: Shakespeare und Hobbes 323

die gegenwärtige Macht und die Mittel Leviathan 11.Kap., S. 84
Rennen mit dem einzigen Ziel Elements of Law 9/21, meine Übersetzung (Orig.as „a race we must suppose to have no other goal, nor other garland, but being foremost.")
Die Bewegung des Kapitals Karl Marx, Das Kapital Bd. I, 2.Abschn., 4.Kap., § 1 (124). Vgl. zu den Parallelen Hobbes-Marx: Ulrich Weiß, Das philosophische System von Thomas Hobbes, Stuttgart-Bad Cannstatt 1980 (Frommann-Holzboog), S.111ff und Wolfgang Kersting, Die prometheische Erfindung. Thomas Hobbes über Furcht und Macht. In: Internat. Zeitschr. für Philosophie, 15 / 2006), S.44-70, hier S.56
fortwährendes und rastloses Verlangen Leviathan 11.Kap., S.84
ein ständiges Fortschreiten ebda.
Und wie bei anderen Dingen Leviathan 10.Kap., S. 76
Fiktion des Geistes Leviathan 3.Kap., S.24
künstliche Mensch Leviathan Einleitung, S. 7

Thomas Flint

Vom Beruf des Richters[1]

I. Richterlicher Arbeitsalltag

Der Richter steht unter Entscheidungszwang – wird er angerufen, muss er entscheiden. Doch vor dem Richter waren Normgeber am Werk. Der Richter ist bei seiner Entscheidung an Gesetz und Recht gebunden, er ist dem Gesetz unterworfen. Er findet von Normgebern gesetzte Rechtstexte vor und wendet das gesetzte Recht im Einzelfall an.

Zunächst ist auch er ein Rechtsuchender. Das im Einzelfall anzuwendende Recht liegt nur selten auf der Hand. Denn allein die schiere Masse der von einer Vielzahl von Normgebern gesetzten und hoch ausdifferenzierten Rechtstexte ist enorm. Diese Normenvielfalt ist zudem in ihrem Bestand zeitlich instabil; Rechtstextänderungen sind häufig, inhaltliche Richtungswechsel nicht selten. Da die durch den Richter zu entscheidenden Fälle oft an vergangene Sachverhalte anknüpfen, muss der Richter schließlich nicht nur den gegenwärtigen, sondern auch bereits vergangene Rechtsetzungszustände ermitteln. Seine Aufgabe ist es zunächst, die für den Fall einschlägigen Rechtstexte zu finden, zu erkennen, um sie anwenden zu können. Diese Suche nach dem Rechtstext ist oftmals eine eher technische Fertigkeit, die sich ohne Hilfe der Informationstechnologie nicht mehr leisten lässt.

Ist der einschlägige Rechtstext erkannt, geht seiner Anwendung eine erste konkretisierende Verstehensleistung voraus. Was meint der Text? Was regelt er? Erst mit Blick auf die so ermittelten einschlägigen und anwendungsorientiert konkretisierten Rechtstexte lässt sich nach den für die Entscheidung des Einzelfalles relevanten Tatsachen fragen. Denn was an Tatsachen relevant ist, bestimmt sich danach, was an Tatsachen benötigt wird, um den Rechtstext auf einen Lebenssachverhalt anwenden zu können.

Wie der Richter zur Kenntnis des Vorliegens oder Nichtvorliegens der relevanten Tatsachen gelangt, ergibt sich in der Regel nicht aus der Norm. Hier ist er in seiner Kreativität und Phantasie gefordert. Wo nachschauen, wen fragen, wie ermitteln? Hier fehlen die Datenbanken, die den Richter noch den Rechtstext finden ließen. Gleichwohl ist auch die Ermittlung von Tatsachen – ebenso wie die Rezeption öffentlich verfügbaren Wissens – ohne Hilfe der Informationstechnologie nicht mehr leistbar.

Hat der Richter den einschlägigen Rechtstext erkannt und verstanden und die relevanten Tatsachen ermittelt, so hat er sein Ausgangsmaterial beisammen für die Rechtsanwendung als eigene intellektuelle Leistung. Durch diese ist der Rechtstext im Einzelnen auszulegen und zu konkretisieren sowie der Fall zu lösen und zu entscheiden. Aber was ist der Fall? Er ergibt sich in aller Regel nicht nur bereits aus dem, was die Beteiligten vorbringen und zur Entscheidung gestellt sehen wollen. Auch der Fall, über den der Richter entscheidet, ist durch ihn zunächst herzustellen. Dies ist eine wesentliche Leistung in der Gerichtspraxis. Die eigentliche Rechtsanwendung schließt hieran an, auch wenn beide Prozesse – Herstellung des Falles durch Transformation der Sache in Sprache und Entscheidung dieses Falles durch Urteilen – nicht gänzlich voneinander geschieden sind.

Im richterlichen Arbeitsalltag können sich diese Prozesse vielmehr vermischen und werden dies bei einiger Routine in aller Regel auch. Denn zum einen wird sich oftmals schon die Einschätzung, welcher Rechtstext einschlägig sein kann und welche Tatsachen deshalb relevant sein können, nach was und wo der Richter also sucht, nicht ohne das Vorverständnis treffen lassen, worum es in dem zu entscheidenden Fall der Sache nach geht. Zum anderen steht dem Richter, um seine Erkenntnisziele – der einschlägige Rechtstext und die relevanten Tatsachen – auf einfacherem Weg zu erreichen, ein Werkzeug zur Verfügung, das Segen und Fluch zugleich ist: die internetbasierte juris-Datenbank mit ihrem Meer von Entscheidungen, einer ungeheuren Vielzahl von Stimmen ohne qualitative Gewichtung, die dem Richter mehr oder weniger passende und elektronisch weiterverarbeitungsfähige Texte zur Verfügung stellt. Dieses Werkzeug beeinflusst die richterliche Arbeitsweise. Die Datenbank ist ein Segen, weil sie es dem Richter ermöglicht, an Erkenntnissen anderer Richter teilzuhaben. Sie ist ein Fluch, wenn sie nur als Abkürzung für den eigenen Weg genutzt wird. Das Suchen in der juris-Datenbank, das zum Finden einer Entscheidung führen soll, die den einschlägigen Rechtstext in der vom Richter anzuwendenden Fassung und auch schon eine übernahmefähige Rechtsanwendung enthält, ist eine zwar verständliche, aber eine die richterliche Kompetenz letztlich zerstörende Arbeitsweise.

Warum verständlich? Die in der Praxis maßgebliche, weil messbare Größe nicht nur für die Neueinstellung sondern auch für die Beurteilung von Richtern ist das Verhältnis von Eingangs- und Erledigungszahlen. Gerichte und Richter werden in einer Verwaltungslogik allererst an Zahlen gemessen. Die Justizverwaltungen nehmen die gewichteten Eingänge zum Kriterium für die Schaffung und Besetzung von Stellen bei den Gerichten. Und mit der Veröffentlichung richterbezogener Eingangs- und Erledigungszahlen in den Gerichten steht den Gerichtsleitungen ein Instrument zur Verfügung, das insbesondere auf jüngere oder noch beförderungswillige Richter nicht ohne steuernde Wirkungen bleibt. Zu diesen Zahlen tritt die vergleichende Betrachtung von Verfahrenslaufzeiten hinzu. Da sich nichts anderes von dem, was Richter leisten, in gleicher Weise im Rahmen einer Statistik messen und vergleichen lässt, wie Eingangs- und Erledigungszahlen sowie Verfahrensdauern, ist es wenig überraschend, dass auf dem vorbeschriebenen und oftmals beschwerlichen Weg, den Fall unter intellektuellen Anstrengungen zu entscheiden, Abkürzungen genommen werden; erst recht, wenn sie so einfach zu beschreiben sind, wie durch die Nutzung der juris-Datenbank.

Zum Problem wird dies, wenn die Suche nach einem dem zu entscheidenden vergleichbaren und schon entschiedenen Fall den Blick auf die Besonderheiten des eigenen Falles verstellt, wenn durch die Suche nach Vorlagen das Interesse an der oder die Befähigung zur eigenen richterlichen Arbeit verkümmert. Das zu verhindern, gibt es letztlich nichts anderes als das eigene Berufsethos, am besten in einem wachen, intellektuell anregenden und anspornenden Umfeld von Kollegen. In diesem muss es zum Kern richterlicher Ethik gehören, Spaß daran zu haben, selbst nachzudenken und Fälle zu entscheiden.

Mancherlei Abhaltungen von dieser dem Richter übertragenen Aufgabe, Fälle zu entscheiden, treten im Arbeitsalltag hinzu. In hohem Maße sind Richter mit Verwaltungsangelegenheiten befasst. Es werden Aufgaben der Selbstverwaltung und der Gerichtsleitung erledigt. Hinzu kommen Aufgaben in der Ausbildung von Referendaren und im juristischen Prüfungsgeschäft. Das Bild des Richters, der sich um seine Fälle kümmert und diesen seine ungeteilte Arbeitskraft zuwendet, stimmt mit der Wirklichkeit nicht überein. Gern auch werden Richter eingesetzt – und lassen sich gern einsetzen – als Fortbildende und Lehrende, als Autoren und Vortragende, als Vorsitzende von Einigungs- und Schiedsstellen und dergleichen mehr.

Das alles bleibt nicht ohne Einfluss auf das, was das Kostbarste ist, das Richter den Beteiligten neben intellektueller Redlichkeit zuwenden können: Zeit. Zeit kann nur einmal aufgewendet werden; ist sie aufgewendet worden – sei es für Aufgaben außerhalb des Gerichts, sei es für Verwaltungsangelegenheiten oder sei es auch für einen Fall –, ist sie vorbei. Sie kann nicht mehr für einen anderen Fall aufgewendet werden. Doch hat der Richter immer eine Vielzahl von ihnen gleichzeitig in seinem Bestand. Ohne eine Gewichtung, ohne eine Reihung, auch ohne ein zeitweiliges Liegenlassen von Fällen kann es also selbst bei vollem Einsatz nur im und für das Gericht nicht gehen.

In der Zeit, in der der Richter als solcher tätig ist, ist sein rechtlicher Entscheidungsspielraum als Rechtsanwender angesichts der kleinteiligen Steuerung von Lebenssachverhalten durch die Vielzahl von anzuwendenden Rechtstexten gering. „Richterkönig oder Subsumtionsautomat?" Die Verrechtlichung aller Lebensbereiche hat das Pendel mehr in Richtung „Subsumtionsautomat" ausschlagen lassen, der als Mund des Gesetzes dessen Willen im Einzelfall ausspricht. Der Richter ist in dieser Perspektive – insoweit nicht anders als die Verwaltung – „Knecht des Rechts".

Der Richter wendet das Recht jedoch – insoweit anders als die Verwaltung – mit einem spezifischen zeitlichen Horizont und Geltungsanspruch an. Die Verwaltung trifft als Beteiligte des Verwaltungsrechtsverhältnisses mit dem Bürger eine Regelung. Der Richter prüft diese nach und entscheidet mit Rechtskraftwirkung den Streit der Beteiligten. Aus dieser besonderen Situation und Funktion folgen, wird er überhaupt nur angerufen, seine besonderen Möglichkeiten und auch seine Spielräume. Als ein Dritter bekommt er den Streit der Beteiligten auf den Tisch, identifiziert die anzuwendenden Rechtstexte, ermittelt die relevanten Tatsachen, wendet das Recht an und spricht selbst Recht. Als am Streit nicht Beteiligter kann er beide Seiten zu Wort kommen lassen, beiden zuhören und mit beiden reden. Er kann seine Annahme der Tatsachen und seine Rechtsauffassung mit den Beteiligten erörtern. Er kann so etwas wie die Zeit anhalten, alles auf Null stellen und noch einmal ansetzen. Das ist viel; in dieser Perspektive ist der Richter „König".

Es zu sein, erfordert eine beständige Willensanstrengung. Denn auch die richterliche Tätigkeit findet nicht außerhalb der Zeit statt und beginnt nicht bei Null. Sie steht unter der Anforderung der Gewährung zügigen Rechtsschutzes, auch wenn der Richter es ist, der die Sache zugleich entschleunigen soll. Dieses Spannungsverhältnis ist nicht auflösbar. Und bevor der Richter an der Reihe ist, ist schon viel passiert. Normgeber waren am Werk, ein Verwaltungsverfahren hat stattgefunden, die Beteiligten liegen im Streit. In dieser Situation ist das, was dem Richter möglich und abzuverlangen ist, das Angebot an die Beteiligten: Ich schaue mir Euren Streit an, ohne mir dafür viel Zeit nehmen zu können; ich sage, was der Fall ist, und sage, wie er zu lösen und zu entscheiden ist, ohne das dabei anzuwendende Recht gesetzt zu haben oder es zu verantworten, noch auch nur gut finden zu müssen; ich zeige Euch Wege einer unstreitigen Beendigung des Rechtsstreits auf, ohne zu deren Beschreiten verpflichten zu können. Es geht also um eine Art von Auszeit für eine unparteiliche Neubewertung im Streit der Beteiligten auf der Grundlage des geltenden Rechts unter weitgehender Ausblendung von Vorbewertungen durch die Beteiligten. Es geht vor dem Hintergrund einer möglichen verbindlichen Entscheidung um ein vom Richter moderiertes Gespräch.

Teil der richterlichen Alltagserfahrung ist nicht nur das, was der Richter macht und warum er es macht, sondern auch das, was er nicht machen kann und warum er es nicht machen kann. Er kann sich nicht aussuchen, welche Fälle ihm zugeteilt werden und durch ihn zu entscheiden sind. Er kann seine Fälle nicht beliebig lange in der Hoffnung liegen lassen, es wird ihm noch eine Lösung einfallen oder er kann die Beteiligten dazu bringen, von einer Entscheidung abzusehen. Der Richter kann auch nicht, um seine Fälle zu erledigen, sie nur irgendwie entscheiden, ohne dass es hierauf Reaktionen gibt. Inhaltliche Kontrollen durch höhere Gerichte im Instanzenzug, die Dienstaufsicht, der Wille zur Aufrechterhaltung von Beförderungschancen und die soziale Kontrolle durch die Beobachtung unter den Kollegen wirken dort und sollen dies auch, wo das eigene Berufsethos als Antrieb nicht mehr ausreicht.

Schließlich kann der Richter einen Fall nicht deshalb liegen lassen oder den Beteiligten zurückgeben, weil sich eine Lösung des Falles nicht unmittelbar aus dem Gesetz ergibt oder ableiten lässt. Der Richter muss alle Fälle entscheiden. Entscheidet er auch in diesen Fällen in der Sache, macht er nicht etwa Politik und wird zum Gesetzgeber. Unter dem Verfassungsgebot der Rechtsschutzgewährung durch Richter und ihres Entscheidungszwangs bleibt er vielmehr in seiner Rolle, entscheidet den Fall und bildet dabei das Recht fort. Die Funktionsgrenzen der Rechtsprechung enden nicht dort, wo das Gesetz schweigt. Die Gesetzesbindung des Richters hindert nicht eine richterliche Rechtsfortbildung, vielmehr erfordert das Grundrecht des Einzelnen auf Rechtsschutz durch den Richter dessen Entscheidung des Einzelfalles in der Sache auf der Grundlage von Richterrecht auch dort, wo das Unterbleiben einer Sachentscheidung unter Hinweis auf das Schweigen des Gesetzes verfassungsrechtlich nicht zu rechtfertigen wäre.

Bezogen auf soziale Rechte und die Sozialgerichtsbarkeit bedeutet all dies beispielhaft: Die sozialen Rechte formulieren rechtsetzende Normgeber und gewährt die rechtsanwendende Verwaltung, für ihre Durchsetzung im Streit des Einzelnen gegen die Verwaltung steht die Sozialgerichtsbarkeit zur Verfügung. Sie ist aber weder Normgeber noch Sozialverwaltung, sie ist auch nicht Sozialarbeiter oder sonstiger Beistand des Einzelnen. Wer zu Gericht geht, bekommt einen Richter, nicht seinen Anwalt. Der Richter ist ein unabhängiger Kontrolleur und Entscheider, nicht Interessenvertreter und Vertrauensperson des Einzelnen in seinem Streit gegen die Verwaltung und auch nicht verlängerter Arm der Verwaltung. Alles andere ist eine übersteigerte Erwartung und Ausdruck einer Fehlvorstellung von der Rolle des Richters. Seine Aufgabe ist Rechtsschutz durch Rechtsanwendung ohne Ansehung der Person. Das erfordert weder Barmherzigkeit noch Engherzigkeit sondern einen scharfen Verstand.

II. Mein Richterbild

Der Richter muss den Beteiligten nicht beistehen wollen, sondern Spaß daran haben, Fälle durch Rechtsanwendung zu entscheiden. Und dennoch: Der Richter muss die Menschen mögen und es darf ihm nichts Menschliches fremd sein. Anders kann das Richteramt, in dem Menschen über andere Menschen entscheiden, nicht gelingen. Ohne Empathie und Demut, ohne praktische Vernunft und Lebenskenntnis geht es nicht. Es geht daher auch beim Richter um den Menschen.

Richter bewerten Richter, auch als Menschen. Denn für die Auswahl und Beurteilung von Richtern durch Richter braucht es Anforderungsprofile und Auswahl- sowie Beurteilungskriterien. Deren Formulierung erfordert ein eigenes Bild des Richters davon, was es für einen guten Richter braucht. Dass es hierfür Kriterien gibt, die über Erledigungszahlen und Verfahrensdauern hinausgehen, liegt auf der Hand. Denn Richter wissen von einander, wer ein guter Richter ist und wer nicht, ohne dafür allererst Statistiken auswerten zu müssen. Gründe lassen sich also nennen für eine Bewertung der Qualität richterlicher Arbeit, die nicht allein an messbaren Zahlen anknüpft.

Wie ist mein Bild vom guten Richter?

Der Richter ist ein Diener. Das Recht gilt auch für ihn. Er soll als nüchterner Positivist das geltende Recht anwenden und durchsetzen, nicht aber sein eigenes Recht sprechen, seine Vorstellungen vom Recht verfolgen und für andere zum Maßstab machen. Gewiss ist keine Rechtsanwendung durch den Recht sprechenden Richter möglich, ohne dass in die Auslegung und Konkretisierung der anzuwendenden Rechtstexte und bei der Entscheidung des Falles auch seine eigenen Vorstellungen einfließen. Ein guter Richter aber ist sich dessen nicht nur bewusst, er ist zudem bemüht, sich und anderen einzugestehen, an welchem Punkt der Rechtsanwendung seine Vorverständnisse zum Austrag kommen, und er legt diese offen und formuliert sie aus.

Der Richter ist bereit und erhält sich die Fähigkeit, selbst zu denken. Den Entscheidungszwang, unter dem er steht, und auch, dass er sich die Fälle, die er entscheiden muss, nicht aussuchen kann, darf er zwar als Last empfinden. Für den guten Richter aber ist dies Anlass und Rechtfertigung, sich zu seiner Lösung des Falles durchzuringen und diesen zu entscheiden. Eben weil der Fall nicht vom Richter als für ihn passend ausgewählt worden ist und er von der Lösung und Entscheidung des Falles nicht Abstand nehmen kann, ist klar, dass seine Lösung und Entscheidung weder die allein richtige Anwendung des Rechts sein kann noch sein muss. Aus dem Zwang zur Entscheidung jedes Falles folgt also auch eine Entlastung. Jeweils um das subjektiv Bestmögliche zu ringen und Fälle aufgrund eigener Urteilskraft zu entscheiden, ist Teil des richterlichen Berufsethos.

Der Richter beantwortet die Rechtsfragen, die der Fall aufwirft – alle diese, aber auch nur diese. Rechtsfragen, die der Fall nicht aufwirft, sind nicht zu beantworten. Antworten auf sich nicht stellende Fragen nur bei Gelegenheit – obiter dicta – sind kein Ausweis richterlicher Klugheit und schaden in aller Regel mehr als sie nutzen. Der Richter begibt sich auch nicht auf weitere Fehlersuche, wenn der Fall schon entscheidungsreif ist. Er sucht aber auch nicht den einfachen und schnellen Ausstieg aus dem Fall, um Antworten nicht geben zu müssen. Diesen Spagat auszuhalten, sich immer wieder neu auf den Weg zu machen, die Akten anzufassen und den Dingen auf den Grund zu gehen, macht – bei allem Auf und Ab, das auch zu einem langen Leben als Berufsrichter gehört – den guten Richter aus.

Der Richter weiß, dass Juristen streiten und es auf viele Fragen, die Rechtstexte offen lassen, nicht nur eine Antwort gibt. Dieser Streit ist ihm weder Anlass zum Absehen von eigener intellektueller Anstrengung, weil sich im Streit der Meinungen doch ohnehin nahezu alles vertreten lässt, noch Anlass zur Hybris, besonders originell sein zu müssen oder gar die eine richtige Antwort gefunden zu haben. Der Streit ist ihm Ansporn zu einem eigenen ernsthaften Beitrag – im Bewusstsein von den Grenzen der eigenen Wirkung, dem Risiko des Irrtums und der Berechtigung von Kritik.

Der Richter ist zwar bereit dazu und hat Spaß daran, Fälle zu entscheiden, doch er gibt den Beteiligten auch die Gelegenheit, ihren Rechtsstreit ohne streitige Entscheidung zu beenden und ihren Rechtsfrieden zu schließen. Er leistet ihnen hierzu Hilfe und macht Vorschläge. In der Verhandlung mit den Beteiligten macht der Richter deutlich, wie er die Sach- und Rechtslage sieht, denn er ist vorbereitet und hat sich sein Bild gemacht. Er bietet den Beteiligten die Möglichkeit, auf diesem Stand mit ihm ein Rechtsgespräch zu führen. Und er ist bereit, sich in dem Bild, das er sich bereits gemacht hat, noch irritieren zu lassen.

Die Begründung der richterlichen Entscheidung spiegelt seine Erwägungen wider, warum er sich – in Kenntnis dessen, dass zumeist auch eine andere Begründung oder gar eine andere Entscheidung nicht ausgeschlossen ist – so und nicht anders entschieden hat. Das muss weder lang noch mit Nachweisen aus Rechtsprechung und rechtswissenschaftlicher Literatur überreich angefüllt sein. Die gute Begründung macht deutlich, dass sich die getroffene Entscheidung juristisch begründen lässt, dass sie dem Blick der Berufskollegen standhalten kann. Sie muss nicht so tun, als habe erst die Rationalität der Begründung zur Entscheidung geführt. Die richterliche Entscheidung speist sich aus mehr und anderem als nur ihrer Begründbarkeit. Hier fließen Eigenwillen und Judiz, Routinen, Vorverständnisse und Wertungen ein, auch Präjudizien und integrierbare Auffassungen der Rechtswissenschaft. Die eigentliche Entscheidung geht in aller Regel ihrer Begründung voraus.

Um im Streit der Juristen die eigene Stimme zu erheben, mit den Beteiligten zu reden und ein sowohl den Beteiligten verständliches als auch die Kollegen überzeugendes Urteil zu schreiben, braucht der Richter rhetorische Fähigkeiten. Recht ist Sprache. Das, was der Richter verarbeitet, sind Texte, und das, was er produziert, sind Texte, und der Verarbeitungs- und Produktionsprozess findet in Sprache statt. Der Richter spricht eine Fachsprache, er bringt sich in seiner Sprache aber auch als Person zum Ausdruck. Eigenheiten dürfen deshalb zu ihr gehören. Doch Einfachheit und Klarheit statt Überfeinerung ist seine Maxime. Der gute Richter legt seine Argumente auf den Tisch und macht sie zum Thema der Diskussion mit Beteiligten und Kollegen. Sachliche Kühle und formale Strenge, die den Menschen in der Robe gleichwohl noch erkennen lassen, statt persönlich gefärbter Drastik und übersteigertem Drang zur Originalität prägen seine Meinungsäußerungen, sein Rechtsgespräch mit den Beteiligten und die Begründung seiner Entscheidungen.

Der Richter ist nicht unpolitisch, in seinem Amt aber kein Rechtspolitiker. Er ist auch kein Moralist. Will er rechtspolitisch agieren oder moralisch werden, muss er deutlich machen, in welcher Rolle er dann auftritt. Gewiss kann er das von Normgebern gesetzte Recht, das er anzuwenden hat, kritisieren; er hat es als Richter dennoch anzuwenden. Die Bindung des Richters an Gesetz und Recht mag zwar eine richterliche Interpretationsleistung von Gesetz und Recht erfordern, doch sie ist eine verfassungsrechtliche Vorgabe und geht rechtspolitischen oder moralischen Überzeugungen immer vor. Das Gesetz, das der Richter für politisch oder moralisch unerträglich hält, das er aber nicht dem Bundesverfassungsgericht zur Kontrolle vorlegt, weil er von der Verfassungswidrigkeit selbst nicht überzeugt ist oder sie juristisch nicht überzeugend begründen kann, ist anzuwenden. Ein Wegducken gibt es dann nicht und muss der Richter Farbe bekennen; seine Einhaltung der Bindung an Gesetz und Recht ist dann selbst von rechtspolitischer und moralischer Dimension.

Fälle dieser Dimension bleiben Einzelfälle. Im Alltag ist die parallele Steuerung der Vielzahl von Fällen eines Richters – alte und neue, eilige und weniger eilige, gewichtige und unsinnige, schwierige und einfache, thematisch zusammengehörige und vereinzelte – eine beständige Herausforderung. Was vorziehen, was liegenlassen, was gleichzeitig verarbeiten, was ermitteln, worüber nachdenken? Die Zeit, die einem Richter zur Verfügung steht – immer weniger, als es braucht, um für alles genug

Zeit zu haben –, sinnvoll und effektiv einzusetzen, die Verfahren zu betreiben, in eine Reihung zu bringen, zu erledigen, braucht es Konzentration und Überblick, Ordnungssinn und Struktur, Ausdauer und Geduld.

Ein Richterleben währt lang. Das berufsrichterliche Arbeitsleben kann bis zu 40 Jahren dauern. Soll es so geführt werden, dass es auch am Ende noch gut gelingen kann, muss der Richter zum einen früh lernen, mit seinen Kräften hauszuhalten. Der gute Richter erarbeitet sich zum anderen Strategien, die ihn vor einem Absinken in Routinen bewahren. Die Bereitschaft, sich neuen Themen, wechselnden Aufgaben, anderen Gerichten oder auch nur vorübergehend ausgeübten Tätigkeiten außerhalb der Rechtsprechung zu widmen, ist ein Weg, in einem langen Richterleben für Auszeiten und Distanzerfahrungen und so für die notwendige Abwechslung zu sorgen.

Nicht nur das Richterleben, auch das Leben währt lang und geht immer weiter. Ohne Wissenszuwachs auch nach Abschluss der juristischen Ausbildung ist ihm nicht gerecht zu werden. Richter dürfen zwar etwas altmodisch sein, aber sie müssen die Welt der Menschen ihrer Zeit und nicht nur die des Rechts kennen. Was die Gesellschaft, in der sie ihr Richteramt ausüben, politisch und kulturell bewegt, welchen Stand Wissenschaft und Technik haben, welche Rollen – auch und gerade für die Justiz – Medien spielen, wie andere Länder und Rechtssysteme mit ihren Problemen umgehen, diesen Themen öffnet sich der gute Richter und strebt nach Bildung.

Der Richter ist Mensch, keine Maschine. Auch wenn heute gewiss Teile dessen, was zu seinen Aufgaben gehört, durch Computer geleistet werden könnte, geht es mit dem Richteramt um spezifisch Menschliches, Subjektives, das sich nicht alles durch Technik in einem Objekt zusammenfassen und automatisieren lässt: Alltagsnähe, Bürgersinn, Freundlichkeit, Freude, Gelassenheit, Gespür, Mut, Nachsicht, Neugier, Stil, Strenge, Takt, Trauer, Vertrauen, Zweifel.

III. Schluss

Der von mir beschriebene Richteralltag ließ den Richter in seiner Funktion als Rechtsanwender in einer durch Verrechtlichung geprägten Rechtsordnung mehr als „Subsumtionsautomat", in seiner Rolle als Dritter, der im Streit der Beteiligten angerufen wird und Recht spricht, mehr als „Richterkönig" erscheinen. Ausgehend hiervon ist das Bild vom guten Richter, das ich gezeichnet habe, ein Idealbild. Die Wirklichkeit ist anders. Hier wie auch sonst stimmen Ideal und Wirklichkeit nicht überein und können es auch nicht. Doch ohne eine Orientierung der Wirklichkeit an einem Ideal, ohne ein strebendes Bemühen, kommt – nicht anders als andere Berufe – auch der Beruf des Richters nicht aus und kommt der Richter als Mensch nicht zu einem gelingenden Leben.

Wozu die Mühe, warum gut sein? Weil es anders doch keinen Sinn gibt. Nicht als Richter und nicht als Mensch.

Anmerkung

[1] Vortrag, gehalten an der Universität Kassel am 4.2.2015. Zugrunde liegt mein ausgreifenderer und mit Nachweisen versehener Beitrag in „Die Verfassung als Aufgabe von Wissenschaft, Praxis und Öffentlichkeit. Freundesgabe für Bernhard Schlink zum 70. Geburtstag", herausgegeben von Jakob Nolte/Ralf Poscher/Henner Wolter, C. F. Müller, 2014.

Heinz Theisen

Eindämmung des Islamismus als Minimalkonsens

Der Islamismus gehört nicht zu Deutschland

Der Satz der Bundeskanzlerin „Der Islam gehört zu Deutschland" ist nur in einem empirischen, aber nicht in einem normativen Sinne richtig. Letzteres zu ändern ist eine Aufgabe, die in der Integrationsarbeit beiden Seiten gestellt ist. Ihr Erfolg dürfte sich nicht zuletzt darüber entscheiden, ob es gelingt, den Islamismus auf kleine Randgruppen einzugrenzen.[1] Diese Ausgrenzung des Islamismus könnte der Minimalkonsens zwischen muslimischen Zuwanderern und säkularem Staat sein. Auch Angela Merkel ergänzte ihren Satz dahingehend, dass „der Islamismus nicht zu Deutschland gehört." Das Grundgesetz schütze nur die Glaubensbekenntnisse, die sich innerhalb der freiheitlich-demokratischen Grundordnung bewegen. Islamismus und Extremismus gehörten nicht dazu und müssten entschlossener bekämpft werden.[2]

In der Unterscheidung zwischen einem integrierbaren religiösen Islam und einem zu bekämpfenden politischen Islamismus schält sich ein politischer Minimalkonsens sowohl der Demokraten als auch zwischen den Kulturen heraus. Die Übergänge zwischen ihnen sind jedoch oft fließend. Nach der einschlägigen Studie des Bundesinnenministeriums über „Muslime in Deutschland" gaben 46,7 Prozent der Befragten an, dass ihnen die Gebote der Religion wichtiger seien als die Demokratie und immerhin ein Viertel der muslimischen Jugendlichen bejahte schon 2007 die eigene Bereitschaft zur körperlichen Gewalt gegen Ungläubige im Dienst der islamischen Gemeinschaft.[3]

Es gibt immer gemäßigtere und radikalere Varianten von Ideologien. Wenn aber die Ideologisierung einer Religion nichts mit der Religion zu tun haben darf, bleibt das Geschehen unerklärlich. Wie schon das „Ismus" anzeigt, geht es im Begriff Islamismus um eine ideologisierte Form des Islams. Sie erhebt politische Ansprüche, die mit der säkularen Gesellschaftsordnung inkompatibel sind. Im Dschihadismus geht der Extremismus in die Gewaltsamkeit über. Gewalt wird eigentlich immer nur von Minderheiten ausgeübt. Islamisten unterscheiden sich nicht durch die Religion, sondern durch die Radikalität, mit der sie ihre Religion leben, von friedlichen Muslimen. Die Ebenen Islam, Islamismus und Dschihadismus sind nicht dasselbe, aber die eine könnte es nicht ohne die andere geben, so wie es Nationalismus nicht ohne Nation, Kapitalismus nicht ohne Kapital oder den „real existierenden Sozialismus" nicht ohne die Ideologie des Sozialismus geben konnte.

Als Islamisierung lassen sich die Prozesse definieren, die von den gemäßigten zu radikaleren und extremeren Formen verlaufen. Die gemäßigten Formen des Islams stehen in der gesamten islamischen Hemisphäre im Kampf mit denjenigen, die in seiner Radikalisierung, Politisierung und Ausweitung zu einer alle Lebensbereiche umfassenden Bewegung den großen Fortschritt zum Ursprung erkennen.[4] Nach dem Scheitern ihrer Interventionspolitik im Nahen Osten muss die westliche Außenpolitik dort darauf ausgerichtet sein, die jeweils gemäßigten gegen die radikalen und gegebenenfalls die radikalen gegen die extremistischen Kräfte zu unterstützen. Mit den letztlich innerreligiösen Abstufungen ist ein grundlegender außenpolitischer Paradigmenwandel verbunden. Es geht nicht mehr um die Ausbreitung der Demokratie gegen Diktaturen, sondern um die Bewahrung einer allgemeinen Stabilität und Zivilität gegen totalitäre Extreme.

Auch in europäischen Demokratien verändert die drohende Islamisierung den Focus von der Integration der pauschal als gemäßigt wahrgenommenen Muslime hin zur Prävention ihrer Radikalisierung und gegebenenfalls strafrechtlichen Eindämmung. Von der Sozialen Arbeit und politischen Bildungsarbeit bis hin zur Gesetzgebung, Polizei und Justiz gilt es neben der fortbestehenden Gefahr des politischen Extremismus den religiösen Extremismus wenn nicht zurückzudrängen, dann zumindest einzudämmen. Dass sich religiöser und politischer Extremismus gegenseitig aufzuschaukeln drohen, macht diese Arbeit umso notwendiger.

Da die 2000 Imame in Deutschland und nahezu alle islamischen Organisationen wie DITIP, Milli Görüs und die Kulturvereine zum größten Teil aus dem Ausland gesteuert werden, können sie sich der Theologie ihrer Herkunftsländer nicht entziehen. Nach den vier prägenden Rechtsschulen, ob sunnitisch oder schiitisch, müssen jene getötet werden, die Gott und seinen Gesandten beleidigen. Die Tötung von Homosexuellen wird ebenfalls gefordert. Und diese Theologie wird – so auch der muslimische Religionspädagoge Ednan Aslan – gepredigt und von der Mehrheit der Muslime vertreten. Die Attentäter seien sehr überzeugte Muslime, die für ihren Glauben sterben und als Märtyrer Belohnung erwarten.[5]

Was Muslime zum Minimalkonsens beitragen sollten

Mit Recht werden Kreuzzüge, die spanische Inquisition und die Korruption des Klerus in eine Beziehung zum Christentum gesetzt. Aus der Kritik an diesen Fehlentwicklungen nahmen Reformation und Aufklärung ihren Ausgang. Wer eine Beziehung zwischen religiösem Islam und politischem Islamismus leugnet, behindert die notwendigen Reformprozesse im Islam. Dies wird ein langer Weg sein. Nach dem barbarischen Mord an dem jordanischen Piloten verdammte die sunnitische Geistlichkeit den IS als „unislamisch". Die Enthauptungen westlicher Geiseln hatten dafür noch nicht ausgereicht.

Die Unterscheidung zwischen dem Islam als Ideologie und den Muslimen als Individuen setzt wiederum den Willen der Individuen voraus, eigene Positionen einzunehmen, also sich aufklärerischen Ansprüchen zu öffnen. Dafür werden mit dem Islamkundeunterricht an deutschen Schulen Angebote gemacht. Ausgebildete und als Staatsdiener zur Loyalität gegenüber dem Grundgesetz verpflichtete Lehrer sollen zu einem modernen Islamverständnis beitragen. Der dekadente Westen könnte eine neue Herausforderung durch einen aufgeklärten Islam so gut brauchen wie seinerzeit die Katholische Kirche die der Reformation.

Die westchristliche Theologie hat das Christentum in Europa über sich selbst aufgeklärt – bis an den Rand der Selbstauflösung. Auch darüber ist die Balance von Glaube und Zweifel verloren gegangen. Aber schon ausgehend vom Neuen Testament hat das Christentum Gewalt verurteilt und alle späteren Sündenfälle in der Realität ändern nichts daran, dass die christliche Botschaft der Nächstenliebe gegen Gewalt gerichtet ist.

Statt der theologisch irrelevanten islamischen Interessenverbände müsste die islamische Geistlichkeit das Wort ergreifen und sich nicht nur vom Terror, sondern von dessen geistigen Voraussetzungen distanzieren. Der Dschihadismus ist psychologisch nur aus den Belohnungen in der jenseitigen Existenz zu verstehen. Mit ihnen erhält der Märtyrer eine

Bedeutung, die über sein einzelnes Leben hinausgeht. Dem nicht als Logos, sondern als absoluten Willkürgott gedachten Allah gilt nur das Märtyrertum als sicherer Weg ins Paradies. Diese Vision ist besonders attraktiv für diejenigen, die im Diesseits nicht viel zu erwarten haben.

Solange Ungläubige theologisch geschmäht werden dürfen, ist es nur ein kleiner Schritt zu ihrer physischen Verdammung. Solange in Moscheen das Märtyrertum gepriesen und Jungfrauen für Selbstmordattentäter in Aussicht gestellt werden, kommen Distanzierungen nach Terroranschlägen zu spät.[6] Die Rolle der Frau im Paradies ist nicht mehr zeitgemäß. Es ist schwer vorstellbar, dass sich die zunehmende Zahl der gut ausgebildeten jungen Frauen in der islamischen Welt weiterhin den Männerphantasien im Diesseits und Jenseits unterwerfen. Sie könnten bald ein revolutionäres Subjekt gegenüber Islamismus und Dschihadismus sein.

Derzeit ist man im Nahen Osten für die Eindämmung des Islamismus noch auf autoritäre Mächte angewiesen, auf Könige, Emire oder Militärs. Der ägyptische Präsident Abd al Fattah al Sisi forderte von den Gelehrten und Predigern der Al-Azhar Universität nicht weniger als eine „Revolution unserer Religion". Die ideologischen Grundlagen des Islams müssten radikal überdacht werden, um weitere Erdbeben zu verhindern. Es sei „...*undenkbar, dass die 1,6 Milliarden Muslime dem Rest der Menschheit das Gefühl gäben, sie wollten sie töten. Die ganze Welt wartet auch deshalb auf ihre Worte, weil die muslimische Nation zerrissen und zerstört wird und auf ihren Untergang zusteuert.*"[7]

Bündnisse zur Eindämmung des Islamismus

Der Islamismus fordert weltweit die Zivilisation heraus, unabhängig von deren unterschiedlichen politischen Systemen und Kulturen. Nach seinen gescheiterten Versuchen eines demokratischen *Nation Buildings* in der islamischen Welt muss sich der Westen damit begnügen, den Islamismus gemeinsam mit alten und neuen autoritären Regimen und selbst mit radikalislamischen Staaten wie Saudi-Arabien und Bahrain zu bekämpfen. Das kleinere Übel ist dem größeren vorzuziehen. Über Bündnisse für die Zivilisation relativieren sich herkömmliche Konflikte zwischen Demokratie und Diktatur. Schon die Einforderung von Säkularität würde den denkbar niederschwelligen Minimalkonsens einer Zivilität gefährden.

Mit Hilfe eines immerhin 60 Staaten umfassenden Bündnisses scheint die Eindämmung in der Levante zu gelingen. Aber auch an anderen Orten wie vor allem in Nigeria gegen Boko Haram werden überall dort neue Bündnisse geschmiedet werden müssen, wo totalitäre Barbarei gegen halbwegs gemäßigte Kräfte antritt. Anderenfalls werden vor allem in Afrika immer mehr staatsfreie Räume und scheiternde Staaten auch die Gefahren für Europa erhöhen. Mit Recht fordert daher Jean-Marie Guehenno, Präsident der International Crisis Group, von der Europäischen Union den Aufbau einer schnellen Eingreiftruppe als Beitrag zur Friedenssicherung der Vereinten Nationen. Die EU sei zwar an einem Dutzend Missionen beteiligt, doch habe sie selbst seit 2012 nur zwei Militäroperationen im Rahmen ihrer „Gemeinsamen Sicherheits- und Verteidigungspolitik" ins Leben gerufen.[8] Die bisherigen Beteiligungen erfolgen mehr auf Zuruf, folgen aber noch keiner politischen Strategie. Eine Voraussetzung für den Ausstieg aus dem Kampf der Kulturen ist der Umstieg von der idealistischen Werte- zur realistischeren Interessenpolitik.

Die Abkehr vom irrealen Ziel einer Universalisierung der Demokratie sollte umgekehrt nicht zur falschen Freundschaft wie etwa mit Saudi-Arabien verleiten. Gegenüber radikalislamischen Staaten belassen wir es besser bei einer bloßen Koexistenz mit selektiven Formen der Zusammenarbeit. Es entspricht weder westlichen Werten noch Interessen, sich vom radikalsunnitischen Saudi-Arabien und auch der sich islamisierenden Türkei in konfessionspolitische Machtkämpfe gegen den Iran und das Schiitentum verstricken zu lassen.

Wehrhafte Demokratie in der Europäischen Union

Deutschland kann im Kampf gegen den Islamismus auf die im Kampf gegen den politischen Totalitarismus bewährte „Wehrhafte Demokratie" des Grundgesetzes zurückgreifen. Vom Parteien- und Verbändeverbot bis hin zur Einschränkung der Pressefreiheit bei Gewaltpropaganda (Art. 18 GG) hält unsere Verfassung ein Arsenal von Abwehrmaßnahmen gegenüber dem politischen Extremismus bereit. Bevor sie auf die neue Bedrohung übertragen werden, müsste Übereinstimmung darüber herrschen, dass Islamismus nicht unter Religionsfreiheit, sondern unter politischen Extremismus fällt. Aus den Verfassungsartikeln ließe sich eine

Fülle von notwendigen Gesetzen ableiten, die etwa religiös motivierte Gewalthetzer konsequent auszuweisen gebieten.

Schon bei der Vergabe der Staatsbürgerschaft sollte – wie in den USA – Loyalität gegenüber dem Staatswesen eine größere Rolle spielen als ökonomische Opportunitäten. In Frankreich erwägt die Regierung, gewaltbereiten Islamisten im Falle einer Doppelstaatsbürgerschaft die französische Staatsbürgerschaft wegen „Unwürdigkeit" zu entziehen. Die in Deutschland neuerdings großzügig vergebenen Möglichkeiten zur Doppelstaatsbürgerschaft könnten sich in Einzelfällen als Chance erweisen, Dschihadisten die deutsche Staatsbürgerschaft zu entziehen.

Wie die meisten großen Probleme der Gegenwart trägt auch der Dschihadismus globalen Charakter. Kleinere Nationalstaaten sind den globalen Problemen schon lange nicht mehr gewachsen. Inter- und supranationale Organisationen wie die EU sind ihnen meist noch nicht gewachsen. Die Delegation von nationalstaatlicher Hoheitsgewalt an die Europäische Union verringert die Wehrhaftigkeit der Demokratie, solange die EU noch nicht über neue dementsprechende Kompetenzen verfügt.

Bei der Asyl- und Zuwanderungspolitik verhält es sich ähnlich wie bei der Finanzpolitik: Deutschland hat seine politische Gestaltungsmacht weitgehend einem Gemeinschaftssystem anvertraut, welches vormalige Pflichten der Einzelstaaten in den gemeinsamen europäischen Raum verlegt. Im Dublin-Abkommen war vereinbart worden, dass die Zuwanderer aus Nicht-EU-Staaten zur Klärung ihres Status zunächst in jenen Staaten aufgenommen werden, in die sie zuerst eingereist sind.

Diese Regelung war notwendig, damit Migranten nicht ohne geklärten Status in den 500-Millionen-Bevölkerungsraum der EU reisen können und willkürlich zirkulieren. Jeder größere Territorialstaat dieser Welt trifft eine solche Regelung und setzt dafür seine Grenzregionen (und seine Flughäfen) als Auffangräume ein. Mit den Dublin-Abkommen sollte die gleiche Stabilität gewährleistet werden, wie es sie vordem bei den Nationalstaaten gegeben hatte. Faktisch ist dieses Abkommen durch Überlastung der südeuropäischen Staaten außer Kraft gesetzt. Ihnen gelingt es nicht, funktionierende Aufnahmesysteme aufzubauen, und so werden die Flüchtlinge nach Norden weitergeleitet. Wenn es der EU nicht gelingt, ein funktionierendes Grenzregime aufzubauen, droht eine Rückforderung dieser Staatsgewalt durch die Nationalstaaten.

Es wird viel davon abhängen, dass zwischen den Nicht-Mehr Kompetenzen der Nationalstaaten und den Noch-Nicht-Kompetenzen der EU kein schwarzes Loch entsteht, in dem sich die Dschihadisten verstecken können. Einstweilen behilft sich die EU mit Koordination, Beobachtung und Überwachung. Die EU-Fahnder sollen an den Außengrenzen der Union künftig potentielle Dschihadisten mit europäischem Pass an der Ein- oder Ausreise hindern. Innerhalb des Schengener Informationssystems sind seit den Pariser Anschlägen vermehrte Kontrollen und ein schnellerer Datenaustausch über Terrorverdächtige möglich. Terrorfahnder können an der Grenze Verdächtige festnehmen und ihre Pässe entwerten.

Nach den Pariser Anschlägen stimmte das Bundeskabinett einer Verschärfung des Strafrechts zu, der zufolge zukünftig schon der Versuch zur Abreise in eine Region, in der sich Ausbildungslager für Terroristen befinden, strafbar ist und lange Gefängnisstrafen zur Folge haben kann. Auch die Finanzierung von Terrorismus steht künftig unter Strafe. In der Einwanderungs- und Asylpolitik ist auf Dauer eine Differenzierung der Geister geboten, um Europa besser vor den Kulturkämpfen des Nahen Ostens zu schützen.

Zuwanderer müssen nicht nur nach humanitären oder ökonomischen, sondern auch nach politischen Kriterien beurteilt werden. Nicht alle fliehen aus den gleichen Gründen. Es sollte den Aufnahmeländern nicht egal sein, ob ägyptische oder syrische Islamisten vor säkularen Regimen oder ob religiöse Minderheiten vor Islamisten zu ihnen fliehen. Es wäre noch wichtiger, Dschihadisten an der Einreise zu hindern. 700.000 der zuvor 1,5 Millionen Christen Syriens mussten vor Islamisten fliehen, weil sie traditionell dem säkularen Assad-Regime nahegestanden hatten. Als Flüchtlinge treffen sie in Deutschland auf die Sympathisanten ihrer Verfolger, die oft ebenfalls Asyl oder den Duldungsstatus erhalten. Auf diese Weise werden Konflikte des Nahen Ostens ungefiltert nach Deutschland importiert. Minderheiten wie Christen, Jesiden, Bahais oder säkulare Muslime sollten bei der Asylaufnahme Vorrang vor Islamisten erhalten.

Minimalkonsens der Demokraten

Wenn in einer einseitig emanzipatorischen Pädagogik nur die angenehmen Werte, Rechte, Interessen und deren Förderung beschworen werden, enden wir bald bei jener westlichen Spätkultur, über die sich Michel Houellebecq zu Recht lustig macht und die Zuwanderern aus traditionellen, autoritären Kulturen keinen Respekt abnötigt.

Innerhalb der westlichen Demokratien kann es keine Leitkultur mehr geben. Die Vielfalt an Kulturen und Religionen in Europa erlaubt nur noch eine Koexistenz der Kulturen. Umso wichtiger wird die politische Integration in die Leitstruktur der demokratischen Staatsordnung. Dazu gehören die Akzeptanz der Verfassungsordnung, der Gesetzesgehorsam und der Respekt vor staatlichen Institutionen, von den Schulen bis zu den Gerichten, und zwar unabhängig davon, ob man deren Werte und Inhalte teilt. Identitäten und Religionen müssen in einer wissenschaftlich-technischen Zivilisation auch gegenüber den Strukturen und Funktionen als nachrangig gelten. Die Leitstruktur der pluralistischen Demokratie ermöglicht unterschiedliche Leitkulturen. Die Hierarchie zwischen universell geltenden Strukturen und Werten sowie partikularen Werten muss im öffentlichen Raum geklärt sein. Die säkulare Zivilisation beruht auf der vom Westfälischen Frieden geschaffenen Ordnung, in der die Staatsordnung Vorrang vor religiösen Werten hat.

Heute bauen sich fast überall in Europa neue Parteien und Bewegungen auf, welche die Bewahrung der eigenen Kultur thematisieren. Selbst in Regionen, in denen nur noch Reste des Christentums vorhanden sind, wird plötzlich „für das Abendland" gestritten. Dies geschieht so lange dumpf und sprachlich ungelenk, wie Intellektuelle und Medien diesen „Populismus" von mehrheitlich nichtradikalen Bürgern nur diffamieren, anstatt ihn in den öffentlichen Diskurs zu integrieren. Hier gilt es vielmehr, die Spreu vom Weizen zu trennen und letzteren in den Minimalkonsens der Demokraten zu integrieren.

Die Differenzierung von Protestbewegungen ist genauso angezeigt wie die des Islams. Der Westen kann es sich in seiner Schwäche gar nicht mehr leisten, gegen „den Islam" zu kämpfen. Da es „den Islam" nicht gibt, brauchen wir umso mehr eine Unterscheidung nach Freunden, Gegnern und Feinden in der islamischen Welt. Innerhalb des Islams gibt es – wie bei anderen Religionen und Ideologien – desinteressierte, laue, gemäßigte, opportunistische, radikale und extremistische Kräfte, was einen differenzierten Umgang mit ihnen möglich, aber auch nötig macht.

Demokratisierung ist im Westen synonym mit Rechten und Freiheiten, im Nahen Osten ruft ihre Vorzeitigkeit oft gegenteilige Ergebnisse hervor. Das gängige politische Vokabular des Westens ist gegenüber den religiös-politischen Konvulsionen des Islamismus geradezu irreführend. Mit vagem Verfassungspatriotismus und Rechtspositivismus diffuser Werte, in denen jederzeit jeder durch einen anderen relativiert werden kann, ist der Westen für den Kampf gegen den Islamismus nicht gerüstet.[9]

Die religionspolitischen Themen stehen quer zu den alten sozial-ökonomischen Konflikten. Im Kampf von Kulturen macht die altideologische Unterscheidung nach „Links und Rechts" wenig Sinn. Eingeübte Gegensätze wie Freiheit oder Sicherheit sind ebenfalls wenig hilfreich. Sicherheit ist nicht der Gegensatz, sondern eine Voraussetzung von Freiheit. Toleranz gegenüber den Feinden der Toleranz droht die Toleranz im Ergebnis zu zerstören. Das Allerweltswort „Populismus" ist kein Ersatz für eine Begrifflichkeit, die zu begreifen hilft. Populismus als Schielen nach der Volksmeinung eignet sich auf Dauer nicht als Widerspruch zur Demokratie. Mit dem Vorwurf „Vereinfachung" sollten westliche Politiker, welche die ganze Welt nach ihren Werten gestalten wollten, vorsichtiger sein.

Auch innerhalb der sozialistischen Ideologie gab es gemäßigte Sozialdemokraten, demokratische Sozialisten, Funktionäre und Karrieristen, radikale Kommunisten, gewaltbereite Stalinisten und Völkermörder wie Pol Pot, zu dessen Beseitigung das kommunistische Vietnam einschreiten musste. Ohne das Bündnis mit den Sozialdemokraten und demokratischen Sozialisten hätte sich der Westen weder außen- noch innenpolitisch gegen totalitäre Formen des Sozialismus behaupten können.

Die nationalistische Ideologie reicht von bürgerlichen Patrioten, die sich für das Gemeinwohl ihres Landes einsetzen, über Wutbürger und mehr oder weniger radikalen Populisten, demokratischen Nationalisten bis hin zu gewaltbereiten Rechtsextremisten. Sie allesamt unter „Rechts" in einen Sack zu stecken, dient weder der Analyse noch der Notwendigkeit, auch mit der Hilfe von konservativen Kräften den Rechtsextremismus zu bekämpfen. Konservative vermögen in religiösen und kulturellen Kategorien zu denken und daher über die Wurzeln unserer Kultur zu reflektieren. Sie sind für eine Gesellschaft so wichtig wie die Bremsen beim Auto. Ihr skeptischer Geist erinnert an die Grenzen von Aufklärung und Demokratie, deren Missachtung den Westen in so viele Kalamitäten verstrickt hat.

Wie im Kalten Krieg beginnt der Kampf der offenen Gesellschaft gegen den Totalitarismus schon in der Erkenntnistheorie, zwischen denen, die Politik als Suche mit offenem Ausgang verstehen, und denen, die alles aus nur einer Quelle und von einem Propheten schöpfen, was sie erst befähigt, Alles mit Allem in Verbindung zu bringen, Politik mit Wirtschaft, Staat mit Religion, öffentliches mit privatem Leben. Wenn der Westen dieser totalitären Verführung nur einen Relativismus entgegenhält, demzufolge Nichts mit Nichts im Zusammenhang steht, hat er im Kampf der Erkenntniskulturen schlechte Karten.

Zwischen diesen Extremen ist es die Aufgabe demokratischer Politik, das zusammengehörende Etwas mit Etwas in eine Verbindung zu bringen, und das Inkompatible in Distanz zueinander zu halten. Wie im Kampf gegen den politischen Totalitarismus müssen auch im Kampf gegen den Islamismus graduelle Konflikte der säkularen Demokraten zurückstehen. Andernfalls könnte sich die Vision von Michel Houellebecq verwirklichen, nach der demokratische Sozialisten einen muslimischen Präsidenten an die Macht bringen, um die Regierungsübernahme von „Rechten" zu verhindern.

Minimalkonsens der Kulturen

Zwischen den monotheistischen Religionen gibt es im Prinzip einen Wertekonsens. Sie alle – so Freise und Khorchide – seien darüber einig, dass für ein friedliches und konstruktives Leben in einer pluralen Gesellschaft eine gemeinsame Basis an Grundwerten unabdingbar ist. Zu diesen Werten gehörten die Bewahrung der Menschenwürde, der Freiheit, der Gleichheit und der Solidarität.[10]

Wie schwierig ein Konsens über solche grundlegenden Werte wird, zeigt sich, wenn man nach den genaueren Bedeutungen dieser Begriffe und nach deren Rangordnung fragt, aus denen sich erst die Eigenwertigkeit der Kulturen ergibt. So macht es einen Unterschied, ob mit Menschenwürde die sexuelle Selbstbestimmung oder die Jungfräulichkeit einer unverheirateten Frau gemeint ist, ob das Individuum oder das Kollektiv, ob individuelle Menschenrechte oder kollektive Menschenpflichten, ob Freiheit oder Hingabe an Gott an oberster Stelle der Werteordnung stehen.

Was zwischen den Zeiten und Kulturen variiert, ist weniger der Bestand an Werten und Normen als ihr relatives Gewicht und die ihnen jeweils zugeschriebene Rangfolge.[11] Im Wertedialog zwischen Religionen und Kulturen sollte weniger nach Gemeinsamkeiten als nach Gegenseitigkeiten für den Aufbau eines Minimalkonsenses gesucht werden. In ihren jeweils extremen Ausprägungen sind libertäre und traditionelle

Kulturen inkompatibel. Traditionelle Kulturen, aus denen die meisten nichteuropäischen Zuwanderer kommen, sind mit dem Relativismus und dem einseitig individualistischen Hedonismus überfordert und werden von ihm abgestoßen. Wo Gehorsam vor Freiheit, Glaube vor Vernunft, Familie vor dem Individuum stehen, ist weder ein universeller Konsens der Staaten noch eine Integration der Personen möglich.

Um den Extremen die Spitze zu brechen, muss die Annäherung der Kulturen mit Annäherungen von Wertepolaritäten in der eigenen Kultur beginnen. Vermeintliche Gegensätze müssen in ein Verhältnis der Gegenseitigkeit gesetzt werden. Die Wurzeln unserer Kultur sind vielfältig, von der griechischen Antike, dem Römischen Recht, dem Christentum bis zur neuzeitlichen Aufklärung. Nicht das Entweder-Oder zwischen Glaube und Vernunft, Individuum und Gemeinschaft, Rechte und Pflichten, Eigennutz und Gemeinnutz, Freiheit und Verantwortung, sondern deren Gegenseitigkeit hilft bei der Suche nach einem Minimalkonsens der Kulturen. Die vordringlichste Gegenseitigkeit ist heute die zwischen Kultur und Zivilisation, zwischen inneren und äußeren Werten.

Minimalkonsens wissenschaftlich-technische Zivilisation

Die vorherrschenden Paradigmen der Entwicklung sind nicht mehr Religion und Politik, sondern Wissenschaft und Technik. In der islamischen Welt findet dies seinen Niederschlag in dem Vordringen individualistischer und emanzipatorischer Werte. Zumal unter jungen Leuten sind die Veränderungen im Kommunikations- und Lebensstil unverkennbar. Sie treffen auf eine Kultur, die sich mit Regressionen zum Ursprung zu legitimieren versucht. Vergleiche zur nationalsozialistischen Regression gegenüber der Moderne drängen sich hier auf. Auf eine steigende Zahl arbeitsloser junger Menschen des Nahen Ostens und Nordafrikas übt zwar nicht die westliche Demokratie, aber die westliche Zivilisation im Sinne ihrer technischen Möglichkeiten und materiellen Erfolge eine hohe Anziehungskraft aus.[12] Der *Youth Buldge* in der arabischen Welt wird nicht anders als durch eine forcierte Zivilisierung und Ökonomisierung bewältigbar sein, zumal immer mehr gut ausgebildete Frauen auf den Arbeitsmarkt drängen.

Anders als die Identitäten und Werteordnungen (Kulturen) zwingen die Strukturen und Funktionen der wissenschaftlich-technischen Zivilisation zur Rationalität. Über den Minimalkonsens Funktionalität, Rationalität und Zivilität könnten sich die Kulturen und damit auch das unterjüngte Europa und der überjüngte Nahe Osten ergänzen. Ein anderes Beispiel für den Minimalkonsens „Zivilisation" wäre eine Freihandelszone vom Atlantik bis Wladiwostok, die den russischen Kulturalismus besänftigen und Konflikte wie in der Ukraine auf einer höheren zivilisatorischen Ebene aufheben könnte.

Volker Perthes schlägt eine Förderung der Berufsausbildung innerhalb der arabischen Welt sowie ein Programm vor, das sich an Hochschulabgänger aus arabischen Ländern richtet. Das Programm sollte für einige Zehntausend Fachkräfte und Graduierte pro Jahr Traineeships in europäischen Firmen anbieten, in denen sie Berufserfahrung erwerben, um danach in Europa oder im Herkunftsland einen Betrieb gründen oder Arbeit finden zu können.[13]

Solche Wege würden die Lage arbeitsloser Jugendlicher verbessern, deren Migrationswünsche nach Europa durch reale Chancen in geordnete Bahnen kanalisieren und im Idealfall sogar eine Brain Circulation zwischen den Kulturen auf den Weg bringen. Diese Strategie einer Zivilisierung von Kulturen könnte dem Westen aus seiner politischen Defensive heraushelfen, uralte religiös-kulturelle sowie alte ideologisch-politische Konflikte relativieren und damit den Kampf der Kulturen in einen Kampf um die Zivilisation transformieren.[14]

Anmerkungen

[1] Über die Mühen dieser Ebenen berichten die Autoren des Buches von Josef Freise, Mouhanad Khorchide, (Hrsg), Wertedialog der Religionen. Überlegungen und Erfahrungen zu Bildung, Seelsorge, Sozialer Arbeit und Wissenschaft, Freiburg 2014.

[2] Angela Merkel, Der Islamismus gehört nicht zu Deutschland, Interview in: „Welt am Sonntag" v. 1.2.2015

[3] Insgesamt ist dieser Anteil bei den Jugendlichen etwa doppelt so hoch wie bei der islamischen Gesamtbevölkerung. Das Potential der für politische Radikalisierung bis hin zu massiver Gewalt ansprechbaren jungen Muslime bei den jungen Menschen ist deutlich größer als in der Allgemeinbevölkerung. Vgl. Muslime in Deutschland – Integration, Integrationshemmnisse, Religion sowie Einstellungen zur Demokratie, Rechtsstaat und politisch-religiös motivierter Gewalt, Karin Brettfeld und Peter Wetzels, Hamburg 2007, hrsg. vom Bundesministerium des Innern.

[4] Vgl. etwa einen Gelehrten der Universität Ghom, der noch 2015 auf internationalen Konferenzen den umfassenden Charakter der Islamischen Revolution belobigt. Vgl. Taher

Armini Golestani, Imam Khomeini, Islamic Revolution of Iran and Islamic Awakening, in: http://www.imam-khomeini.com/web1/english/showitem.aspx?cid=2483&pid=2835 "Imam Khomeini (r), who revived the political Islam and called it as a pure Mohammedan Islam, harmonized between politics and religion and brought Islam back in the heart of society and politics. ... The Islamic revolution presents a comprehensive and multi-dimensional system in areas of religion, politics, economy society and culture. It will also further raise awareness among the oppressed and the deprived and creates suitable ground for self-awareness and self-reliance, self-confidence and the Islamic awakening. Islamic revolution also emphasizes the significance of freedom movements, including Islamic and anti-colonial struggle as new players in international system."

[5] Ednan Aslan, Islamische Theologie fußt auf Gewalt, in: Bonner General-Anzeiger v. 4.2.2015.

[6] Patrick Becker und Steffen Jöris, Der Ruf des Jenseits, in: Christ in der Gegenwart v. 18.1.2015.

[7] In einem Spiegel-Interview antwortet er auf die Frage, ob Muslime gegen jene vorgehen sollten, die die islamische Religion falsch interpretieren: „Selbstverständlich, denn diese Extremisten beleidigen nicht nur den Islam, sondern auch Gott, den Allmächtigen. Ihre falschen Vorstellungen führen dazu, dass viele Menschen sich fragen: was ist das nur für eine Religion, dieser Islam?" Vgl. Der Spiegel v. 7.2.2015. S. 86.

[8] Jean-Marie Guehenno, Mehr Militär! Der EU fehlt eine schnelle Eingreiftruppe, in: Die Zeit v. 5.2.2015.

[9] Johannes Röser, Der Gott des Gemetzels in der Stadt ohne Gott, in: Christ in der Gegenwart, 18.1.2015

[10] Josef Freise, Mouhanad Khorchide, Wertebildung durch Religionen in der pluralen Gesellschaft: ein Fazit, in: dies., (Hrsg), Wertedialog der Religionen, a.a.O., S. 353ff.

[11] Armin G. Wildfeuer, „Du sollst nicht morden"! – Das biblische Tötungsverbot und die besondere Schutzwürdigkeit menschlichen Lebens im Ethos der Menschenrechte, in: Elisabeth Jünemann, Heinz Theisen (Hrsg), Zehn Gebote für Europa. Der Dekalog und die europäische Wertegemeinschaft, Erkelenz 2009, S. 113ff.

[12] Vgl. Heinz Theisen, Generation ausweglos? Der Nahe Osten vor einem Paradigmenwechsel, in: Scheidewege. Jahresschrift für skeptisches Denken. Jahrgang 2014/2015, S. 343ff.

[13] Volker Perthes, Der Aufstand. Die arabische Revolution und ihre Folgen. München 2011, S. 208ff.

[14] Vgl. hierzu ausführlich Heinz Theisen, Der Westen und sein Naher Osten. Vom Kampf der Kulturen zum Kampf um die Zivilisation, Olzog edition, Reinbek 2015.

Hans-Georg Deggau

Ein Vorschlag, Griechenland besser zu verstehen

Griechenland; Griechenland – kein Tag vergeht ohne Griechenland. Was werden die Griechen tun? Wie werden sie sich verhalten? Wollen sie ihre Schulden zurückzahlen – können sie ihre Schulden zurückzahlen? Täglich geht es in den Medien um dieses Land an der süd-östlichen Peripherie Europas. Es ist für jedermann deutlich, dass das Problem des Verhältnisses von Europa zu Griechenland nicht einfach zu lösen ist. Schon hier sei angemerkt, dass wir trotz aller inneren Problematik im Folgenden Europa und Griechenland sprachlich als zwei getrennte Einheiten behandeln werden. Wirtschaftliche Aspekte werden nur am Rande berührt.

Wir rühmen Hellas als die Wiege der Demokratie, obwohl niemand eine Demokratie wie die der alten Griechen haben will – wir halten es für die Gründung des europäischen Geistes durch Platon und Aristoteles und vergessen dabei, dass unsere Kenntnisse dieser großen Texte ohne die Araber viel geringer wären – wir sehen es als ein herrliches Land voller Schönheit, in dem sich wunderbar Urlaub machen lässt, und von dem wir nichts wissen. Solche Urteile, die oft Vorurteile sind, verraten mehr über denjenigen, der sie äußert, als über die Sache.

Deshalb soll auch hier nicht der Versuch unternommen werden, Vorurteile abzubauen, Klischees zu korrigieren oder Richtigstellungen vorzunehmen. Denn das bedeutete nur eine Belehrung der jeweils anderen Seite und das Beharren auf einem Standpunkt. Wir halten Vorurteile nicht für etwas Schlechtes. Ohne sie und Generalisierungen im Allgemeinen bliebe jede Weltauffassung und –erklärung im Bereich des sinnlich Wahrnehmbaren stecken. Selbstverständlich reden wir über „die" Deutschen, „die" Amerikaner, „den" Fußball, „die" gesunde Ernährung, „den" Islam. Und das, obwohl dem stets das altbekannte, darum nicht richtigere Argument entgegengesetzt wird, dass es das gar nicht gebe, „den" Deutschen oder „den" Islam. Wollen wir dementsprechend „die" Liebe, „das" Leben, „den" Frieden, „die" Demokratie oder „das" Fernsehen aus unserer Rede und unserem Denken streichen, weil keine Liebe

Ein Vorschlag, Griechenland besser zu verstehen 349

wie eine andere ist und sich jeder Frieden von dem nächsten unterscheidet? Wir könnten uns die Welt nicht mehr erklären und uns nicht mehr über sie verständigen.

Es ist unmöglich, sich über alles und jedes sachgerechte Urteile zu bilden. Das geht weder zeitlich noch sachlich, weil die Wissensgrundlagen nicht gegeben sind. Allerdings muss ein Vorurteil jederzeit in ein Sachurteil umgewandelt werden können, wenn dazu Anlass besteht. Auch wenn sie sich dagegen sträuben: Vorurteile sind soziale und kommunikative Konstrukte und müssen auch umkonstruiert oder fallen gelassen werden, wenn sich die bessere Einsicht durchsetzen soll. Deshalb ist im Folgenden von „den" Griechen die Rede, weil damit nicht der einzelne Grieche gemeint ist, der ganz anders sein und denken kann als wir sagen, sondern weil damit auf Strukturen, Funktionen oder Systeme hingewiesen wird, die anders nur schlecht zu fassen sind.

Kurz: wenn wir über die Griechen und Griechenland reden, reden wir immer auch über uns selbst. Und vielleicht mehr über unsere Vorstellungen von ihnen als über die Griechen. Deshalb wird hier der Versuch unternommen, die Dinge zu verflüssigen, also nicht, sie zu verbessern und zu erklären, sondern reflexiv zu erfassen, warum die Parteien so reagieren, wie sie reagieren. Die Äußerungen Europas über Griechenland verraten eine eurozentrische Perspektive. Aber: Gehört Griechenland wirklich zu Europa? Eine klare und vernünftige Antwort auf diese unmögliche Frage hätte uns vielleicht viel Kummer ersparen können. Wir brauchten sie aber nicht zu stellen, weil wir dachten, schon Bescheid zu wissen.

Was charakterisiert Griechenland? Der Assoziationsrahmen ist schnell erschöpft, war eben schon angedeutet. Mit Aussagen über die alten Griechen bestätigen wir uns unsere eigenen Vorstellungen, aber was sind die Voraussetzungen dafür? Haben sie etwas mit den Griechen oder dem Griechenland von heute zu tun? „Die alten Griechen" – damit ist die Welt einer Hochkultur evoziert, die Entstehung des rationalen Denkens und die Ablösung des Mythos durch den Logos. Der Philosoph Whitehead nannte die abendländische Philosophie einst „eine Fußnote zu Platon". Hier finden wir philosophische Welthöchstleistungen, eine unerhörte Kraft des Denkens. Und nicht nur das: die griechischen Tempel sind mit einer Präzision und Raffinesse gebaut, die ihresgleichen sucht; oder denken wir an Homer und die viel späteren Tragiker mit den tiefen, unübertroffenen und unsterblichen Werken des Sophokles.

Ist damit der Erwartungshorizont genannt, in den wir die heutigen Griechen stellen und sie selbst sich auch? Das ist zwar faktisch und historisch unangemessen, aber durch den Begriff des „Griechen" wird eine Kontinuität zwischen den alten und den jungen Griechen hergestellt und unterstellt, zwischen damals und heute. Das ist nichts anderes als historische Fiktion: niemand kann 2500 Jahre problemlos überspringen – oder er handelt sich Probleme ein, wie die, die wir heute in Griechenland sehen.

Die These über die Alten Griechen ist relativ jung. Sie stammt aus dem 18. Jahrhundert. Es war der junge Winckelmann, der übrigens nie in Griechenland gewesen war, der die Formel „edle Einfalt, stille Größe" prägte und damit am Anfang eines neuen Mythos über die Antike steht. Eine These, die in Deutschland, das damals politisch in einer hoffnungslosen Kleinstaaterei versank, schnell begeistert Anklang fand und als Ideal übergroß wurde. Hier liegt für die Griechen als Erben dieser Idee ein großes Problem, bis heute.

Mit Winckelmann, Herder, Goethe und Hölderlin – man denke nur an dessen Scheltrede wider die Deutschen am Ende seines pathetischen Griechenlandromans „Hyperion", der die schmählichen Deutschen gegen die großartigen Griechen absetzt – wurde die Antike der Griechen ein erstes Mal wiedererschaffen. Ihre Gestalten galten als Inbegriff von Vollkommenheit und Humanität, wie in Goethes „Iphigenie", in der der humane griechische Geist die barbarische Praxis überwindet. Begeistert griffen später auch die Romantiker zu. So zog Lord Byron selbst nach Hellas, um an dem Freiheitskampf der Hellenen teilzunehmen. Die alten Römer, die zuvor die Vorbilder gegeben hatten, hatten jetzt ausgedient und waren fast vergessen. Die Philhellenen beherrschten das Feld und hatten in der griechischen Antike die Maßstäbe vollkommener menschlicher Existenz gefunden. Ein hohes Ideal, ein unüberbietbarer Gipfelpunkt der Humanität, ein Kriterium, an dem auch die Gegenwart zu messen war. Diese wunderbare Welt der „alten Griechen" musste jetzt nur noch den „jungen Griechen" ihrer Gegenwart klar gemacht werden, also einem heterogenen Volk ohne eigenen Staat, das fast zu 100 % aus Analphabeten bestand.

Zuvor aber musste Griechenland das „osmanische Joch" abschütteln, die Türkenherrschaft, die schon 400 Jahre andauerte und mit der Eroberung Konstantinopels 1453 ihren Anfang genommen hatte. Die politisch-militärische Ablösung von der Hohen Pforte war ein langwieriger

Ein Vorschlag, Griechenland besser zu verstehen 351

und schmerzlicher Prozess und bedeutete zehn Jahre Krieg. Die Aufstände begannen 1821, als Alexandros Ypsilantis, ein Offizier in russischen Diensten, in das Fürstentum Moldau einfiel. Das war der Anlass eines allgemeinen Aufstands gegen die Herrschaft von Konstantinopel. Sein Beginn wird auf den 25. März 1821 angesetzt – noch heute ein griechischer Nationalfeiertag. Der Unabhängigkeitskrieg, der sich mit großen Grausamkeiten auf beiden Seiten Bahn brach, verlief in den griechischen Regionen unterschiedlich. Das war mit darauf zurückzuführen, dass die sozialen Strukturen in den einzelnen Landschaften stark differierten: die Großgrundbesitzer auf der Peloponnes verfolgten andere Interessen als die Eigentümer kleiner Parzellen in Mittelgriechenland oder die Händler auf den Inseln, die intensive Beziehungen zu Westeuropa unterhielten. Das war für den Informationsfluss wichtig, was sich daran zeigte, dass ein von den osmanischen Truppen auf der Insel Chios verübtes Massaker Europa bewegte. Adalbert von Chamisso gestaltete es ebenso wie Victor Hugo dichterisch und Delacroix mit einem berühmten Bild.

Die aufständischen Gruppierungen verfolgten keine gemeinsamen Ziele. Die Zwistigkeiten unter ihnen nahmen solche Ausmaße an, dass sie 1823/4 zu zwei aufeinander folgenden Bürgerkriegen führten. Den letzten Ausschlag für den Sieg der Aufständischen gab jedoch der Einsatz ausländischer Mächte, als Russen, Franzosen und Briten die muselmanische Flotte in der Seeschlacht von Navarino 1827 vernichteten. Nach weiteren Wirren auf griechischer Seite und dem Einsatz der Großmächte im Ringen um ihre Einflusssphären konnte schließlich das Königreich Griechenland als Ergebnis europäischer Großmachtsdiplomatie entstehen. Nicht aus eigener Kraft, sondern als Objekt der Großmachtpolitik anderer Staaten war die Befreiung von der osmanischen Herrschaft gelungen – wie sollte es weiter gehen? Dieselben Großmächte halfen dem neuen Staat. Sie beschlossen, dem jungen Griechenland einen deutschen König zu geben, Otto von Wittelsbach, der mit 17 Jahren den Thron bestieg.

Nach dieser politischen Grundlegung waren es wieder Ausländer, die dem heldenhaften griechischen Volk sein großartiges Erbe nahe bringen mussten, von dem es noch nichts wusste. Im Rückgriff auf die Antike „haben sie versucht", sagt Nikos Dimou, „eine neue Identität für uns zu schaffen". Diese neue Identität, eine wesentlich deutsche Erfindung, belastet die jungen Griechen bis heute. Politisch und kulturell sehen sie sich diesen fremden Erwartungen an ihre eigene Identität ausgesetzt.

In dem neuen Fremdherrscher aus Bayern fand das einen deutlichen Ausdruck. Otto war der zweite Sohn des Bayernkönigs Ludwig I., eines begeisterten Philhellenen, der nicht nur München mit seinen neoklassischen Bauwerken beglückte. Er wollte Griechenland durch seinen Sohn zu einer musterhaften Monarchie im Sinne seiner Antike machen. Stärkstes Symbol dieses Strebens: Athen, ein Dorf mit etwa 5000 Einwohnern, wurde zur neuen Hauptstadt des Königreichs. Dieses unbedeutende Dorf sollte so aufgebaut werden, dass Athen wieder wie Athen aussah – also den philhellenisch-romantischen Vorstellungen eines griechenlandbegeisterten Monarchen aus bayrischen Landen entsprach. Hier tritt erstmals der Effekt ein, den ich in Anlehnung an Shaws „My Fair Lady" den Eliza-Doolittle-Effekt nenne: die Absicht, einen anderen ganz nach den eigenen Vorstellungen zu formen.

Zu diesem Zweck unternahm die bayrische Regentschaft, eine Troika aus einem Professor für Rechtsgeschichte, einem Oberstleutnant und einem früheren Finanz- und Außenminister Bayerns, einige Anstrengungen. Sie baute eine staatliche Verwaltung auf, ordnete das Rechtswesen und schuf ein Bildungssystem, das die allgemeine Schulpflicht einführte. Allerdings scheiterten diese Bemühungen in entscheidenden Hinsichten. Insbesondere die Landwirtschaft erwies sich als unreformierbar; denn die Großgrundbesitzer verweigerten die Kooperation. Die Landreform verlief im Sand. Wirtschaftlich florierte nur der Seehandel. Es wurde die Drachme als Währung eingeführt und eine Nationalbank eingerichtet. Rechtssicherheit war allerdings kaum zu gewährleisten, da die aus den Freischärlern des Befreiungskrieges hervorgegangenen Räuberbanden das Land unsicher machten. In dem königlichen Rumpfreich lebten nicht einmal eine Million Griechen. Ein Vielfaches lebte weiterhin als Untertanen des osmanischen Reiches in anderen Gegenden, insbesondere in Konstantinopel. Diese Stadt war das erträumte Ziel eines großgriechischen Reiches, lag jedoch jenseits aller realistischen Möglichkeiten. Aber der Mythos von Konstantinopel als Zentrum der griechischen Nation und einer kulturellen Wiedergeburt des alten Byzanz hielt sich noch lange und sollte zu der verhängnisvollen Expansionspolitik beitragen, die nach dem 1. Weltkrieg ungeheures Leid über das Land brachte. Die damit verbundene Idee der Iredenta, der Eingliederung der noch nicht befreiten, vermeintlich griechischen Territorien, bewegte als Ausdruck eines Nationalismus die griechische Gesellschaft noch lange.

Der weitere Fortgang der griechischen Geschichte soll hier nicht beleuchtet werden, nämlich die dauernden heftigen internen Auseinandersetzungen, der Makedonienkonflikt zu Beginn des 20. Jahrhunderts, das Kriegsjahrzehnt von 1912–1922, das als Folge unbedachter militärischer Expansion nach Anatolien in der „kleinasiatischen Katastrophe" mit mehr als 500.000 Toten und über einer Million Flüchtlingen endete, die Zwischenkriegszeit und ihr Ende in der Metaxas-Diktatur von 1936–40, der 2. Weltkrieg und die deutsche Besatzung, die jahrelangen Bürgerkriege nach dem Weltkrieg, der Zypernkonflikt, der bis heute nicht gelöst ist, und die sieben Jahre der Obristendiktatur. Nur auf zwei Punke sei hingewiesen, bevor wir uns der Darstellung des Griechischen in der Selbst- und Fremdperspektive zuwenden.

1879 war Griechenland der Zugang zu den internationalen Finanzmärkten wieder eröffnet worden, von denen es seit 1826 in Folge eines Staatsbankrotts ausgeschlossen gewesen war. Zehn Jahre später sprach Ministerpräsident Trikoupis einen berühmten Satz: „Bedauerlicherweise sind wir bankrott". – Weitere 30 Jahre später erlebte das Land den Militärputsch von Goudi. Die Putschisten verlangten eine Umstrukturierung des Militärs und erhoben folgende Forderungen: Sanierung der Staatsfinanzen – gerechtere Besteuerung – Unparteilichkeit der Justiz – Beseitigung der Korruption. Das ist gute 100 Jahre her. –

Wenn heute im Westen von Griechenland die Rede ist, so kommt eine sehr abgekürzte und abstrakte Sichtweise des Landes zum Tragen. Das reicht von den Klischees der faulen Griechen über die griechischen Trickserien und Betrügereien, ihrer Unzuverlässigkeit bis zu dem Unglück, Schuldner der anderen zu sein. Aber sie betreffen bei genauerem Zusehen nicht in erster Linie das Land und seine Leute, sondern sind Ausdruck unserer westlichen Sicht auf das Land und seine Leute. Symptomatisch dafür ist der Topos vom „faulen Griechen". Er lässt sich leicht widerlegen, ist doch die Jahresarbeitszeit der Griechen nach einer Statistik der OECD höher als in Deutschland. Gleichwohl wird er immer wieder eingesetzt. Ein ironisches Paradox dieser Behauptung ist, dass die meisten Deutschen Griechen nur aus ihrem Griechenlandurlaub kennen, in dem sie die Faulen sind und die Griechen arbeiten. Umgekehrt sind Darstellungen aus griechischer Sicht nicht von besserer Qualität. Merkel und Schäuble als Nazis zu bezeichnen, kennzeichnet in beleidigender Weise eine Gefühlslage, trägt aber zum gegenseitigen Verständnis so wenig bei wie die Qualifizierung der Hilfsmassnahmen der EU als Erpressungsmittel.

Mit etwas Abstand ergibt sich, wenn wir die beiden Hauptspieler Europa und Griechenland ins Auge fassen, eine vertrackte Lage wechselseitiger Beobachtung. Das bedeutet: Europa beobachtet Griechenland, und Griechenland beobachtet Europa; und gleichzeitig beobachtet Europa, wie Griechenland Europa beobachtet, und Griechenland beobachtet, wie Europa Griechenland beobachtet. Beide beobachten sich gleichzeitig auch selbst, was die andere Seite auch mitbeobachtet. Bei diesen unterschiedlichen einfachen und komplizierten Beobachtungen sieht jeder etwas anderes bei sich und bei dem anderen. Es gibt Übersetzer und Übersetzungsversuche. Diese können nicht wirklich gelingen: die Beobachtungsschemata passen nicht zueinander, die Relevanzen im jeweiligen System sind zu unterschiedlich. Also hilft höchstens eine Reflexion auf diese Verhältnisse.

Deshalb geht es hier nicht um die einzelnen Behauptungen und ihren Wahrheitsgehalt, sondern viel mehr um ihre Genese, ihre Gewichtung und eventuelle Zurechnung. Der Versuch, etwas Ordnung in diese Gemengelage zu bringen, muss sich immer dessen bewusst sein, dass er selbst denselben Gesetzen unterliegt. Er operiert genauso wie die Griechen und die Europäer mit bestimmten Begriffen, Mustern, Abstraktionen und Beschreibungen. Es läuft auf die Frage hinaus: wie sollen wir uns die Zustände in Griechenland erklären, genauer: was für Zustände sind das überhaupt?

Versuchen wir, eine Art von Selbstbeschreibung der Griechen anzufertigen, indem wir von Aussagen griechischer Autoren ausgehen, die hier in zufälliger Weise zusammengestellt sind. Hören wir zunächst den Griechen Nikos Dimou, Intellektueller, weltgewandt, polyglott, Autor von über 60 Büchern. Er charakterisiert sich und seine Landsleute in einer Art philosophischer Introspektion, mit einem guten Schuss Ironie. Wir wählen einige typische seiner griechischen Wahrheiten über die Griechen aus.
– So meint er, Griechenland stehe nicht in der europäischen Tradition: „Die Griechen fühlen sich in ihrem Innersten gar nicht als Europäer", schreibt er. „Griechenland gehört zur Welt des Balkans". Aufgrund der langen byzantinisch-osmanischen Tradition haben die Griechen die westlichen Importe, wozu die Demokratie, das Parlament, die Parteien oder auch Gesetze zu zählen sind, nie als ihre Sache anerkannt. Deshalb gibt es sehr starke antiwestliche Strömungen. Historisch begann der Verrat des Westens schon 1054 mit dem Schisma, der Trennung in Ost- und Westkirche, setzte sich 1204 fort, als der 4. Kreuz-

zug nicht nach Jerusalem führte, sondern Byzanz überfiel und plünderte, die Perle der östlichen Christenheit. Nicht anders als 1453, als Konstantinopel endgültig an die Türken fiel. Ja vielleicht liegt der erste Schock noch in der Antike, als die westlichen Römer Griechenland eroberten. Griechenland hat auch an entscheidenden europäischen Entwicklungen nicht teilgenommen: es kennt weder eine Scholastik noch die Renaissance, weder eine Reformation noch die Aufklärung, weder die politische noch die industrielle Revolution.

– Ein weiterer wesentlicher Grundzug des griechischen Lebens ist die Bedeutung der Gefühle, die dem rationalen Westen meist verborgen bleibt. „Alles wird vom Gefühl her begriffen", schreibt Dimou. Und weiter: „Im Land des Aristoteles hat Logik kaum eine Chance; jede Entscheidung wird aus Neigung oder Abneigung, von Impulsen und Instinkten getroffen. Wir sind sehr emotional". Was würde dabei herauskommen, wenn man Alexis Sorbas, die große Romangestalt aus dem gleichnamigen Roman von Nikos Katzantzakis mit den aktuellen Schulden seines Landes konfrontierte? Wäre mit einer nachdenklichen Stille zu rechnen, die überlegte, wie die Zinsen und Rückzahlungen aufzubringen wären? Wäre nicht ein großes Gelächter viel wahrscheinlicher, ein „vergiß es – das war gestern! Wunderbar, dass wir so viel Geld hatten!", gepaart mit einer Einladung zu einem vergnüglichen Gespräch in der untergehenden Sonne über dem Meer? Wir sollten uns das Gespann Varoufakis und Tsipras als Söhne von Alexis Sorbas vorstellen. Europa sollte sie ernst nehmen. Dass heißt: es muss das eigene Handeln verständig an dem ausrichten, was sie sagen und fühlen, und nicht blind und stur auf dem Eigenen beharren.

– Dritter Punkt. Die hohe Emotionalität wurzelt laut Dimou ebenso wie die manchmal fehlende Rationalität tief in einer eigensinnigen, unwestlichen Lebens- und Zeitvorstellung. Sie ist ganz anders als die unsere, über die wir dauernd klagen und stöhnen, wenn wir uns über die Verplanung, die Hetze, den Zeitmangel, die Erreichbarkeit, die Beschleunigung der Lebensverhältnisse beschweren. Paradoxerweise bestehen wir aber jederzeit auf ihr und verstehen nicht, wenn jemand ihr nicht folgen will, sich ihr nicht anpasst. Der praktizierte und gelebte Gegenentwurf zu unserer rationalisierten und vertakteten Zeit wird von uns nicht akzeptiert. Wer im Jetzt lebt wie die Griechen, hat für die Vergangenheit und auch die Zukunft kein besonderes Interesse, wie es sich etwa in Planungen niederschlägt. „Geduldiges Kapital", das mit Gewinnen erst langfristig und in späteren Zeiträumen rechnet, gibt es in Griechenland wenig. Denn das setzt eine nachhaltige Perspektive voraus und damit einen Kapitaleinsatz, der nicht auf das schnelle Geld zielt, sondern bereit ist, mit langem Atem auch einmal 10 Jahre oder länger zu warten, bis sich der Einsatz lohnt. Ohne kapitalstarke Gesellschaften, die das Kapital vorstrecken, ist das nicht möglich. Solche sind in Griechenland rar, weil es eine äußerst kleinteilige Wirtschaftsstruktur und eine sehr schwache Industrie hat. Ein-Mann-Firmen und kleine Betriebe sind für langfristige Investitionen schlecht geeignet. So liegt der Anteil der Selbständigen mit circa einem Drittel ungewöhnlich hoch, zumal nur ein Viertel von ihnen Mitarbeiter beschäftigt. Das ist einmalig in Europa. Sogar in der Industrie arbeiten weniger als 20 % der Beschäftigten in Mittel- oder Großbetrieben. „Geduldiges Kapital" ist unter solchen Umständen eine Seltenheit.

Der Autor Petros Markaris sieht das nicht anders: „Eine Grieche will sein Geld nicht in eine Firma stecken", schreibt er, „er baut sich lieber eine Villa". Dimou charakterisiert seine Landsleute so: Für sie ist „das Leben wundervoll, jedoch so kurz! Sie wollen alles, und sie wollen es jetzt. Sie wollen immer mehr, und sie wollen es sofort." Wieso Konsumverzicht oder Aufschub, wenn Genuss und Spaß jetzt möglich sind? Die westlichen Regeln des Kredits aber sind andere. Auch wenn der Kredit sofortigen Konsum ermöglicht – das dicke Ende kommt am Schluss. Das führt wieder zu dem schon zitierten Satz: „Bedauerlicherweise sind wir pleite" – bedauerlich, weil wir mit dem Geld so schön leben konnten und das jetzt nicht mehr geht.

- Es liegt nahe, diesen Befund ins Psychologische zu wenden. Auch Dimou spricht in seiner Selbstbeschreibung davon, dass die Griechen wie verzogene und enttäuschte Kinder reagierten. Ganz ähnlich äußert sich Kostas Euthimiou, Vizepräsident des panhellenischen Psychologenverbandes, in einem Interview 2010 über seine Landsleute. Er schreibt ihnen ein schwer gestörtes Verhältnis zur Realität zu. Sie verhielten sich wie Kleinkinder in einer Märchenwelt. „Sie haben nicht gelernt, Probleme selbst zu lösen", sagt er. Sie haben die „Mentalität eines verzogenen Jugendlichen", der meint, dass ihm „alles zusteht, unabhängig von Leistung oder Gerechtigkeit oder den realen Gegebenheiten", der aber andererseits davon ausgeht, „dass moralisches oder gerechtes Verhalten etwas für Dumme ist", wie Euthimiou

sagt. Deshalb können die Tatkräftigen und Klugen, die Aktiven und Unternehmungslustigen sich nur schwer durchsetzen – und gehen ins Ausland.
Das deckt sich in mehrfacher Hinsicht mit dem, was Dimou schreibt: Der Grieche, so heißt es bei ihm, „will es sich gut gehen lassen und ist nicht gewillt, irgendetwas dem öffentlichen Wohl zu opfern. Er glaubt, dass Gesetze und Regeln für die anderen gemacht sind, dass Steuern von den anderen bezahlt werden sollen." In seiner Aphorismensammlung „Vom Unglück, ein Grieche zu sein" kennzeichnet er den Griechen durch „die absolute Unfähigkeit zur Selbstkritik und Selbsterkenntnis", durch seine Versuche, „außerhalb der Realität zu bleiben". So lebt er in einem dauernden Zustand der Übertreibung. Ein Aphorismus von Dimou treibt das selbst ins Extrem: „Ein Grieche nimmt die Realität prinzipiell nicht zur Kenntnis. Er lebt zweifach über seine Verhältnisse. Er verspricht das Dreifache von dem, was er halten kann. Er weiß viermal so viel wie das, was er tatsächlich gelernt hat. Er zeigt seine Gefühle fünfmal stärker, als er sie wirklich empfindet."

– Ein letzter Punkt: Die kargen und oft erhabenen Landschaften Griechenlands sind von der Sonne ausgedörrt. Und ihre Bewohner sind „Kinder des Lichts". Dimou zitiert den griechischen Nobelpreisträger Seferis, der schrieb: „Im Grunde bin ich eine Frage des Lichts." Und weiter: „Ich frage mich – ist es das Klima oder die Abstammung? Ich glaube, es ist das Licht. Etwas in diesem Licht macht uns zu dem, was wir sind."

Hören wir weiter Georges Prévélakis, Professor für Geopolitik mit internationaler Erfahrung und OECD-Botschafter Griechenlands. Er sagt zu seinem Land und seinen Landsleuten:

– „Der Durchschnittsgrieche fühlt sich im Umgang mit einem Türken, einem Araber oder einem sephardischen Juden viel wohler als mit einem Engländer oder einem Deutschen".
– Vor dem 2. Weltkrieg gehörte Griechenland zum Balkan. Die politischen Verhältnisse danach, die Regierung Karamanlis, aber auch Ereignisse wie die Zypernkrise oder die Militärdiktatur der Obristen führten zu einer oberflächlichen „Entbalkanisierung"; denn außer einer kosmopolitischen, westlich orientierten Elite fühlt sich die griechische Bevölkerung überwiegend östlich. Sein Resümee: „Die tief verwurzelte kulturelle Realität bleibt balkanisch geprägt". Das deckt sich mit

Markaris Äußerung: „Seit seiner Gründung ruht das Fundament des neugriechischen Staats auf zwei Säulen. Die eine war Europa, die andere der Balkan. Griechenland war Balkan und Europa zugleich".
Dazu kommt noch eine mediterrane Großzügigkeit, neben der traditionellen Gastfreundschaft, bei der es jeder schwäbischen Hausfrau kalt über den Rücken läuft. Dem Griechen sind die bei uns üblichen Berechnungen von Geben und Nehmen auf Heller und Pfennig unverständlich, fast ein pathologisches Verhalten. Eine gewisse Gräzisierung wäre in dieser Hinsicht in unseren Breiten sehr zu begrüßen und eine echte Bereicherung.

Wenn wir diese etwas kursorisch und zufällig zusammengestellte Selbstbeschreibung der Griechen ernst nehmen: wie stellt sich ihm dann z. B. die aktuelle wirtschaftliche Lage in seinem Land dar? Wie konnte es sein, dass die EU – die sich ja, um im Bild zu bleiben, für „erwachsen" hält – den verzogenen und konsumgierigen „Kindern" Griechenlands diese Unmengen von Geld lieh? Hatte sie den griechischen Charakter und seine Weltvorstellungen nicht gesehen, nicht sehen wollen? Die genannten Elemente des griechischen Selbstbildes kommen in den europäischen Beschreibungen Griechenlands nicht vor. Als die kreativen griechischen Haushaltskünste von Ministerpräsident Papandreou offengelegt wurden, lobte der Präsident der Europäischen Union das Land für seine Ehrlichkeit. Die Tragweite und Konsequenzen der kreativen griechischen Buchführung entgingen ihm ganz.

Stellen wir diese griechischen Selbstbeschreibungen den Äußerungen der EU oder der deutschen Medien gegenüber, sieht es dort ganz anders aus. Wir wollen dem im Folgenden genauer nachgehen, stellen aber einige Grundsätze schon jetzt fest. Die erste Prämisse war und ist die zweifelhafte These: Griechenland gehört zu Europa – also der Mythos von Europa. Die zweite Prämisse allgemeiner Art war und ist: Die EU soll und muss irgendwann und um jeden Preis ganz Europa umfassen. Ein ehernes Grundgesetz – trotz seiner Absurditäten und aller Probleme, die man sich damit einhandelt. Demzufolge durfte Griechenland der EG beitreten. Nach dem Zusammenbruch der Diktatur der Obristen und ihrer Misswirtschaft kehrte Griechenland im Jahre 1974 zur parlamentarischen Demokratie zurück. Die Monarchie wurde abgeschafft. Die Ernsthaftigkeit des damaligen Ministerpräsident Karamanlis und die Seriosität seiner Bemühungen führten am 1.1.1981 zum Beitritt in die Europäische Gemeinschaft. Er schien eine Abkehr von den balkanischen Verhältnissen zu garantieren: das Militär wurde marginalisiert, der Ein-

Ein Vorschlag, Griechenland besser zu verstehen 359

fluss der orthodoxen Kirche eingedämmt, die Kommunistische Partei wurde zugelassen – kurz, die Europäisierung schien gelungen. Im Hintergrund stand ein europäisches Selbstverständnis, das mit auf der klassischen Illusion über das Verhältnis von Griechenland zu Europa beruhte – in dieses Bild passten die eben genannten Elemente nur zu gut.

Wir kommen damit zur Beschreibung Griechenlands durch Europa. Wie passt das Bild, das wir bisher von dem Selbstverständnis der Griechen gewonnen haben, zu dem, wie insbesondere deutschen Medien über das Land sprechen? Stellen sie uns einen emotionalen, dem Augenblick lebenden Griechen vor, der von Lebensfreude und Großzügigkeit geprägt ist? Tauchen solche Elemente irgendwo auf? Das tun sie nicht – die Angelegenheit ist uns viel zu ernst. Das absolute Licht und der Zinsfuß gehören zwei verschiedenen Welten an, die nicht zusammen zu bringen sind. Die Rede Europas dreht sich um Lohnstückkosten, Schuldenschnitte, Hilfsprogramme. Man kann den Eindruck bekommen, es hier mit einem „Clash of Civilisations" zu tun zu haben.

Wenn aber die Differenzen so groß sind: Wieso hält Europa so sehr an Griechenland fest? Das kann nicht damit zusammenhängen, dass das Land 30 Jahre an der EG und der EU beteiligt war, ist die Frage doch gerade, wie es zum Beitritt in die EG, dann in die Eurozone kommen konnte. Hier dürfte das Scharnier zu finden sein, das die griechischen Realitäten und die europäischen Vorstellungen verbindet. Denn das historische Land der Alten Griechen nimmt einen zentralen Platz in dem Selbstbild Europas ein, mag es sich auch um eine phantasmagorische Illusion handeln. Striche man Griechenland und seine alte Geschichte von der Landkarte des projektierten Europa – was bliebe? Ein Europa ohne Sokrates, ohne Platon und ohne Aristoteles oder Heraklit, ein Europa ohne Akropolis, Delphi oder Olympia, ein Europa ohne Sophokles und Euripides – können wir uns das als Europa vorstellen? Es wäre ein amputiertes, zerstörtes, seines historischen Substrats beraubtes Europa, dem Grund, Tiefe und Rahmung fehlten. Eine Europaidee ohne Griechenland wäre eine Idee ohne Idee.

In der europäischen Imagination kann sich Europa ohne Griechenland nicht selbst vorstellen. Seitdem Winckelmann und seine begeisterten Nachfolger in der griechischen Antike, nicht der römischen, sich und ihr Ideal erblickt hatten – wie entsetzt wären sie gewesen, hätten sie damals die schrill bunten Tempel der realen Antike gesehen! –, seit sie eine Kontinuität zwischen griechischer Antike und Moderne hergestellt hatten, seit mit Heidegger eine Affinität des griechischen und deutschen Denkens behauptet wird, das an Tiefe und Originalität nicht zu überbieten und welthistorisch einmalig sei, gehört Griechenland dazu. Eine Etablierung europäischer Identität ohne Griechenland, besser: ohne das antike Griechenland, das aber ohne das moderne Griechenland nicht zu haben ist, ist nur schwer vorstellbar. Was haben die heutigen Griechen mit der Welt von damals zu schaffen?

Dieser Zusammenhang dürfte sogar machtpolitisch mit entscheidend gewesen sein, als die Großmächte zu Beginn des 19. Jahrhunderts sich für die Freiheit Griechenlands einsetzten. Der europäische Geist geknechtet und unter der Knute des osmanischen Reichs? Die Befreiung Griechenlands, sein edler Freiheitskampf – man musste ihm helfen. Dabei war aber nichts Positives prägend, außer der Vorstellung der Antike selbst, sondern nur Negatives: weg mit der osmanischen Fremdherrschaft. Und die Frage: „Was dann?" blieb zunächst unbeantwortet. Damit setzte sich politisch um, was seit der entstehenden Begeisterung für Griechenland im 18. Jahrhundert immer auf der Tagesordnung des Westens gestanden hatte: die Befreiung des heiligen Landes der Bildung. Das ist nicht abtrennbar von dem Eliza-Doolittle-Effekt, der Formung eines anderen nach den eigenen Vorstellungen und Bildern – ohne Rücksicht auf das, was dem anderen damit widerfährt.

Kurz: Europa wollte das neu entdeckte und jetzt befreite Griechenland schon damals nach seinen Vorstellungen formen. Vor Ort, in Hellas, sollte das nach der Aneignung der griechischen Klassiker durch die Bildungseliten unter bayerischer Herrschaft besonders architektonisch gelingen, nämlich durch die rege Bautätigkeit der neoklassischen Architekten. Dass die Griechen von ihrem gewaltigen Erbe nichts wussten, war nicht so schlimm; man musste es ihnen nur nahe bringen. Die symbolische Aneignung des Griechischen und die Besetzung des Landes durch die Philhellenen implizierte die Auslöschung der langen byzantinischen und osmanischen Zeiten. Das waren in moderner Perspektive nur Intermezzi, die man vergessen konnte. Es war eine heillose Projektionswut, der sich die Griechen ausgesetzt sahen. Griechenland sollte unter den neuen Herren sein und werden, was es nicht war – und es sollte nicht sein dürfen, wie und was es war, nämlich ein byzantinisch-osmanisch geprägtes Land.

Europa in der Gestalt des Wittelsbachers Otto und seiner Beamten wollte und konnte nicht sehen, was ihm vor Augen lag. Es galt, die eigenen Vorstellungen, die einem romantischen Bild entsprangen, um- und durchzusetzen. Das waren keine bösen, sondern die besten Absichten in dem Versuch, einen Traum zu verwirklichen. Das gesuchte Hellas gab es nicht und hatte es nie gegeben. Die gewalttätige Seite der alten Griechen wollte man nicht sehen. In Abwendung von den machtbewussten, unphilosophischen und technisch-militärisch genialen Römern als Vorbildern wurde die schöne Seele Griechenlands gesucht. Durch diese selektive Rezeption der griechischen Antike konnte sich Europa in neuer Weise beschreiben. Und diese Selbstbeschreibung hielt es für Realität. Kein Wunder also, dass schon damals Europa ohne Griechenland kein Bild in der Seele machte.

In diesem Zwiespalt zwischen Traum und Realität hängt Europa in seinem Verhältnis zu Griechenland bis heute fest. Man kann den europäischen Kommissaren und Ministern, Beamten und Ideologen Lügen und Irreführung, Verschwendung und Wahnsinn vorwerfen. Einer der tiefsten Gründe für ihr Verhalten, ihr Lavieren, ihre Unklarheiten und Verschleppungen dürfte in einer unangemessenen Selbstbeschreibung und dem illusorischen Beharren auf einer obsoleten Idee bestehen. Diese bringt sie dazu, das ferne Land retten zu wollen. Griechenland gehört dazu und gehört nicht dazu – wie soll man sich entscheiden? Von den Griechen selbst ist keine Lösung zu erwarten, da sie in einem analogen Zwiespalt stecken. Erhellend dazu ein Aphorismus von Nikos Dimou: „Wann immer ein Grieche von ›Europa‹ spricht, schließt er automatisch Griechenland aus. Wenn ein Ausländer von Europa spricht, ist es undenkbar für uns, dass er Griechenland nicht mit einschließt". Eliza Doolittle in „My Fair Lady" ist Professor Higgins weggelaufen, als er nicht erkennen wollte, dass sie nicht einfach sein Versuchsobjekt war. Ähnliches könne jetzt in Griechenland drohen.

Das Experiment mit Griechenland scheiterte an den falschen Vorstellungen der Europabildhauer. Eine Selbstreflexion setzte nicht ein. Man hatte andere Sorgen. Heute wiederholt sich der Eliza-Doolittle-Effekt: wir stecken mitten in diesem Prozess. Und eine für alle Beteiligten praktikable Lösung ist nicht in Sicht. Dazu trägt sicher bei, dass die EU das Land gleichsam wie eine Kolonie behandelt. Diese Mentalität ist in der deutschen Journalistik ebenso verbreitet wie in der Politik jeder Couleur. Sie spricht über Griechenland wie über ein Objekt, wie über ein Land, dem man mal zeigen muss, wie es geht. Symptomatisch dafür sind Standardsätze, die mit „wir" beginnen, zum Beispiel: „Wir müssen denen mal 500 Steuerbeamte schicken – wir müssen sie wettbewerbsfähig machen – wir müssen dort eine effektive Verwaltung einrichten". Die darin enthaltenen Elemente von Erniedrigung, auch Verachtung, werden nicht bemerkt oder unter dem moralischen Vorwand verborgen, doch nur helfen zu wollen.

Der Beginn der zweiten großen Eliza-Doolittle-Phase lässt sich genau datieren. Es war der 1.1.1981: Griechenland trat der Europäischen Gemeinschaft bei. Und wieder erlebten beide Seiten die Folgen des dieses Mal ökonomisch orientierten Paternalismus. Dabei kann man getrost von den guten Absichten der Europäer ausgehen. Die Lage war verwirrend. Man verhielt sich dem griechischen Ministerpräsidenten Papandreou von der PASOK gegenüber fügsam, der seinen Wahlkampf mit antiwestlichen und antieuropäischen Parolen geführt hatte. Es war erkennbar, dass er in Fortsetzung der traditionellen Klientelpolitik auch die alte Linie der Korruption fortsetzen würde – so wird er mit dem Spruch zitiert, jedem Beamten und Politiker stehe das Recht zu, „sich ein kleines Geschenk zu genehmigen". Das war verständlich: nun endlich kam die PASOK an die Fleischtöpfe der EG-Subventionen und machte reichlich davon Gebrauch. Indem Europa unkritisch und blind den Weg seiner Illusionen ging und das kleine Land wahrscheinlich freundlich belächelte, profitierte Griechenland, aber nicht wirklich Griechenland, sondern sein dem Klientelismus verpflichteter Staat und dessen Beamte.

Noch ein Wort zur Korruption. Dieser Vorwurf gehört zum antigriechischen Standardrepertoire. Aber so einfach ist die Sache nicht. Wenn es zwar Gesetze gibt, aber das Normbewusstsein so niedrig ist, dass sie nicht beachtet werden, wenn die Erwartungen des kleinen Umschlags und die Alltagspraxis der Gefälligkeiten von kaum jemandem ernsthaft in Frage gestellt werden, wenn eine Stelle in der öffentlichen Verwaltung nicht als Arbeitsplatz, sondern als staatlicher Versorgungsakt begriffen wird, der einem zusteht und den man zu Recht erhalten hat, wenn der Ministerpräsident die Devise ausgibt, jedem Beamten sei es erlaubt, ein kleines Geschenk anzunehmen, und wenn dementsprechend kein Unrechtsbewusstsein der so Privilegierten besteht, wenn der Staat selbst davon ausgeht, dass durch die Posten in der öffentlichen Verwaltung ein Wohl- und Stimmverhalten bezahlt wird, nicht aber die Qualifikation wichtig ist, auch wenn ein großer Teil des Volkes darunter leidet – ist der Vorwurf der Korruption dann nicht wesentlich eine Projektion von außen, bei der sich die Urteilenden zu Verwaltern einer gerechten Welt aufspielen? Den Vorwurf der Korruption äußern im Verhältnis zu anderen Staaten immer diejenigen, die sich für moralisch überlegen halten und sich damit zu den Guten der Welt zählen. Zu den Voraussetzungen der Korruption zählt das Selbstverständnis eines Staates als Rechtsstaat, der von einer gelebten Bindung der Verwaltung an Recht und Gesetz ausgeht, sich selbst so versteht und auch praktisch so verfährt. Wenn die Verhältnisse andere sind und dem Staat ein solches Selbstverständnis fehlt, ist es schwierig von Korruption zu sprechen. Das soll aber in keiner Weise heißen, dass solche Verhältnisse gut oder richtig wären. Große Teile der Bevölkerung litten schon immer und leiden noch immer darunter und können sich oft nicht das leisten, was sie etwa gesundheitlich benötigen.

Das wohlmeinende Regelwerk der EU-Verträge, welches die Staaten Europas auf Gedeih und Verderben zusammenzwingen wollte und dann zum Euro führte, hatte in einer Protokollnotiz, nicht in den Verträgen selbst, festgelegt, dass die beigetretenen Staaten bestimmte Kriterien erfüllen mussten. So wurde eine jährliche Neuverschuldung auf unter 3 % des BSP festgelegt und eine Obergrenze der Staatsschulden von 60 % des BSP. Griechenland nutzte – wie zuvor die EG-Subventionen – die nun ungewohnt niedrigen Zinsen zu weiterer Verschuldung. Schon zuvor hatte sich die Staatsverschuldung in den Jahren 1981 bis 1987 auf 85 % des BSP fast verdreifacht. Deshalb war es nicht verwunderlich, dass das Land, als es in die Eurozone aufgenommen wurde, die ökonomischen Aufnahmekriterien nicht erfüllte. Weder war die Inflation so niedrig, wie sie hätte sein sollen, noch war die Defizitgrenze eingehalten, noch bewegte sich die Verschuldung in dem geforderten Rahmen.

Die EU hielt sich nicht an ihre eigenen Kriterien, sondern folgte ihrem Bild von Europa, für das Griechenland unverzichtbar war. Europa verhielt sich griechisch: der Wunsch leitete das Handeln, die ideologischen Vorstellungen überwanden spielend die ökonomische Rationalität. Und man tröstete sich damit, dass es schon nicht so schlimm werden wird – wer hätte noch nie im Leben geschummelt? –, dass die Regelungen ausreichend seien, dass man der Hoffnung Raum geben und nicht auf die Schwarzmaler und Pessimisten hören sollte. Das entsprach genau den griechischen Vorstellungen: eine gute Fee wird kommen und die Probleme lösen. Und sie kam tatsächlich und schüttete ihr Füllhorn über Griechenland aus, das sich problem- und grenzenlos verschulden konnte. Und so, schreibt Prevelakis, „hat Griechenland 10 Jahre lang ein riesiges Konsumfest gefeiert." Markaris sieht das genauso: „Das Land versank in einem Hedonismus des Konsums". Wie sich früher die Schutzmacht Großbritannien, dann die USA um die Sorgen Griechenlands gekümmert hatte, so dass ein Staatsbankrott nicht so arg ins Gewicht fiel, sorgte sich jetzt die EU um den kleinen Bruder, der einst die Demokratie erfand, wie sie glaubt. Damit bestätigte sich wieder die Sonderstellung Griechenlands im Bund des europäischen Verbands – und Manna regnete vom europäischen blauen Himmel. Es war aber eine erneute Besetzung Griechenlands auf symbolisch-ökonomische Weise. Und Eliza Doolittle packt schon ihre Sachen. Sie verlangt mit Syriza einen radikalen Schuldenschnitt und liebäugelt mit Russland.

Bei der Beurteilung des Desasters in Griechenland stellt sich immer und grundlegend die Frage: Wer ist schuld? Dimou bringt das ironisch sehr schön zum Ausdruck, wenn der Titel seines Bändchens lautet: „Die Deutschen sind an allem schuld", wobei das Wort „Griechen" durchgestrichen und durch die „Deutschen" ersetzt wurde. Es ist die Frage nach der Verantwortlichkeit, danach, wer die Dinge wieder ins Lot bringen soll und dafür bezahlen muss, weil er dafür in Haftung genommen wird. Dass es darauf keine eindeutige Antwort gibt, liegt auf der Hand. Wieder kreuzen sich Perspektiven, Erwartungen, Selbstverständnisse, Fremdbeschreibungen. Wieder arbeiten die Mechanismen der Zuschreibungen und subjektiven Kausalitäten. Das zeigt sich schon bei der Argumentation Europas.

Das Argument der EU ist einfach: Die Griechen, d. h. der griechische Staat, haben Kredite aufgenommen. Also müssen sie sie zurückzahlen. Hätten sie sich angestrengt, hätten sie die nötigen Reformen durchgeführt, hätten sie nicht ihren Schlendrian weitergetrieben, hätten sie die Verschuldensgrenzen eingehalten usw. Kurz: hätten sie so gehandelt, wie die EU es von ihnen forderte, … Hätte, hätte, Fahrradkette. Die Frage nach der Bonität ihres Schuldners stellte die EU lieber nicht.

Diese Vorwürfe an die Griechen sind verkürzt und bigott: Sie seien parasitär, unehrlich, unverantwortlich, unzuverlässig. Sie nutzten die Lage aus und verschuldeten sich zu Lasten der anderen. Das impliziert eine Entgegensetzung von Europa und Griechenland, als handele es sich um zwei sich fremd gegenüber stehende Größen, als hätten sie nichts miteinander zu tun gehabt. Aber sollten die EG und die EU wirklich nichts gewusst haben von dem aufgeblähten Staat und Staatshaushalt, der Inkompetenz der Verwaltung, dem Klientelismus der sogenannten Parteien, dem

Einfluss der Kirche, der mangelnden Wettbewerbsfähigkeit? Kannte man die Griechen nicht aus 50 Jahren NATO-Mitgliedschaft? Aus 20 Jahren EG-Mitgliedschaft beim Eintritt in die Eurozone? Wusste man nicht, dass sie in den Balkankriegen als einziges europäisches Land mit Peter Handke mit den Serben sympathisiert hatten? Hatte man sich nicht nur damit abgefunden, sondern aus ideologischen und auch geopolitischen Gründen die Verhältnisse noch gefördert? Kam die Überraschung wirklich so überraschend? Wieso hatten die Aufsichtsgremien der EU Griechenland nie genauer unter die Lupe genommen? Wusste man nicht, dass Griechenland einer der größten Nettoempfänger der EU war? Hatte man nicht bemerkt, wie die Kosten für die Olympiade 2004 ins Kraut geschossen waren, und hatte man nicht gehört, wie der Ministerpräsident im selben Jahr die wirtschaftliche Lage klarstellte? Warum hatte der rasante Zuwachs der Staatsverschuldung in den 80er Jahren zu keinen Reaktionen geführt? Meinte man es mit der Demokratie ernst oder verteidigt man sie nur, wenn die Ergebnisse den eigenen Wünschen entsprechen – wieso war die EU entsetzt, als der griechische Regierungschef das Volk befragen wollte, wie es weitergehen sollte? Waren das alles nur Irrtümer, Desinteresse, Fehleinschätzungen, Fahrlässigkeit? Dass die Gründe für diese seltsame Blindheit tiefer liegen, hatten wir oben schon gezeigt.

Die klare Schlussfolgerung lautet: Die Schuld einfach Griechenland zuzuschreiben, geht an der historischen und wirtschaftlichen Realität weit vorbei. Ein Eingeständnis des griechischen Bankrotts durch die EU erforderte, einen Fehler zuzugeben und würde das ideologische Europaprojekt ins Zwielicht stellen. Das wäre für die EU äußerst schmerzlich, weil alle lange aufrecht erhaltenen Legitimationsgespinste damit auf einen Schlag zerrissen wären. Zudem ist sie es nicht gewohnt, Selbstkritik zu üben. Die Lösung der EU: die Schuld an der Pleite, die real ist, aber geleugnet wird – wäre Griechenland ein Unternehmen, wären seine Vorstände wegen Konkursverschleppung und Kreditbetrugs schon lange in Haft, wobei ihnen viele Regierungschefs und hohe Funktionäre der EU, des IWF und der EZB Gesellschaft leisten müssen – , diese Schuld soll schon vorab Griechenland zugeschrieben werden. Im Brustton moralischer Überlegenheit heißt es dann von Europa: Trotz aller Angebote und Hilfestellungen hat es das Land nicht anders gewollt!

Es traf sich also die tief verwurzelte phantasmagorische Ideologie der Brüsseler Bürokratie mit den Bedürfnissen Griechenlands, von dem mancher bezweifelt, dass es wirklich ein moderner Staat sei. Trotz aller

Differenzen sind die Vorstellungen von Staat und Steuern in Europa und der Wirtschaftswelt relativ einheitlich. Die Prüfer Griechenlands, von der Troika entsandt, sahen sich entgegen ihrer Erwartung mit einem Staat konfrontiert, der ihren Vorstellungen nicht entsprach. Ohne das an die große Glocke zu hängen, fanden sie keinen Staat vor, sondern nur Kulissen eines Staates. Ein funktionierendes Steuersystem war so wenig vorhanden wie eine funktionierende Verwaltung. Ein Grundbuch gab es nicht. Ein Staat also, der eine Bindung an Recht und Gesetz nicht sonderlich hoch hält, mag sie auf dem Papier stehen oder nicht. Griechenland kann mit diesen Forderungen gut umgehen, es ist ein Friedhof von Gesetzen, die nicht umgesetzt wurden. Alle grundlegenden Reformversuche – ob sie jemals ernst gemeint waren, wird dem Westen vermutlich für immer verborgen bleiben – sind bisher gescheitert, so wirkt es jedenfalls für den westlichen Betrachter, dessen Staatsverständnis sich kaum mit dem deckt, was historisch in Griechenland entstanden war. Denn das, was der Westen den griechischen Staat nennt, folgt nicht dem, was im Okzident seit Jahrhunderten in Theorie und Praxis herausgearbeitet wurde; denn der griechische Staat ist aus der Herrschaftsform des osmanischen Reiches hervorgegangen.

So wurden die Posten als Anerkennung für Wohlverhalten, später für Wahlverhalten vergeben. Dabei kam es nicht auf die Qualifikation an. Das wussten die neuen Beamten, und sie wussten auch, dass sie nicht Beamte geworden waren um zu arbeiten. Ihre Zahl wuchs. Und je größer sie wurde, umso größer war der Finanzbedarf. Eine Deckung erfolgte durch höhere Steuern, so dass die Nicht-Profiteure des Systems, die arbeitende Bevölkerung, gleich ob Bauern, Unternehmer oder Dienstleister, zum Mittel des Steuerbetrugs gedrängt wurden.

Damit sind einige Charakteristiken dieses Staates im Ansatz erklärt: seine Funktion als Versorger, die Unfähigkeit der Verwaltung und der Steuerbetrug als Mittel im Kampf gegen die ausbeuterische Obrigkeit. Der griechische Ökonom Doxiadis meint dazu: „Fast alle Griechen, vom Großunternehmer über den kleinen Landeigentümer auf den Inseln bis hin zum Provinzbeamten, halten es für ganz selbstverständlich, ein gewisses Einkommen zu haben, das weder einer Arbeit entstammt noch den Risiken eines Kapitaleinsatzes ... Wenn ihnen dieses nicht gelingt, fühlen sie sich ungerecht behandelt".

Damit ergibt sich an wesentlicher Stelle ein einleuchtendes Beispiel für die sogenannten Missverständnisse zwischen der EU, der Troika – die heute mit ihrem ökonomischen Diktat als fremde und zerstörende, ausbeuterische Macht erfahren wird – und dem Land, dem sie doch helfen wollen, wieder auf die Beine zu kommen. Also eine paradoxe Situation wechselseitiger Verstrickung, die keine der beiden Seiten versteht und bei der kein ernsthaftes Bemühen zu sehen ist, ihr zu entkommen. Die Furcht vor einer Gefährdung der Selbstbilder, die ein solches Bemühen bedeutete, überwiegt alles andere.

In der aktuellen Lage zeigt sich für die Beziehungen zwischen der EU und Griechenland eine merkwürdige Verkehrung. Die neue Regierung Tsipras / Varoufakis will die Anerkennung des Hauptfaktums, nämlich dass ihr Land bankrott ist – und glaubt, wenn diese Tatsache zur Grundlage weiteren Handelns gemacht werde, könne Griechenland wie der Phönix aus der Asche wieder auferstehen. Sie verhalten sich im Grund völlig realitätsgerecht: Griechenland ist de facto schon lange pleite. Dagegen bleibt die EU bei ihrer irrealen Behauptung, das Land sei nicht pleite, sondern brauche nur etwas Geld, dann werde alles wieder gut; Griechenland sei eigentlich schon so gut wie gerettet. Sie beharrt kontrafaktisch auf ihrem Traum der gelingenden Einheit Europas mit seiner Währungsunion und ist bereit, zur Aufrechterhaltung dieses ideologischen Phantasmas extrem hohe Risiken einzugehen, nämlich den Zusammenbruch des gesamten Wirtschaftsraums und sogar die EZB dazu zu instrumentalisieren. Hier scheinen also beide Seiten jeweils die Rolle der Gegenseite übernommen zu haben, also verkehrte Welt zu spielen – die Ergebnisse könnten nicht nur für Griechenland katastrophal werden.

Literatur

Brenke, Karl: Nötige Modernisierung der griechischen Wirtschaft: eine Herkulesaufgabe, in: Aus Politik und Zeitgeschichte 35–37, 2012, S. 16–23.

Dimou, Nikos: Über das Unglück, ein Grieche zu sein. München: Kunstmann 2011 (1975).

Dimou, Nikos: Die Deutschen sind an allem schuld. 2. Auf. München: Kunstmann 2014.

Dries, Christian: Griechenland als Dystopie und Avantgarde, in: Scheidewege 42 (2012/2013), S. 75–99.

Douzinas, Costas: Philosophie und Widerstand in der Krise. Griechenland und die Zukunft Europas. Hamburg: Laika-Verlag 2014.

Doxiadis, Aristos: Griechische Wirtschaft. Kleinunternehmer, Rentiers, Opportunisten – Institutionen, Mentalitäten, in: Lettre International 94 (Herbst 2011), S. 25–29.

Gaitanides, Johannis: Griechenland ohne Säulen. München: List 1990 (überarbeitete Fassung; erstmals 1955).
Höhler, Gerd: Begegnung mit Griechenland. Kultur – Geschichte – Politik. Reinbek: Rowohlt 1984 (1982).
Katzantzakis, Nikos: Alexis Sorbas.
Landfester, Manfred: Griechen und Deutsche: Der Mythos einer ›Wahlverwandschaft‹, in: H. Berding (Hg.): Mythos und Nation. Studien zur Entwicklung des kollektiven Bewusstseins in der Neuzeit 3. Frankfurt: Suhrkamp 1996, S. 198–219.
Liakos, Antonis: Griechenland und Europa. Im Knäuel der Krisenreaktionskräfte – Vorurteile und Richtigstellungen. Antonis Liakos im Dialog, in: Lettre International 95 (Winter 2011), S. 19–24.
Lymperopoulos, Loukas: Kurze Geschichte Neugriechenlands, in: Aus Politik und Zeitgeschichte 35–37, 2012, S. 23–30.
Markaris, Petros: Finstere Zeiten. Zur Krise in Griechenland. Zürich: Diogenes 2012.
Prevelakis, Georges: Der griechische Knoten – Ursachen der Krise. Von Europas Komplizenschaft und Verantwortung, in: Lettre International 98 (Herbst 2012), S. 15–22.
Richter, Heinz A.: Athener Klientelismus. Die politische Kultur Griechenlands und die Wurzel der Schuldenkrise, in: Lettre International 95 (Winter 2011), S. 25–27.
Schrader, Klaus u. a.: IfW-Krisencheck: Alles wieder gut in Griechenland? Kiel 2013. (Institut für Weltwirtschaft: Kieler Diskussionsbeiträge Nr. 522/3, Juni 2013).
Rondholz, Eberhard: Anmerkungen zum Griechenland-Bild in Deutschland. In: Aus Politik und Zeitgeschichte 35–37, 2012, S. 49–54.
Zelepos, Ioannis: Kleine Geschichte Griechenlands. Von der Staatsgründung bis heute. München: C.H. Beck 2014.

Agnes Voigt

Denkzeit – Abbruch

Eine fotografische Betrachtung

Eine Gewissheit bleibt auch im Zeitalter der scheinbar alles ermöglichenden digitalen Welt: Alles ist endlich. Diese freilich nicht ganz neue Erkenntnis sollte in unserer durch virtuelle Welten erweiterten realen Welt – welche oft nur noch mit gesenktem Kopf stolpernd auf einen kleinen Bildschirm schauend wahrgenommen wird – durchaus mitbedacht werden. Damit tun sich jedoch Viele in unserer den materiellen Mehrwert hinterherhetzenden Gesellschaft schwer. Das Innehalten und Nachdenken über grundlegende oder auch nur beiläufige Aspekte des Seins bleiben dabei auf der Strecke. Der Verlust dieser Denkzeit ist bedauerlich. Denn damit geht oft die Wahrnehmung und das Beobachten der alltäglichen Veränderungen in unserem Umfeld verloren. Auch das Reflektieren darüber mit all seinen Implikationen bleibt dann meist auf der Strecke.

Oft sind es Künstler, die hier kritische oder auch nur dokumentierende Kontrapunkte setzen. Zu diesen Künstlern gehört fraglos Agnes Voigt. Seit mehreren Jahren begleitet sie – neben Anderem – den Wandel der City Nord in Hamburg, jenem deutschlandweit einzigartigen Gebäudeensemble, das ab etwa 1960 geplant und bis in die 1970er Jahre weitgehend realisiert wurde. In dem für die BP erbauten Gebäude setzte man erstmals in einer deutschen Großstadt das Konzept der Großraumbüros in einem ganzen Gebäudekomplex um und errichtete ein vollklimatisiertes High-Tech-Stahlbetongebäude bezeichnenderweise in Form eines Benzolringes auf sechseckigem Grundriss. Doch langfristig setzte sich die Idee der Großraumbüros hier nicht durch. BP zog aus, das Gebäude stand viele Jahre leer und wurde schließlich zum Abriss freigegeben.

In Agnes Voigts hier (auszugsweise) vorgestellten Fotoserie von 2012–2014 steht nun die Dokumentation der Entkernung und des Abrisses dieses architektur- und ideengeschichtlich so wichtigen Gebäudes im

Zentrum. Monumentale Schrotthaufen, skulpturengleich mit der Kamera inszeniert, symmetrisch geordnete und geisterhaft-surreal wirkende Räume als Bühne des großen Finales mit den darin verloren wirkenden Arbeitern, dann die sich in die Gebäudehaut immer tiefer bis zum Kern vorfressenden Maschinen, welche nie genug bekommen können – sie stehen am Ende scheinbar verloren da, warten aber gleichsam auf ihr nächstes „Opfer". Und dann ist da dieses Spiel mit den Kontrasten: Bäume, Äste und die letzten Blätter des Spätherbstes spenden dem Betrachter der Szenerie Hoffnung.

Agnes Voigts Fotografien der einzelnen Etappen des Gebäudeabrisses evozieren in ihrer teils brutal eindringlichen wie dann auch hochästhetisierenden Sicht just ein Innehalten und fordern – Denkzeit.

Olaf Matthes

Denkzeit – Abbruch   383

Michael Hauskeller

Mitten im Leben. Über Altern, Tod und Unsterblichkeit

1. Warum wir heute immer zu früh sterben

Live long enough to live forever.
Ray Kurzweil

Der Tod wartet auf uns alle. Niemand entgeht ihm, auch wenn wir uns noch sehr darum bemühen, ihm zu entkommen und ihn fernzuhalten. Im Tod der anderen – von Familienmitgliedern, Freunden, Haustieren und Fremden – bestätigt er seine Wirklichkeit. Um seine Möglichkeit wissen wir schon als Kinder, kaum daß wir sprechen gelernt haben. Media vita in morte sumus. Inmitten des Lebens sind wir vom Tod umfangen. Im großen und ganzen sind wir damit aber immer gut zurechtgekommen. Wir pflegten die Tatsache unserer Sterblichkeit zu ignorieren so gut es eben ging und so lange wie eben möglich. Was sollten wir auch sonst tun? Der Tod kommt, wann er kommt. Bis dahin will das Leben gelebt werden. Inzwischen aber fällt es uns zunehmend schwer, unser Leben zu leben, ohne dabei ständig und geradezu obsessiv auf den Tod zu achten, dem wir entgegengehen. Stets umgeben von den Reizbildern scheinbar ewiger Jugend erscheint uns nun schon das Altern nicht mehr als Reifungsprozeß, als Erwerb von Lebenserfahrung und dem, was man einst Weisheit nannte, als ein Durchleben verschiedener Stadien des Lebens, dessen jedes seine Rolle spielt und seinen Wert hat und die auf einander aufbauen, sondern in erster Linie und fast ausschließlich als ein langsames Sterben, also tatsächlich als ein dem-Tode-Entgegengehen. Für eigentlich lebendig gilt heute beinahe nur noch der junge Mensch.

Der Schrecken dieses langsamen Sterbens, oder vielleicht besser noch seine Peinlichkeit, der Affront, den es darstellt, ist heute umso größer, als der Tod angefangen hat, seine Selbstverständlichkeit zu verlieren. Die rasante Entwicklung der Kommunikations- und Biotechnologien während der letzten beiden Jahrzehnte ruft die Hoffnung wach, daß wir schon bald gar nicht mehr sterben werden müssen, daß wir einen Weg finden werden, den verhaßten Alterungsprozeß, der uns täglich, langsam, aber unerbittlich, dem Grabe näher bringt, anzuhalten und womöglich, bei den nicht mehr ganz so Jungen, rückgängig zu machen. Es ist einfacher, sich mit etwas abzufinden, das uns als unumgänglich erscheint. Wenn das aber nicht mehr der Fall ist, wenn uns die reale Möglichkeit vor Augen gestellt wird, die in unseren Organismus gleichsam vom Hersteller mit eingebaute Sterblichkeit durch die Schaffung eines optimierten Körpergefüges zu überwinden, und damit die Möglichkeit, für eine unbegrenzte Zeit so zu bleiben, wie wir sind, und an dem festzuhalten, was wir haben, dann ist es mit der Gleichmut schnell zuende. Wenn es, wie uns heute einige Biogerontologen und technophile Philosophen sowie viele Hersteller von diversen Produkten und Journalisten weismachen wollen, nur noch eine Frage der Zeit ist, bis wir den Alterungsprozeß, also im wesentlichen die biologischen Verschleißerscheinungen von Geist und Körper, völlig unter unsere Kontrolle gebracht haben, dann wäre es doch gar zu dumm, wenn wir ausgerechnet jetzt dann noch schnell sterben würden, so kurz vor dem Erreichen des großen Ziels. Das wäre so, als hätte man es geschafft, sich nach einem Schiffbruch auf offenem Meer in einem kleinen Rettungsboot über hunderte von Seemeilen und viele Tage und Nächte hindurch bis in Sichtweite der Küste eines Landes durchzuschlagen, um dann kurz davor zu kentern und zu ertrinken oder einfach den so lange ausgehaltenen Strapazen zu erliegen. Jeder, der in dieser Situation das langersehnte Land vor Augen sieht, wird sich sagen, daß er jetzt nicht mehr aufgeben könne, und wird sich noch einmal ins Zeug legen und alles daran geben, nun auch noch diesen letzten, aber entscheidenden Teil der langen Strecke, die zwischen ihm und der Rettung lag, hinter sich zu bringen. In einer solchen Situation glauben wir uns auch heute zu befinden, auch wenn das rettende Land, die Abschaffung des Todes, oder vielmehr der Sterblichkeit (im Sinne eines Sterben-*Müssens*), sich vielleicht letztendlich doch als eine Fata Morgana erweisen wird. Wenn die Unsterblichkeit zum Greifen nahe scheint, dann wollen wir auch noch so lange leben, bis sie tatsächlich da ist. Dies ist umso mehr Grund, das Altern und damit hoffentlich den Tod so lang wie möglich aufzuschieben. Es gilt, solange zu überleben, bis das Sterben nicht mehr länger nötig ist. „Live long enough to live forever!", wie es der Untertitel eines einschlägigen Lebensverlängerungs-Ratgebers des amerikanischen Erfinders und Futuristen Ray Kurzweil von uns fordert.[1]

Typisch für die Haltung, die wir heute zunehmend einnehmen, und zunehmend einzunehmen angehalten werden, ist der folgende Beitrag des Fernsehsenders RTL, zu finden auf dessen Internet-Ratgeberseite: „Ewig jung sein. Das wollen wir alle. Vielleicht ist die Wissenschaft diesem Wunsch wieder einen Schritt näher gerückt: Denn den Medizin-Nobelpreis gibt's in diesem Jahr für die Entdeckung eines Enzyms, das den Chromosomen in Zellkernen ‚ewige Jugend' ermöglicht. Bis Sie persönlich davon profitieren können, halten Sie sich an unsere 20 besten Tipps, mit denen Sie einfach jung bleiben ...".[2] Die Tipps beschränken sich auf das Übliche: gesunde Ernährung, wenig Alkohol, nicht rauchen, viel Sex, positives Denken etc. Daran ist auch an sich nichts verkehrt. Das Merkwürdige ist nur, daß all dies dem Zweck ewiger Jugend dienen soll. Das gute Leben, ein Leben in Maß und Achtsamkeit und Freude, ist hier kein Selbstzweck mehr, sondern nur noch Mittel. Leb lang genug, um ewig zu leben. Die Frage, *wozu* wir ewig leben, ewig jung sein wollen, kommt dabei gar nicht in den Blick. Ebenso wenig wird darüber nachgedacht, was das für Folgen hätte, für uns selbst und für die menschliche Gesellschaft.

2. Fahrstühle in die Zukunft

> Do not go gentle into that good night.
> Rage, rage against the dying of the light.
> *Dylan Thomas*

Trotz dieses Mangels an Reflexion werden wir heute von allen Seiten ermuntert, wie es einst der walisische Dichter Dylan Thomas tat, uns mit Händen und Füßen gegen das Sterben zu sträuben. *Wüte, wüte, gegen das Ersterben des Lichts.* Weiter als bis zur Sicherung des individuellen Überlebens reicht der Blick gewöhnlich nicht. Für diejenigen, denen es nicht gelingt, lange genug zu leben, um schon in den Genuß der erwarteten Unsterblichkeitstechnologien zu kommen, bieten inzwischen Firmen wie die *Alcor Life Extension Foundation* die Kryokonservierung des Körpers an (für $200.000), oder für die, denen das zu teuer ist, nur des Kopfes (für $80.000). Bei der Kryokonservierung wird der Körper unmittelbar nach dem Tod in flüssigem Stickstoff eingefroren, was das organische Gewebe und vor allem die, wie angenommen wird, für Erinnerung und

Mitten im Leben. Über Altern, Tod und Unsterblichkeit 387

Persönlichkeit wesentlichen Gehirnstrukturen auf unabsehbare Zeit präserviert. Die Kryokonservierung wird als „Fahrstuhl in die Zukunft" gepriesen und beworben, weil sie uns zu erlauben scheint, die zelluläre und neurologische Basis unserer Persönlichkeit auch über den physischen Tod hinaus solange zu erhalten, bis wir die nötigen (nanomedizinischen) Techniken für die Reanimierung des Körpers (oder Gehirns im Verein mit einem neuen, optimierten Körper) entwickelt haben. Wie Schneewittchen in ihrem gläsernen Sarg oder Dornröschen in ihrem verzauberten Schloß brauchen wir dann nur noch darauf zu warten, daß ein Märchenprinz in Gestalt zukünftiger Technologien auftaucht und uns wieder wachküßt (in der vielleicht eitlen Hoffnung, daß er dies dann auch *wollen* wird und nicht etwas besseres zu tun hat als die Toten wieder zum Leben zu erwecken). Bei Hunden und Schweinen hat das angeblich (nach einigen Stunden des Konserviertseins) schon funktioniert, und manche Froscharten (wie der nordamerikanische Waldfrosch) pflegen sich im Winter einfach einfrieren zu lassen, um dann im Sommer wieder aufzutauen und zum Leben zurückzukehren. Wenn Frösche das können, dann wäre es doch gelacht, wenn nicht auch wir das könnten. Die in Aussicht gestellte Möglichkeit einer Reanimierung erinnert an die christliche Lehre von der Wiederaufstehung des Leibes am Jüngsten Tag, der bei Technikgläubigen die (leidlich) säkularisierte Gestalt der sogenannten „technologischen Singularität" angenommen hat, welche den Zeitpunkt bezeichnet, an dem unsere Maschinen so leistungsfähig werden geworden sein, daß buchstäblich alles möglich ist. Bezeichnenderweise verändert die bloße Möglichkeit einer Reanimierung die Vorstellung des Todes selbst. Wenn wir nämlich erst dann wirklich tot sind, wenn wir *unwiderruflich* tot sind, dann ist heute niemand mehr tot, solange sein Körper oder wenigstens sein Gehirn sich noch strukturell in einem funktionsfähigen Zustand befindet, also noch nicht irreversibel geschädigt ist. Das impliziert, daß wenn wir einen Menschen nach dem, was wir als seinen biologischen Tod anzusehen gewohnt sind, begraben oder verbrennen, statt ihn zu kryokonservieren, wir ihn eigentlich *dadurch* erst töten, weil wir damit sicherstellen, daß er nicht zurückkehren *kann*. Ebenso kommt die Entscheidung, sich nicht selbst kryokonservieren zu lassen, einem Selbstmord gleich. Die Kryokonservierung wird damit zu einer moralischen Pflicht erster Ordnung in der Sicht derer, die sie propagieren.

Doch auch diejenigen, denen die Erwartung einer späteren Wiederauferstehung, nicht im Jenseits, sondern in *dieser* Welt, gar zu frankensteinisch oder zu unglaubhaft fantastisch erscheint, oder denen es ganz einfach an den für die Kryokonservierung nötigen finanziellen Mitteln mangelt, sind selten bereit, den Dingen einfach ihren Lauf zu lassen. Wenn man sich anschaut, wie heute üblicherweise Kosmetika vermarktet werden, dann scheint es, daß diese nicht in erster Linie der Verschönerung dienen, sondern der Verjüngung. Es geht nicht darum, besser, und das heißt im allgemeinen auch jünger, *auszusehen*, sondern darum, den Alterungsprozeß des Körpers *tatsächlich* zu verlangsamen, oder jedenfalls darum, die Illusion einer andauernden Jugend vor sich selber aufrecht erhalten zu können. Kosmetika dienen nicht mehr der Selbstdarstellung, sondern dem echten oder vermeintlichen Todesaufschub. Auch sie dienen uns also als potentieller „Fahrstuhl in die Zukunft". Ziel ist nicht so sehr, sich nach außen als jünger zu präsentieren als man ist, sondern tasächlich länger jung zu bleiben, das heißt seinen Körper in einem Zustand zu erhalten, der reflektiert, wie wir uns selber sehen und fühlen, nämlich jung. Sich jung zu fühlen heißt hier vor allem, daß man noch nicht bereit ist zu sterben, nicht bereit, bereits den langen Weg hinab anzutreten, die schiefe Bahn, die uns, nachdem wir, allzu schnell, den Zenith unseres Lebens erreicht haben oder erreicht zu haben glauben, immer schneller in den Abgrund gleiten läßt, in dem der Tod auf uns wartet. So erfordert die Vermarktungsstrategie heute die Stilisierung von normalen Hautpflegeprodukten zu Antifaltencremes und die begriffliche Aufwertung dieser zu „Anti-Age-Cremes". Die Pflege soll verstanden werden als eine Abwehrmaßnahme gegen die sichtbaren Spuren des Alters und dann eben dadurch auch als Abwehrmaßnahme gegen das Altern selbst. Dies macht auch durchaus Sinn, wenn man nämlich das Altern in erster Linie als körperlichen Prozeß versteht, weil dann das Altern eben in seinen phyischen Ausdrucksformen *besteht*. Mein Körper verändert sich dann nicht etwa deshalb, *weil* ich altere, gleichsam als äußere Entsprechung eines inneren, geistig-seelischen (oder eben im emphatischen Sinne *leiblichen* Prozesses)[3], sondern ich altere, weil und insofern das Ding, das ich meinen Körper nenne, sich verändert. Und hiergegen läßt sich im Prinzip etwas tun. Antifaltencremes tragen natürlich wenig dazu bei, den Alterungsprozeß ernsthaft zu verlangsamen, was eigentlich auch jeder weiß. Mehr verspricht da die kosmetische Chirurgie, die stärker und gewaltsamer in den Körper eingreift und ihn gleichsam zu zwingen (statt wie die Cremes nur zu überreden) sucht, sich nicht unserem Wunsch nach mehr Leben entgegenzustellen. Wir wissen zwar, daß wir bislang nur Flickarbeit betreiben, daß, wenn die Dinge so bleiben, wie sie sind, das Schiff früher oder später doch sinken wird, aber vielleicht bleiben die Dinge ja nicht so. Vielleicht können wir ja schon bald alle Teile und Funktionen des Körpers ersetzen. Nur nicht zu früh sterben, heißt die Devise. Das rettende Ufer ist vielleicht doch schon sehr nah.

3. Warum der Tod das beste Mittel darstellt, um ewige Jugend zu erringen

> I hope I die before I get old
> *The Who*

In ihrem dystopischen Roman *Das Jahr der Flut* (London 2010)[4] beschreibt die kanadische Schriftstellerin Margaret Atwood einen Ort, den Frauen in regelmäßigen Abständen besuchen, um ihre alternden Gesichter und Körper verjüngen zu lassen. Sie gehen dorthin, weil sie erschreckt sind von den Zeichen der Sterblichkeit, die ihr Fleisch zur Schau stellt. Wenn sie aber die Behandlung hinter sich haben und wieder heraus kommen, nachdem alle diese Zeichen für den Augenblick entfernt worden sind, haben sie immer noch Angst, weil sie sich bereits fragen, wann die ganze Sache wieder von vorn anfangen wird. „Die ganze Zeichen-der-Sterblichkeit-Sache. Die ganze *Sachen*sache. Niemand mag das, dachte Toby, ein Körper zu sein, eine Sache, ein Ding. Niemand möchte in dieser Weise begrenzt sein. Wir hätten lieber Flügel. Selbst das Wort Fleisch hat einen breiigen Klang an sich."

Unser Körper macht uns zu einer Sache, einem Ding. Die Vorstellung aber, nur ein Ding unter vielen anderen Dingen in der Welt zu sein, behagt uns gar nicht. Ein Ding zu sein schließt Begrenztheit ein, einen Mangel an Autonomie und echter Handlungsmacht, Passivität und letztendlich Zerstörbarkeit. Wir hätten lieber Flügel, das heißt ein Mittel, unserer fundamentalen Dinglichkeit zu entfliehen, unserem Verhaftetsein in der materiellen Welt, in der alles der Veränderung unterworfen ist und alles am Ende zugrundegehen muß. Natürlich sind unsere Körper, gemacht aus breiigem Fleisch, in einem gewissen Sinne auch keine Dinge, nämlich in dem Sinne, in dem ein Ding zu sein tatsächlich wünschenswerter wäre als ein lebendiger Körper, ein Leib. Ein Ding ist zwar nicht lebendig, aber das heißt eben auch, daß es nicht sterben kann, und wenn unsere Angst vor dem Tod nur groß genug ist, dann würden wir es vielleicht vorziehen, gar nicht mehr (oder gar nicht erst) lebendig zu sein.

Doch womöglich ist es gar nicht so sehr der Tod, den wir fürchten, sondern das Altern, das heißt den Verlust der Jugend. „Ich hoffe, ich sterbe, bevor ich alt werde",[5] sang einst, vor nunmehr fünfzig Jahren, Roger Daltrey mit der Rockgruppe *The Who*, womit er nicht nur den gegen das Establishment gerichteten Gefühlen einer ganzen Generation Ausdruck gab, sondern auch der Angst, daß man eines Tages selbst dazu gehören könnte, einfach daduch, daß man erwachsen wurde. Daltreys Wunsch ist ihm nicht erfüllt worden. Er ist heute 71 Jahre alt. Damals war er 21. Ich habe nie wirklich darüber nachgedacht, daß es zwischen der Angst vor dem Tod und der Angst vor dem Altern einen wesentlichen Unterschied geben könnte, bis ich las, was Atwood in dem erwähnten Roman schreibt, gleich nach der oben zitierten Stelle: „Wenn du wirklich für immer im selben Alter bleiben willst, in dem du jetzt bist, dann versuche, vom Dach zu springen: der Tod ist ein bombensicherer Weg, die Zeit anzuhalten." Ist das nur ein schlechter Scherz, oder steckt hier mehr darin, eine tiefe Einsicht in das Wesen unseres Wunsches, ewig jung zu bleiben? Dieser Wunsch ist schließlich rein logisch gesehen ein Wunsch, die Zeit anzuhalten, und wenn sich die Zeit nur anhalten läßt, für einen selbst nämlich, dadurch daß man stirbt, dann läuft der Wunsch, ewig jung zu bleiben, faktisch auf den Wunsch heraus zu sterben. Es spricht daraus also eine verborgene Todessehnsucht.

Es sei denn natürlich, ewige Jugend würde Veränderungen nicht ausschließen, so daß wir uns weiter verändern könnten, Erfahrungen sammeln, den Schöpfungsprozeß, in dem wir uns selbst und die Welt, in der wir leben, gemeinsam gestalten, weiterführen, ohne dabei älter werden zu müssen. Ich glaube jedoch nicht, daß das möglich ist, da es eben nicht nur unser Körper ist, der altert, sondern auch unser Bewußtsein, unsere Persönlichkeit. Um nicht zu altern, müßten wir sein wie James Barrie's Peter Pan, der Junge, der sich weigerte, erwachsen zu werden, der jede Nacht vergißt, was er am Tage erlebt hat und der für immer unberührt bleibt von dem, was er tut und was um ihn herum geschieht. Wäre man aber so wie Peter Pan, dann hätte man eigentlich gar kein Leben, jedenfalls kein menschliches. Es wäre ein Leben ohne Biographie, eines, das sich nicht erzählen ließe, weil keine Verbindung irgendeiner Art zwischen den verschiedenen Phasen dieses Lebens bestünde. Es könnten genauso gut verschiedene Leben sein. Das ist auch der Grund, warum Peter Pan letztendlich den Tod repräsentiert (ebenso wie die ewige Erneuerung, die es nicht geben kann ohne den Tod). Atwood hat recht: ewige Jugend und Tod sind ein und dasselbe, oder genauer: das eine kann nur erlangt werden, wenn man bereit ist, den Preis des anderen zu zahlen.

Wenn aber ewige Jugend Stillstand ist und Stillstand Tod, dann ist der Fortgang, der mein Altern und meinen Tod einschließt, Leben. Leben ist ein Prozeß, nicht ein Zustand, und insofern es ein und dieselbe Sache ist, die diesen Prozeß durchläuft, muß diese Sache altern. Denn was wir altern nennen, ist letztlich nur eine Anhäufung von Vergangenheit in der Seele, von durchlaufenen Erfahrungen, von Er-Leben. Mit dem Altern wächst die Vergangenheit und die Zukunft schwindet, bis keine Zukunft mehr bleibt und alles Vergangenheit ist. Oder so scheint es. Denn der Prozeß geht weiter und neue Zukünfte ersetzen die alten, nämlich im Leben derer, die uns überdauern, und derer, die nach uns kommen.

4. In anderen leben und weiterleben

> The colors of the rainbow, / So pretty in the sky. / Are also on the faces, / Of people going by
> *Louis Armstrong*

In seinem Buch *Death and the Afterlife* (Oxford 2013) fragt sich der amerikanische Philosoph Samuel Scheffler, wie wir wohl reagieren würden, wenn wir wüßten, daß 30 Tage nach unserem Tod die gesamte Menschheit vernichtet würde. Unser eigenes Leben würde dabei nicht verkürzt oder in irgendeiner anderen Weise direkt betroffen werden. Wir würden also unser Leben ganz normal zu Ende leben können, und erst wenn alles hinter uns läge und uns nichts, das passiert, noch irgendetwas schaden könnte, würde der Rest der Menschheit ebenfalls sein Ende finden. Eigentlich sollte uns das nichts weiter ausmachen. Wir erleben es ja nicht mehr. Scheffler glaubt aber, daß es den meisten von uns nicht nur doch etwas ausmachen würde, sondern daß die Vorstellung einer unmittelbar bevorstehenden Vernichtung der ganzen Menschheit *nach* unserem Tode uns tatsächlich *mehr* ausmacht als die Aussicht unseres eigenen sicheren Todes. So schwer es uns auch fallen mag, uns mit unserer eigenen Sterblichkeit abzufinden, so führt das Wissen um diese doch gewöhnlich nicht dazu, daß unser Leben für uns seinen Sinn verliert. Wenn wir aber wüßten, daß alles menschliche Leben kurze Zeit nach unserem Tod zu Ende ginge, dann kann man sich leicht vorstellen, daß vieles von dem, was wir heute tun und was uns heute wichtig zu tun erscheint, seine Bedeutung verlieren würde. Wir würden wahrscheinlich mit Ennui und Verzweiflung reagieren. Wenn es niemanden gibt, der nach uns kommt, der fortführt, was wir begonnen haben, der auf dem aufbaut, was wir in die Wege geleitet haben, der zu schätzen weiß, was wir erreicht haben, wenn wir also alles, was wir täten, nur für uns selber und für die Gegenwart täten, dann, so scheint es, gäbe es wenig Grund, es überhaupt zu tun. Der eigene Tod erscheint uns vielleicht als ein Übel. Der baldige Tod der Menschheit aber würde uns als unvergleichlich größere Katastrophe erscheinen. Scheffler schließt aus diesem Gedankenexperiment, daß unser Egoismus keineswegs unbeschränkt ist, weil wir uns offensichtlich auch um Dinge Gedanken machten, die uns nicht direkt betreffen, und weniger Wert auf unser eigenes individuelles Überleben legten als auf das Überleben der Menschheit.

Ich möchte Schefflers Gedankengang hier nicht im einzelnen nachverfolgen. Da sein Argument stark auf der Plausibilität der Voraussage bestimmter Reaktionen in hypothetischen Situationen beruht, ist es sicher nicht unproblematisch. Was mir aber durchaus überzeugend erscheint, ist die Kernaussage, nämlich daß uns die fortdauernde Existenz der Menschheit alles andere als gleichgültig ist, was an sich schon bemerkenswert ist, da wir nach unserem Tod weder so noch so vom weiteren Schicksal der Menschheit betroffen sein werden. Sicher ist es schwer zu sagen, wie genau wir reagieren würden, wenn wir wüßten, daß die Menschheit mit Sicherheit kurz nach unserem eigenen Tod ebenfalls ihr Ende fände. Manche würden vielleicht am Leben verzweifeln, während andere den Wert menschlicher Solidarität entdecken würden. Einige würden sich vielleicht ermuntert fühlen, nun noch rücksichtsloser zu leben (frei von der Sorge um künftige Generationen), während andere weitgehend unbeeinträchtigt von diesem Wissen bleiben und ihr Leben weiterhin genießen würden, da sie ja ohnehin nichts daran ändern könnten. Manchen würde vielleicht sogar die Aussicht einer Vernichtung allen menschlichen Lebens auf der Erde äußerst willkommen sein. Was anderen als Katastrophe erscheint, sähen sie als Gelegenheit für Mutter Erde, sich von den Wunden, welche die Menschen ihr zugefügt haben,

Mitten im Leben. Über Altern, Tod und Unsterblichkeit   393

zu erholen. Was auch immer aber unsere tatsächliche Reaktion wäre, ich denke, es ist ziemlich klar, daß wenige von uns dem Schicksal der Menschheit völlig gleichgültig gegenüber stünden. Wir legen Wert darauf, daß die Menschheit überlebt. Die Frage ist, warum eigentlich.

Nun könnte es natürlich sein, daß wenn wir uns vorstellen, die gesamte Menschheit würde kurz nach unserem Tod zugrundegehen, und wir von dieser Vorstellung erschreckt sind, wir tatsächlich einer Wahrnehmungstäuschung zum Opfer fallen, ähnlich der, auf die Epikur unsere Angst vor dem Tod zurückführte. So wie wir den Tod vor allem deshalb fürchten, weil wir uns vorstellen, tot zu sein und dabei irgendwie den Zustand dieses Totseins selbst zu erleben (im Grabe zu liegen, in Dunkelheit und Kälte, ohne Ausweg, für immer und ewig), was natürlich nicht der Fall sein wird, so fürchten wir vielleicht auch den Untergang der Menschheit, weil wir uns vorstellen, immer noch da zu sein, wenn es geschieht, und entweder dabei dann mit zugrundezugehen oder aber als einziger zu überleben, also alles mitzuerleben und allein zurückzubleiben in einer leeren Welt.

Doch selbst wenn eine solche Konfusion hier eine Rolle spielen sollte, glaube ich nicht, daß das alles ist. Es scheint mir, daß wenn Scheffler unsere Sorge um das Fortbestehen der Menschheit als Beleg für die „Grenzen des Egoismus" nimmt, er damit vielleicht der Wahrheit näher kommt, als er selber ahnt. Es liegt uns nicht nur an uns selbst, den Menschen, die wir lieben, und vielleicht bestimmten anderen Menschen, die wir kennen. Es liegt uns auch an Menschen im allgemeinen, und zwar deshalb, weil wir uns auch mit der Menschheit im ganzen identifizieren und dazu neigen, uns selbst im anderen wiederzuerkennen. Wir neigen dazu, die Menschheit als ein Projekt zu begreifen, an dem wir gemeinsam mit anderen teilhaben. Wenn ich meinen siebenjährigen Sohn anschaue, dann sehe ich oft mich selbst in ihm, wie ich war, als ich selbst noch ein Junge war, und der Gedanke, daß er noch sein ganzes Leben vor sich hat, mit all seinen Möglichkeiten, seinem reichen Gewebe von Erfahrung, seinen Freuden und Überraschungen, versöhnt mich mit der Welt und meinem eigenen Sterbenmüssen. Und obwohl ich mir durchaus bewußt bin, daß es in diesem Leben auch Leiden geben wird, echte Verluste, Frustrationen und Enttäuschungen, kann ich doch nicht das Gefühl ablegen, daß alles in allem dieses Leben dennoch wert ist, gelebt zu werden, ein großes Abenteuer, dessen Weiterbestehen für uns allerhöchste Priorität haben sollte. (In diesem Sinne sprach auch Hans Jonas in seinem Buch *Das Prinzip Verantwortung* von dem „ersten Imperativ", nämlich der unbedingten Pflicht, daß eine Menschheit sei.) Und es scheint mir, wenn ich meinen Sohn ansehe, daß ich in ihm noch einmal eine Gelegenheit zu leben erhalten habe, daß er das Leben für mich leben wird, daß ich in ihm teilhabe an der Zukunft der Welt. Aber dieses Gefühl beschränkt sich nicht auf meinen Sohn oder meine Kinder im allgemeinen. Ähnliches empfinde ich auch, wenn auch vielleicht weniger eindrücklich, in vielen anderen Situationen, etwa wenn ich anderen Kindern beim Spielen zusehe, oder Liebende sehe, die sich umarmen, Leute, die miteinander plaudern und fröhlich sind, Studenten, die sich mit für sie neuen Ideen auseinandersetzen, das alte Paar auf unserer Straße, das Hand in Hand zum Einkaufen geht, meinen Hund, wenn er einem Ball hinterherjagt, ganz versunken in der reinen Freude des Laufens, des Lebendigseins. Ich identifiziere mich mit ihnen allen, in dem Sinne, daß ich mein eigenes Leben ausgedehnt und verlängert fühle in ihnen und durch sie. Ich fühle, ohne das ganz verstehen zu können, daß sie, ihrem tiefsten Wesen nach, ich sind. Selbst mein Hund. Oder irgendein anderer Hund. Oder ein anderes Tier. So ist es vielleicht nicht die Menschheit allein, mit der wir uns verbunden fühlen und an deren Überleben uns liegt. Das Projekt der Menschheit ist ja selbst Teil eines noch größeren Projekts, des Projekts des Lebens. Und tatsächlich, wenn wir uns vorstellen, daß nicht nur die Menschheit vom Gesicht der Erde verschwünde, sondern mit ihr auch noch alle anderen lebenden Wesen, so daß nicht nur die Geschichte des Menschen zu einem Ende käme, sondern die Geschichte des Lebens selbst, dann würden wir uns wohl noch mehr entsetzen, würden wir den Sinn unseres Lebens noch mehr in Frage gestellt finden, als wenn es nur die Menschheit wäre, die verschwünde.

Warum also ist es uns nicht gleichgültig, was nach unserem Tod mit der Welt geschieht? Ich denke, das liegt nicht zuletzt daran, daß wir spüren, daß mit der Auslöschung der Menschheit (oder gar des Lebens selbst) wir noch einmal sterben würden, und vielleicht dieses Mal endgültig. Mitten im Leben sind wir vom Tod umfangen. Ja. Aber mitten im Tod, in unserer individuellen Sterblichkeit, sind wir auch vom Leben umfangen. Wir stehen buchstäblich, auch über den individuellen Tod hinaus, mitten im Leben.

Anmerkungen

1. Ray Kurzweil and Terry Grossman, Fantastic Voyage: Live Long Enough to Live Forever, Emmaus: Rodale Books 2004.
2. http://www.rtl.de/cms/ratgeber/20-tipps-einfach-jung-aussehen-3d5c-6e4e-17-113717.html
3. Während der Körper als materielles Ding wahrgenommen und verstanden wird, das dem Geist oder Bewußtsein gegenübersteht, ist der Leib die gelebte Einheit von Seelischem und Körperlichem. Der Leib ist notwendig lebendig, beseelt im aristotelischen Sinne, oder Leben *in actu*.
4. Im folgenden wird der Roman nach der englischen Originalausgabe (*The Year of the Flood*, London: Virago Press 2010) zitiert. Die entsprechenden Zitate habe ich selbst ins Deutsche übersetzt.
5. In dem Song „My Generation".

Biographische Angaben

Philipp Beirow, geboren 1991 in Scherzingen am Bodensee. Student der Fächer Deutsch, Biologie und Sportwissenschaft für das Lehramt an Gymnasien; Zimmermann in Teilzeit.
Anschrift: Petershauserstr. 5, 78467 Konstanz. E-Mail: philipp.beirow@uni-konstanz.de

Günther Bittner, Prof. Dr., geb. 1937 in Prag. Diplompsychologe, Pädagoge und Psychoanalytiker. Professor an der PH Reutlingen und an der Universität Bielefeld, seit 1977 an der Universität Würzburg (emeritiert 2005).
Neuere Veröffentlichungen u. a.: Vater Freuds unordentliche Kinder. Die Chancen post-orthodoxer Psychoanalyse heute (1989); Biographien im Umbruch (1994); Das Sterben denken um des Lebens willen (Neuauflage 1995); Kinder in die Welt, die Welt in die Kinder setzen. Eine Einführung in die pädagogische Aufgabe (1996); Metaphern des Unbewussten. Eine kritische Einführung in die Psychoanalyse (1998); Das Leben bildet. Biographie, Individualität und die Bildung des Proto-Subjekts (2011); „Dir unbewußt arbeite ich in Dir." Die Psychoanalyse Hermann Hesses bei Josef Bernhard Lang (2015).
Anschrift: Lodenstr. 22, 97209 Veitshöchheim. E-Mail: bittner.guenther@t-online.de

Dietrich Böhler, Prof. em. Dr. phil., geb. 1942 in Berlin-Karlshorst. Lehrte Praktische Philosophie/ Ethik, Politische Philosophie, Hermeneutik und Theorie der Sozialwissenschaften von 1972 bis 1975 an der Universität des Saarlandes, von 1975 bis 1980 an der PH Berlin und bis 2010 an der Freien Universität Berlin. Gründete 1998 das Hans Jonas-Zentrum mit interdisziplinärer Zukunftsbibliothek und ist Vorsitzender des gemeinnützigen Hans Jonas-Zentrums e. V.
Neuere Veröffentlichungen: Zukunftsverantwortung in globaler Perspektive (2009); Kritische Gesamtausgabe der Werke von Hans Jonas. Hg. mit M. Bongardt u. a. (2010 ff.); Verbindlichkeit aus dem Diskurs. Denken und Handeln nach der Wende zur kommunikativen Ethik – Orientierung in der ökologischen Dauerkrise (2014).
Festschriften: Philosophieren aus dem Diskurs. Hg. H. Burckhart u. H. Gronke (2002); Dialog – Reflexion – Verantwortung. Zur Diskussion der Diskurspragmatik. Hg. J. O. Beckers, Fr. Preußger u. Th. Rusche (2013).
Anschrift: Virchowstr. 33, 16816 Neuruppin. E-Mail: dietrich.boehler@gmx.de

Gernot Böhme, Prof. Dr., Studium der Mathematik, Physik und Philosophie in Göttingen und Hamburg, 1977–2002 Professor für Philosophie an der TU Darmstadt, 1997–2001 Sprecher des Graduiertenkollegs „Technisierung und Gesellschaft", seit 2005 Direktor des Instituts für Praxis der Philosophie e. V., IPPh. Vorsitzender der Darmstädter Goethegesellschaft. Forschungsschwerpunkte: Klassische Philosophie, Naturphilosophie, Ästhetik, Ethik, Technische Zivilisation (philos. Anthropologie), Goethe, Zeittheorie.
Neuere Veröffentlichungen u. a.: (mit Hartmut Böhme) Feuer, Wasser, Erde, Luft. Eine Kulturgeschichte der Elemente (2004); Theorie des Bildes, (2. Aufl. 2004); Goethes Faust als philosophischer Text (2. Aufl. 2013); Architektur und Atmosphäre (2. Aufl. 2013); Ethik leiblicher Existenz (2008); Invasive Technisierung (2008); (als Hrsg.): Der mündige Mensch (2009); (als Hrsg.) Kritik der Leistungsgesellschaft (2010); (als Hrsg.) Alternative Wirtschaftsformen (2012); Ich-Selbst. Über die Formation des Subjekts (2012); Bewusstseinsformen (2014).
Anschrift: Rosenhöhweg 25, 64287 Darmstadt. www.ipph-Darmstadt.de
E-Mail: Boehme@t-online.de

Hans-Georg Deggau, Dr. iur., geb. 1949 in Lübeck. Lebt nach Tätigkeiten als Jurist und in verschiedenen Funktionen im Bildungssektor und Tourismus als Publizist in Freiburg.
Neuere Veröffentlichungen: Kleine Geschichte der Katharer (2005). Div. Besprechungen und Beiträge für Zeitungen, Zeitschriften und Rundfunk.
Anschrift: Egonstr. 43, 79106 Freiburg. E-Mail: hgdeggau@gmx.de

Robert Eberhardt, M.A., geb. 1987. Studium der Europäischen Kunstgeschichte und Mittleren und Neueren Geschichte in Heidelberg und Paris, Verleger des Wolff Verlags und Galerist.
Veröffentlichungen: Seume und Münchhausen. Eine Dichterfreundschaft (2010); Atelierbesuch Ulrich Moritz (2012); Anton Graff. Porträts eines Porträtisten, Hrsg. (2013).
Anschrift: Rußwurmsches Herrenhaus, Amtstr. 27, 98597 Breitungen/Werra
E-Mail: post@roberteberhardt.com

Gerhard Fitzthum, Dr. phil., geb. 1955 bei Gießen/Hessen. Promotion 1991 bei Odo Marquard an der Justus Liebig Universität Gießen. Lebt als freier Autor und Journalist in Lollar. Themenschwerpunkte: Naturwahrnehmung, Reisekultur, ökologische Ethik.
Veröffentlichungen: Moralität, Tod und Theodizee. Konturen einer Ethik nach und mit Heidegger (1991); Das Ende der Menschheit und die Philosophie. Zum Spannungsverhältnis von Ethik und Theodizee (1992); Auf dem Weg. Zur Wiederentdeckung der Natur (2014).
Anschrift: Hainstr. 2, 35457 Lollar-Salzböden. E-Mail: fitzthum@tcen.de

Thomas Flint, Dr., geb.1966. Wiss. Mitarbeiter an der Humboldt-Universität zu Berlin (Prof. Dr. Bernhard Schlink, 1994 bis 1999) und am Bundesverfassungsgericht (Prof. Dr. Jutta Limbach, 1999 bis 2001). Seit 2001 Richter in der Sozialgerichtsbarkeit (Sozialgericht Hamburg, 2001 bis 2008; Landessozialgericht Hamburg, 2008 bis 2013; seit 2013 Richter am Bundessozialgericht in Kassel). Lehrbeauftragter an der Universität Hamburg (seit 2012).
Veröffentlichungen: Die Übertragung von Hoheitsrechten. Zur Auslegung der Art. 23 Abs. 1 Satz 2 und Art. 24 Abs. 1 GG (1998); Für eine Zusammenlegung von Sozialgerichten und Verwaltungsgerichten, in: Deutsche Richterzeitung (2004, S. 217–221); Die Eingliederungshilfe in der Rechtsprechung der Sozialgerichtsbarkeit, in: Nachrichtendienst des Deutschen Vereins für öffentliche und private Fürsorge e.V. (2010, S. 80–85).
Anschrift: E-Mail: tflint@gmx.de

Thomas Fuchs, Prof. Dr. med. Dr. phil. habil., geb. 1958. Studium der Medizin, Philosophie und Geschichte in München, Promotionen in Medizingeschichte und in Philosophie. Seit 1997 Oberarzt an der Psychiatrischen Universitätsklinik Heidelberg. 1999 Habilitation in Psychiatrie. Seit 2005 Professor für Psychiatrie an der Psychiatrischen Universitätsklinik Heidelberg. 2010 Habilitation in Philosophie, Berufung auf die Karl-Jaspers-Professur für Philosophische Grundlagen der Psychiatrie in Heidelberg.
Veröffentlichungen u. a.: Leib, Raum, Person. Entwurf einer Phänomenologischen Anthropologie (2000); Psychopathologie von Leib und Raum (2000); Zeit-Diagnosen. Philosophisch-psychiatrische Essays (2002); Das Gehirn – ein Beziehungsorgan. Eine phänomenologisch-ökologische Konzeption (2008); Leib und Lebenswelt. Neue philosophisch-psychiatrische Essays (2008).
Anschrift: Gaisbergstr. 51, 69115 Heidelberg. E-Mail: thomas_fuchs@med.uni-heidelberg.de

Michael Hauskeller, Prof. Dr., geb. 1964. Professor für Philosophie und Direktor des Instituts für Soziologie, Philosophie und Anthropologie an der Universität Exeter, GB.
Veröffentlichungen u. a.: Geschichte der Ethik (2 Bde. 1997/1999); Was ist Kunst? (1998); Versuch über die Grundlagen der Moral (2001); Ich denke, aber bin ich? (2003); (Hrsg.) Die Kunst der Wahrnehmung (2003); Mögliche Welten (2006); Biotechnology and the Integrity of Life (2007); Better Humans? Understanding the Enhancement Project (2013); Sex and the Posthuman Condition (2014); (Hrsg.) Palgrave Handbook of Posthumanism in Film and Television (2015).
Anschrift: 19 Saxon Road, Exeter EXI 2TD, GB. E-Mail: m.hauskeller@exeter.ac.uk

Biographische Angaben

Christoph Hennig, Dr. phil., geb. 1950 in Hannover. Lebt als Reiseveranstalter und freier Publizist im Burgund. Journalistische Tätigkeit u. a. für FAZ, ZEIT, Merian.
Veröffentlichungen u. a.: Die Entfesselung der Seele. Romantischer Individualismus in den deutschen Alternativkulturen (1989); Überlegungen zum nationalen Habitus Italiens (1996); Reiselust. Touristen, Tourismus und Urlaubskultur (1997); Wilde Wege, stille Dörfer. Wanderungen in den Abruzzen (2007).
Anschrift: 6, Impasse de la Cortière, F-71700 Plottes. E-Mail: Hennigfr@aol.de

Klaus Hilbert, Prof. Dr. geb. 1953 in Belém. Studium der Archäologie in Köln und Marburg. Tätig am Museu Goeldi in Belém. Professur am Institut für Geschichte der Pontifóicia Universidade Católica in Porto Alegre, Brasilien. Mit dem Institut für Geographie und dem Wissenschaftszentrum Umwelt der Universität Augsburg arbeitet er an einem vom DAAD geförderten Projekt über präkoloniale indigene Kulturen im Amazonasgebiet. In dem Projekt werden u. a. Terras Pretas – Vorkommen in Amazonien digital kartiert.
Anschrift: Departamento de História, Pontifícia Universidade Católica – PUCRS, Avenida Ipiranga, 6681; 90619-900 Porto Alegre RS, Brasilien. E-Mail: hilbert@pucrs.br

Michael Holzwarth, B. A., geb. 1986. Studium der Geschichte, Philosophie und Slawistik. Masterstudent der Kulturwissenschaften an der Universität Leipzig. Wandervogel, Globetrotter, Kulturrezensent.
Anschrift: Schnorrstr. 24, 04229 Leipzig. E-Mail: kairos@posteo.de

Eduard Kaeser, Dr. phil. nat., geb. 1948. Studium der theoretischen Physik, der Philosophie und Wissenschaftsgeschichte. 1982–86 Assistenz und Lehrtätigkeit am Philosophischen Seminar Bern. 1987–1992 Mitarbeit an der interfakultären Koordinationsstelle für Allgemeine Ökologie in Bern. Seither freie publizistische Vortragstätigkeit. Gymnasiallehrer für Physik, Mathematik, Philosophie.
Veröffentlichungen u. a.: Autonome Artefakte – ein Testfall für die Autonomie des Menschen?, in: Soziale Welt (2004); Der Körper im Zeitalter seiner Entbehrlichkeit (2008); Pop Science. Essays über Technik, Wissenschaft, Medizin, Religion (2009); Kopf und Hand. Von der Unteilbarkeit des Menschen (2011); Multikulturalismus revisited (2012); Artfremde Subjekte (2015).
Anschrift: Liebeggweg 6, 3006 Bern, Schweiz. E-Mail: e.cheese@gmx.net

Bernhard Malkmus, Associate Professor, geb. 1973 in Aschaffenburg, lehrt Literaturgeschichte und Kulturtheorie an der Ohio State University, USA. Forschungsschwerpunkte: Theorien der Moderne, Bildkritik, Ökologie und Geisteswissenschaften.
Veröffentlichungen: The German Pícaro and Modernity: Between Underdog and Shape-Shifter (2011); Dialectic and Paradox: Configurations of the Third in Modernity, hrsg. mit Ian Cooper (2013); The Challenge of Ecology to the Humanities: Posthumanism or New Humanism? (mit Heather Sullivan 2016).
Anschrift: Department of Germanic Languages and Literatures, The Ohio State University, 1775 College Road, Columbus/OH 43210, U.S.A.
https://germanic.osu.edu/people/malkmus.1

Olaf Matthes, Dr. phil., geb. 1965. Leiter Sammlung Fotografie, Neue Medien und Archiv am Hamburg Museum; Studium der Geschichte, Kunstgeschichte und Klassischen Archäologie in Berlin, London und Rom; Lehrbeauftragter am Historischen Seminar der Universität Hamburg; zahlreiche Veröffentlichungen zur Museums-, Wissenschafts- und Kulturgeschichte sowie zur Regional- und Stadtgeschichte.
Anschrift: E-Mail: olaf.matthes@hamburgmuseum.de

Biographische Angaben

Peter Cornelius Mayer-Tasch, Dr. jur., geb. 1938. Habilitation für Öffentliches Recht, Rechtsphilosophie und Politikwissenschaft an der Universität Mainz. Seit 1971 Professor für Politikwissenschaft und Rechtstheorie an der Universität München, 1972–2003 Mitglied des Direktoriums des Geschwister-Scholl-Instituts. Seit 1984 Leiter der Forschungsstelle für Politische Ökologie. 2002 bis 2010 Rektor der Hochschule für Politik München. 2002–2010 Mitherausgeber der „Zeitschrift für Politik". Mitglied der Kuratorien des „Öko-Institutes" und von „Mehr Demokratie e.V.".
Neue Veröffentlichungen u. a.: Porträtgalerie der politischen Denker (2004); Mitte und Maß (2006); Meer ohne Fische? Raubfang, Profit und Welternährung (2007); Diario Veneziano (2007); Welt ohne Wasser (2009); Politische Theorie des Verfassungsstaats (2. Aufl. 2009); Der Hunger der Welt (2011); Jean Bodin (2011); Raum und Grenze (2013); Die Macht der Schönheit (2014); Die Himmelsleiter (2015); Die unerschöpfliche Kraft des Einfachen (2015; mit F.-Th. Gottwald / Bernd Malunat).
Anschrift: Geschwister-Scholl-Institut der LMU München, Oettingerstr. 67, 80538 München.
E-Mail: Mayer-Tasch@hfp.mhn.de

Klaus Michael Meyer-Abich, geb. 1936 in Hamburg. Emeritierter Professor für Naturphilosophie an der Universität Essen. Sein Arbeitsgebiet ist die praktische, dem menschlichen Handeln gewidmete Naturphilosophie in der Naturkrise unserer Zeit. Im Zentrum des Interesses steht dabei das – letztlich immer im weitesten Sinn religiös geprägte – menschliche Selbstverständnis, dessen Ausdruck unser Handeln ist.
Veröffentlichungen u. a.: Wege zum Frieden mit der Natur. Praktische Naturphilosophie für die Umweltpolitik (1984); Aufstand für die Natur. Von der Umwelt zur Mitwelt (1990); Praktische Naturphilosophie. Erinnerung an einen vergessenen Traum (München 1997); Was es bedeutet, gesund zu sein – Philosophie der Medizin (München 2010).
Anschrift: Charitas-Bischoff-Treppe 9, 22587 Hamburg-Blankenese.
E-Mail: klaus.meyer-abich@uni-due.de

Ulrich Moritz, geb. 1949. Nach dem Studium der Kunstgeschichte, Germanistik und Vergleichenden Literaturwissenschaft kuratorische Tätigkeit in Weimar und Berlin vorwiegend im Rahmen kultur- und wissenschaftshistorischer Ausstellungen. Zuletzt tätig als wissenschaftlicher Mitarbeiter im Museum für Naturkunde in Berlin. Seit 2014 freiberuflicher Zeichner. Publikationen von Aufsätzen in Ausstellungskatalogen, zuletzt in: Ferdinand Damaschun et al (Hrsg.): Klasse, Ordnung, Art – 200 Jahre Museum für Naturkunde, Rangsdorf 2010.
Anschrift: Fehlerstraße 16 II, 12161 Berlin. E-Mail: ulrichmoritz@arcor.de

Friedrich Pohlmann, M. A., Dr. phil. habil., geb. 1950. Studium der Musik, Soziologie, Geschichte und Philosophie in Hannover und Freiburg, von 1979 bis 2006 in verschiedenen Positionen (wiss. Mitarbeiter, Hochschul- und Privatdozent) Soziologie an der Universität Freiburg lehrend. Jetzt Privatgelehrter und freier Autor. Viele Veröffentlichungen auf den Gebieten der allgemeinen soziologischen Theorie, vergleichenden Diktaturtheorie, Sozialstrukturanalyse, Analyse der Kindheit und Kultursoziologie.
Anschrift: Brombergstr. 8A, 79102 Freiburg. E-Mail: friedrich.pohlmann@soziologie.uni-freiburg.de

Josef H. Reichholf, Dr. rer. nat., geb. 1945. Studium der Biologie, Chemie, Geografie und Tropenmedizin an der Universität München. Promotion 1969 in Zoologie. 1970 Forschungsjahr in Brasilien. 1971 bis 1973 Ökosystemforschung an Stauseen. 1974 bis 2010 an der Zoologischen Staatssammlung in München als Leiter der Abteilung Wirbeltiere und der Sektion Ornithologie. Lehrtätigkeit an beiden Münchner Universitäten. Seit 1985 Honorarprofessor an der TU München. Umfangreiche Tätigkeiten im nationalen und internationalen Naturschutz. Mitglied der Kommission für Ökologie der Bayerischen Akademie der Wissenschaften.

Biographische Angaben

Veröffentlichungen u. a.: Die falschen Propheten (2002); Der Tanz um das Goldene Kalb (2004); Die Zukunft der Arten (2005); Eine kurze Naturgeschichte des letzten Jahrtausends (2007); Stadtnatur (2008); Stabile Ungleichgewichte (2008); Der Ursprung der Schönheit (2011); Begeistert vom Lebendigen (2013); Ornis (2014).
Anschrift: Paulusstr. 6, 84524 Neuötting. E-Mail: reichholf-jh@gmx.de

Miki Sakamoto, M.A., geb. 1950. Studium der Literaturwissenschaft, Psychologie und Kulturanthropologie an der Universität Sacred Heart in Tokio und an der Ludwig-Maximilians-Universität München. Lebt seit 1974 in Bayern.
Veröffentlichungen: Kostbare Augenblicke. Gedichte (2005); Münchner Freiheit (2007); Die Kirschblütenreise oder wie meine Großmutter Nao den Wandel der Zeit erlebte (2011); diverse Zeitschriftenbeiträge.
Die Gedichte in diesem Band der Scheidewege sind dem Buch *Vergängliche Spuren. Deutsch-japanische Gedichte* entnommen, erschienen im Kessel-Verlag Remagen 2014 – mit freundlicher Genehmigung des Verlags, ISBN 978-3-941300-92-7.
Anschrift: E-Mail: miki.s.muc@hotmail.de

Hans-Martin Schönherr-Mann, Essayist u. Prof. f. Politische Philosophie, Ludwig-Maximilians-Univ. München. Gastprofessor an der Leopold-Franzens-Universität Innsbruck, Lehr- und Prüfungsbeauftragter an der Hochschule für Politik, München.
Neuere Veröffentlichungen: Die Macht der Verantwortung (2010); Was ist politische Philosophie? (2012); Protest, Solidarität und Utopie – Perspektiven partizipatorischer Demokratie (2013); Untergangsprophet und Lebenskünstlerin – Über die Ökologisierung der Welt (2015); Albert Camus als politischer Philosoph (2015).
Anschrift: Baumannstr. 13, 83233 Bernau am Chiemsee. E-Mail: hmschmann@gsi.uni-muenchen.de

Nils Björn Schulz, Dr. phil., geb. 1969. Studium der klassischen Philologie, Germanistik und Philosophie in Heidelberg und Gießen. Lehrer an der Robert-Havemann-Oberschule Berlin. Veröffentlichungen zu literaturwissenschaftlichen und pädagogischen Themen.
Anschrift: Indrastraße 1, 13089 Berlin. E-Mail: nbs@posteo.de

Jens Soentgen, Dr. phil., geb. 1967 in Bensberg. Studium der Chemie, 1996 Promotion in Philosophie über den Stoffbegriff. Zweimal Gastdozent für Philosophie in Brasilien. Seit 2002 wissenschaftlicher Leiter des Wissenschaftszentrums Umwelt an der Universität Augsburg.
Veröffentlichungen u. a.: Von den Sternen bis zum Tau. Eine Entdeckungsreise durch die Natur mit 120 Phänomenen und Experimenten (2010).
Anschrift: Wissenschaftszentrum Umwelt, Universität Augsburg, Universitätsstr. 1a, 86159 Augsburg.
Webseite: www.wzu.uni-augsburg.de

Nora S. Stampfl, Mag. rer. soc. oec., MBA, geb. 1971. Studium der Wirtschaftswissenschaften an der Johannes-Kepler-Universität Linz, Österreich, und an der Goizueta Business School, Emory University, Atlanta, Georgia, USA. Lebt als Organisationsberaterin, Zukunftsforscherin und Publizistin in Berlin. Interessenschwerpunkte sind Zukunftsfitness von Organisationen und gesellschaftlicher Wandel.
Neuere Veröffentlichungen u. a.: Die Zukunft der Dienstleistungsökonomie (2011); Die verspielte Gesellschaft. Gamification oder Leben im Zeitalter des Computerspiels. (2012); Die berechnete Welt. Leben unter dem Einfluss von Algorithmen (2013); Unberechenbare Zukunft (2013); Rollender Widerspruch. Die automobile Gesellschaft auf dem Weg in den rasenden Stillstand (2013).
Anschrift: f/21 Büro für Zukunftsfragen, Rosenheimer Str. 35, 10781 Berlin. www.f-21.de
E-Mail: nora.stampfl@f-21.de

Biographische Angaben

Heinz Theisen, Prof. Dr., lehrt Politikwissenschaft an der Katholischen Hochschule Nordrhein-Westfalen in Köln.
Veröffentlichungen u. a.: Die Grenzen Europas. Die Europäische Union zwischen Erweiterung und Überdehnung (2006); Zehn Gebote für Europa. Der Dekalog und die europäische Wertegemeinschaft (zus. mit Elisabeth Junemann hrsg. 2009); Nach der Überdehnung. Die Grenzen des Westens und die Koexistenz der Kulturen (2012); Der Westen und sein naher Osten (2015).
Anschrift: Katho-NRW, Wörthstr. 10, 50668 Köln. E-Mail: h.theisen@katho-nrw.de

Agnes Voigt, geb. 1944 in Zell im Wiesental. Sie studierte an der Werkkunstschule Hamburg Grafik und anschließend Freie Malerei an der Hochschule für bildende Künste, Hamburg. Stipendiatin der Studienstiftung des deutschen Volkes. Ihr bildkünstlerisches Werk, das Zeichnungen, Bilder, Plastiken und Fotografien umfasst, zeigte sie in Galerien, Kunstvereinen und auf Kunstmessen.
Anschrift: Heilwigstraße 37, 20249 Hamburg. E-Mail: agnesvoigt@vulkanstein.de
Internet: www.agnesvoigt.de

Inhalt

Philipp Beirow
Wüstenprojekt DESERTEC
Lösung der Energiekrise – Vision oder Seifenblase?   276

Günther Bittner
„… die Wahrheit fatieren" (S. Freud)
Über Wahrheit als verdrängte und verleugnete in der Psychoanalyse   155

Dietrich Böhler
‚Frieden mit der Natur' – Verantwortung für die Menschheitszukunft
Der Diskurs mit Günter Altner (1936–2011) geht weiter   223

Gernot Böhme
Die Stasi ist mein Eckermann   68

Gernot Böhme
Invasive Technisierung   132

Hans-Georg Deggau
Ein Vorschlag, Griechenland besser zu verstehen   348

Robert Eberhardt
Naturgebilde auf Papier
Zu den Zeichnungen von Ulrich Moritz   241

Gerhard Fitzthum
Panik als Normalzustand
Über eine Gesellschaft der Hysterie   28

Thomas Flint
Vom Beruf des Richters   324

Thomas Fuchs
Innen oder außen – wo finden wir uns selbst?   147

Michael Hauskeller
Mitten im Leben. Über Altern, Tod und Unsterblichkeit   384

Christoph Hennig
Die Illusion der Macht: Shakespeare und Hobbes   308

Michael Holzwarth
Das Smartphone
Die Implosion des Raumes und andere Ent-Täuschungen   48

Eduard Kaeser
Der gute Roboter
Oder: Wenn Maschinen moralisch werden   94

Bernhard Malkmus
    Naturgeschichten vom Fisch,
    oder: Die Angst vor dem Anthropozän ... 183

Olaf Matthes
    Denkzeit – Abbruch
    Eine fotografische Betrachtung ... 369

Peter Cornelius Mayer-Tasch
    Würde – ein allzu großes, ein unzeitgemäßes Wort? ... 170

Klaus Michael Meyer-Abich
    Warum muß die Natur vor uns geschützt werden?
    Plädoyer dafür, daß wir Veränderungen in die Welt bringen dürfen ... 19

Ulrich Moritz
    Naturgebilde auf Papier – Zeichnungen ... 241

Friedrich Pohlmann
    Der mobile Mensch
    Geistige Mobilität und Reaktionsvermögen ... 114

Josef H. Reichholf
    Natura in minimis 214

Josef H. Reichholf
    Waldesruh ... 5

Miki Sakamoto
    Poesie des Augenblicks in der Natur ... 201

Hans-Martin Schönherr-Mann
    Von der Pille zum Wutbürger – Politische Lebenskunst angesichts des
    sozialen Wandels ... 289

Nils B. Schulz
    Vom Verschwinden des Schülers
    Gedanken zur digitalen Aufrüstung der Schule ... 77

Jens Soentgen, Klaus Hilbert
    Terra Preta als politischer Mythos: „Das Wunder aus dem Regenwald" ... 265

Nora S. Stampfl
    „Freie Fahrt für freie Bürger"?
    Die automobile Gesellschaft in der Sackgasse ... 104

Heinz Theisen
    Eindämmung des Islamismus als Minimalkonsens ... 335

Agnes Voigt
    Denkzeit – Abbruch
    Eine fotografische Betrachtung ... 369

Biographische Angaben ... 396

Anna Bergmann
Der entseelte Patient
Die moderne Medizin und der Tod
448 Seiten. 21 Abb. Gebunden mit Schutzumschlag.
ISBN 978-3-515-10760-0

E-Book: PDF.
ISBN 978-3-515-10765-5
E-Books sind als PDF online zum Download erhältlich unter www.buchoffizin.de

www.steiner-verlag.de

Die westliche Kultur ist von der Idee der Unsterblichkeit und Todesvermeidung besessen: Mit Selbstoptimierung bis hin zu Genmanipulationen und Organverpflanzungen wird unserer Anfälligkeit für Krankheiten, dem Alter und dem Tod der Kampf angesagt.

Anna Bergmann macht Medizingeschichte als Kulturgeschichte lesbar – und stellt das Selbstverständnis der Moderne als eine durchweg rationale, von Magie und Religion befreite Kultur in Frage.

Franz Steiner Verlag · Birkenwaldstraße 44 · 70191 Stuttgart
Telefon 0711 2582 341 · Fax 0711 2582 390 · Mail service@steiner-verlag.de

Gesucht: Weltumweltpolitik
Herausforderungen im Anthropozän –
Jahrbuch Ökologie 2016
256 Seiten. 14 Abbildungen.
7 Tabellen. Kartoniert.
ISBN 978-3-7776-2533-1

E-Book: PDF.
ISBN 978-3-7776-2535-5
ISSN 0940-9221
E-Books sind als PDF online zum Download
erhältlich unter www.buchoffizin.de

www.hirzel.de

Große Ereignisse stehen an: Vereinbarungen über die globale Entwicklungsfinanzierung, über universelle Entwicklungsziele und einen neuen internationalen Klimavertrag. Anlässe genug, eine Bestandsaufnahme der globalen Umweltpolitik vorzunehmen. Und die zeigt: Planetare Grenzen sind überschritten, Biodiversität geht verloren, eine +4-°C-Welt rückt näher, Klimaflüchtlinge sind unterwegs, das ‚Anthropozän' hat begonnen. Die bisherige globale Umweltpolitik hat keine echte Trendumkehr erbracht.

Das JAHRBUCH ÖKOLOGIE 2016 plädiert deshalb für eine globale umweltpolitische Wende – einen Paradigmenwechsel hin zu einer wirkungsvollen „Weltumweltpolitik".

HIRZEL

Hirzel Verlag · Birkenwaldstraße 44 · 70191 Stuttgart · Telefon 0711 2582 341 · Fax 0711 2582 390 · Mail: service@hirzel.de

JAN CORNELIUS SCHMIDT

Das Andere der Natur

Neue Wege zur Naturphilosophie

HIRZEL

Cornelius Schmidt
Das Andere der Natur
Neue Wege der Naturphilosphie
VIII, 360 Seiten. Gebunden mit Schutzumschlag.
ISBN 978-3-7776-2410-5

E-Book: PDF.
ISBN 978-3-7776-2459-4

E-Books sind als PDF online zum Download erhältlich unter www.buchoffizin.de

www.hirzel.de

Aktuelle Entwicklungen der Natur- und Technikwissenschaften werfen ein überraschend neues Licht auf klassische Brennpunkte der Naturphilosophie. Ein Anderes der Natur zeigt sich: Natur ist Natur, insofern sie zur Instabilität fähig ist. Instabilitäten gelten als Quelle des Werdens und Wachsens, ja als Hintergrund des Lebens. Angesichts dieser Erkenntnisse eröffnen sich neue Wege naturphilosophischen Denkens. Vielfach kontrovers diskutierte Themen der Wissenschaften können zusammengeführt und verständlich gemacht werden: Selbstorganisation, Zeit, Zufall, Kausalität, Kosmos und Raum, Geist und Gehirn, Technik, Ästhetik, Ethik und Umwelt sowie Wissenschafts- und Technikfolgen.

HIRZEL

S. Hirzel Verlag · Birkenwaldstraße 44 · 70191 Stuttgart · Telefon 0711 2582 341 · Fax 0711 2582 390 · Mail: service@hirzel.

Quanten 3
Schriftenreihe der Heisenberg-Gesellschaft
Hrsg. von Konrad Kleinknecht
102 Seiten. 20 Abbildungen.
Kartoniert.
ISBN 978-3-7776-2515-7

E-Book: PDF.
ISBN 978-3-7776-2527-0

E-Books sind als PDF online zum Download erhältlich unter www.buchoffizin.de

www.hirzel.de

„Quanten 3" enthält die Vorträge der Mitgliederversammlung der Heisenberg-Gesellschaft im Oktober 2014 und eine Rede von Werner Heisenberg über seine Gespräche mit Albert Einstein, die er im Jahr 1974 im Einstein-Haus in Ulm gehalten hat.

Der Vortrag von Harald Lesch widmet sich der Frage, welche Rolle die Quantenmechanik bei der Entwicklung des Universums spielt.

Im zweiten Vortrag schildert Karl Jakobs, einer der führenden Wissenschaftler beim ATLAS-Experiment am CERN, die Entdeckung des Higgs-Bosons.

HIRZEL

Hirzel Verlag · Birkenwaldstraße 44 · 70191 Stuttgart · Telefon 0711 2582 341 · Fax 0711 2582 390 · Mail: service@hirzel.de

Volker Sommer
Lob der Lüge
Wie in der Evolution der Zweck die Mittel heiligt
Ca. 170 Seiten. Kartoniert.
ISBN 978-3-7776-2537-9

E-Book: PDF.
ISBN 978-3-7776-2545-4

E-Books sind als PDF online zum Download erhältlich unter www.buchoffizin.de

www.hirzel.de

Wie ist die menschliche Intelligenz entstanden? Hat etwa unsere Fähigkeit zum Lügen und Betrügen dazu beigetragen? Volker Sommer zeigt in seinem Buch, wie das Täuschen im Tierreich immer differenzierter wurde und sich besonders komplex unter uns Menschen entfaltete. Moralische Appelle und religiöse Sanktionen konnten daran nichts ändern. So hat der Wettbewerb zwischen Unehrlichkeit und dem Kampf dagegen im Lauf von Jahrtausenden unsere Entwicklung vorangebracht. Es ist Zeit, die Lüge als Teil unserer intellektuellen Fähigkeiten und unserer Kultur zu akzeptieren – und richtig mit ihr umzugehen.

HIRZEL

S. Hirzel Verlag · Birkenwaldstraße 44 · 70191 Stuttgart · Telefon 0711 2582 341 · Fax 0711 2582 390 · Mail: service@hirzel